스마트북스는 경제공부의 힘을 믿습니다

경제공부는 내 돈과 가족을 지키는 방법이며 한국 경제를 건강하게 만듭니다.

최진기의

경제 상식

오늘부터 1일

최진기 지음 | 신똥 그림

스마트북스

최진기의 경제상식 오늘부터 1일

개정판 초판 발행 2018년 8월 15일
개정판 32쇄 발행 2024년 8월 29일

지은이 최진기 | **그림** 신똥
펴낸이 유해룡
펴낸곳 (주)스마트북스
출판등록 2010년 3월 5일 | 제2021-000149호
주소 서울시 영등포구 영등포로 5길 19, 동아프라임밸리 1007호
편집전화 02)337-7800 | **영업전화** 02)337-7810 | **팩스** 02)337-7811
원고투고 www.smartbooks21.com/about/publication
홈페이지 www.smartbooks21.com
기획/편집진행 김선 | **삽화** 신똥(신동민) | **디자인** 김민주 · 디자인결 | **전산편집** 김희진

ISBN 979-11-85541-81-5 13320

* 『최진기의 경제상식 오늘부터 1일』은 2012년 첫 발간된 『최진기의 뒤죽박죽 경제상식』의 최신 개정판입니다.

Special Thanks To

경제공부 시리즈,
25만 독자 여러분께 감사드립니다.

경제공부 대중화를 위하여~

경제공부는 우리가 땀 흘려 번 돈을 지켜줄 뿐 아니라

우리가 살아가는 동안 수없이 직면하는 각종 문제들에 대한 합리적 기준을 제시하고,

한국 경제의 기반을 튼튼하게 만듭니다.

'경제공부' 시리즈 3권

1단계 『최진기의 경제상식 오늘부터 1일』(왕초보용),

2단계 『지금 당장 경제학』(대중 경제교과서),

3단계 『경제기사의 바다에 빠져라』(현실밀착형 경제책),

경제공부 시리즈에 지지와 사랑을 보내주신 25만 독자 여러분에게 깊은 감사를 드립니다.

경제공부의 참 재미를 위하여

지식인이라면 갖추어야 할 우선적인 능력은 구체적인 상황에서 합리적인 판단을 통해 자신의 삶의 처지를 개선하고 사회 속에서 자아성취의 보람을 찾아나갈 수 있는 힘일 것입니다. 그렇다면 현대사회에서 지식인과 그렇지 않은 사람을 구분하는 일차적인 기준은 무엇일까요? 저는 그중 하나가 경제지식을 가지고 있느냐 아니냐라고 말씀드리고 싶습니다.

이제 사람들은 태양이 도는지 지구가 도는지에 대해서 논쟁하지 않습니다. 이미 전자가 틀리고 후자가 맞다는 것이 사실에 의해서 증명되었기 때문입니다. 즉 모두가 후자가 명백한 진리라고 받아들이기 때문이지요.

하지만 우리 사회를 위해서 대기업 중심의 수출주도형 발전이 바람직한지 아닌지, 또는 감세정책을 할지 말지에 대해서는 여전히 논쟁을 합니다. 사실 가만히 생각해 보면 이러한 논쟁 역시 명백한 답이 존재함에도 말입니다.

사회의 소수 기득권 세력은 마치 중세시대에 성직자들이 '지구가 돈다'는 주장을 하는 사람들을 처벌하고 그런 말이 사회에 퍼지지 못하도록 했듯이, 경제에 대한 진실을 묻어두려고 하고 그러한 진실에 다가서는 논의와 논쟁을 숨기려고만 합니다.

중세 성직자들이 성경에 대한 지식을 독점하기 위해 라틴어로 된 성경을 영어나 독일어로 번역하는 것을 금지했듯이, 또한 법관이나 의사들이 어려운 용어로 지식의 독점을 통해 기득권을 유지하고자 했듯이, 경제지식과 용어들을 한없이 어렵게 만

들어 마치 대단한 것인 양 독점하고, 대중들이 경제적 진실에 다가서지 못하도록 하려 합니다.

경제공부는 돈을 많이 벌려고 하는 것이 아닙니다. 경제는 우리가 살아가는 동안 수없이 직면하는 각종 문제들에 대한 합리적 기준을 제시하고, 우리 사회가 어떻게 하면 번영할 수 있는가에 대한 방향을 제시하는 학문입니다. 그리고 우리 일상의 숨겨진 진실을 찾아나가는 매우 재미있는 학문입니다. 이러한 경제공부의 뚜렷한 목적을 이해할 수 있을 때에야 비로소 참 재미있게 공부할 수 있을 것입니다. 이 책을 쓰면서도 경제공부의 목표가 무엇인지를 항상 기억했습니다.

사실 경제공부에 첫걸음을 내딛는 분들을 위해 **쉽고 말랑말랑한 경제책**, 그러면서도 **기초가 매우 튼튼한 책**을 쓰고 싶다는 생각은 오래전부터 해왔습니다.

경제에 관심이 없고 어려워하며 주저하던 사람들도 쉽게 손이 갈 수 있는 그런 책을 써 보고 싶었습니다. 그런데 생각만큼 쉽지 않았습니다. 단순히 '재미있다'가 아니라 정말 필요한 기본상식이 제대로 설명되어야 하니까요. 그러는 동안 시간이 자꾸 흘렀습니다.

처음에는 경제용어 500개를 뽑아서 재미있게 설명하는 데 치중했습니다. 하지만 원고를 집필해 갈수록 경제공부의 기본에 대해 다시금 생각하게 되었습니다. 경제 개념 하나하나는 서로 동떨어져 있는 박제화된 용어가 아닙니다. 경제는 우리 삶을 둘러싸고 있으며, 각각의 경제용어 및 상식들은 서로 씨실과 날실로 엮여 있고 연결되어 있

지요. 그래서 **경제상식 500개를 담되**, 딱딱하게 구획 짓지 말고 **덩어리를 지어 익힐 수 있게 하자**는 생각을 하게 되었습니다.

『최진기의 경제상식 오늘부터 1일』은 이미 출간된 『지금 당장 경제학』, 『경제기사의 바다에 빠져라』와 세트입니다.

『최진기의 경제상식 오늘부터 1일』에서는 경제의 기본상식과 용어를 쉽고 재미있게 익히고, 경제의 각 부문이 어떻게 움직이는지 감을 잡을 수 있을 것입니다. 그리고 『지금 당장 경제학』과 『경제기사의 바다에 빠져라』에서는 우리가 익힌 경제개념과 용어들이 실제 경제현실에서 어떻게 나타나는지 살펴봄으로써 실력을 다질 수 있을 것입니다.

『최진기의 경제상식 오늘부터 1일』은 「경제 첫발 딛기」, 다른 두 권은 「경제지식을 현실과 접목하기」로 흐름을 맞추었습니다.

사실 이 책이 먼저 출간되어야 했는데, 좀더 쉽고 재미있게 쓰려다 보니 시간이 너무 지체되어 순서가 바뀌었습니다. 다행히 먼저 나온 『지금 당장 경제학』과 『경제기사의 바다에 빠져라』가 베스트셀러가 되고, 많은 분들이 사랑해주셔서 이 자리를 빌어 감사를 드립니다.

경제공부에 처음으로 도전하려는 분들은 순서상 『최진기의 경제상식 오늘부터 1일』을 읽은 다음 『지금 당장 경제학』과 『경제기사의 바다에 빠져라』를 읽길 권합니다. 이 책에 나오는 기본 개념들을 좀더 깊이 있게, 그리고 실제 각 시대에 나타났던 다양한 기사와 함께 다시 한번 다져서 공부하는 기회가 될 것입니다.

경제공부는 6개월 익혀서 60년 써먹는 것입니다.

처음 낯선 경제용어와 개념의 벽을 넘는 것이 어려워 그렇지, 6개월 정도 열심히 공부하여 경제기사를 술술 읽게 되면 경제공부가 훨씬 쉽고 재미있어집니다.

이 책을 통해 여러분들도 경제공부의 참 재미를 느낄 수 있기를 바랍니다. 경제는 우리 삶과 가장 가까이에 있는 학문입니다. 그리고 진실을 볼 수 있는 가장 투명한 창문이고요. 파이팅!

2018년 8월

최진기 드림

차 례

앗싸
대기업

경제학은
가정(If)의 학문
BEAN
돌멩이로 깨서..
물리학자
열을 가열해서
화학자
여기 병따개가 있다고 가정하면...
경제학자

2 Chapter 금리가 들썩들썩

3 Chapter 채권이 뚜벅뚜벅

4 Chapter 통화가 부글부글

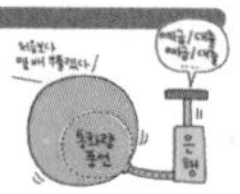

5 Chapter 경기정책이 힐끔힐끔

6 Chapter 경제지표가 왁자지껄

7 Chapter 환율이 후들후들

8 Chapter 세계경제가 한눈에 탁!

9 Chapter 주식시장이 시끌시끌

경제공부, 하루라도 일찍 시작하세요

경제공부, 절대로 하지 마라!

"경제공부, 절대로 하지 마라"는 소리를 들은 적이 있는가? 아마 없을 것이다. 그런데 노골적으로 경제공부를 하지 마라는 측은 없지만, 당신이 경제공부를 하지 않기를 바라는 측은 주위에 널려 있다.

이처럼 노골적으로 '경제공부를 하지 마라'는 측은 없다. 하지만 우리가 경제에 무관심해지기를 바라는 측은 주위에 널려 있다.

다만 그들은 공부하지 말라고 노골적으로 입에 올리지는 않는다. 우리가 경제에 무관심해지기를 바라며 조용히 진입장벽을 높이고 경제에 무관심한 분위기를 조성한다.

한국인은 어릴 때부터 '공부'라는 말을 귀에 딱지가 앉도록 듣는데, 왜 경제공부는 하라는 측도 별로 없고 은연중에 안했으면 하는 분위기가 있을까? 이는 경제의 특수성, 경제공부의 특수성, 그리고 투자의 특수성 때문이다.

1. 비민주적 정부일수록 "시끄러워! 하지 마!"

'경제고통지수'라는 것이 있다. 국민들이 피부로 느끼는 경제적 어려움을 객관적인 수치로 보여주는 것으로 '물가상승률+실업률'로 나타낸다. 예로 물가상승률이 3.5%, 실업률이 3.5%이면 경제고통지수는 7이다. 물가상승률과 실업률이 높을수록 국민들의 경제적 고통이 커지고 삶이 팍

팍해진다는 것이다. 그래서 경제고통지수.

그런데 경제고통지수가 정말 국민들의 경제적 고통을 잘 보여줄까? 거기에 활용되는 물가상승률과 실업률 수치가 정말 현실을 잘 반영할까? 잠깐 경제지표의 속살을 들여다보자.

경제고통지수1. 물가상승률이 눈 가리고 아웅

이명박 정부 4년째이던 2011년, 연초부터 매월 소비자물가 상승률이 4%를 훌쩍 넘어 곳곳에서 고물가 때문에 못 살겠다는 소리가 터져나왔다.

그런데 그해 11월에 소비자물가 상승률이 오히려 전달에 비해 0.4%포인트 떨어졌다. 물가상승률이 한 달 만에 이만큼 떨어진 것은 꽤 큰 낙폭이다. 대단하지 않은가?

세상에는 3가지 거짓말이 있다. 선의의 거짓말, 새빨간 거짓말, 그리고 통계이다. ―마크 트웨인

그런데 이는 그해 11월부터 물가산정 방식을 바꾼 영향이 컸다. 물가를 산정할 때는 여러 제품이나 서비스의 가격을 조사하는데, 그중에서 몇 품목을 빼고 넣고 비중을 조절했더니 소비자물가 상승률 수치가 크게 하락한 것이다.

그런데 정부가 "물가상승률이 꽤 떨어졌다"고 발표하면 그냥 그런 줄 알면 좋겠는데……,

조막만한 것들이 "물가 산정품목에서 금반지는 왜 빼냐? 주택 임대료 비중이 왜 요것밖에 안 되냐? '눈 가리고 아웅' 하지 말고 근본적인 물가대책을 세워라!"며 왁왁댄다.

아휴, 피곤해.

물가산정 방식은 5년마다 바꾼다. 물가에 대해서는 6장 참조

경제고통지수2. 실업률이 눈 가리고 아웅

한편 그해 실업률이 2.9%로 떨어졌다. 정부 고위관리는 고용대박이라며 힘주어 말했다. 한국 경제 잘 돌아가는데 그치?

그런데 고용대박이라고 발표하면 그냥 그런 줄 알면 좋겠는데,

"경제학에서는 실업률이 3%면 거의 완전고용 상태로 보는데 한국이 지금 완전고용 상태냐? 일주일에 1시간만 일해도 취업자로 본다며?" 어쩌고저쩌고…….

아이, 시끄러워! 고용대박이라면 그런 줄 알아. 왜 이리 잔말들이 많아.

너희들이 경제를 알아?

너희들이 경제를 알아? 경제는 우리에게 맡겨. 우리가 알아서 할 테니 너희들은 그저 3S에나 열중해. 스포츠 이야기로 침 튀기고 야동이나 받아보고 의붓아들의 연인이 내가 버린 딸이었다는 드라마나 봐.

비민주적인 정부일수록 국민이 경제공부를 하는 것을 원하지 않는다. 앞으로 차차 이야기하겠지만, 경제공부는 파고들다보면 결국 경제 시스템과 정치 문제에 닿게 되어 있다.

내 돈을 지키기 위해 경제공부를 시작했더라도 꾸준히 하다보면 모순투성이 경제 시스템이 눈에 들어오게 되어 있다. 그리고 그들은 국민이 경제 시스템에 관심을 갖는 것을 원하지 않는다.

영어공부는 열심히 하기를 바라지만 진짜 경제가 돌아가는 것은 몰랐으면 좋겠다. 이게 비민주적인 정부의 속마음이다. 아니나 다를까, 지난 10년간 고등학교 교과서도 그들의 마음에 맞게 이상하게 바뀐 부분이 있다.

2. 대기업, "지금 이대로 죽~, 경제공부 하지 마"

대기업 행복지수(지난 10년 동안)

1. 나, 재벌!

지난 10년 동안 고환율 정책의 덕을 꽤 봤다.

2009년부터 2012년까지 MB정부가 10대기업에 깎아준 법인세액은 무려 4조 6,277억원이다. 지방세까지 포함하면 대기업 하나당 약 5,000억원의 세금을 깎아준 셈이다.
같은 기간의 우리나라 고용률 통계는 58.6%→58.7%→59.1%→59.4%로 큰 변화가 없었다.

환율이 950원일 때는 2만 달러짜리 차를 팔아 원화로 바꾸면 1,900만원을 손에 쥘 수 있었다. 그런데 2008년 세계 금융위기로 환율이 1400원 선으로 치솟자 수출 차 한 대로 2,800만원을 쥐게 되었다. 가만히 앉아서 한 대당 900만원을 더 버는 셈이다. 현재의 환율도 1100원대 중반으로, 10여 년 전인 2007년과 비교하면 매우 높은 편이다.

우와, 고환율 덕분에 우리가 얻은 이득이 얼마야? 올레!(환율은 7장에서)

2. 법인세 감세정책이 발표되었을 때는 더욱 좋았다.
대기업의 법인세 감세폭은 중소기업의 감세폭보다 컸다. 덕분에 우리 회사는 1년 동안에만 1조원이 넘는 세금을 아낄 수 있었다. 그만큼 나와 주주들의 주머니는 더욱 두둑해졌다.

3. 내가 매우 좋아하는 정책은 근로자 파견제도이다. 월급은 정규직의 절반만 주어도 되고 인사관리도 쉽고 해고 부담도 적다. MB정부 5년간 우리 회사의 이익은 30% 증가했지만 고용은 2%밖에 안 늘렸다.

나와 주주들의 곳간에 돈이 척척 쌓여간다.

아~, 행복해. 표정 관리하느라 힘들었다.

이명박 · 박근혜 정부의 (대)기업 프렌드리 정책과 2008년 금융위기 이후의 확장 재정정책(5장)으로 한국 경제의 대기업 쏠림 현상은 더욱 심해졌다.

그런데 한쪽에서 말들이 많다.

"고환율 정책을 왜 고수하나? 수출 대기업은 큰 혜택을 보았지만 서민들은 물가가 자꾸 올라 못 살겠다. 왜 돈을 쌓아놓고 있는 대기업들의 법인세를 그렇게 많이 깎아주나? 그래서 1년에 1조원이 넘는 감세혜택을 본 대기업은 고용을 몇 명이나 더 했는데?"

경제공부 한답시고 어디서 이런 수치는 주워들어 왁왁대는지. 아휴, 피곤해.

3. 금융회사, “경제공부도 저희에게 맡기세요”

사랑합니다, 고객님

2008년 10월 금융위기 당시 은행에 갔다가 외환창구 직원이 고객에게 월 500달러(당시 환율로 약 70만원)씩 외화적금을 들라고 권하는 것을 보았다. 지금 외화적금에 가입하면 고수익을 얻을 수 있다며 열변을 토했다. 오죽하면 뒤에 앉아 있던 내 귀에도 들렸겠는가.

그런데 당시 환율이 1400원대로 매우 높았다. 환율이 이렇게 높은 시기에는 외화적금에 들면 안 된다. 앞으로 환율이 내리면 손해를 볼 수 있기 때문이다. 굳이 외화적금에 가입하려면 환율이 낮을 때 시작해야 한다.

혹시 환율변동이 잘 이해가 안 되는 사람도 일단 패스. 7장에서 꼼꼼히 다룬다

그 직원이 한국의 환율 변동에 대해 조금이라도 공부한 적이 있는지 의심스러웠다. 알지도 못하면서 떠든다면 그것도 문제이고, 한국 환율의 특성에 대해서 알면서도 그렇게 떠든다면 일종의 속임수다.

직접 겪은 일이긴 하지만, 이 정도로 경제 문외한인 금융권 종사자는 극히 일부일 것이다. 다만 경제공부를 하여 준비된 고객이 되자. 그러면 좋은 금융회사 직원을 알아보는 눈도 밝아진다.

특별히 사랑합니다, 고객님

VIP 룸에 들어가는 것을 너무 좋아하지 마라는 재태크 속설이 있다.

지인에게 VIP센터 첫 방문경험을 들은 적이 있다. 은행의 PB에게 자산, 월수입, 직업, 가족구성, 생활비 등을 꼼꼼히 정리한 엑셀 표를 내밀며 저금리 시대에 맞는 자산 포트폴리오를 의논하고 싶다고 했단다.

다음날 VIP센터의 PB직원한테 전화가 왔다.

“고객님의 포트폴리오를 만들어 보았습니다. 시간 날 때 들러 주세요.”

포트폴리오는 원래 서류가방, 자료수집철이라는 뜻. 개인이 보유한 각종 금융자산의 명세표로, 다양한 투자대상에 분산하여 자금을 투입하여 운영하는 것이다.

'포트폴리오를 구성한다'는 투자위험을 최소화하기 위해 분산투자를 한다는 의미.

'이렇게 친절할 수가. VIP센터는 뭐가 달라도 다르구나!'

그런데 직원이 제시한 포트폴리오는 지인의 여윳돈 7억원 중 3억원을 변액연금에 넣게 설계되어 있었다. 그것도 일시불로.

어느 보험사의 변액연금인지는 이 글을 읽는 여러분도 눈치챌 것이다. 바로 그 은행 계열 생명보험회사의 상품이었다.

가수 윤항기가 노래한다. "다 그런 거지, 뭐~."

놀랍습니다, 고객님

"어, 경제에 대해 잘 아시네요. 이렇게 많이 아는 일반인은 드문데."

처음 만난 금융회사 직원에게 이런 말을 들어본 적 있는가? 이런 말을 들으면 어깨가 으쓱해진다.

하지만 너무 으쓱하지는 말자. 이것이 일종의 추임새인 경우도 간혹 있다. 어깨를 툭툭 쳐주며 대화의 수준을 약간 올려주는 것일 뿐.

여러분이 진정으로 경제에 대해 꽤 안다면 굳이 초면에 "경제를 잘 아시네요?" 하면서 시간을 보내지 않는다. 문의한 상품이나 내용에 대해 깔끔하게 설명해 줄 뿐이다. 대화시간이 짧다.

칭찬에 기분이 좋았던 지인은 덜컥 ABCP(자산담보부 기업어음)라는 어려운 이름의 상품에 2억원을 넣었단다. 그러고는 뒤늦게 내게 이게 어떤 금융상품인지 물었다. 살펴보니 1년 동안 해지하지 못하게 옵션이 걸려 있는 상품이었다. 그런데 알아보지도 않고 앉은자리에서 덜컥 가입해 놓고 뒤늦게 물어보면 무슨 소용인가?

운전경력 1년차가 가장 위험하다. 잊지말자. 경제공부 또한 경력 1~3년차, 경제용어가 입에서 착착 나오고 경제기사의 이면까지 차차 보이기 시작할 때가 가장 위험한 순간이다.

4. 투자자, "내가 하고 있는 일을 저들이 모르게 하소서~"

모든 투자상품이 그렇진 않지만, 거의 대부분의 투자상품은 한쪽이 돈을 따면 누군가는 돈을 잃게 되어 있다. 아파트 가격이 올랐다면 누군가는 그 아파트를 사기 위해 더 많은 돈을 지불해야 하며, 더 오래 일해야 한다.

돈을 잃는 호구가 있어야 내가 돈을 더 벌지 않겠는가? 그러니 다른 사람들이 경제공부를 하는 게 반갑지 않다. 오를 만한 시장에 남보다 먼저 들어가서 수익을 더 먹고 싶고, 가격이 떨어지기 전에 얼른 먹고 튀고 싶다. 어떤 것은 그들이 정말 몰랐으면 좋겠다.

당근과 채찍—탐욕과 장벽

탐욕하고 또 탐욕하라

경제공부를 하기를 바라는 측은 별로 없어도, 투자공부를 하라고 부추기는 측은 너무나 많다. 주식투자로 100억, 땅투자로 200억 번 이야기, 각종 투자비법……. 텔레비전에서 신문에서 책에서 우리는 투자공부가 절박하다고 말하는 이들을 너무나 자주 만난다.

경제공부를 하라는 측은 별로 없어도 **투자공부를 하라**는 측은 너무나 많다.

탐욕은 우리를 달뜨게 만든다. 그리고 그들이 원하는 것은 바로 우리가 '탐욕'하는 것이다. 펀드로 연 20% 수익을 올리고, 주식으로 50% 이상의 수익을 내고, 아파트로 몇 년 만에 두 배를 벌고, 상가를 사서 막 굴려서, 가상화폐를 주어 담아서 돈 벼락을 맞는 꿈을 꾸기를 바란다. 우리가 탐욕에 눈이 멀고 들뜰수록 그들은 좋아한다.

그들이 정말 겁내는 것은?

그들이 정말 겁내는 것은 주식시장의 하락기가 아니다. 부동산시장의 하락기가 아니다. 그들은 엄청난 자금력과 정보력으로, 그리고 각종 요상한 금융상품으로 시장이 하락할 때도 돈을 벌 수 있다. 사실 폭락기에 정말 큰돈을 버는 경우도 많다.

하지만 일반인들이 탐욕하지 않는 세상은 생각만 해도 끔찍하다! 경제흐름을 알고, 돈을 적절하게 관리하며, 투자의 정석을 지켜가는 세상은 성에 차지 않는다. 먹을 게 많지 않으니까.

경제란 반드시 상승기와 하락기가 있으며, 거품이 너무 커지면 꺼지게 마련이다. 상승기에 탐욕에 들뜬 사람들이 많을수록, 거품이 거대하게 부풀어 오르면 오를수록 그들이 돈을 벌 기회는 더 많아진다. 그러니 사람들이여, 탐욕하라!

한편 비민주적인 정부는 이 분위기를 은근히 즐기기도 한다. 탐욕에 들뜬 사람들은 말이 없다.

"쉿, 아파트 값 떨어지겠어. 조용해!"

진입장벽을 높여라

좁은 문 / 넓은 문

방송이나 신문에서 경제 섹션이 늘어난 경우도 있다. 그런데 그 안을 들여다볼까?

경제기사는 경제지표 기사, 해설기사, 산업기사, 재테크 기사, 제품기사 등 다양하다. 그런데 경제의 큰 흐름, 한국 경제 시스템에 대한 기사보다 재테크 기사, 주식투자자들이 관심을 가질 만한 증권시황, 제품기사의 비중이 더 늘어나고 있다.

투자의 세계에는 문을 활짝 열어놓되, 경제 시스템 문제에 대해서는 눈에 보이지 않는 장벽을 쌓는 것이다. 때로는 신문이 '무엇을 다루는가?'보다 '무엇을 다루지 않는가?'가 더 중요한 법이다.

요즘 일반인을 위한 경제시험이 늘어나는 추세다. 지인이 재미로 그 시험 중 하나에 응시했다.

"100점 만점으로 환산해 보니 75점쯤 나왔어. 솔직히 어렵더라고."

그 지인은 이렇게 말을 이었다.

"몇 년 전부터 경제공부를 해왔는데. 경제기사도 술술 이해하고, 자산을 지키는 데도 꽤 도움을 받았어. 덕분에 경제위기도 잘 피했고…….

그런데 일반인을 위한 경제시험이라면 경제기사를 막힘없이 읽고 그 행간을 볼 줄 아는 정도면 되지 않을까? 경제학 전공자를 뽑는 시험도 아닌데 문제를 풀다보니 '경제는 역시 복잡하고 어려워', '경제는 우리 생활과 동떨어져 있는 학문이구나' 싶더라고."

은연중에 경제에 대한 장벽은 쳐진다. 의도한 것이든 의도하지 않은 것이든.

"금융·경제교육은 수학교육 못지않게 중요하다."
—앨런 그린스펀, 전 FRB(연방준비제도이사회) 의장

경제는 매트릭스다

주식이니 아파트니 빌딩이니 열풍이 불지만, 투자로 돈을 버는 개인은 그리 많지 않다. 어느 해에 30%의 수익을 얻었더라도 다음해에 실력을 과신하고 투자액을 늘리다가 한방에 훅 가는 경우가 있다. 주식투자로 큰돈을 번 사람들의 이야기가 횡행하지만, 실제로 돈을 번 사람들보다 잃은 사람들이 많은 것 아닌가?

여러분에게 말하고 싶은 것은 이것이다. 투자공부에 휩쓸리지 말고 전반적인 경제공부를 하자. 그게 우리가 열심히 일해 번 돈을 지키는 길이다.

돈을 지키는 게 우습다고? 돈을 많이 모으고 관리해본 사람들은 자기가 번 돈을 지키는 것이 얼마나 어려운지 안다. 땀흘려 번 돈을 조금이라도 불리기 위해 투자공부를 하는 것은 좋다. 하지만 탐욕에 들뜨는 순간 먹이가 될 가능성이 그만큼 더 커졌음을 기억하자.

원래 돈은 투자가 아니라 '일'로 버는 것이다. 그런데 일을 하고 싶어도 일자리가 없다고? 열심히 일했는데도 먹고살기가 너무 힘들다고?

나 하나쯤이면 노력이나 운을 탓할 수 있다. 나와 내 친구쯤이면 노력이나 운을 탓할 수 있다. 노력은 말할 것도 없거니와 운이란 것도 인생에서 꽤 중요한 역할을 한다.

그런데 나도, 친구도, 그 친구의 친구도, 앞집 아저씨도, 슈퍼마켓 아저씨도……, 나만이 아니라 너무 많은 사람들이 힘들어 한다고? 일자리가 너무 없고 땀흘려 열심히 일했는데도 먹고살 길이 막막하고 다들 미래가 불안한가? 노후가 겁이 나고 희망이 없다는 사람들의 소리가 훨씬 더 많은가?

그렇다면 그것은 이미 우리 탓이 아니다. 우리의 운 탓도 아니다. 그것은 개인이 아니라 경제 매트릭스의 문제다. 경제 매트릭스를 바꾸어야만 우리의 미래가 있다. 그리고 경제의 매트릭스는 우리들의 주장과 참여를 통해서만이 바꿀 수 있는 것이다. 그런데 알아야 면장을 하지. 그런 면에서 우리 각자의 경제공부는 바로 한국 경제의 매트릭스를 올바르게 가꾸어가는 첫걸음이 될 것이다.

경제공부, 6개월 익혀 60년 써먹는 것

재테크에 관심이 많은 한 후배는 만날 때마다 "주식을 살까? 오피스텔을 살까? 상가를 살까?" 자주 묻는다. "그러지 말고 일단 경제공부부터 해라." 몇 번을 말했는데도 쇠귀에 경 읽기다.

후배에게 "왜 재테크 책만 보고 경제공부는 하지 않느냐?"고 물었더니 그냥 관심이 없단다. "경제공부의 토대가 없이 투자상품에만 기웃대다가는 크게 당한다. 나이가 들고 통장에 돈이 쌓일수록 더 크게 당한다"고 하다가 결국 "그냥 무조건 해"라는 말까지 입에 담았다.

경제공부는 20, 30대 젊은 나이에 시작할수록 좋다. 미리 경제공부를 해놓지 않으면 모은 돈이 늘어날수록 더 큰 손실위험에 노출된다. 한국인이 성인이 된 후 일생에서 맞닥뜨리는 경제주기의 횟수를 따져보았다.

한국의 20~80대, 경제위기에 노출되는 횟수

1. 성인이 된 후 경기 상승/하락의 사이클을 10번 이상 겪게 된다.
2. 1997년 외환위기, 2008년 금융위기와 같은 대폭락도 3~5번은 겪게 된다(한국의 경기순환상 그렇다. 5장 참조).

한국은 경기가 '회복기→활황기→후퇴기→침체기'의 한 주기를 순환하는 데 약 50개월(4년)이 걸린다. 그러므로 성인이 된 후 60년 동안 적어도 10번 이상의 경기 하락을 겪게 된다.

20, 30대 젊은 나이에 경제공부를 시작했다면 경기 상승/하락의 경제주기를 주의깊게 체험하게 된다. 이후 나이 들어 목돈을 들고 있을 때 더 현명한 판단을 할 수 있다.

경제흐름은 단순히 경제개념, 그래프, 두꺼운 경제학 원론, 꽉 짜여진 원서로만 알 수 있는 것이 아니다. 경제공부와 함께 몸으로 직접 경제주기를 겪어내어야 진짜 내 삶에 필요한 지식이 되는 것이다. 경제공부를 하면서 경기 상승/하락기를 겪어왔던 40, 50대들이, 그렇지 않은 40, 50대들보다 자산을 더 현명하게 관리하고 있는 것이 그런 이유 때문이다.

우리 생애에 필요한 경제공부의 양

많은 사람들이 경제공부의 1단계에서 좌절한다. 경제용어의 장벽에서 OTL.

그런데 경제공부를 하려고 나섰다가도 생소한 경제용어들을 보면 골치가 아프고 잘 외워지지도 않는다. 경제신문도 모르는 것 투성이니 한두 번 보다가 포기하게 된다. 경제공부가 어렵고 무엇부터 시작해야 할지 감이 안 잡힌다고들 한다. 이해한다. 나 또한 처음 경제공부를 시작하면서 처음에 그러하였다.

자, 일반인에게 필요한 경제공부의 양을 그래프로 그려보았다. 간단하다. 단계를 크게 나누면 두 가지이다.

6개월 투자해 60년 써먹는 경제공부
1단계 경제용어와 기본 분야에 입문하는 단계. 평생 가지고 갈 경제지식의 기초를 닦는 단계. 6개월, 책으로 치면 10권이면 된다.
2단계 경제흐름을 공부하며 몸으로 익히는 단계.

1단계 경제용어나 경제의 기본 분야에 입문하는 단계이다.

경제공부를 시작하면 처음에 낯선 경제용어를 맞닥뜨리게 된다. 경제든 컴퓨터든 철학이든 낯선 분야에 입문하려면 그 분야만의 기본용어와 개념을 익히는 문을 지나야 한다. 컴퓨터를 처음 배울 때 폴더, 메뉴, 아이콘 등 기초용어를 익혀야 하는 것처럼, 경제도 생소한 용어가 매우 많고 나름의 논리 흐름이 있다.

보통 많은 사람들이 이 1단계에서 낯선 경제용어와 개념에 질려 좌절하고 그만둔다.

하지만 경제공부가 뭐 그리 거창한 게 아니다. 경제용어의 기본 벽을 넘고 나면, 1단계에서 꼭 읽어야 할 분야는 몇 가지로 한정되어 있고 책으로 치면 한 10권 정도 된다(물론 아무 분야나 읽으면 된다는 것은 아니다. 나중에 기회가 되면 내가 생각하는 경제의 기본 분야 몇 가지를 이야기해 보려고 한다). 한 달에 1,2권만 읽어도 6개월이면 대략 상은 잡힌다.

물론 경제의 큰 흐름을 읽으려면 훨씬 더 오랜 시간과 경험이 필요하다. 하지만 경제신문을 술술 읽을 정도의 수준이 목표인 1단계를 통과하는 데는 6개월이면 충분하다. 돈으로 치면 책 10권이니 20만원 남짓이다. 평생 가지고 갈 경제지식의 기초를 닦는 데 말이다. 6개월 투자해서 60년 써먹는 것이다.

2단계 이제 공부시간도 줄어들고 수월해진다. 처음 경제에 입문할 때는 힘이 들지만 그렇게 해서 경제기사를 술술 읽을 수 있게 되면, 그다음에는 관심 있는 주제의 경제책들을 사보며 이슈가 중심인 신문이나 인터넷 글 등을 병행해서 보면 된다(경제공부를 좀더 효율적으로 하는 방법은 이 책의 곳곳에서 이야기할 것이다).

경제흐름을 공부하며 몸으로 익히는 2단계.

경제흐름을 읽는 수준까지 오르려면 몇 번의 경제주기와 삶의 경험이 필요하다. 이게 경제공부의 특성 중 하나다. 글과 책으로 공부하고 끝나는 게 아니라 삶 속에서 경제주기의 흐름을 타보아야 진짜 경제공부이며 경제의 흐름을 보는 시각도 살아난다.

누누이 이야기했듯, 경제공부는 투자공부나 재테크 공부가 아니라 좀더 포괄적인 의미이다. 경제에 대한 튼튼한 기초지식, 여기에 각 시기에 등장하는 경제 이슈, 경제상황, 그리고 각자가 인생을 살면서 보고들은 삶의 체험이 융합되어야 비로소 경제를 보는 눈이 갖추어지는 것이다.

어디에서 시작할까?

그동안 1천 시간이 훌쩍 넘는 경제강의를 하며 느꼈던 점은 이렇다.

1. 같은 설명을 반복해야 하는 경우가 자주 있다.

기초가 없는 사람들이 이해하지 못할까봐 개념을 설명하며 이야기를 풀다보니 그렇다. 기초만 있어도 진도가 팍팍 나갈 텐데…….

2. 경제 글을 처음 접할 때 경제용어를 자주 찾아보게 되는데 **해설이 더 어려울 때가 많다.** 무슨 뜻인지 바로 와닿지 않는다.

3. 물론 쉽게 풀어쓴 책도 있지만, 꼭 알아야 할 기초지식이 체계적으로 잘 정리된 책은 많지 않다. **어느 분야에 입문하든 중요한 것은 그 분야의 밑바탕을 흐르는 기초지식이다.**

4. 경제강의를 하고 글을 써오면서 **"아, 이건 차라리 그림으로 보여주면 독자들이 금방 이해가 될 텐데……"** 아쉬웠던 적이 많았다.

기초! 기초! 기초가 중요하다. 따라서 기초를 잘 갖추도록 힘써야 한다. 기초가 없다면 어떤 위대한 일도 해낼 수 없다.
— 랜디 포시 교수, 췌장암으로 사망하기 전 「마지막 강의」에서

경제 입문자들이 가장 먼저 볼 만한 쉬운 책, 쉽지만 기초가 튼튼한 책, 그림으로 직관적으로 이해하고 기억하는 책. 이게 이 책을 쓰는 목표이다.

열려라, 경제공부의 지도

우리는 학교에서 경제를 제대로 배우지 못하고 사회로 던져진다. 그리고 월급을 받아 적금을 붓고 국내펀드와 해외펀드, 주식에 투자하고, 경제 기초가 없는 상태에서 탐욕에 눈이 먼다.

'경제를 잘 모르는 상태'에서 정치인의 경제 청사진을 믿고 투표를 한다. 내게 도움이 되는 정책인지 아닌지 따져보지도 않고.

대선후보의 경제 공약, 집권 초 새정부가 발표하는 **주요 경제정책의 기조**는 내 삶과 통장에 큰 영향을 미치므로 매우 주의깊게 살펴보아야 한다. 그런데 아예 관심이 없거나 텔레비전 경제 뉴스를 보면서 "쏼라 쏼라 (간간이 아는 경제용어가 좀 들리네……) 쏼라 쏼라" 정도로 듣고 만다. 지금 정부가 내 삶과 우리 사회에 큰 영향을 줄 경제정책의 기조를 발표하고 있는데도 말이다.

하지만 경제를 꾸준히 공부해온 사람은 그

발표를 통해 앞으로 경제정책이 어떻게 펼쳐질지, 우리 사회와 내 일자리, 자산에 어떤 영향을 줄지 알아차릴 수 있다. 또한 경제정책에 대해 국민으로서 자기 목소리를 낼 수 있다.

경제공부는 마치 줄넘기와 같다. 처음에 줄넘기를 익히는 것은 힘이 든다(몸치인 7세 아이가 줄넘기를 처음 배우는 것을 본 적이 있는가? 손발이 따로 놀고 꽤 힘들어 한다).

경제공부 또한 6개월 기초를 닦은 다음 하루 10, 20분씩이라도 꾸준히 하는 것이 좋다.

하지만 줄넘기는 한번 몸에 익히면 평생 언제든 어느 곳에서든 할 수 있다. 몸이 기억하고 있기 때문이다. 경제지식도 이와 마찬가지다.

줄넘기를 하루 10~20분, 200개 정도 매일 하면 평생 체력의 기초를 닦을 수 있듯이, 경제공부 또한 6개월 기초를 닦은 다음 버려두지 말고, 하루 10~20분 경제기사를 보고 글을 읽으면서 조금씩 공부하면 평생 내 삶을 지키는 지식과 경제를 읽는 혜안을 가질 수 있다.

이렇게 중요한 경제공부를 체계적으로 하는 길이 없음을 매우 안타깝게 생각한다. 한국의 성인들을 위한 경제 커리큘럼은 어디에도 없다. 그래서 경제 커리큘럼을 나름대로 짜서 제시해보고자 한다. 우리의 삶에서 꼭 필요한 경제공부의 지도를 만들려는 것이다.

이 책은 바로 그 커리큘럼의 첫 번째 책이다.

▍이 책을 읽을 때 주의할 점▐

이 책에는 경제흐름의 원인과 결과에 대한 이야기가 많이 나옵니다.
하지만 '수출이 늘어나면 환율이 내리고 주식은 오른다'는 식의 이야기는 경제의 큰 흐름을 설명하기 위한 방편일 뿐, 현실 경제에는 많은 변수들이 작용하므로 늘 수학공식처럼 그렇게 된다는 뜻은 아닙니다.
경제도 생물입니다. 그래서 이 책을 통해 큰 그림을 익힌 후에는 현실 경제에서 일어나는 많은 디테일한 변수들을 종합적으로 고려하여 판단해야 합니다.
〈들어가기〉에서 경제공부는 6개월 정도 집중적으로 하되, 이후로 하루 10분이라도 꾸준히 경제기사를 보며 관심을 가지라고 했습니다. 단순히 경제개념을 아는 것에서 벗어나서, 실제 경기흐름에 따라 어떻게 움직이는지를 직접 체험해 보아야 경제를 보는 눈이 생기게 됩니다.
이 책을 볼 때, 경제개념이나 이론, 법칙을 맹신하지 말았으면 하는 마음에서 당부 드립니다.

1

Chapter

고등학생도 아는 경제상식 다지기

1. 경제학을 한 줄로 줄이면? / **2**. 재화와 서비스가 요리조리 / **3**. 경제 시스템의 네 선수가 준비, 땅! / **4**. 생산, 분배, 소비를 골라보자 / **5**. 소비효과가 왁자지껄 / **6**. 수요, 수요법칙이 슬금슬금 / **7**. 수요법칙에도 예외가 있어 / **8**. 공급, 공급법칙에도 예외가 있어 / **9**. 수요의 가격 탄력성이 팽팽하게 / **10**. 공급의 가격 탄력성이 느슨하게 / **11**. 수요/공급의 법칙을 읊으면 / **12**. 규모의 경제가 꼼지락 /**13**. 가격 차별화가 가지각색 / **14**. 4개 시장이 치열하게 / **15**. 시장의 실패가 뚝뚝하게 / **16**. 최저가격, 최고가격이 차렷!

경제학 원론의 앞쪽에 으레 나오는
경제학의 기본지식을 빠르게 훑어보자.
꼭 익혀야 할 기본개념은 많지 않고
고등학교 1학년 수준이면 충분히 이해할 수 있다.
경제공부는 단순히 돈을 다루거나
경제흐름을 읽는 데만 필요한 것이 아니다.
우리가 살면서 부닥치는 다양한 상황에서
적절한 선택을 할 수 있는 기초체력을 기르는 데도
중요하다. 이제 시작해보자.

Section

01 경제학을 한 줄로 줄이면?

경제학 | 희소성의 원리 | 경제원칙 | 최소비용/최대효과 | 합리적 선택 | 기회비용 | 매몰비용 | 매몰비용의 함정

많은 사람들이 경제학을 돈 버는 기술을 가르치는 학문이라고 오해한다. 진짜 그렇다면 경제학자들은 모두 재벌이 되어 있게?

경제학은 **선택의 기술**을 가르치는 학문이다. 여러 선택지 중에서 어떤 것을 선택해야 가장 유리할까? 합리적인 선택을 하는 생각의 틀을 키워주는 학문이라고 할 수 있어.

한 대왕이 저명한 경제학자들에게 "경제가 뭔지 딱 한 줄로 정리해 오라"고 했어. 경제학자들이 무려 8년 만에 정리한 한마디는? "공짜 점심은 없다"
— 프린스턴대학 데이비빗 콜랜드 교수의 경제학 책에 나오는 우스개

개인은 지금 아파트를 살까, 2년 더 전세로 살까?, 기업은 공장을 증설할까, 현 시설로 버틸까?, 정부는 세금으로 토목사업을 할까, 복지 사업에 더 지원할까?

우리가 선택의 문제에 부닥치는 것은 **희소성의 원리** 때문이야. 인간의 욕망은 무한한데 이 욕망을 충족시켜 줄 돈과 시간 같은 자원은 한정되어 있으니까. 어느 경우이든 하나를 선택하면 다른 하나를 잃게 돼. 공짜점심은 없으니까.

공짜점심은 없다는 미국의 경제학자 폴 새뮤엘슨이 한 말이야. 20세기 초 미국 동북부의 술집에서 술을 마시는 손님에게 공짜점심을 주는 마케팅이 유행했어. 그런데 얼핏 보면 점심이 공짜인 것 같지만, 공짜점심을 먹기 위해 술집에 와서 술도 마시게 되므로 결코 공짜가 아니고, 결국 점심값은 이미 술값에 포함되어 있는 거지. 이처럼 모든 선택에는 대가가 따라오게 마련이야.

기회비용은 어느 하나를 선택함으로써 포기하는 가치 중 가장 큰 것.

스트레스 팍팍 주는 김부장 때문에 회사를 때려치우려는 이대리. 마침 연봉 4,500만원을 주겠다는 회사가 나타났어.

1. 으~~ 참자. 구관이 명관, 옮겨봤자 별거 있겠어? 연봉 4천만원 받고 그냥 다니자.
2. 연봉 500만원 더 올려준다고? 게다가 김부장을 안 봐도 되는데 옮겨볼까?
3. 이참에 창업하자. 이만큼이야 못 벌겠어?

그래! 선택했어.
• 편익>기회비용 → 합리적 선택
• 편익<기회비용 → 비합리적 선택
경제학은 양적 연구를 해. 편익도 기회비용도 숫자로 나타내어 비교하지.

용감한 이대리는 과감히 커피숍을 창업했어. 1년간 투자액은 1억 2천만원이고 매출액은 1억원. 이대리의 첫 번째 독립기념일의 결산은? "헉, 2천만원 적자네."

그런데 이것은 **회계상의 손실**이고 기회비용도 감안해야 해. 기회비용은 창업을 선택함으로써 포기한 가치 중 가장 큰 것, 즉 연봉 4,500만원(이자도)이야. 그래서 창업 1년차 이대리의 결산은 기회비용 4,500만원과 적자 2천만원을 합해 약 6,500만원의 손실을 본 셈이야.

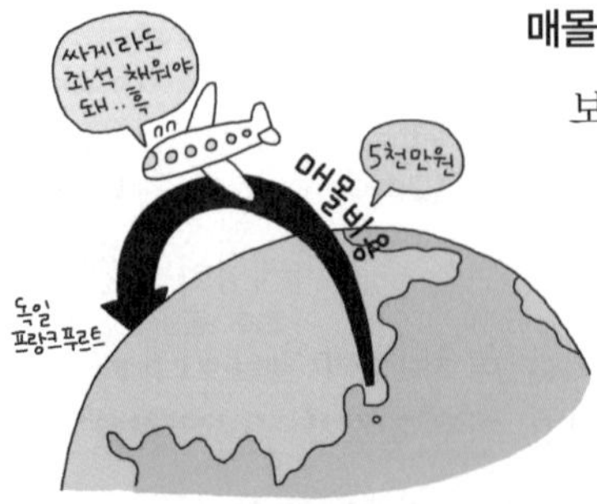

매몰비용은 이미 지출해서 회수할 수 없는 비용. 보잉 747 여객기가 독일 프랑크푸르트로 운항하는 데 기름값, 승무원 인건비 등 5천만원이 든다고 치자.

승객이 많든 적든 어차피 여객기는 스케줄대로 운항해야 하니 5천만원은 매몰비용이야. 만약 좌석을 절반밖에 채우지 못했다면 비행기표를 50% 할인해 주더라도 승객을 더 태우는 게 나아. 5천만원은 이미 들어간 매몰비용이고 승객을 더 태우는 데 드는 비용은 기내식 비용 정도일 뿐이니까. 매몰비용에 대한 이해는 합리적인 선택을 하는 데 매우 중요해.

매몰비용의 함정은 미래에 이익보다는 손해를 볼 것으로 예상되는데도, 지금까지 들인 매몰비용이 아까워서 사업을 포기하지 못하고 계속하는 것.

대표적인 예가 유럽과 미국을 잇는 가장 빠른 비행기로 일컬어진 콩코드 여객기. 전문가들은 1962년 개발 초기부터 높은 연료비, 적은 좌석수, 비싼 항공료 때문에 수익성이 떨어진다고 지적했어.

하지만 영국과 프랑스는 매몰비용과 자존심 때문에 무리하게 운항을 시도했지. 결국 콩코드 여객기는 운행 시작 27년 만인 2003년에 적자를 견디지 못하고 역사의 뒤안길로 사라졌어.

로밍 서비스의 대중화로 인기를 잃은 위성 휴대폰에 계속 투자했던 모토로라도 매몰비용의 함정에 빠진 대표적인 예야. "이제 와서 13억 달러나 투자한 프로젝트를 포기할 수 없다." 위성 휴대폰을 출시한 모토로라는 결국 큰 손실을 입었어.

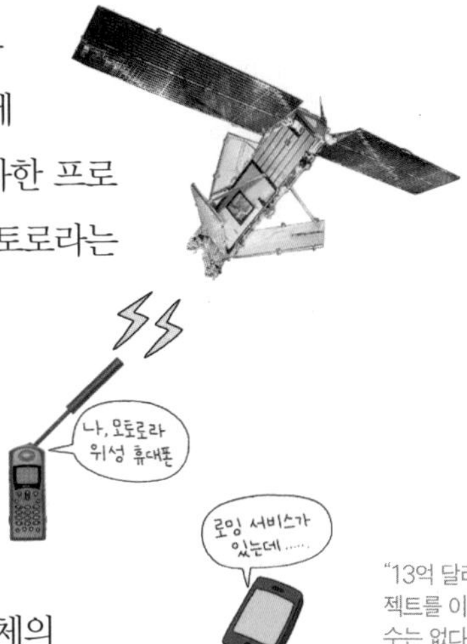

우리나라에서는 새만금간척사업을 매몰비용의 함정에 빠진 예로 많이 사용해. 1991년에 첫 삽을 뜬 새만금 간척사업은 우여곡절이 많았어. 경제성과 환경영향 평가를 제대로 하지 않은 졸속 국책사업이라는 반대가 많았고 환경단체의 고소로 공사가 중지되기도 했어. 그리고 2006년 대법원은 "1조원 이상의 비용이 투입된 국가적 사업을 이제 와서 포기하는 것은 낭비"라며 사업 지속을 결정했고 2010년 공사가 마무리되었어. 매몰비용의 함정을 잘 보여주는 예이지.

"13억 달러나 투자한 프로젝트를 이제 와서 포기할 수는 없다."
- 모토로라의 임원 모씨

"1조원 이상이 투입된 국가적 사업을 이제 와서 포기할 수 없다." — 대법원

무리하게 대출받아 집을 산 사람이 이자에 허덕이면서도 본전 생각에 집값이 회복되기만을 기다리다가 손실을 키우는 경우도 매몰비용의 함정에 빠진 예로 볼 수 있어.

경제학은 가정(IF)의 학문 :
한달 건강보험료 170만원, 광필이는 합리적 인간일까?

처음 경제학의 체계를 만든 애덤 스미스는 인간은 누구나 자신의 이익을 위해 행동한다는 가정을 해. 인간은 누구나 기회비용을 따져서 합리적인 선택을 한다는 거지. 정말 그럴까?

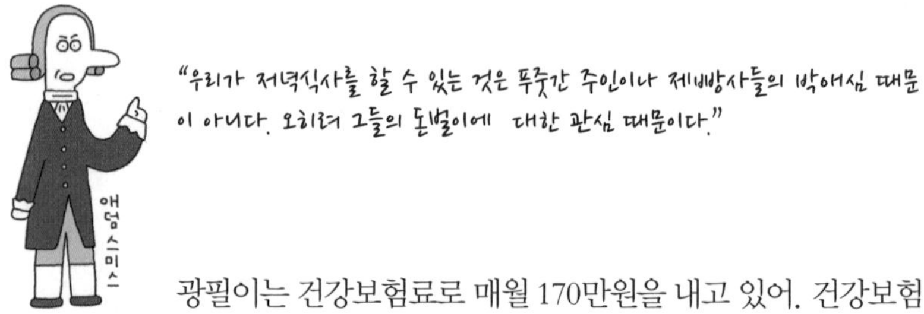

광필이는 건강보험료로 매월 170만원을 내고 있어. 건강보험이 민영화된다면 이보다 적은 보험료를 납입해도 VIP 대접을 받으며 병원을 이용할 수 있을 거야.

인간의 이기적 동기가 국부를 창출한다는 주장을 펼친 애덤 스미스는 사실 이런 욕망을 통제하는 것이 도덕적 인간이 되는 조건이라고 보았다.

하지만 광필이는 의료 및 의료보험 민영화에 반대하고 현재의 전국민 건강보험제도가 계속 유지되기를 바라고 있어. 적어도 돈이 없어서 치료를 포기하는 사람은 없었으면 하는 마음이야. 전국민 건강보험제도가 없던 어린시절에 옆집 아저씨가 암에 걸렸는데 돈이 없어서 치료를 포기하고 돌아가시는 걸 본 적이 있기 때문이야.

광필이의 선택은 경제적으로 합리적인 것은 아니지. 경제학에서 합리적 선택이란 최소비용을 투자해 최대효과를 내는 거니까.

정말 인간은 경제적 이익이 되는 합리적 선택만을 하는 존재일까? 항상 그런 것은 아니고 예외는 너무나 많아. 그렇지만 경제학에서 그리는 인간형은 경제적 이득을 위해 매사 기회비용을 따져서 합리적인 선택을 하는 인간이야. 그래서 경제학은 가정(IF, ~라면)의 학문이라고도 할 수 있어.

경제학에서는 워낙 가정(IF)을 많이 하니, 이와 관련하여 경제학자에 대한 조크도 많아. 그중 하나.

물리학자, 화학자, 경제학자가 무인도에 표류했어. 근데 깡통 하나가 파도를 타고 밀려왔어. 먹을 것이 아쉬우니 얼른 캔을 열어봐야겠지?

물리학자: 돌멩이로 쳐서 캔을 엽시다.
화 학 자: 무식하긴! 불을 피워 가열하면 돼요.
경제학자: 자, 여기 병따개가 있다고 가정합시다.

사실 경제는 변수가 워낙 다양해서 대개 '어떤 조건이 일정하다면'이라는 가정이 붙어. 그러지 않고서는 어떤 원인이 어떤 결과를 낳을지 예측이 불가능하니까. 그렇지만 이런 가정이 위의 조크처럼 무의미한 것은 아니야.

조크는 조크일 뿐 오해하지 말자. 덜 중요하고 불필요한 변수를 제거하고 중요한 몇 가지 요인들로 단순화하는 것은, 현실 세계를 해석하고 판단하는 좋은 방법이고 꽤 유효하니까.

문제 하나를 선택하면 다른 것(들)을 포기해야 하는데, 포기하는 것 중 가장 가치가 큰 것이 (　)비용이다. 모든 선택에는 이 비용이 따르기 때문에 미국의 경제학자 폴 새뮤엘슨은 공짜(　)은 없다는 유명한 말을 남겼다.

정답) 기회, 점심

Section 02

재화와 서비스가 요리조리

경제 객체 | 유용성 | 희소성 | 재화 | 경제재 | 자유재 | 애덤 스미스 | 다이아몬드의 역설 | 자유재에서 경제재로 | 서비스

경제활동의 대상을 **경제객체**라고 해. 경제객체에는 재화와 서비스가 있어. **재화**는 인간에게 효용을 주는 물리적인 것으로 자동차나 책상은 물론 공기나 전기와 같이 눈에 보이지 않는 것도 포함하는 개념이야.

이중에서 실질적인 경제활동의 대상이 되는 것은 유용성과 더불어 희소성을 가지는 **경제재**야. 물과 공기 등은 어떨까? 유용성이 있지만 희소성이 없지. 그래서 실질적인 경제활동의 대상이 되지는 않는데 이를 **자유재**라고 해.

모델을 구할 돈이 없어서 자신을 그렸다는 고흐의 자화상.

고흐의 자화상과 나의 자화상.
고흐의 자화상은 경제재, 내가 그린 자화상은 자유재야. 내가 그린 그림은 희소성이 없기 때문에 서로 사려는 경쟁도 없고 가격도 없으니까.

애덤 스미스가 말한 **다이아몬드의 역설**(가치의 역설)을 한번 들여다볼까?

물은 인간생활의 필수품이므로 유용성이 매우 크지만 희소성은 거의 없어(물론 생수는 희소성이 있지만). 반면 다이아몬드는 사람이 생존하는 데 없어도 무방할 만큼 유용성은 작지만 매우 희귀한 보석이야.

어떤 게 더 가치가 있을까? 사용가치는 물, 교환가치는 다이아몬드가 더 크겠지?

물은 자유재, 다이아몬드는 경제재야. 먹고살 정도가 되면 사람들은 귀한 것에 집착하고 희소할수록 가격이 올라가는 거지.

하지만 미래는 몰라. 어쩌면 앞으로 50년 뒤에는 환경오염이 극심해져서 맑은 물이 다이아몬드보다 더 비싸질지도.

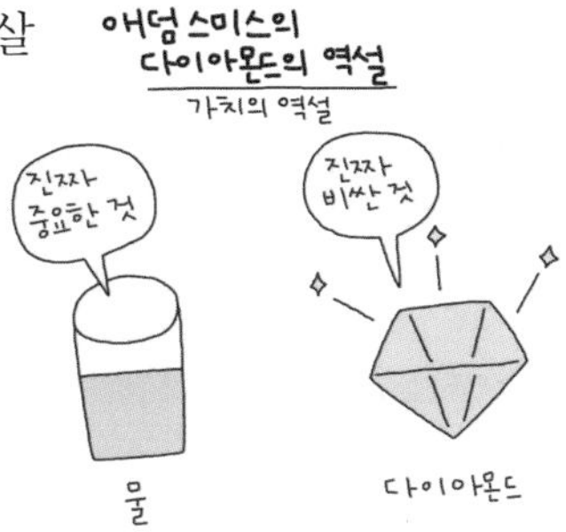

경제적 가치가 없는 자유재가 경제재가 되기도 해.

유튜브에 올라온 쌍둥이 옹알이 동영상, 부모에게는 유용성이 있었지만 누군가 돈을 주고 살 만한 가치인 희소성이 없는 자유재였어. 그런데 1억회 이상의 조회수를 올리며 광고에까지 등장하자, 쌍둥이 옹알이 동영상은 경제재가 되었어.

자유재에서 경제재로 바뀐 쌍둥이 옹알이 동영상

몇 년 전 러시아의 민간기업은 우주호텔 사업을 시작할 거라고 발표했어. 우주체험 관광비는 우리 돈으로 약 10억원쯤으로 예상된다는군. 기술개발로 경제재가 된 예야.

경제학에서 **서비스**는 형체는 없지만 가치가 있어서 돈을 지불하는 것으로 '용역'이라고도 해. 교사가 학생을 가르치고, 의사가 환자를 진료하고, 부산으로 택배를 보내고, 비행기를 운항하고, 극장에서 뮤지컬을 상연하는 것 등.

주부의 가사노동이나 자원봉사자의 노동은 폭넓게 보면 서비스지만, 경제학에서는 서비스에 포함시키지 않아. 돈을 주고 거래한 게 아니니까.

경제객체는 여기서 끝~. 경제주체들을 만나러 가자?

문제 인간에게 효용을 주는 것을 (　)라고 한다. 그런데 햇빛과 공기는 인간생활에 필수적이지만 무한정 많아서 희소성이 없는데, 이런 (　)를 (　)라고 한다.

정답) 재화, 재화, 자유재

Section

03 경제 시스템의 네 선수가 준비, 땅!

경제주체 | 가계 | 생산요소 | 소비 | 기업 | 생산 | 분배 | 정부 | 공공재 | 사회간접자본(SOC) | 공공 서비스 | 재분배 | 국외

경제주체는 경제활동을 하는 개인이나 집단이야. 신문기사에서도 자주 나오는 말이니 이 정도는 알아두자. 고등학교 경제책에 이런 말이 나와. "경제활동은 재화나 서비스를 생산/분배/소비하는 활동이다."

누가 생산하고 분배하고 소비하는가?
이 '누가'에 해당하는 것이 바로 경제주체야. 경제주체는 가계/기업/정부 3가지인데 요즘은 '국외'도 끼워 줘.

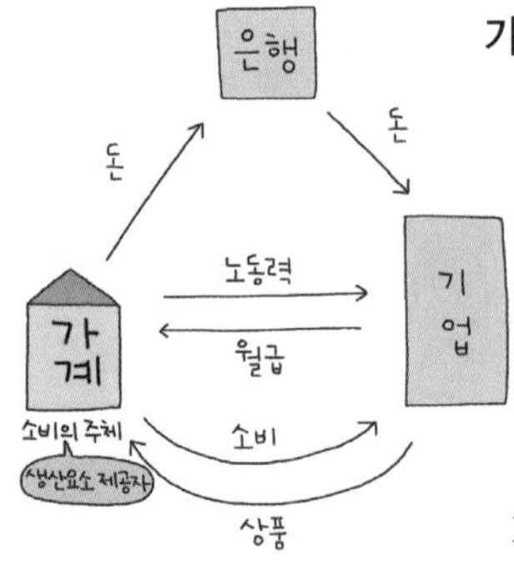

가계는 일반가정을 말하는데 생산활동에 참여한 대가로 소득을 얻어 소비활동을 해. 즉 기업에 노동력, 자본, 토지 등의 3가지 생산요소를 제공하고 생산에 참여한 대가로 각각 임금, 이자나 배당, 지대 등을 분배 받아 그 돈으로 기업이 만든 생산물을 소비하는 거지. 즉 가계는 경제에서 **생산요소의 제공자**이자 **소비의 주체**야.

광필이네 집도 나재벌네 집도 모두 가계에 속해. 물론 나재벌주식회사는 기업에 속하고.

교과서와 현실이 다른 게 있다.

교과서에서는 가계가 소비하고 남은 돈을 저축하면 기업이 이 재원을 대출해서 투자를 늘린다고 해. 하지만 지금 우리나라 현실은 달라.

2017년 기준 가계의 순저축률은 7.6%이며, 기업은 30% 가까이 돼.

우리나라 가계의 순저축률은 1997년 외환위기 이후 크게 떨어져 2002년 1%대까지 하락했으나, 2013년 이후 하락세를 멈추고 약간 반등하는 추세야. 이는 경기불황과 과도한 가계부채의 반작용으로 보여.

한편 한국은행은 우리나라 가계저축률이 고령화로 인해 2026년 마이너스가 될 것으로 예측했어.

기업은 재화와 서비스를 만드는 **생산의 주체**이며 **분배의 주체**야. 가계에 상품을 판매하고 그 대금을 받아 재생산을 하고 이윤을 늘려가. 그리고 생산을 통해 얻은 이윤을 노동자에게는 **임금**으로, 자본을 빌려주거나 투자한 측에는 **이자**나 **배당**으로, 토지를 빌려준 측에는 **지대**로 '분배'해. 즉 경제에서 분배의 주체는 바로 기업이야.

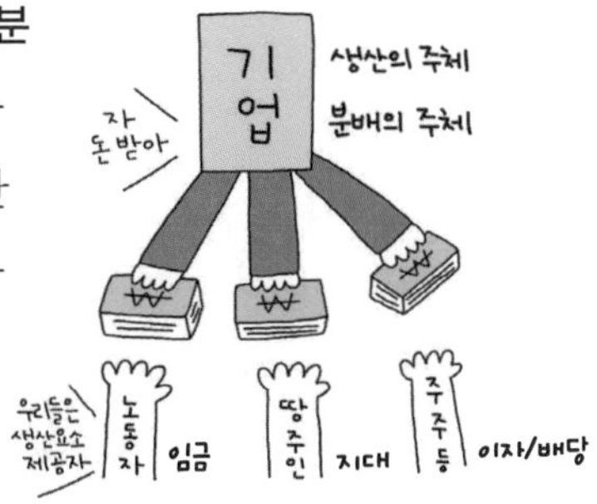

경제뉴스를 듣다보면 **민간**이라는 말이 많이 나오는데 가계와 기업이라고 생각하면 돼.

경제주체로서 **정부**의 가장 큰 역할은 가계와 기업으로부터 세금을 거두어 공공재를 생산하는 거야.

만약 정부가 수도나 전기, 철도 같은 공기업을 민영화하면 경영은 지금보다 더 효율화될 것이다. 최소의 인풋으로 최대의 아웃풋을 얻으려고 할 테니 당연히 순이익도 늘어날 것이다.
그런데 몇년 후에는 어떻게 될까? 독점이라 안전성과 서비스 품질은 떨어지고 서민들에겐 요금폭탄이 떨어질 가능성이 높다. 전기 · 수도 같은 공공재는 비싸다고 안 쓸 수도 없기 때문이다.

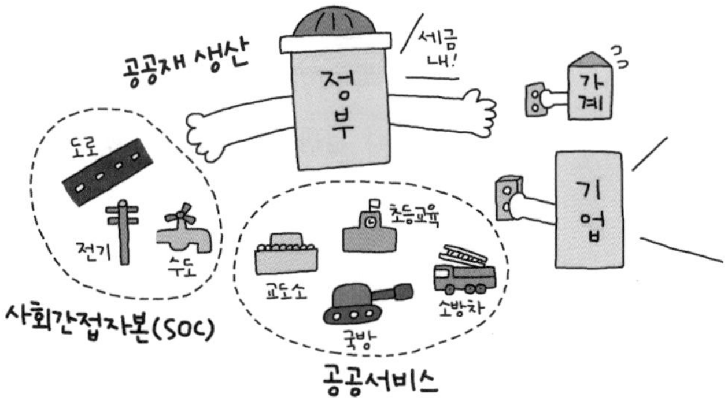

공공재는 모든 사람들이 이용할 수 있는 재화나 서비스인데, 사회간접자본과 공공서비스가 있어.

사회간접자본(SOC; Social Overhead Capital)은 철도 · 도로 · 항만 · 전력 · 상하수도 · 통신 등 국가의 경제발전, 생산활동을 위해서 반드시 필요한 공공의 기반시설이야. **공공서비스**는 국가나 공공단체에서 공공의 복지를 위해 제공하는 서비스로 치안, 소방, 국방, 교육 등을 말해. 또한 정부는 세금을 거두어 기업이 생산한 물품들을 소비하는 역할도 해.

또 정부는 **재분배**도 해. 분배를 시장이나 기업에만 맡겨놓을 경우 부의 편중이 심해질 가능성이 매우 높아. 그래서 정부는 이러한 불평등을 완화하

려고 정책적으로 개입하여 **소득 재분배**를 해. 고소득층에 높은 세금을 거두어 저소득층을 위한 복지에 사용하는 것이 그 예야.

또 기초연금, 장애인연금, 기초생활수급비 등도 경제주체가 생산에 기여한 대가로 주는 게 아니라 정부가 무상으로 주기 때문에 '재분배'라고 해. 재분배는 소득과 개인의 부를 세금 및 복지 정책으로 평준화하는 과정이야. 분배는 기업이, 재분배는 정부가 하는 것.

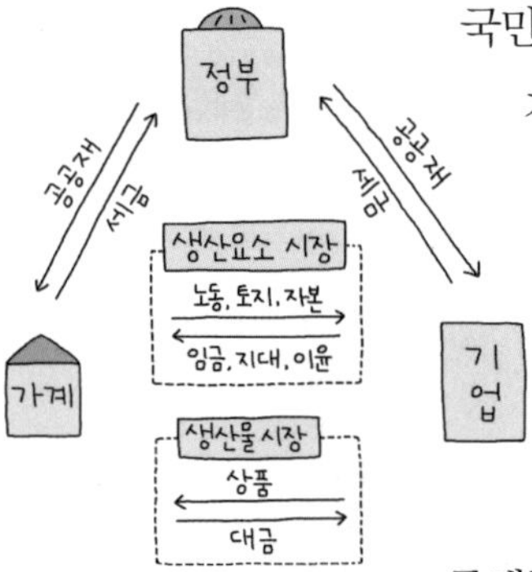

국민경제를 이루는 세 선수의 관계를 정리해 보자. 최근 경제주체에 **국외**도 넣는 추세야. 해외와 경제거래가 늘어났기 때문이지. 국외는 우리에게 부족한 재화를 공급하는 한편, 우리가 생산한 물품을 구입하는 시장의 역할도 해. 상품의 수출입뿐만 아니라 관광 등의 서비스도 해당돼. 경제주체는 여기서 끝~.

문제 1 가계는 A 시장에서는 생산물의 (　), B 시장에서는 생산요소의 (　)이다.

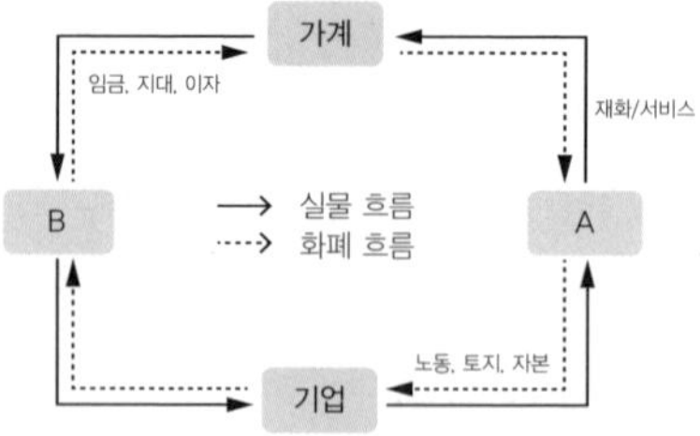

문제 2 경제학에서 (　)는 기업이 생산활동에 기여한 대가를 시장가격으로 보상해 주는 것이고, 생산활동과 관계없이 정부가 65세 이상 노인들에게 기초연금을 주는 것은 (　)이다.

정답) 1. 소비자, 공급자
2. 분배, 재분배

Section 04

생산, 분배, 소비를 골라보자

경제학에서 생산 | 경제학에서 분배 | 경제학에서 소비 | 유효수요

일상생활에서 생산은 단순히 쓸모 있는 물건을 만드는 거야. 그런데 **경제학에서 생산**은 시장 안에서 재화나 서비스의 가치를 높이거나 유지시키는 것까지 포함해. 즉 '시장 안에서' 거래가 이루어져야 하며 유통, 보관, 판매 활동도 생산으로 봐. 다음에서 경제학에서 말하는 생산을 골라볼까?

생산을 골라봐

1. 광필이가 새벽에 우유 배달 아르바이트를 하고 있다.
2. 진기가 사회탐구 인터넷 강의를 하고 있다.
3. 트럭 운전기사가 속초 어시장에서 서울 횟집으로 생선을 실어 나른다.
4. 강희가 주말농장을 해서 배추 20포기를 수확했다.
5. 전업주부 강희가 케이크를 20개 구웠다.
6. 광필이가 100만원을 국민은행에 예금했다.

1. 우유 배달은 가치를 키우며 가격에도 반영되므로 생산.
2. 진기가 교육 서비스를 해서 돈을 벌고 있으므로 생산.
3. 트럭으로 생선을 배달하는 것도 가치를 높이므로 생산.
4. 주말농장에서 수확한 배추는 시장에서 거래하지 않으므로 경제학에서 말하는 생산이 아니야.
5. 전업주부 강희의 가사노동도 마찬가지. 전업주부의 가사노동은 대표적인 생산지표인 국내총생산(GDP)에 포함되지 않아.
6. 은행 입장에서는 대출 서비스를 판 것이므로 생산이지만, 광필이 입장에서는 예금상품을 구입한 것이므로 소비. 그러므로 생산은 **1, 2, 3.**

일상생활에서 분배는 몫을 나누어 주는 거야. **경제학에서 분배**는 기업이 생산활동에 기여한 대가를 시장가격으로 보상해 주는 거야. 예를 들어 책을 생산하려면 자본이 필요하고 사무실 비용, 저자의 집필 노동, 출판사 직원의 노동, 광고료, 유통까지 다양한 재화와 서비스가 투자되어야 해. 이때 생산과정에 참여한 사람들에게 그 대가를 나누어 주는 것을 '분배'라고 해. 다음에서 경제학에서 말하는 분배를 찾아보자.

분배를 골라 봐

1. 광필이가 은행에서 예금이자를 받았다.
2. 강희는 주식에 투자하여 배당금을 받았다.
3. 광필이 아버지는 기초연금을 받았다.
4. 광필이는 현대자동차 주식을 100주 샀다.

1, 2는 경제학에서 말하는 분배야. 돈을 빌려주거나 투자한 대가를 은행이나 기업으로부터 받은 거니까.

3. 기초연금은 분배가 아니라 재분배야. 경제학에서 분배는 생산활동에 기여한 대가를 받는 것인데, 기초연금은 생산활동에 기여한 대가로 받는 게 아니잖아. 그래서 복지정책은 분배정책이 아니라 재분배 정책이고, 정부는 재분배의 역할을 할 뿐 분배의 역할은 하지 않아.

4. 광필이는 다른 사람이 갖고 있던 현대자동차 주식을 산 것일 뿐, 현대자동차에 직접적으로 투자한 것은 아니야. 만약 현대자동차가 처음으로 주식을 공모할 때 구입했다면 이 경우는 광필이의 돈이 직접 현대자동차에 들어간 것이므로 투자지만 이런 일은 흔치 않아. 그래서 일반적으로 주식 구매는 투자가 아니라 투자상품을 산 것이고 소비로 봐. 한편 배당을 받으면 분배가 되겠지. 그래서 앞에서 분배는 **1, 2**.

배당은 회사가 일정기간(주로 1년) 벌어들인 순수익의 일부를 주식 보유자에게 지분에 따라 나눠주는 것이다.

일상생활에서 소비는 단순히 물건을 구입하는 거야. 하지만 **경제학에서 소비**는 구입한 재화가 어떻게 활용되는지에 따라 **생산이 될 수도, 소비가 될 수도**

있다. 경제학에서 말하는 소비를 골라볼까?

소비를 골라봐

1. 스마트북스에서 국전지 158연(1연은 전지 500장)을 구매했다.
2. 프리랜서 디자이너인 송실장이 80만원을 주고 디자인 프로그램을 구매했다.
3. 강희가 딸의 학교 준비물로 5천원짜리 쇠자를 구매했다.

1. 출판사에서 책을 만들기 위해 종이를 구매했다면 이건 최종소비가 목적이 아니라, 책을 만드는 데 들어가는 중간재로 구입했으므로 소비가 아니야.
2. 프리랜서 디자이너인 송실장이 디자인 프로그램을 구매한 것은 생산.
3. 강희가 딸을 위해 쇠자를 산 것은 소비야. 그래서 위에서 소비는 **3.**

소비는 경제의 기관차

국민들의 소비 능력이 커져야 경제가 살아난다. 소비는 경제를 이끄는 기관차이다.

경제라는 거대한 시스템은 결국 '소비'가 살아나야 원활하게 돌아가. 그리고 가계는 소비의 주체이므로 결국 일반 국민들의 소비 능력이 커져야 경제가 그만큼 살아날 가능성이 큰 거야. 가계가 식료품을 사고 옷도 사고 책도 사고 뮤지컬도 보러 가고…….

이렇게 일반 국민들의 소비가 활발해져야 그만큼 기업의 생산도 늘어나는 거지. 이제 매출이 높아진 기업이 분배를 많이 하게 되고, 그러면 소비가 더 늘어나고……. 결국 한 나라의 경쟁력은 **구매력을 갖춘 중산층 인구**가 얼마나 많은가와 직접적인 관련이 있어.

"무릇 재물은 우물과도 같다. 우물의 물은 퍼서 쓸수록 자꾸만 가득 채워지는 것이고 이용하지 않으면 말라버리고 만다." 대표적인 실학자인 박제가가『북학의』에서 한 말이야. 그만큼 소비가 중요하다는 거지.

그런데 분배가 불평등하고 한쪽으로 부가 쏠려 **대다수 가계의 소득이 크게 늘지 않고 소비능력이 약화되면**, 결국 소비가 계속 줄어들고 생산도 위축되고 경제가 활력을 잃을 수밖에 없어.

월급 200만원인 사람이 월 10만원을 더 벌면 당장 식료품이나 생활필수품, 아이 피아노 교습비 등 소비에 쓸 가능성이 매우 높아. 하지만 **월소득 10억원인 사람**이 1억원을 더 벌었다고 소비를 얼마나 더 하겠어? 그냥 저축을 하거나 투자를 할 가능성이 높지. 그러니 부가 국민 골고루에게 평등하게 돌아갈수록 소비가 활발해지고 경제가 성장할 가능성이 더 높은 거지.

1930년대 미국에서는 **상위 10%**가 국가 **전체 부의 50%** 이상을 소유했을 때 대공황이 터졌어. 즉 부가 한쪽으로 편중되어 중산층의 소비능력이 크게 떨어졌을 때 대공황이 일어난 거야. 그런데 2008년에도 미국에서 상위 10%가 전체 부의 약 50%를 소유했을 때, 대공황 이래 최대 경제위기인 금융위기가 터졌어.

▼ 미국 상위 10%의 소득점유율 추이 출처: 경향신문

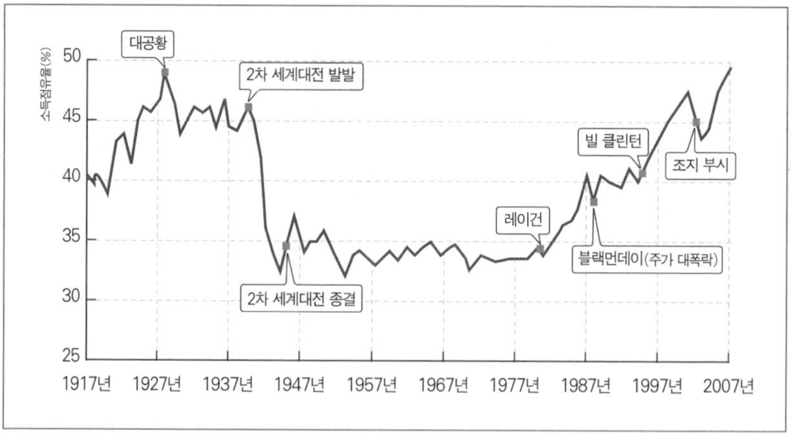

"대기업이 치킨집까지 한다"는 말 대신 우리도 이런 말을 듣고 싶다.
"우리는 사회로부터 혜택을 받았다. 이제 우리가 기여할 차례이니 특별기부세를 신설해 달라."
— 프랑스 화장품 기업 로레알의 총수 (고)릴리안 베탕쿠르(당시 『포브스』 선정 세계 여성부호 1위)

분배가 왜곡되어 국민 대다수의 실질소득이 크게 증가하지 않는다면 누가 기업의 생산물을 사줄까? 결국 분배의 왜곡은 경기불황, 때로는 거대한 공황으로 되돌아와 뒤통수를 치게 되어 있어.

Section 05 소비효과가 왁자지껄

밴드왜건 효과 | 스놉효과 | 네트워크 효과 | 베블런 효과 | 과시효과 | 의존효과 | 투기효과 | 언더독 효과

밴드왜건 효과(band wagon effect)는 서부개척시대의 역마차 밴드왜건에서 나온 말로, 금광이 발견되었다는 소식을 들으면 요란한 음악을 연주하는 밴드왜건(악대차)를 선두에 세우고 그러면 많은 사람들이 그 뒤를 따라가고, 그걸 본 다른 사람들은 뭔가 싶어서 뒤를 따르고…….

밴드왜건 효과는 특정 상품의 수요가 가격이나 품질이 아니라 다른 이의 수요에 영향을 받는 거야. 즉 유행에 따라 상품을 구매하는 소비현상으로 **편승효과**라고도 해. '남이 하니까 나도 한다.' 나보다 나은 사람이나 다수가 하는 것을 따라함으로써 동질감을 느끼고 싶어하는 심리에서 나온 행동이지.

광필이는 아이패드에 별 관심이 없었는데 회사 동료도 대학동창도 사고 뉴스에도 온통 아이패드 이야기이고 이렇게 핫 트렌드가 되자 호감이 가고 뒤처지는 느낌도 들어 구입했어. 이게 바로 다른 사람의 소비에 큰 영향을 받는 밴드왜건 효과.

스놉효과(snob effect)는 한 상품의 소비가 증가할수록 수요가 줄어드는 현상이야. 스놉은 '고상한 체하는 속물'이라는 뜻으로 **속물효과**라고도 해.

스놉효과의 소비자들은 대부분의 소비자들이 구매하지 않는, 구매하지 못하는 제품에 호감을 느껴. 예를 들

어 예전에는 명품 대접을 받았던 100만~200만원대 가방에 대한 수요가 늘어나자, 이번에는 500만원대 백으로 눈을 돌리고, 그러자 최상위층은 천만원대가 넘는 브랜드로 옮겨가는 것. 하이클래스 제품, 최고급 자동차, 자신들끼리만 알아볼 수 있는 고가 옷이나 액세서리 등에 이런 현상이 나타나.

상층계급이 명품을 소비하면 대중들이 '밴드왜건 효과'로 모방소비 성향을 보이고, 그러면 상층계급에 '스놉효과'에 의한 소비가 일어나기도 해.

네트워크 효과는 1950년에 미국의 하버 라이벤스타인이 발표한 효과로, 특정상품에 대한 수요가 다른 사람들의 수요에 영향을 받는 걸 말해. 위에서 소개한 밴드왜건 효과와 스놉효과가 바로 네트워크 효과들이야.

베블런 효과는 소비재의 가격이 상승하는데도 오히려 수요가 증가하는 현상이야. 사회적 지위나 부를 과시하기 위한 허영심에 의해 수요가 발생하기 때문에 가격이 비쌀수록 오히려 소비가 늘어나.

미국의 사회학자 베블런이 『유한계급론』(1899년)에서 "상층계급의 두드러진 소비는 사회적 지위를 과시하기 위해 지각 없이 행해진다"며 과시적 소비를 지적한 데서 생긴 말이야.

명품백은 가격이 상승하면 허영심을 더욱 자극해 수요가 증가하지만, 가격이 내리면 그 가치와 희소성이 떨어지므로 수요도 줄어들어. 베블런 효과를 마케팅에 이용하여 고급화나 차별화, 고가정책을 펴기도 해.

상층계급도 졸부와 전통적인 상류층이 있어. 졸부는 물적 과시소비를, 전통적인 상류층은 문화적 과시소비를 하는 경향이 있어.

과시효과는 사회적 심리적인 영향을 받아 타인의 소비행동을 모방하여 내 소득수준보다 높은 가격의 제품을 구입하도록 유도하는 효과로 **전시효과**, '시위효과'라고도 해. 소득수준이 높은 선진국과 낮은 후진국이 접촉하면, 후진국 국민들은 선진국의 생활양식을 모방하여 소비성향이 높아지게 되는데 과시효과 때문이지. 도시와 접한 농촌에서도 이런 현상이 자주 나타나.

의존효과는 광고, 선전 등으로 소비자의 욕구를 자극하면 소비가 늘어난다는 것. 수요는 소비자 스스로의 필요에 의해서가 아니라 상품 생산자의 광고, 선전에 의존해 만들어진다는 것이야. 미국 경제학자 갈브레이스가 풍요로운 사회의 경제적 특성을 설명하면서 사용한 개념이야.

투기효과는 앞으로 가격이 오를 것으로 예상될 때 투기이익을 얻고자 수요가 늘어나는 것. 아파트 가격의 상승세가 뚜렷할 때 투기이익을 얻기 위해 너도 나도 구입에 나서는 것이 그 예야.

언더독 효과(underdog effect)는 게임이나 시합에서 약자에게 연민을 느껴 이기기를 바라는 효과야. 언더독은 싸움에 진 개란 뜻.

선거에서 약세인 후보에 동정표가 몰리고, 스포츠시합에서 특별히 응원하는 팀이 없을 때 약자를 응원하는 것이 전형적인 언더독 효과야. 대기업 브랜드 빵집 대신 약자이며 오랜 단골이었던 동네 빵집을 이용하는 소비행태도 여기에 속해.

문제 고전경제학에서는 가격이 오르면 수요가 줄어든다고 한다. 그런데 가격이 올라도 높은 수요가 발생할 수 있다. 사회적 지위나 부를 과시하기 위해 명품백을 사는 걸 ( )효과라고 한다.

정답) 베블런

Section

06 수요, 수요법칙이 슬금슬금

수요 | 수요법칙 | 대체재 | 보완재

수요는 재화나 서비스를 구입하려는 욕구야. 물론 능력을 갖춘 사람의 욕구. 연봉이 3천만원이며 자산이 1억원인 광필이가 강남의 10층 1000억 빌딩을 구입하고 싶다면 수요가 아니야. 마찬가지로 일반인인 광필이는 조선업체인 현대중공업의 수요가 아니야.

수요는 단순한 구입욕구가 아니라 '구매능력'을 갖춘 욕구이므로.

광필이가 노트북을 구입하려다가 비싸서 포기했다면 노트북의 수요가 아니고, 파격세일을 할 때 사야지 마음먹었다면 노트북의 수요야.

경제학에서 수요는 단순히 가지고 싶다는 막연한 욕구가 아니라 '특정 재화나 서비스'를 사려는 욕구니까.

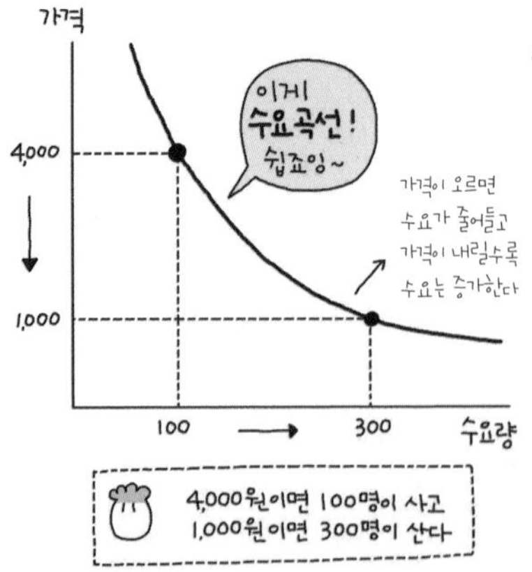

수요법칙은 다른 조건이 같을 때, 어떤 재화의 가격이 상승하면 수요가 감소하고, 가격이 내리면 수요가 증가하는 거야. 즉 가격과 수요량은 서로 역의 관계가 있어. 아파트 가격이 너무 높아지면 사려는 수요가 줄어들고, 배추 가격이 치솟으면 수요가 감소하는 거지.

수요는 가격뿐만 아니라 소비자의 기호나 소득 등의 변화에 따라 바뀌기도 해. 또 대체재와 보완재처럼 한 상품의 수요 변화가 다른 상품의 수요에 영향을 미치는 경우도 있어.

후쿠시마 원전사고 후 일본의 천연가스 수요가 늘었어. 도쿄전력의 원전과 함께 대부분의 석탄 화력발전소가 멈추면서 대체재인 LNG 화력의 비중이 높아진 것.
이 시기를 전후해 천연가스에 투자한 사람들이 더러 있었으나, 천연가스의 수요보다 공급이 더 빨리 늘어 가격은 오히려 내렸어.
기술혁신으로 암반층 사이의 쉘 가스 추출 능력도 높아지는 등 공급이 크게 확대되었기 때문이야.

대체재는 꿩 **대신** 닭, 어떤 재화와 유용성이 비슷해서 대체해서 쓸 수 있는 재화야. 소고기 **대신** 돼지고기나 닭고기, 석유 **대신** 천연가스, 밀 **대신** 쌀.

한 재화의 수요가 크게 늘어나면 가격이 오르겠지? 그러면 시차를 두고 대체재의 수요가 늘어나고 가격도 올라.

소고기 가격이 오르면 대체재인 돼지고기의 수요가 늘어나고 이에 따라 돼지고기 가격도 상승해. 석유 수요가 크게 늘어 가격이 급등하면 대체재인 천연가스, 석탄의 수요가 늘어나고 가격도 올라.

서울 시내의 아파트 전세가격이 크게 오르면, 대체재인 서울 외곽 아파트나 빌라/연립의 전세 수요도 늘어나고 가격이 상승해.

국제 농산물 시장의 대장격인 밀의 작황이 좋지 않아 가격이 급등하면, 대체재인 옥수수와 쌀의 수요가 늘어나고 이들의 가격도 따라 올라.

보완재는 빵 **더불어** 잼이나 치즈, 자동차 **더불어** 석유, 커피 **더불어** 설탕.

보완재는 서로 보완관계여서 한 재화의 수요가 증가하면 다른 재화의 수요도 덩달아 증가해.

빵의 수요가 급격히 늘면 보완재인 잼이나 치즈 수요가 늘어나. 전 세계의 자동차 수요가 급증하면 보완재인 석유 수요가 크게 늘어나 유가가 상승할 가능성이 높아.

인구 14억인 중국과 13.5억인 인도의 실질소득이 크게 증가하여 커피 섭취량이 급증하면 커피 수요뿐만 아니라 보완재인 설탕의 수요도 증가하고, 이에 따라 사탕수수나 사탕무 가격이 크게 오를 가능성이 높아져.

석유 대신 옥수수, 대체재를 만들어라, 억지로라도!

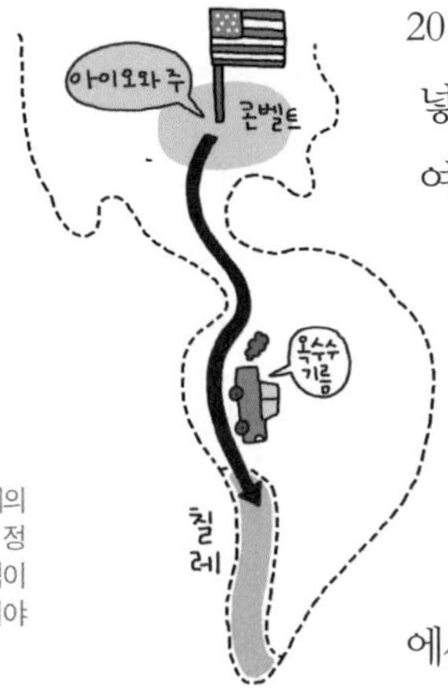

콘벨트 지역은 세계 최대의 옥수수 생산지이자 미국 정치에서 매우 중요한 지역이다. 경제와 정치는 떼려야 뗄 수 없는 관계이다.

2010년 칠레의 한 부부가 폐식용유를 자동차 연료통에 넣고 195일 동안 미국에서 칠레까지 3만 킬로미터를 여행했대. 옥수수기름으로도 자동차가 달려!

국제 곡물 중 가장 수요가 많은 것은 쌀도 밀도 아닌 옥수수야. 자, 옥수수의 정치학을 엿보자. 경제와 정치는 떼려야 뗄 수 없는 관계니까.

미국 중서부의 콘벨트 지역은 세계 제일의 옥수수 재배지역으로 **일본 땅덩어리보다 넓은** 이곳에서 전 세계 옥수수 생산량의 40%가 생산되고 그중 66%가 수출돼.

콘벨트 지역은 미국 정치에서 매우 중요한 곳이야. 콘벨트 지역 중 하나인 아이오와 주는 **미국 대통령 후보경선**이 첫번째로 시작되는 곳이야. 선거에서 기선제압은 매우 중요하므로 대선후보들은 아이오와 주의 눈치를 볼 수밖에 없어. 그래서 미국 정부, 정치인들은 콘벨트의 거대한 옥수수 생산량을 소화하기 위해 옥수수 수요를 어떻게든 늘려야 해.

1. 먹어서 없애자. 밀이나 포도 대신 옥수수.
옥수수는 팝콘, 옥수수 튀김기름으로도 먹지만 옥수수로 버번위스키를 만들어 먹기도 해.

2. 사탕수수 대신 옥수수.

옥수수로 만든 액상과당은 설탕보다 저렴해서 아이스크림, 콜라, 각종 음료에 들어가. 과다섭취 하면 몸에 나빠.

3. 풀 대신 옥수수.

소 한 마리는 하루에 12kg의 옥수수를 먹어대고 미국은 소를 1억 마리 이상 키워. 엄청난 옥수수가 풀 대신 소의 먹이로 제공돼. 그런데 소가 풀이 아닌 곡물을 먹으니 소화가 잘되지 않아 위산과다로 위에 구멍이 날 수 있어. 괜찮아, 항생제를 팍팍 먹이면 되니까.

그런데 사람이 먹고 마시고 소가 하루 12kg을 먹어대도 거대한 콘벨트 지역의 옥수수는 남아돌아.

4. 석유 대신 옥수수.

부시 대통령은 2007년에 앞으로 미국 옥수수 생산량의 대부분을 석유 에너지의 대체재 중 하나인 바이오에탄올로 만들겠다는 계획을 발표했어. 그런데 당시 옥수수를 키워 바이오에탄올 1리터를 만드는 생산비는 리터당 0.3달러(배럴당 약 50달러)로 석유 1리터 가격과 비슷했어. 그러니까 에탄올 1리터를 만드는 데 석유 1리터가 들어간다는 말이 회자되었지. 게다가 거대한 옥수수 밭을 유지하고 경작하는 데 따른 환경오염도 만만치 않아.

대체재의 허상
대형 SUV 차량에 바이오에탄올을 한번 주유하려면 한 사람이 1년간 먹는 옥수수량이 필요해. 지구상의 10억명이 제대로 먹지 못하는 상황에서 옥수수를 석유의 대체재로 만드는 데는 이런 모순이 있는 거지. 그러거나 말거나 미국 콘벨트 지역의 옥수수는 없애야 하니까, 그치?

문제 2017년 11월 애플은 아이폰 10주년 기념으로 야심작 아이폰X을 출시했으며, 2018년 1분기에 4천만대를 생산할 계획이었다. 그러나 연말연시 유럽과 중국 등에서 (   )가 부진하자 1분기 생산량을 2천만대로 줄이기로 했다.

정답) 수요

Section

07 수요법칙에도 예외가 있어

기펜재 | 위풍재 | 정상재 | 열등재

수요법칙에 따르면 한 재화의 가격이 오르면 수요가 줄고, 가격이 내리면 수요가 늘어나. 그런데 이 수요법칙의 예외들을 살펴볼까?

기펜재는 가격이 내리는데도 가치가 훨씬 더 떨어져 수요가 오히려 줄어들어. 고무신, 연탄 등이 그렇지. 요즘 고무신은 5천원 정도로 물가대비 30년 전 가격보다 훨씬 싸졌어. 하지만 신발로서의 가치가 떨어져 수요가 오히려 크게 줄어들었지. 스님들이 늘어나지 않는 한 고무신 수요는 줄 수밖에.^^

고무신, 요즘은 5천원쯤 하나? 커피 한 잔 값이지? 그래도 우습게 보지 마. 우리나라 최초의 고무신 공장은 1919년 설립된 대륙고무. 여기서 생산된 첫 고무신을 순종 임금이 신었대. 그땐 고무신이 쌀 한 말 값보다 훨씬 비쌌지.

위풍재는 가격이 계속 오르는데도 수요가 줄지 않고 오히려 늘어나는 재화야. 명품가방이나 고급 자동차 등 과시를 위해 소비되는 재화들이 위풍재야.

강남아파트나 고급 주택지, 우량주도 가격이 오르는데도 수요가 줄지 않고 늘어나는 경우가 많아 위풍재에 속해.

정상재는 실질소득이 늘어나면 수요가 늘어나는 재화야. 예로 와인은 소득 증가에 따라 수요가 늘어나는 정상재야.

반면 **열등재**는 실질소득이 늘어나면 오히려 수요가 감소하는 거야. 소주는 소득이 크게 늘수록 수요가 감소하는 열등재라고 볼 수 있어.

기펜재도 열등재에 속해. 하지만 열등재는 소득이 높아지면서 수요가 줄어드는 것이고, 기펜재는 가격이 내리는데도 수요가 줄어드는 것이 좀 달라.

정상재일까? 열등재일까?

한때 아파트 가격이 하락세를 보이고 인기가 시들해지자 노후대비로 원룸, 오피스텔, 상가, 빌딩 등의 수익형 부동산이 주목을 받기도 했어. 그런데 투자하려는 수익형 부동산이 앞으로 국민들의 실질소득이 늘어나면 수요가 오히려 줄어드는 열등재가 아닌지를 잘 생각해 보아야 해.

20년 전만 해도 연립주택의 반지하 방들도 수요가 많았어. 하지만 실질소득이 늘어나고 양질의 주거공간이 제공되면서 이제는 비어 있는 경우도 많아. 요즘 핫한 연남동이나 상수동 같은 곳 빼고, 동네 골목의 작은 상가도 신축 상가가 증가하면서 임차인을 찾지 못하는 경우가 늘어나고 있어.

한때 최고의 인기를 누리던 압구정 로데오 거리. 당시 젊은층에 가장 핫한 장소로 '대한민국 유행 1번지'로 불렸지. 하지만 임대료가 천정부지로 치솟으며 곳곳에 공실이 생기고 썰렁해졌어. 이처럼 상권도 열등재가 되기도 해.

앞으로 국민들의 실질소득이 늘어날수록, 그래서 더 양질의 주거나 상업공간이 증가할수록 버려지는 수익형 부동산의 형태가 무엇일까? 어느 지역이 될까? 즉 투자상품이 5년, 10년, 20년 후에 열등재가 되지 않을지 꼭 고려해 보아야 해.

젠트리피케이션

젠트리피케이션(gentrification)은 낙후되었던 구도심이 개발되면서 중산층이 대거 옮겨옴에 따라 기존 저소득층 원주민이 쫓겨나는 현상. 2000년대 서울 뉴타운 개발로 인한 젠트리피케이션이 대표적인 예. 상업지역에서는 압구정 로데오거리, 신촌상가 등이 대표적인 예이다.

Section

08 공급, 공급법칙도 예외가 있어

공급 | 공급법칙 | 공급법칙의 예외 | 독과점

경제학에서 **공급**은 '교환하거나 판매하기 위해' 시장에서 재화나 서비스를 제공하는 거야. 즉 **시장에서 돈을 받고 팔아야** 경제학에서 말하는 공급이야. 그래서 기부나 자원봉사는 경제학에서 공급으로 보지 않아.

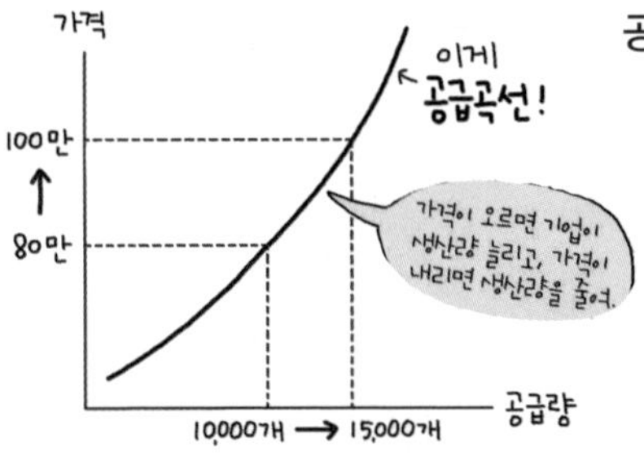

공급법칙은 다른 조건이 같을 때, 어떤 재화의 가격이 상승하면 공급량이 늘어나고, 가격이 내리면 공급량이 줄어드는 거야. 기업은 가격이 오를 때 많이 팔아 매출액을 최대로 올리려고 하니까. 와인 가격이 오르면 수입업자는 공급을 늘려. 아파트 가격이 크게 오르면 건설업체는 더 많이 공급해.

그런데 가격이 올랐을 때 기업이 **공급을 늘리고 싶어도 그럴 수 없는 경우**도 있어. 쌀, 소고기 등의 농축산물과 철 · 석탄 등의 원자재는 생산량을 하루아침에 늘리기 힘든 대표적인 상품들이야.

가격이 오르는데도 기업이 **일부러 공급을 늘리지 않는 경우**도 있어. 공급량을 적절히 통제해 높은 가격을 유지하는 거지. 명품가방이 대표적인 예야. 공급을 적절하게 통제함으로써 더욱 높은 가격에 판매해.

BMW는 1998년 영국 내 판매량을 제한하기로 결정했어. 만약 길거리에 너무 많이 굴러다닌다면 충성스러운 고객들이 살까? BMW는 가격을 올리면서 공급량을 늘리지 않는 전략을 유지하여 자신의 시장을 방어한 거야.

반면 BMW와 반대 전략을 폈던 상품도 있어. 어떻게 되었는지 볼까?

덴마크 버터 쿠키는 양철상자에 덴마크 왕궁 경비대와 유명한 인어공주 조각품이 그려진 고급 쿠키였어. 매우 잘 팔렸으며 가격도 비쌌으므로 이윤도 짭짤했어. 이 회사는 공급량을 늘리기로 하고 할인매장에 직접 공급하기 시작했어.

그런데 판매량은 오히려 떨어지고 재고가 쌓였어. 사람들은 고급과자인 덴마크 버터 쿠키를 특별한 행사나 손님 접대용, 선물용으로 구입했는데 할인마트 판매 등 공급량이 늘어나자 특별함이 사라진 거지.

한편 **필수품이며 대체재가 없는 경우**는 어떨까? 가격이 올라도 생산량을 늘리지 않고 공급량을 통제하는 현상이 더욱 뚜렷이 나타나기도 해. 특히 공급자가 **독과점 기업**이라면 이런 현상이 더욱 심해져. 2008년 국제 유가는 배럴당 150달러 가까이 치솟았어. 개발도상국의 수요가 증가하고 투기자본이 몰린 탓이 컸지만, 석유수출국기구(OPEC)에서 일부러 공급량을 늘리지 않고 통제한 것도 한 원인이었어.

Section

09 수요의 가격 탄력성이 팽팽하게

수요의 가격 탄력성 | 사치품/필수품의 수요 | 대체재가 있는/없는 상품의 수요 | 가격경쟁 | 서비스경쟁

가격이 내리면 수요량은 얼마나 늘어날까?

명품양복은 가격이 크게 올라도 우리 일상생활에 큰 변화가 없지만, 석유 등의 필수품들은 가격이 오르면 일상생활의 풍속도를 크게 바꾸어 놓기도 해.

수요의 가격 탄력성은 가격의 변화에 따른 수요량의 변화율이야. 예를 들어 가격이 100원 내리면 수요량은 얼마나 늘어날까?

가끔 경제시험에도 등장하니 수요의 가격 탄력성을 구하는 법을 알아볼까? 휘발유 가격이 리터당 2,000원에서 1,900원으로 내리자 수요량이 40리터에서 41리터로 늘었다고 해 보자. 수요의 가격 탄력성을 구하는 공식은 이렇다.

$$\text{휘발유 수요의 가격 탄력성} = \frac{\text{수요량 변화율}}{\text{가격 변화율}} = \frac{\frac{\text{수요 변화량}}{\text{기존 수요량}}}{\frac{\text{가격 변화량}}{\text{기존가격}}} = \frac{\frac{1\text{리터}}{40\text{리터}}}{\frac{100\text{원}}{2000\text{원}}} = \frac{\frac{1}{40}}{\frac{1}{20}} = \frac{20}{40} = 0.5$$

백화점 전단지에 콩나물 사진은 안 나와. 모피코트 등 가격 탄력성이 큰 사치품이 나오는 거지. 콩나물은 서비스 경쟁을 해. 친환경 콩나물, 머리 딴 콩나물 등.

위에서 휘발유 수요의 가격 탄력성은 0.5로 나왔어. 가격이 1만큼 내리면 수요량이 0.5만큼 늘어난다는 거야. 가격의 변화율보다 수요량의 변화율이 더 크면 탄력적이고, 그보다 작으면 비탄력적이야.

가격의 변화율 < 수요량의 변화율 ----▶ 탄력적 (1보다 크다)

가격의 변화율 > 수요량의 변화율 ----▶ 비탄력적 (1보다 작다)

사치품은 탄력적, 필수품은 비탄력적. 파격세일을 하면 수요가 확 늘어나는 모피코트, 남성정장, 헬스기구, 고급 승용차 등 주로 백화점 바겐세일 전단지 앞쪽에 실리는 사치품들은 수요의 가격 탄력성이 커. "오늘만 싸게 줄 테니 기회 놓치지 마."

반면 필수품은 수요의 가격 탄력성이 비탄력적이야. 쌀, 배추, 콩나물 등 우리 밥상에 늘 올라오는 것들은 가격이 올라도 어쩔 수 없이 사 먹어야 하니까.

사치품과 필수품의 개념을 확실히 익혀볼까? **사치품**은 살아가는 데 꼭 소비하지 않아도 되는 것, **필수품**은 사람이 살아가는 데 꼭 필요한 물품으로 쌀이나 배추 등이야. 그래서 가격이 비싸도 집은 필수품이고, 가격이 천원이라도 콜라는 엄밀한 의미에서는 사치품인 거지.

대체재가 있는 상품은 수요의 가격 탄력성이 탄력적이고 **대체재가 없는 상품**은 비탄력적이야.

자장면 값이 크게 올라 1만원이 넘으면 그냥 백반 사 먹으면 돼. 조류독감이 유행하면 닭고기 대신 대체재인 돼지고기를 먹으면 되고. 그러므로 대체재가 있는 상품은 가격이 크게 오르면 수요량이 팍 줄어들어, 수요의 가격 탄력성이 큰 거지.

반면 휘발유는 가격이 10% 올라도 자동차 운전자들은 어쩔 수 없이 쓸 수밖에 없어. 이처럼 대체재가 없는 상품은 수요의 가격 탄력성이 작아.

수요의 가격 탄력성은 일상생활과 관련이 깊고 **기업경영**에서도 매우 중요한 경제학적 개념이야. 예를 들어 광필이가 강남지역의 주유소 사장이라면 고객층이 가격에 덜 민감하므로 수요의 가격 탄력성이 작아. 가격이 올라도 수요량이 크게 줄지 않아. 그래서 강남 주유소는 굳이 가격경쟁을 하기보다는 다양한 서비스를 개발하는 것이 효과적이야.

반면 중산층이나 서민층이 많은 지역의 주유소 사장이라면 서비스 개발보다는 다른 주유소보다 40원이라도 싸게 팔아 가격경쟁을 하는 것이 유리하겠지.

아이폰 X
• 제조원가 370.25달러
(부품 및 조립비)
• 글로벌 출고가 999달러
(출처: 2017년 11월 19일 IT전문매체 폰 아레나)

제조원가에 연구개발비와 소프트웨어 비용은 포함되지 않기에 '출고가 — 제조원가'가 모두 애플의 이윤은 아니야.

아이폰은 가격경쟁을 할까, 서비스 경쟁을 할까?

반드시 수요의 가격 탄력성에 따라 경쟁전략을 짜는 것은 아니야. 아이폰X의 가격이 크게 오르면 사람들은 갤럭시S8을 살 거야. 수요의 가격 탄력성이 큰 편이지. 하지만 애플은 가격경쟁을 하지 않고 높은 가격을 유지하면서 서비스 경쟁을 하고 있어. 사용자들이 열광하는 기발한 기능 등 사용성에 초점을 맞추어 고객을 더 늘리려는 발상의 전환이라고 할 수 있어.

문제 학교 앞 분식집의 최강라면은 3,000원으로 하루에 1,000그릇을 팔고 있다. 만약 가격을 10% 올릴 때 고객 수가 5% 줄어드는 경우, 수요의 가격탄력성은 얼마이며, 매출은 어떻게 될까?

정답) 가격탄력성 0.5, 매출액 3,135,000원

Section

10 공급의 가격 탄력성이 느슨하게

공급의 가격 탄력성 | 농산물 · 원자재 공급 | 공산품 공급 | 수급 관리

공급의 가격 탄력성은 가격의 변화에 따른 공급량의 변화율이야. 예로 가격이 1만원 오르면 공급량은 몇 %나 늘어날까? 가끔 취업시험에도 등장하니 공급의 가격 탄력성을 구하는 법을 알아볼까?

가격이 오르면 공급량은 얼마나 늘까?

광필이는 사과가 한 박스에 2만원일 때 100박스를 시장에 공급했어. 근데 명절을 앞두고 박스당 3만원으로 오르자 120박스를 공급했어. 사과 공급의 가격 탄력성을 구해볼까?

$$\text{사과 공급의 가격 탄력성} = \frac{\text{공급량의 변화율}}{\text{가격의 변화율}} = \frac{\frac{\text{공급 변화량}}{\text{기존 공급량}}}{\frac{\text{가격 변화량}}{\text{기존가격}}} = \frac{\frac{\text{20박스}}{\text{100박스}}}{\frac{\text{1만원}}{\text{2만원}}} = \frac{\frac{1}{5}}{\frac{1}{2}} = \frac{2}{5} = 0.4$$

여기서 사과 공급의 가격 탄력성은 0.4야. 가격이 1만큼 오르면 공급량이 0.4만큼 늘어난다는 거지.

옷 · 노트북 · 볼펜 등 **공산품**은 가격이 오르면 공급량을 늘리기가 쉬워. 공급의 가격 탄력성이 큰 거지. 반면 쌀 · 배추 · 사과 · 소고기 등 **농축산물**, 석유 · 철 · 구리 등 **원자재**는 공급의 가격 탄력성이 작아. 가격이 오른다고 금방 공급을 늘릴 수 있는 제품이 아니니까.

그런데 공급의 가격 탄력성이 작은 제품들 중에서 서민경제에 직결된 생필품들은 수요에 비해 공급이 부족할 경우 가격이 급등할 수 있어.

석유나 배추 등은 모두 공급의 가격 탄력성도 적고 수요의 가격 탄력성도 적어. 가격이 오른다고 수요량이 왕창 줄지는 않아. 반대로 가격이 오른다고 이들 상품을 한꺼번에 왕창 공급할 수도 없고. 그래서 정부에서 수요량과 공급량, 가격을 모니터링하고 직접 가격이나 수급을 관리하기도 해.

덤&덤. 그런데 **마트에서 필수품은 어디에 배치할까?**

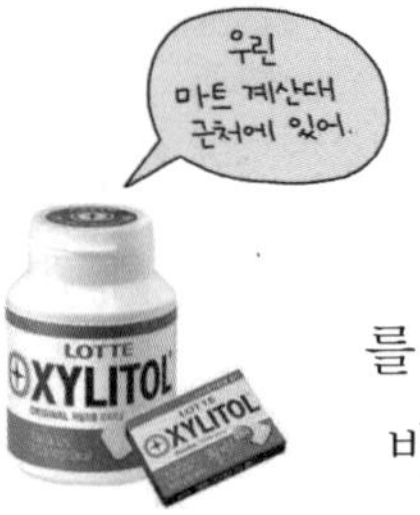

답은 가장 안쪽이야. 가장 앞쪽에는 와인 등 수요의 가격 탄력성이 큰 상품을 진열해. 1년 내내 세일하는 것도 있고.

여기를 지나면 라면을 5개씩 묶고 거기에 라면 하나를 더 얹어주는 제품들이 있어. 고객들이 탄력의 숲을 지나 비탄력적인 필수품 코너까지 이동하면서 최대한의 매출을 올리게 하는 거야.

그러면 계산대 옆에 진열해 두는 건 뭘까?

수요의 가격 탄력성이 가장 탄력적인 기호품이지. 어느 마트를 가든 계산대 근처에 자일리톨껌이 있잖아.

문제 다음은 공급의 가격탄력성에 대한 설명이다. O, X로 표시해 보자.
① 아파트 건설업체와 콜라 제조업체 중 공급이 더 탄력적인 곳은 콜라 제조업체이다. (O X)
② 건설자재 값이 오르면 아파트 건설업체의 공급의 가격탄력성은 탄력적이 된다. (O X)
③ 아이폰의 수요가 감소할 때 애플의 공급이 탄력적일수록 가격은 덜 하락한다. (O X)

정답) ① O ② X ③ O

Section

11 수요/공급의 법칙을 읊으면

시장 | 가격 | 자본주의 경제 | 시장경제 | 수요/공급의 법칙 | 보이지 않는 손 | 수요/공급 법칙의 예외

우리가 구입하는 물건의 가격은 시장에서 수요와 공급에 따라 결정돼. 자본주의 경제를 **시장경제**라고 하는데, 수요, 공급, 가격이 시장에서 결정된다고 해서 시장경제.

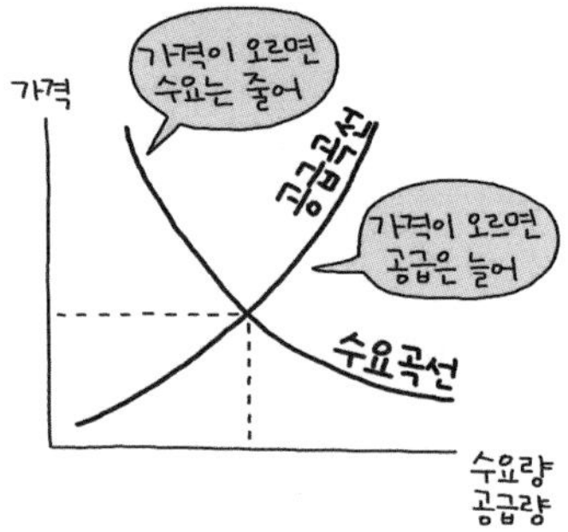

수요/공급의 법칙은 가격이 오르면 수요는 줄어들고 공급은 늘어나는 거야. 반면 가격이 내리면 수요는 늘어나고 공급은 줄어들겠지. 수요/공급의 법칙이 어떻게 움직이는지 볼까?

광필이네 섬나라에서 노트북 가격이 올랐어.

1. 노트북 가격이 크게 오르면 기업은 공장을 풀로 돌려서 공급을 늘려. 반면 노트북이 너무 비싸지자 수요는 줄겠지.

2. 이제 노트북 공급은 늘어나는데 수요는 상대적으로 줄어드니, 노트북의 가격이 내려.

만약 노트북을 사려는 수요도 증가하고 공급도 늘어나면? 수요와 공급 중 어느 쪽이 더 많은지에 따라 가격이 결정돼. 노트북의 수요보다 공급이 더 많이 늘어나면 가격이 떨어지겠지.

경제는 상식, 이건 새로운 이야기도 아니야. 그래서 **앵무새에게 수요/공급의 법칙을 외우게 하면** 또 한 명의 경제학자가 태어난다는 우스개소리도 있어.

시장에서 가격은 보이지 않는 손의 역할을 해.

가격은 이처럼 시장경제에서 수요와 공급을 조절하는 **보이지 않는 손**의 역할을 해. 가격이 오르내림에 따라 수요와 공급이 조절되면서 새로운 균형가격이 만들어지고, 그 가격에 팔 수 없는 기업은 경쟁에서 도태되고……. 국가가 기업에 노트북을 몇 대 생산하라고 지시할 필요가 없어. 국가가 생산시설을 소유하고 계획생산을 하는 계획경제체제, 즉 공산주의 국가가 아니니까. 자본주의에서는 기업이 시장의 신호(가격)에 따라 노트북을 몇 대 만들지 결정해. 그래서 가격 신호에 따라 한 나라 전체의 자원(쉽게 말해 돈)이 자율적으로 배분되고 투자되는 거지.

그런데 보이지 않는 손의 역할이 **항상 완벽한 건 아니야**. 예를 들어 볼까? 지난 시기 **아파트 가격이 계속 오르자 수요가 줄어들기는커녕** 가계는 융자를 잔뜩 지고 투자에 나서고(수요 증가) 기업들은 아파트 공급에 열중했어(공급 증가). 우리 사회의 자원이 부동산시장으로 몰려 과잉공급이 된 거지. 돈이 더 좋은 재화와 서비스를 생산하는 곳으로 효율적으로 배분되지 않았던 거야.

그런 현상의 결과는 2008년 미국이 잘 보여주었어. 미국의 부동산시장은 거품이 커질 대로 커지다가 뻥 터지면서 곤두박질을 쳤어. 가격의 '보이지 않는 손'이 적절하게 기능하지 않았을 때의 폐해를 잘 보여주는 예야.

수요/공급의 법칙으로 살펴본 공공재 문제

수요/공급의 법칙이 적용되지 않는 대표적인 예가 바로 공공재야.

수요/공급의 법칙에 따르면 가격이 오르면 수요가 줄어들지만, 수도나 전기 같은 공공재는 가격이 올랐다고 수요를 크게 줄일 수 없어. 또한 누구나 공급자로 참여할 수 없는 독점시장이라 공급이 하루아침에 늘지도 않아. 그래서 많은 국가들은 전기, 수도, 의료 등을 공공재화하여 정부가 직접 생산하고 관리해.

그런데 공공재를 민영화하여 시장에 맡겨 버리면 어떤 일이 일어날까? 대체재가 없는 필수품이어서 가격이 올라도 수요가 별로 줄지 않아. 게다가 공급자는 독점기업이므로 가격을 더욱 높일 수 있어.

영국은 공공재인 수도사업을 민영화하여 시장에 맡겨 버렸어. 영국의 수도요금은 사용량에 따라 다르지만 한국보다 약 4~5배 비싸. 볼리비아 또한 수도사업을 민영화하여 시장에 맡겼어. 미국 벡텔 사가 수도회사의 최대주주였는데 민영화한 지 한 달도 채 되지 않아서 수도요금이 4~5배나 올랐어.

공공재는 수요/공급 법칙이 제대로 작동되지 않는 대표적인 예야.

사람들이 빗물을 받아쓰자 벡텔 사는 투자자국가소송제(ISD)라는 칼을 휘둘렀어.

수요/공급의 법칙은 잊어라 — 수익형 민자사업

수요/공급의 법칙이 제대로 작동하지 않는 전형적인 예를 수익형 민자사업에서 볼 수 있어. **수익형 민자사업**은 민간기업이 자본을 대어 도로, 항만, 교량, 터널, 하수도 등을 건설한 후 직접 운영해 얻은 수익으로 초기 건설비 등을 보전하는 사회간접자본 건설방식이야. 그런데 정부와 지방자치단체들이 이 사업을 벌이면서 예상수익의 90%를 기업에 보장해 주는 계약을 남발했어(이 제도는 2006년 이후의 건설부터는 폐지되었어).

예를 들어 연간 운영수익을 1천억원으로 예상했는데, 개통 후 실제 운영수익이 500억원밖에 안 되면 예상수익의 90%인 900억원에서 모자라는 400억원을 세금으로 메워 주는 거야. 그러니 기업들은 초기 수요 예측을 실제 통행량보다 뻥튀기를 한 경우가 많았어. 이처럼 정부나 지자체가 수요 예측을 잘못하여 민자사업 손실보전액으로 기업에 지급한 돈은 2009년 한해에만 2,600억원에 달했어. 누적하면 조 단위야.

한국의 민자사업 1호는 인천국제공항고속도로이고 서울 외곽순환고속도로의 일부 구간, 신촌기차역 등 많아. 민자사업은 가히 황금알을 낳는 거위라고 할 수 있어.

일단 민자사업권을 따기만 하면 돼. 적자? 걱정할 필요가 없어. 어차피 세금으로 메워 줄 테니까. 국민들은 비싼 이용료에다 손실이 나면 세금으로 메워 주어야 하니 피해막심이지. 어차피 세금으로 메울 바에야 수익형 민자사업을 할 필요가 있나? 그냥 세금으로 짓는 게 낫지. 그나마 요즘은 폐지되어 새로 일을 안 벌이니 다행인 거지. 국민이 경제를 잘 모르면 이런 일이 벌어지기도 한다는 게 교훈.

맥쿼리 인프라의 돈 버는 기술(2009년 기준)
"1조 1,126억원을 빌려주고 1,578억원의 이자를 챙겼다."

한국에서 민자사업을 가장 많이 한 업체는 맥쿼리 한국인프라투융자회사야. 2009년 기준 2조원의 자금을 굴리면서 우면산터널, 인천국제공항고속도로 등 15개의 민자사업에 관여했어. 이 회사의 한국 평균 연 투자수익률은 약 10%야. 10%가 우습다고? 대단한 거야. 세계 최고의 채권투자자인 빌 그로스의 평균 연수익률도 8.5% 정도야.

그런데 실속 없는 민자사업이 왜 이리 많이 추진되었을까? 이 회사의 대표는 2009년 당시 최고위층 형님의 장남이야. 정치와 경제는 동전의 양면이라는 말이 달리 있는 게 아니지.

▼ 2009년까지 지급한 민자사업 손실보전 지급액

인천국제공항고속도로 7,333억원
천안 - 논산 고속도로 2,958억원
대구 - 부산 고속도로 1,723억원
서울외곽순환고속도로 527억원
부산 - 울산 고속도로 317억원
용인 - 서울 고속도로 24억원
서울 - 춘천 고속도로 36억원

Section

12 규모의 경제가 꼼지락

규모의 경제 | 한계비용 | 한계수익 | 한계효용 체감의 법칙 | 한계효용 체증의 법칙

규모의 경제는 기업이 생산량을 늘리면 어느 선까지는 평균 생산비용이 줄어든다는 거야.

자동차회사에서 하루에 1천대를 생산하는 비용이 100억원이라면 1대당 평균 생산비는 1천만원. 그런데 하루 생산량을 100대 더 늘려도 재료비나 전력, 인건비 등은 더 들지만, 생산시설 비용 등은 공장을 풀로 가동하기 전까지는 추가되지 않아. 그래서 일정 선까지는 1대당 평균 생산비용이 줄어들어.

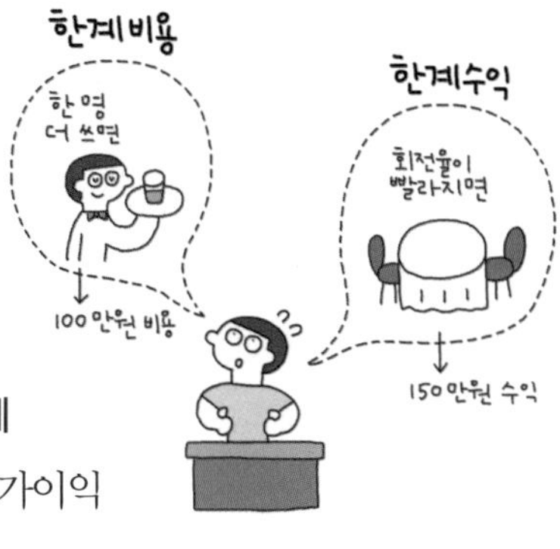

경영자들은 선택을 할 때 본능적으로 한계비용과 한계수익을 비교해. '한계'가 붙으면 무조건 '한 개'를 연상하면 돼.

한계비용은 현재 상태에서 하나의 행위를 더할 때 발생하는 추가비용, **한계수익**은 하나의 행위를 더할 때 얻는 추가이익이야.

광필이가 목 좋은 곳에서 갈비집을 열었는데, 갈비맛이 좋아 손님들이 크게 늘어났어. 급기야 일손이 부족해서 기다리다가 돌아가는 손님들까지 생길 정도였지. 아르바이트생을 더 뽑으면 주방도 빨리 돌아가고 좌석 회전율도 빨라질 거야. 그래서 광필이는 한계비용과 한계수익을 계산해 보았어.

광필이의 메모

한계비용: 알바 한 명을 더 고용하면 → 100만원의 비용 발생

한계수익: 한 명을 더 고용해

좌석의 회전율이 빨라지면 → 150만원의 수익 발생

▼ 몇 명까지 고용을 늘릴까?

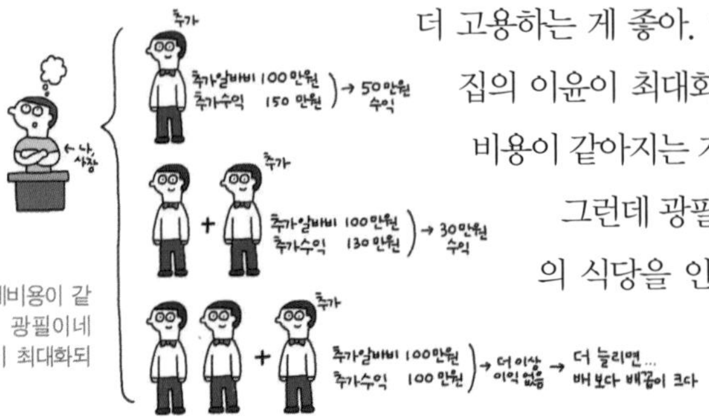

한계수익과 한계비용이 같아지는 지점이 광필이네 갈비집의 이윤이 최대화되는 지점이야.

한계수익이 한계비용보다 크다면 당연히 알바를 한 명 더 고용하는 게 좋아. 옆의 그림에서 보듯이 이 갈비집의 이윤이 최대화되는 지점은 한계수익과 한계비용이 같아지는 지점이야.

그런데 광필이가 자신감이 넘쳐 덜컥 이웃의 식당을 인수해 갈비집을 확장한 경우는 어떨까? 손님이 한 명 늘 때 생기는 추가이익보다 인수비용이나 새로운 직원들의 임금, 설비투자 등 추가비용이 훨씬 클 거야. 이런 단계로 가면 한계비용이 체감하는 것이 아니라 오히려 늘어나게 돼. 그래서 광필이는 한계수익과 한계비용이 같아지는 지점까지만 고용을 늘릴거야.

한계효용 체감의 법칙이라는 말도 상식으로 알아두자. '한계'라는 말이 붙으면 '1개 더' 만들거나 소비했을 때와 관련된 말이라고 했지?

광필이가 배가 너무 고파 토스트를 무려 3개를 샀다고 치자. 첫 번째 토스트를 먹었을 때의 효용은 100이야. 두 번째 토스트를 먹었을 때의 만족(효용)은 60, 배가 너무 불러 세 번째 토스트의 효용은 거의 없다 싶을 수도 있겠지? 이처럼 소비를 한 단위씩 늘릴 때마다 효용이 줄어드는 것을 '한계효용 체감의 법칙'이라고 해. 뷔페에 가서 가장 먼저 먹는 게 효용이 제일 크고 시간이 지날수록 줄어드는 것을 생각하면 이해하기 쉬워.

Section

13 가격 차별화가 가지각색

가격 차별화 | 시간대별/지역별/연령별/구매량별 가격 차별화 | 공기업의 가격 차별화

패밀리 레스토랑의 런치세트, 핸드폰이나 KTX 요금의 다양한 할인제도, 전력이 남아도는 심야시간대의 싼 전기요금 등 우리 주변에서 가격 차별화 제도를 적용하는 사례는 매우 많아.

가격 차별화는 한 기업의 똑같은 재화나 서비스인데도 가격을 차별적으로 받는 전략이야. 결국 매출을 늘려 이윤을 극대화하기 위한 한 방법이지.
똑같은 영화인데 조조할인은 싸다 – 시간대별 가격 차별화

시간대별 가격 차별화

에이즈 치료제 가격이 미국보다 아프리카에서 싸다 – 지역별 가격 차별화
투탕카멘 전시회의 어린이요금은 성인요금보다 싸다 – 연령별 가격 차별화
초등학교가 학생들의 준비물을 대량으로 구매하면 가격이 더 싸다 – 구매량 가격 차별화

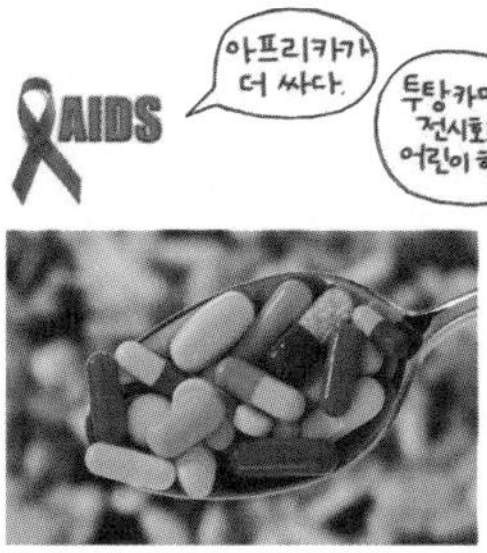

지역별 가격 차별화

연령별 가격 차별화

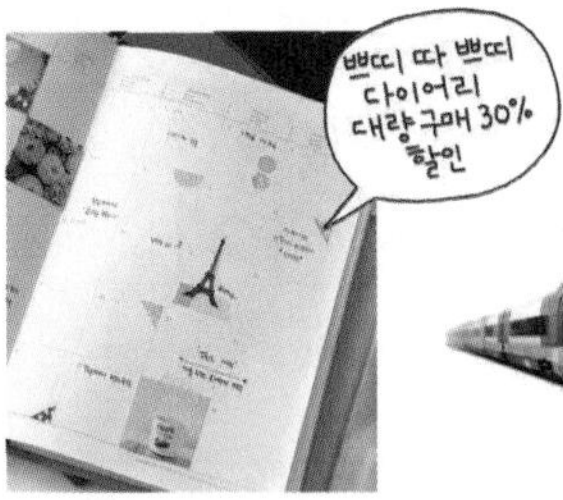

구매량별 가격 차별화

시간/사용량 등 다양한 가격 차별화 전략

공기업의 가격 차별화 정책을 살펴볼까? 대표적인 것이 한국전력의 전기요금이야.

현재 한국의 전기요금은 기업이 가계보다 저렴해서 기업용 전기요금은 가정용 요금의 3/4에 불과해. 산업전기는 생산원가보다 싸게 공급되고 있어. 그동안 경제발전을 위해 산업계에 혜택을 준 거야.

공기업인 한국전력은 2008년 이후 5년간 10조원 가까이 적자를 내다가 두 차례의 요금 인상 후 흑자로 돌아섰어(2018년 현재는 탈원전 정책으로 원전가동률이 떨어지면서 다시 적자로 돌아섰고 요금 인상 논란이 벌어지고 있다). 그런데 2014년 한 해 동안 한전이 대기업에게 원가보다 싸게 공급한 금액이 포스코 1,596억원, 현대제철 1,120억원, 삼성전자 924억원, 삼성디스플레이 634억원, 고려아연 563억원, 엘지디스플레이 532억원, SK하이닉스 423억원에 달해.

물론 농업 분야나 중소기업에 대한 혜택에 대해 뭐라는 것은 절대 아니야. 하지만 산업계에 대한 특혜가 누적된 결과 한국전력의 2017년 말 부채액은 누적으로 108조원에 달해. 우리가 앞으로 세금으로 갚아야 할 국가부채인 거지.

Section 14

4개 시장이 치열하게

시장 | 독점적 경쟁시장 | 완전경쟁시장 | 과점시장 | 가격 담합 | 독점시장

야구선수와 구단이 연봉계약을 맺는 것도 일종의 시장이야.

동네 슈퍼, 노점상, 복덕방, 할인마트도 일종의 시장이야. 외환시장, 증권거래소나 법률사무소도, 예금을 하거나 대출을 받는 은행도 역시 시장이야. 즉 재화나 서비스가 수요와 공급의 힘에 의해 거래되고 가격이 형성되는 곳은 모두 **시장**이야.

우리 옆에 있는 시장의 특성을 살펴볼까?

광필이네 동네 미용실로 본 독점적 경쟁시장

1. 광필이 아내는 쁘띠 미용실만 이용해.

– 미용실은 품질과 소비자의 선호도가 달라. 동네에 쁘띠 미용실을 이용하는 특정 소비집단이 있어.

독점적 경쟁시장은 단골에게는 독점적 성격을 띠는 거지.

2. 쁘띠 미용실 옆에 빛나라 미용실이 생겼어.

– 독점적 경쟁시장은 누구나 시장에 쉽게 참여할 수 있으며 시장 참여자가 많아.

3. 그러자 쁘띠 미용실은 파마 영양제 서비스를 새로 내걸었어.

– 독점적 경쟁시장은 독점적 성격이 견고하지 않고 늘 치열한 서비스 경쟁을 해야 살아남아. 가격을 함부로 올릴 수 없으며 누구도 확실한 시장 지배력을 갖고 있지는 않아.

독점적 경쟁시장은 시장범위가 작으며 특정 소비집단 안에서 독점효과를 내는 시장이야. 이름처럼 **독점적** 성격과 치열한 **경쟁**이 공존하는 시장이지. 음식점, 미용실, 카센터, 치킨집 등.

완전경쟁시장은 경쟁자가 무수히 많으며 누구든 쉽게 접근할 수 있어. 또한 제품의 품질도 균일하며 모든 정보가 개방되어 있는 시장이야. 어떤 세력이 좌지우지하는 시장이 아니야. 균일한 품질을 갖춘 상품을 자유롭게 사고팔며 자원이 가장 효율적으로 배분되는 시장인 거지.

그런데 현실에서 완전경쟁시장은 없어. 그냥 경제학자들이 이상적인 모델로 가정한 시장일 뿐(앞에서 이야기했듯이 경제학은 가정의 학문이야^^). 굳이 현실에서 완전경쟁시장과 비슷한 시장을 찾으라면 외환시장을 들 수 있어.

외환시장은 왜 완전경쟁시장이라고 우기지?

1. 공급자와 수요자가 매우 많아.
– 각 국가, 기업, 광필이까지
2. 누구나 쉽게 접근할 수 있어.
– 오늘 광필이가 외환시장에서 1달러를 샀어.
3. 제품의 질이 균일해.
– 광필이가 산 1달러나 워런 버핏이 가진 1달러나 똑같아.
4. 모든 정보가 개방되어 있어.
– 광필이나 워런 버핏이나 인터넷으로 환율 등을 언제든 알 수 있지.

하지만 외환시장이 실제 완전경쟁시장은 아니야. 한국은행 같은 중앙은행, 조지 소로스 같은 핫머니들이 외환시장에서 엄청난 돈으로 환율을 만지작거리기도 하니까. 그런 면에서 완전경쟁시장은 교과서에나 있는 시장이라고 할 수 있어.

과점은 2개 이상의 소수 기업이 시장의 모든 수요를 담당하는 시장이야. KT · SK텔레콤 · LG U+ 등의 이동통신시장, 그리고 현대기아차 · 르노삼성 · 한국GM 등의 자동차시장, 현대오일뱅크 · GS칼텍스 등의 정유시장이 과점시장이야.

과점시장은 진입장벽이 높은 편이야. 또한 한 기업이 가격을 올리면 소비자들이 다른 기업의 제품을 선택하는 경향이 있어서 가격경쟁이 치열해.

가격담합은 과점기업들이 서로 짜고 가격이나 생산량 등을 조절해 부당한 이익을 챙기는 행위야. 이동통신사의 커플요금제 폐지 등 사례가 헤아릴 수 없이 많아. 담합에 대한 처벌이 솜방망이니 과점시장에서 담합은 공공연하게 일어나고 있어.

독점시장은 한 기업이 독점적으로 좌우하는 시장이야. 한국은 가장 큰 기업의 시장점유율이 50%가 넘으면 독점시장으로 봐. **시장점유율**은 한 시장의 전체 거래량 중 특정 기업이 차지하는 비율. 어떤 산업의 독점도를 나타내는 지표야.

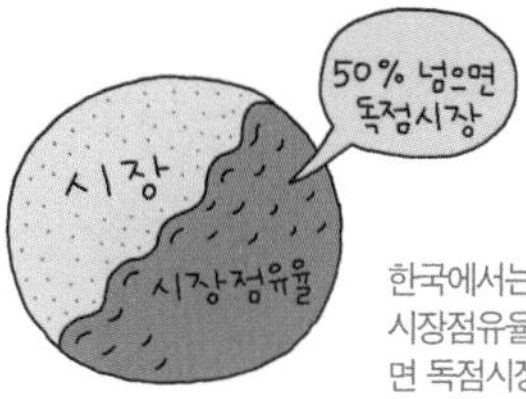

한국에서는 가장 큰 기업의 시장점유율이 50%가 넘으면 독점시장으로 봐.

한국전력공사, 철도공사인 코레일, 담배 제조공사인 KT&G 등이 독점기업이지. 대학 내의 구내식당, 스키장의 편의점이나 식당 등도 독점시장이야. 경쟁자도 없고 대체재도 없는 시장이지. 그래서 가격경쟁을 덜하거나 서비스가 나아지지 않는 등의 단점이 있어.

정부가 특정산업에 **독점, 또는 과점시장을 용인하는 경우**도 있어. 규모의 경제 때문이야. 1970년대 한국은 산업구조를 경공업에서

중공업으로 바꾸기 위해 제철소가 필요했어.

정부는 제철소를 포항제철(현 포스코) 하나만 허가했고 정책적으로 지원했어. 덕분에 포스코는 세계적인 수준의 제철소가 되었어. 현재의 포스코는 사실 정부의 지원이 있었기에 클 수 있었던 거지. 공공재인 수도, 전력 등도 독점사업이야.

미국이나 영국도 선진국으로 올라가는 단계에서 보호무역을 했어. 포스코처럼 정부가 주력산업을 법 · 제도 · 세금 등 여러 수단으로 강력히 지원해서 외국기업의 공격을 막아주면서 키운 거야.

그런데 이제 미국이 예전의 자기들처럼 일어서고 있는 나라들에게 이런 보호장치를 하지 말라고 해. '글로벌 스탠더드를 지켜라, 기업들이 세계 시장에서 자유롭게 경쟁하게 두자'고 하고 있어. 먼저 사다리를 타고 올라간 뒤 후발주자가 올라가려고 하자 **사다리를 걷어차는 거지.**

문제 다음의 특징을 갖는 시장은 어떤 시장인가?
① 미용실처럼 품질과 소비자의 선호도가 각기 달라 특정 소비집단에게는 독점적인 성격을 갖고 있다.
② 누구나 시장에 쉽게 들어올 수 있고, 그래서 시장 참여자가 많다.
③ 가격을 쉽게 올릴 수 없고 치열한 서비스 경쟁을 벌이며, 누구도 확실한 시장 지배력을 갖고 있지 않다.

정답) 독점적 경쟁시장

Section 15 시장의 실패가 뚝뚝하게

시장의 실패 | 외부효과 | 외부경제 | 외부불경제 | 무임승차 | 공유지의 비극 | 탄소배출권 | 피구세

앞에서 말한 "앵무새에게 수요/공급의 법칙을 외우게 하면 경제학자가 또 한 명 탄생한다"는 우스개 기억나지? 우리도 수요/공급의 법칙을 또 한번 읊어보자.

시장에서 수요와 공급이 만나면 '보이지 않는 손(가격)'에 의해 균형점을 찾아. 가격이 터무니없이 비싸면 그 상품을 사지 않으므로 기업은 가격을 낮추게 되는 식이지. 하지만 현실의 시장에서는 '보이지 않는 손'이 제대로 작동하지 못하는 경우가 많아. 이를 **시장의 실패**라고 해.

애덤 스미스는 각자의 이익을 위한 자유로운 경쟁이 나라 전체의 부를 증가시킨다고 봤어. 자유롭게 경쟁하면 '보이지 않는 손'이 작용해 균형을 찾는다고 본 거지. 그런데 실제로 시장이 해결할 수 없는 여러 가지 문제가 나타났어.

예를 들어 어떤 산업에서는 몇 개 기업만 살아남고 경쟁력이 처진 기업들이 모두 사라졌어. **독과점**이 나타난 거지. 특히 대체재가 없는 필수품 시장이 독과점이 되면, 독과점 기업이 맘대로 가격을 결정한 거야. '보이지 않는 손'이 제대로 작동을 못하는 거지.

또 치안이나 국방, 교육 등 **공공재 부족** 문제가 생겼어. 기업은 돈 되는 것에만 관심이 있기에 공공재를 별로 생산하지 않았거든. 게다가 **환경오염** 등에 대해서도 아무도 책임지지 않고. 그러니 국민들의 삶은 점점 더 팍팍해지고…….

시장의 실패가 가장 극단적으로 나타난 것이 1929년에 터진 대공황이야. 기업이 생산을 엄청 많이 했는데, 그걸 사줄 구매력 있는 사람들이 별로 없었거든. 한마디로 과잉생산이 된 거지. 그러니 창고에는 재고가 산처럼 쌓이고 실업자가 쏟아지고 공황이 터질 수밖에.

이제 시장의 실패 요인 중 하나인 외부효과 등을 살펴볼까?

외부효과는 어떤 경제행위가 의도하지 않게 제3자에게 경제적인 이익이나 피해를 주는 것을 말해. 외부효과에는 외부경제와 외부불경제가 있어.

외부경제는 어떤 경제행위가 의도하지 않게 제3자에게 경제적 이익을 주는 거야. 긍정적 외부효과인 거지. 농부가 과수원에 과일나무를 많이 심었어. 그러자 벌의 먹거리가 많아졌고, 이웃의 양봉업자가 얼결에 이익을 봤지. 이런 게 바로 외부경제야.

외부불경제는 부정적 외부효과야. 어떤 시골 마을 근처에 골프장이 생겼어. 시간이 지나면서 농약의 과다사용으로 인해 피해를 보게 되었어. 외부불경제가 생긴 거지.

무임승차는 값을 치르지 않고 차에 올라타는 것. 어떤 재화나 서비스를 대가(사용료)를 내지 않고 소비만 하는 걸 말해. 무임승차 현상은 주로 공공재에서 나타나. 예로 국방의 의무를 기피한 사람도 국방의 혜택을 받고, 고액체납자도 공공재인 도로를 무료로 이용하는 거야.

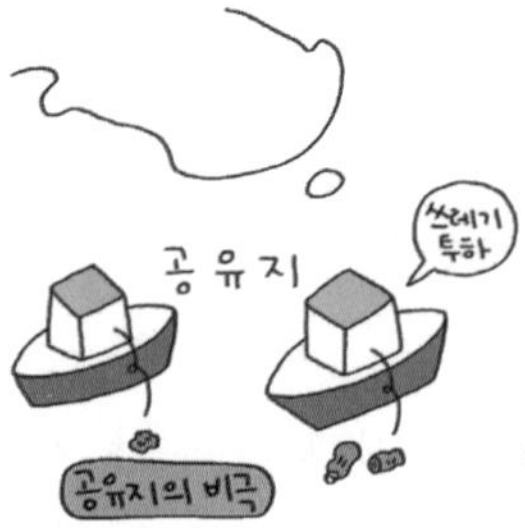

공유지의 비극은 누구나 이용할 수 있는 물건이나 서비스인 공유자원이 금방 고갈되는 현상이야. 사람들이 함부로 써버리기 때문이지. 어촌에선 마을 전체가 갯벌을 공유하기도 하는데, 주민들이 무분별하게 채취하면 다음해 어획량이 줄어들겠지? 공유지의 비극인 거지. 그래서 어획량을 통제하거나 어장에 구획을 지어 사유화하기도 해. 각국이 공해상에 쓰레기를 마구

버리는 것 또한 공유지의 비극이야.

정부는 어떤 방법으로 외부불경제의 문제를 개선할까? 외부불경제를 시장 안으로 끌어들이는 방식을 쓰기도 해. 대표적인 예가 **탄소배출권**이야.

공장이 배출하는 이산화탄소 문제로 환경오염이 심해지자 탄소배출권을 상품화해 시장에서 거래하게 한 거야. 이산화탄소 배출량을 줄이지 못한 기업은 배출량에 여유가 있거나 숲을 조성한 기업으로부터 탄소배출권을 사야 해. 교토의정서는 의무당사국들이 2008~12년 이산화탄소 배출량을 1990년 수준보다 평균 5% 정도 줄여야 한다고 규정했어. 결국 탄소배출권을 통해 환경오염이라는 외부불경제를 시장 안으로 끌어들여 줄이는 거야.

그런데 안타깝게도 미국은 2017년 파리기후변화협약에서 탈퇴해 버렸어. 이 협정의 주된 의제가 온실가스를 줄이는 거였는데 말이야. 세계 탄소 배출량의 15%를 차지하는 미국이 탈퇴해 버렸으니 참 …….

파리기후변화협약은 2015년 12월 프랑스 파리에서 지구 온실가스 감축을 위해 맺은 국제 협약. 산업화 이전인 1850~1900년의 평균 기온 대비, 지구의 온도를 2도 이상 오르지 않게 하는 게 목표이다. 중국 포함 195개국이 서명했으나 미국은 2017년 탈퇴했다.

피구세는 외부불경제를 발생시키는 기업에 부가하는 환경오염세로, 영국의 경제학자인 피구가 제안한 세금이야. 피구세도 탄소배출권처럼 외부불경제를 시장 안으로 끌어들여 내부화하는 방법이야. 정부의 규제보다 효과가 좋다는 평가를 받고 있어.

문제 현실의 시장에서는 '보이지 않는 손'이 제대로 작동하지 않아 효율적인 자원배분이 이루어지지 않는 경우가 생기는 데 이를 (　)의 실패라고 한다. 소수 기업의 독과점화, 외부효과, (　)의 무임승차 등에 의해 발생한다.

정답) 시장, 공공재

Section 16

최저가격, 최고가격이 차렷!

최저가격제 | 최저임금제도 | 추곡수매제도 | 최고가격제 | 이자제한법

최저가격제는 정부가 공급자가 사회적 약자일 때 이들을 보호하기 위해 최저가격(가격 하한선)을 정하고 그 이하로는 거래를 못하게 한 제도야.

시간당 최저임금을 정해 노동자를 보호하려는 최저임금제도, 쌀의 최저가격을 정해 농민을 보호하기 위한 추곡수매제도 등이 있어.(이 제도는 2005년 폐지되고, 지금은 고정직불금제도와 변동직불금제도를 통해 쌀농사 짓는 농가의 수익을 보전해 주고 있다)

영국에서는 젊은층의 음주가 과도해지자 술에 최저가격제를 시행해야 한다는 논의가 제기되기도 했어.

최고가격제는 수요자가 사회적 약자일 때 이들을 보호하기 위해 정부가 최고가격(가격 상한선)을 정하고 그 이상으로는 거래하지 못하게 한 제도야.

최고가격제의 대표적인 예는 이자제한법이야. 우리나라의 이자제한법 변화를 잠깐 볼까? 1960년대 제정되었는데, 최고금리는 20%, 원금 5천만원 이상은 40%였어. 그러다가 1997년 외환위기를 겪으면서 IMF(국제통화기금) 요구에 따라 이자제한법이 폐지되었어. 나라가 망할 지경이 되어 돈 빌린 처지니 따를 수밖에 없었지.

당시 사채시장의 평균 금리가 200%를 넘었다고 해. 1천만원 빌리면 이자가 일년에 2천만원인 거지. 끔찍하지?

외환위기를 극복한 이후 정부는 서민금융부터 챙겼어. 최고금리를 일단 66%로 결정한 뒤 차츰 낮춘 거지. 2018년 현재 이자제한법은 이자를 최고 24% 이상은 못 받게 규정하고 있어. 이를 어기면 1년 이하 징역이나 1천만원 이하 벌금으로 형사처벌을 받아.

생계에도 못 미치는 최저임금에 퍼센트 이야기하지 말자

최저임금은 정부가 법적으로 강제한 임금의 최저선이야. 노동부 장관은 매년 최저임금위원회의 심의결과에 따라 최저임금을 결정해. 이 위원회는 노동자대표 9명, 사용자대표 9명, 공익대표 9명 등 모두 27명으로 구성돼.

2019년 최저임금은 시급으로 8,350원이야. 하루 8시간 기준 일급은 66,800원이고, 주5일 하루 8시간을 일할 경우 법으로 정해진 유급휴일에 대한 주휴수당을 포함해 월급은 1,745,150원이야.

통계청에 따르면 2018년 상반기 기준 전체 임금 근로자 2,004만 3,000명 중 월 200만원도 못 버는 비중이 38.3%였어. 월 100만원도 못 버는 비중은 전체의 9.8%에 달했고.

월 100만원을 받는 사람의 임금이 16% 오르면 16만원, 월 소득 1천만원인 경우는 160만원이야. 생계비에도 못 미치는 월급을 받는 사람 앞에서 퍼센트 이야기는 그만두는 게 좋겠어. 그나마도 꼼수를 부리는 기업들이 있어서 문제야.

최저임금은 말 그대로 '최저'의 선이야. 생계는 될 수 있는 선이어야겠지? 2017년 기준 한국의 시간당 실질임금은 OECD 평균의 약 70% 선에 불과해. 2017년 한국의 GDP는 세계 12위인데 말이야.

2017년 한국의 GDP는 세계 12위이지만 시간당 실질임금은 OECD 평균의 70%에 불과해.

2018년 시간당 최저임금은 7,530원. 전년보다 16.4% 인상된 거야. 2019년 최저임금은 8,350원, 10.9% 인상된 거야.
문재인 정부의 목표는 2020년까지 최저임금을 1만원대로 올리는 거였는데, 중소기업 및 소상공인의 부담, 실업률 증가 우려 때문에 약간 속도조절을 한 거야.
2018년 여름, 나라가 최저임금 인상률을 두고 논란이 뜨거웠어. 한국경제 시스템을 건강하게 만드는 좋은 논란이라고 생각해. 이런 대토론을 통해 사회가 성숙해가는 거지.

확인하고 넘어가기

CHOICE

- ☐ 자유재
- ☐ 선택
- ☐ 경제객체
- ☐ 최소
- ☐ 공짜점심
- ☐ 기회비용
- ☐ 서비스
- ☐ 매몰비용
- ☐ 다이아몬드
- ☐ 매몰비용의 함정
- ☐ 경제재
- ☐ 최대

1 경제학은 (　　　)의 기술을 가르치는 학문이다.

2 경제원칙은 (　　　)의 비용을 투자해 (　　　)의 효과를 내는 것을 목적으로 하는 (　　　)비용/(　　　)효과의 원칙이다.

3 '(　　　)은 없다'는 미국의 경제학자 폴 새뮤엘슨이 한 말로 모든 경제적 선택에는 대가가 따라온다는 것이다.

4 (　　　)은 어느 하나를 선택함으로써 포기하는 쪽의 가치. 연봉 3천만원, 4천만원, 5천만원 회사 중 3천만원 회사를 선택했다면 (　　　)은 포기한 것의 최고 가치인 5천만원이다.

5 (　　　)은 이미 지출해서 회수할 수 없는 비용.

6 (　　　)은 미래에 이익보다는 손해가 날 것으로 예상되는 상황에서도 지금까지 들인 비용과 노력, 시간 등이 아까워서 사업을 포기하지 못하고 계속 수행하는 것.

7 (　　　)는 경제활동의 대상이 되는 것으로 재화와 서비스가 있다.

8 (　　　)는 경제적 유용성과 희소성이 있는 재화로 우리가 흔히 보는 상품.

9 (　　　)는 유용하지만 희소하지는 않은 것으로 햇빛, 공기 등.

10 '(　　　)의 역설'(가치의 역설)은 애덤 스미스가 한 말로 물은 매우 유용하지만 희소성은 거의 없고, 반면 (　　　)는 사람이 생존하는 데 유용성은 적지만 매우 희귀한 보석으로 사용가치는 물, 교환가치는 (　　　)가 더 크다는 것.

11 (　　　)는 형체는 없지만 가치가 있어서 돈을 지불하는 것으로 주부의 가사노동이나 자원봉사의 노동은 경제학에서 말하는 (　　　)에 포함되지 않는다.

1 선택 **2** 최소, 최대 **3** 공짜점심 **4** 기회비용 **5** 매몰비용 **6** 매몰비용의 함정 **7** 경제객체 **8** 경제재 **9** 자유재 **10** 다이아몬드 **11** 서비스

12 (　　　)는 경제활동을 하는 개인이나 집단으로 가계, 기업, 정부가 있는데, 최근에는 국외도 포함된다.

13 가계는 생산요소를 기업에 제공하며 (　　　)의 주체이다.

14 생산의 3요소는 자본, (　　　), 토지이다.

15 기업은 재화와 서비스를 만들어 내는 (　　　)의 주체이며 생산을 통해 얻은 이윤을 나누어 주는 (　　　)의 주체이다.

16 정부는 세금을 거두어 (　　　)를 생산한다.

17 (　　　)은 철도, 도로, 항만, 전력, 상하수도, 통신처럼 생산활동에 직접 참여하지는 않으나 생산활동을 위해서 반드시 필요한 기반시설이다.

18 기업이 생산에 기여한 대가로 임금, 배당 등을 주는 것을 분배라고 하고, 정부가 주는 기초연금, 장애인 연금 등은 (　　　)라고 한다.

19 (　　　) 효과는 '남이 하니까 나도 한다'는 식의 의사결정으로 '편승효과'라고도 한다.

20 (　　　) 효과는 일명 '속물효과'라고도 하는데, 다른 사람의 소비와 반대로 하는 소비로 자신만의 스타일을 추구하는 것이다.

21 (　　　) 효과는 사회적 지위를 과시하기 위한 욕구 때문에 상품의 가격이 비쌀수록 수요가 늘어나는 효과.

22 (　　　)효과는 사회적 심리적 영향으로 내 소득수준보다 높은 가격의 제품을 구입하도록 유도하는 효과로 '전시효과'라고도 한다.

23 (　　　)효과는 광고, 선전 등으로 욕구를 자극하면 소비가 는다는 것.

24 (　　　)효과는 앞으로 가격이 오를 것으로 예상될 때 투기이익을 얻고자 수요가 늘어나는 것.

CHOICE

- □ 스놉
- □ 경제주체
- □ 생산
- □ 베블런
- □ 분배
- □ 공공재
- □ 사회간접자본
- □ 과시
- □ 노동
- □ 투기
- □ 재분배
- □ 의존
- □ 밴드왜건
- □ 소비

12 경제주체 **13** 소비 **14** 노동 **15** 생산, 분배 **16** 공공재 **17** 사회간접자본 **18** 재분배 **19** 밴드왜건 **20** 스놉 **21** 베블런 **22** 과시 **23** 의존 **24** 투기

CHOICE

- □ 정상재
- □ 수요법칙
- □ 보완재
- □ 위풍재
- □ 언더독
- □ 기펜재
- □ 수요
- □ 대체재
- □ 공급
- □ 열등재
- □ 수요의 가격 탄력성
- □ 공급법칙

25 (   ) 효과는 강자와 약자가 싸울 때 사람들이 연민을 느끼면서 약자가 이겨주기를 바라는 효과.

26 (   )는 재화나 서비스를 구입하려는 욕구로 단순한 구입욕구가 아니라 구매능력을 갖춘 욕구이다.

27 (   )은 다른 조건이 같을 때, 어떤 재화의 가격이 오르면 수요가 줄어드는 법칙이다.

28 (   )는 어떤 재화와 유용성이 비슷해서 대체해서 쓸 수 있는 재화로 예로 소고기와 돼지고기, 석유와 천연가스, 서울 안 전세와 외곽 전세.

29 (   )는 서로 보완관계에 있어서 한 재화의 수요가 증가하면 다른 한 재화의 수요도 덩달아 증가하는 것이다. 예로 자동차와 휘발유.

30 (   )는 고무신, 연탄 등 가격이 내리는데도 가치가 훨씬 더 떨어져 수요가 오히려 줄어드는 재화.

31 (   )는 가격이 계속 오르는데도 수요가 줄지 않고 오히려 늘어나는 재화. 명품가방이나 고급 자동차 등.

32 (   )는 실질소득이 늘어나면 수요가 늘어나는 재화. 예로 와인.

33 (   )는 실질소득이 늘어나면 오히려 수요가 감소하는 재화. 예로 소주.

34 경제학에서 (   )은 '교환하거나 판매하기 위해' 시장에 재화나 서비스를 제공하는 것. 그래서 기부나 자원봉사는 경제학에서 (   )으로 보지 않는다.

35 (   )은 다른 조건이 같을 때, 어떤 재화의 가격이 오르면 공급이 늘어나는 법칙이다.

36 독과점 상품인 석유, 명품가방 등은 가격이 오르는데도 (   )을 늘리지 않고 통제함으로써 오히려 더 높은 가격에 판매하려고 한다.

37 (   )은 가격의 변화율에 대한 수요량의 변화율이다.

25 언더독 **26** 수요 **27** 수요법칙 **28** 대체재 **29** 보완재 **30** 기펜재 **31** 위풍재 **32** 정상재 **33** 열등재 **34** 공급 **35** 공급법칙 **36** 공급 **37** 수요의 가격 탄력성

38 사치품은 수요의 가격 탄력성이(크다, 작다). 반면 필수품은 수요의 가격 탄력성이 (크다, 작다).

39 대체재가 있는 상품은 수요의 가격 탄력성이 (크다, 작다). 반면 대체재가 없는 상품은 수요의 가격 탄력성이 (크다, 작다).

40 (　　　)은 가격의 변화율에 대한 공급량의 변화율이다.

41 농산물이나 석유, 철 등의 원자재는 공급의 가격 탄력성이 (크다, 작다). 반면 공산품은 공급의 가격 탄력성이 (크다, 작다).

42 (　　　)은 가격이 오르면 수요는 줄어들고 공급이 늘어나며, 가격이 내리면 수요가 늘어나고 공급은 줄어드는 법칙을 말한다.

43 (　　　)은 소비를 한 단위씩 늘릴 때마다 효용이 줄어드는 것이다.

44 (　　　)는 한 기업의 똑같은 재화나 서비스인데도 가격을 차별적으로 받는 것이다. 결국 매출을 늘려 이윤을 극대화하기 위한 방법이다.

45 (　　　)은 재화나 서비스가 수요와 공급의 힘에 의해 거래되고 가격이 형성되는 곳이다.

46 (　　　)은 시장범위가 작으며 특정 소비집단 안에서 독점효과를 내는 시장으로 미용실, 카센터, 치킨집 등이 이에 속한다.

47 (　　　)은 현실에는 없는 이상적인 시장의 모델로, 균일한 품질을 갖춘 상품을 자유롭게 사고팔며 자원이 가장 효율적으로 배분되는 시장이다.

48 (　　　)은 2개 이상의 소수기업이 시장의 모든 수요를 담당하는 시장으로, 예로 현대오일뱅크 · GS칼텍스 등의 정유시장.

49 (　　　)은 과점기업이 서로 짜고 가격이나 생산량 등을 조절해 부당한 이익을 챙기는 행위이다.

50 (　　　)은 한 기업이 독점적으로 좌우하는 시장. 한국에서는 가장 큰 기업의 시장점유율이 50%가 넘으면 독점시장으로 본다.

CHOICE

- □ 공급의 가격 탄력성
- □ 수요/공급의 법칙
- □ 한계효용체감의 법칙
- □ 과점시장
- □ 가격 차별화
- □ 시장
- □ 독점적 경쟁시장
- □ 완전경쟁시장
- □ 독점시장
- □ 가격담합

38 크다, 작다 **39** 크다, 작다 **40** 공급의 가격 탄력성 **41** 작다, 크다 **42** 수요/공급의 법칙 **43** 한계효용체감의 법칙 **44** 가격 차별화 **45** 시장 **46** 독점적 경쟁시장 **47** 완전경쟁시장 **48** 과점시장 **49** 가격담합 **50** 독점시장

CHOICE

- □ 시장의 실패
- □ 최고가격제
- □ 시장점유율
- □ 외부효과
- □ 무임승차
- □ 탄소배출권
- □ 피구세
- □ 외부불경제
- □ 최저가격제
- □ 외부경제
- □ 공유지의 비극

51 (　　　)은 한 시장의 전체 거래량 중 특정 기업이 차지하는 비율로 어떤 산업의 독점도를 나타내는 지표다.

52 (　　　)는 시장의 보이지 않는 손이 제대로 작동하지 않는 경우.

53 (　　　)는 경제주체가 의도하지 않게 제3자에게 경제적인 이득이나 피해를 주는 것.

54 (　　　)는 의도하지 않게 제3자에게 경제적 이득을 주는 긍정적인 외부효과.

55 (　　　)는 부정적 외부효과이다. 자연경관이 좋은 곳에 골프장을 만들면 시간이 지나면서 농약의 과다사용으로 인한 (　　　)가 생긴다.

56 (　　　)는 공짜 지하철을 타듯이 어떤 재화나 서비스를 대가(사용료)를 지불하지 않고 소비만을 하는 것이다. 이 현상은 주로 공공재에서 생긴다.

57 (　　　)은 누구나 이용할 수 있는 물건이나 서비스를 사람들이 함부로 이용하기 때문에 공유자원이 금방 고갈되어 버리는 것.

58 (　　　)은 기업이나 국가의 탄소배출량을 조사해서 각각 탄소를 배출할 수 있는 권리를 주며 이는 시장에서 거래할 수 있다. 환경오염이라는 외부불경제를 줄이기 위해 도입되었다.

59 (　　　)는 환경오염으로 외부불경제를 발생시키는 기업에 부과하는 환경오염세이다.

60 (　　　)는 정부가 사회적 약자인 공급자를 보호하기 위해 가격 하한선을 정하고 그 이하로는 거래하지 못하게 한 제도이다. 예로 추곡수매제도, 최저임금제도.

61 (　　　)는 정부가 사회적 약자인 수요자를 보호하기 위해 가격 상한선을 정하고 그 이상으로 거래하지 못하게 한 제도. 이자제한법 등.

51 시장점유율 **52** 시장의 실패 **53** 외부효과 **54** 외부경제 **55** 외부불경제 **56** 무임승차 **57** 공유지의 비극 **58** 탄소배출권 **59** 피구세 **60** 최저가격제 **61** 최고가격제

Chapter 2

금리가 들썩들썩

1. 금리는 차별쟁이 / 2. 금리가 오르락내리락 / 3. 금리, 모든 투자의 기준 / 4. 손들고 기준! 기준금리 / 5. 단기금리 삼총사, 나와라! / 6. 장기금리가 꾸물꾸물 / 7. 은행이 위태위태 / 8. 금융기관이 뜨끔뜨끔

Section 01 금리는 차별쟁이

금융 | 이자 | 배당 | 매매차익 | 금리 | 무위험 수익률 | 위험 수익률 | 신용 | 만기 | 금액

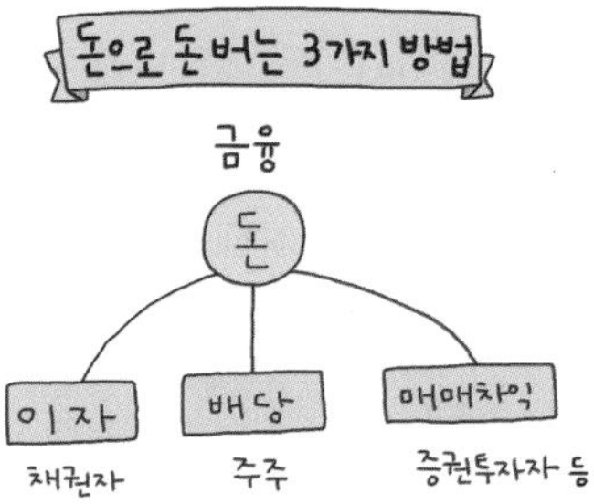

금융의 원래 뜻은 돈을 융통하는 거야. 돈을 금융을 통해 굴려서 버는 방법은 3가지가 있어.

이자, 돈을 빌려주고 그 대가로 받는 돈. 은행에 돈을 빌려주고 이자를 받잖아.

배당, 돈을 투자하고 이윤을 봤을 때 그 대가로 받는 돈. 주식에 투자하여 그 회사에서 이윤을 올리면 배당을 받잖아.

매매차익, 주식이든 펀드든 쌀 때 사서 비쌀 때 팔아 버는 이익. 비쌀 때 사서 싸게 팔지 말고(자, 눈물 훔치고~).

세상에 금융상품이 많고 많지만, 결국 돈으로 돈을 버는 것은 이 3가지 범주 중 하나야. 각각에 대해서는 차차 보기로 하고, 일단 여기서는 돈을 빌려주는 대가인 금리에 대해 알아보자.

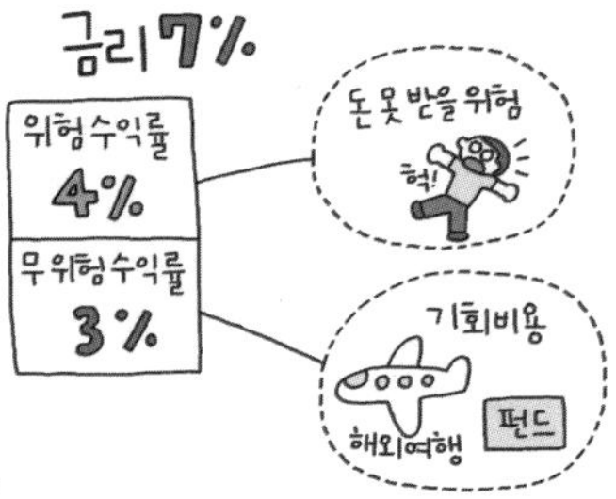

이자는 돈을 빌려준 대가로 받는 것으로 돈의 가격이라고 할 수 있어. 이자율, 즉 **금리**는 원금에 대한 이자의 비율.

광필이가 300만원을 가지고 해외여행을 갈까, 펀드에 넣어둘까 고민중이야. 그런데 나삼포가 돈을 좀 빌려 달래서 해외여행이랑 펀드에 가입하는 것을 포기하고 빌려주었어. 금리는 이처럼 돈을 빌려주는 대신 기회를 포기하는 대가인 **무위험 수익률**과, 돈을 못 받을 위험인 **위험 수익률**로 구성돼.

광필이가 여윳돈 10억원이 있어. 어떻게 냄새를 맡았는지 3군데서 빌려달라고 해. 금리 몇 퍼센트로 빌려줄까? 신용, 만기, 금액 등 3가지를 고려해야 해.

신용은 credit, 돈을 갚을 수 있는 능력을 말해. 신용이 높으면 돈을 못 돌려받을 위험이 작으므로 금리가 낮아. 무위험 수익률은 같지만 위험 수익률이 작기 때문이야. 광필이는 돈을 빌려달라는 측의 신용부터 점검했어.

▼ 금리는 신용에 따라 어떻게 변할까?

신용

대한민국 정부
나라가 망하지 않는 바에야 갚을 테니 안전하네.
기회비용만 감안해서 무위험 수익률만 받을게.

자칭타칭 나재벌
돈을 못 받을 위험이 작으니 무위험 수익률 2%에 위험 수익률을 1%만 붙일게.

나삼포
돈을 못 받을 가능성이 높네. 무위험 수익률 2%에 위험 수익률 8%를 합쳐서 금리 10%.

만기, 돈을 갚기로 한 기한. 만기가 길수록 돈을 못 받을 위험이 커져서 위험 수익률이 높아져. 그러므로 만기가 길수록 금리가 높아.

▼ 금리는 만기에 따라 어떻게 변할까?

만기

딱 3개월 후에 갚을게.
3개월 동안만 불안하면 되겠네.

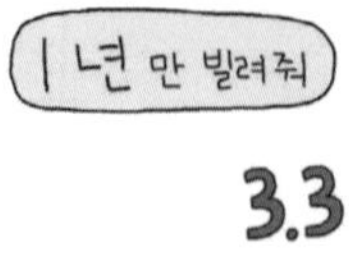

1년만 쓰고 갚을게.
1년 정도는 뭐…….

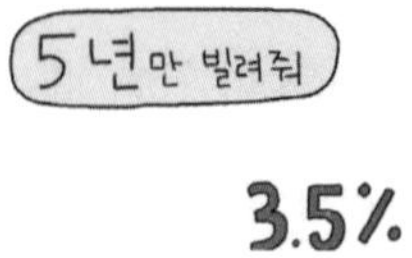

5년 후에 갚을게.
돈을 못 받을 위험이 크네. 금리 더 줘.

금액, 얼마나 많은 돈을 빌려주느냐. 금액이 클수록 돈을 못 받을 위험이 커지므로 금리의 위험 수익률을 높게 봐.

▼ 금리는 금액에 따라 어떻게 변할까?

1,000만원만 빌려줄게.
은행 예금은 따지고 보면 은행에 돈을 빌려주는 거야.
금액이 작을수록 돈을 못 받을 위험이 작으므로 금리가 낮아.

1억원 빌려줄게.
은행이 파산하면 예금자보호법에 명시된 5천만원밖에 못 받아.
그러니 은행에 돈을 많이 예금하면(빌려주면) 그만큼 위험이 크니 금리가 더 높아.

10억원 빌려줄게.
"저희 은행이 망하면 9억 5천만원을 못 받을 수 있는데……. 이렇게 믿고 큰돈을 빌려주시니 감사합니다. 이자 더 드릴게요." 고액 우대금리로 3%.

세상에 공짜 없어. 금리가 높으면 돈을 못 돌려받는 위험 수익률이 크다는 의미야. 그러니 금리가 높다고 무조건 좋아하지 말고, 위험 수익률이 왜 높은지 살펴보아야겠지.

은행조차 너무 맹신하지는 말자. 2008년에 세계 5대 투자은행 중 3개나 망했잖아. 우리나라에서도 2013년 솔로몬저축은행, 한국저축은행, 미래저축은행, 토마토2저축은행 등이 파산했어.

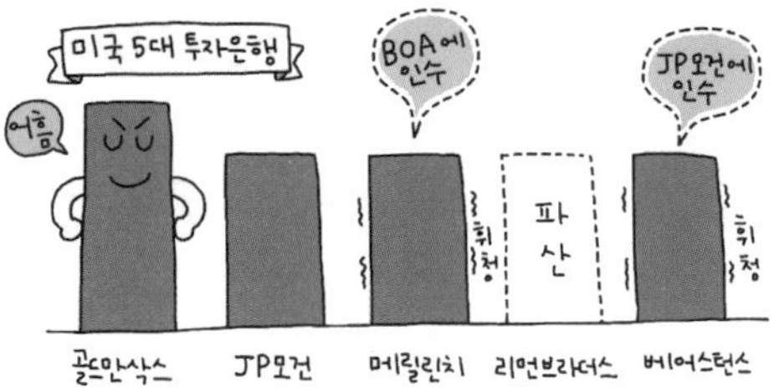

문제 다음은 금리에 대한 설명이다. O, X로 표시해 보자.
1. 금리는 무위험 수익률과 위험 수익률로 구성된다. (O, X)
2. 금리는 신용, 만기, 금액 등에 영향을 받는다. (O, X)
3. 신용이 높을수록 금리가 낮다. (O, X)
4. 만기가 길수록 금리가 낮다. (O, X)
5. 금액이 많을수록 금리가 낮다. (O, X)

정답) 1. O 2. O 3. O 4. X 5. X

Section 02

금리가 오르락내리락

돈의 수요 | 돈의 공급 | 금리 상승 | 금리 하락

이제 금리가 어떻게 변하는지 살펴볼까? 앞에서 말했듯이 금리는 돈을 빌리는 측의 신용, 만기, 금액에 따라 달라져. 하지만 일반적인 금리 수준은 **돈의 수요와 공급**에 영향을 받아.

금융시장에서 **돈은 그냥 텔레비전이나 자동차, 아파트 같은 상품**이라고 생각하면, 금리의 흐름을 이해하기가 쉬워.

돈의 수요부터 살펴볼까?

아파트를 사려는 사람이 많으면 아파트 가격이 오르지? 이제 **아파트 대신 돈**을 넣어볼까? 돈을 빌리려는 사람(수요)이 많으면 돈 값인 금리가 올라.

반면 아파트를 사려는 사람(수요)이 적으면 아파트 가격이 내리지? 이번에도 아파트 대신 돈을 넣어보자. 돈을 빌리려는 사람(수요)이 적으면 금리는 내려.

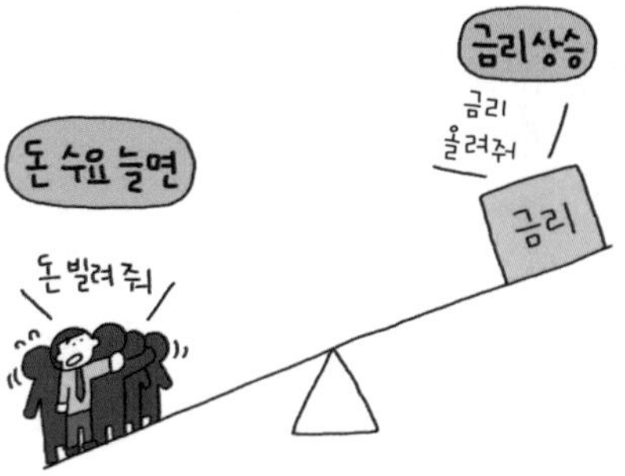

돈을 빌리려는 수요가 늘어나면 금리는 올라.

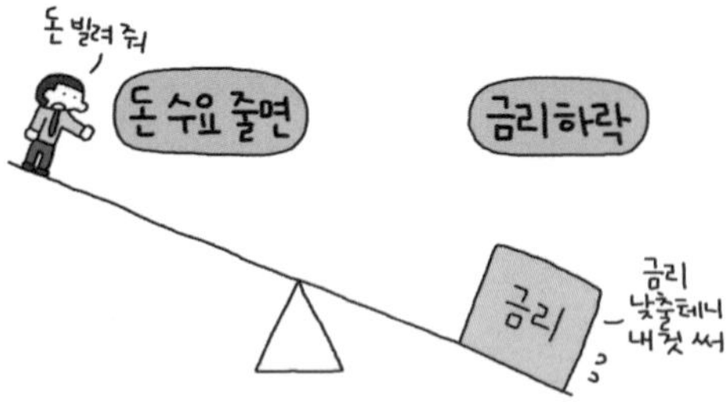

돈을 빌리려는 수요가 줄어들면 금리는 내려.

돈의 공급을 살펴볼까?

아파트 공급이 늘어나면 아파트 가격이 내리는 것처럼, 돈을 빌려주려는 측(공급)이 많으면 돈값인 금리가 내려. 반면 돈을 빌려주려는 측(공급)이 적으면 금리는 올라.

돈을 빌려주려는 공급이 늘면 금리는 내리고, 돈 공급이 줄면 금리는 올라.

금리는 경제상황이나 정부정책, 환율 등 많은 요인에 영향을 받아 오르내려. 하지만 결국 돈의 수요/공급이 어떻게 되는지를 차분히 생각해 보면, 금리의 흐름을 이해할 수 있어.

그럼, 워밍업으로 다음 상황에서 금리가 오를지 내릴지 연습해 볼까?

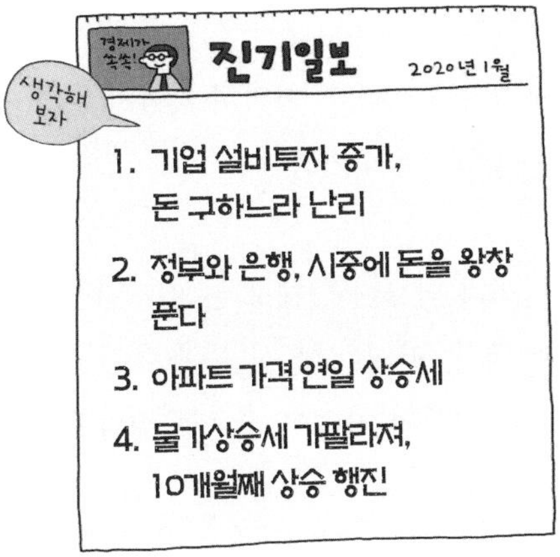

1. 기업이 설비투자를 위해 돈 구하느라 난리야. 돈의 수요가 늘어나겠지? 돈의 수요가 증가하면 금리는 올라.

2. 정부와 은행이 시중에 돈을 왕창 푼다네. 돈의 공급이 늘어나겠지? 돈이 흔해지면 금리는 내려.

3. 아파트 가격이 계속 오르면 아파트를 사려는 사람들의 대출이 늘어나. 즉 돈을 쓰려는 수요가 늘어나지. 그러면 금리가 오를 가능성이 있어.

4. 물가가 크게 오르면 물건을 사거나 서비스를 이용할 때 더 많은 돈이 필요하겠지? 결국 돈의 수요가 늘어나는 것이고, 금리가 올라.

그래서 금리가 오를 수 있는 상황은 **1, 3, 4.**

문제 돈의 수요/공급과 금리의 변화에 대한 설명이다. O, X로 표시해 보자.

1. 부동산 가격이 계속 오르면 금리가 내릴 가능성이 있다. (O, X)
2. 한국은행이 통화량을 크게 늘렸다. 이는 금리에 하락 압력으로 작용할 수 있다. (O, X)

정답) 1. X 2. O

Section

03 금리, 모든 투자의 기준

저금리 시대 | 고금리 시대 | 돈의 흐름 | %포인트 | 베이시스 포인트(bp)

광필이는 여윳돈 10억원을 어디에 투자할지 고민중이야. '예금에 넣어둘까? 주식투자를 할까? 대출을 좀 받아서 상가투자를 할까?' 금리는 이런 판단을 할 때 중요한 기준이야. 광필이의 뒤를 따라가 보자.

지금 은행의 예금금리가 1%라고 치자.

1. 올해 물가가 매월 2% 이상 오르고 있어. 10억원을 은행에 예금하고 1% 이자를 받아봤자 물가를 감안하면 오히려 손해이고, 가만히 앉아서 돈 가치만 자꾸 떨어지니 속이 쓰려.

2. 사람들은 금리가 낮으면 대체로 돈의 가치를 보전하기 위해 주식, 펀드, 부동산 등에 투자를 하려고 나서므로 이들의 가격이 오르는 경향이 있어.

3. 주식, 부동산 가격이 오르면 사람들이 대출을 해서 투자하기 위해 더 몰려들고, 그러면 가격은 더 오르고 또 대출을 하고…….

4. 저축하는 사람은 별로 없고 투자를 위한 대출은 늘어나니 시간이 경과하면 금리가 슬슬 오르게 돼.

중소기업 경영자인 주광이는……

1. 이자가 너무 낮으니 가계도 은행에 저축하기보다는 소비를 더 하게 돼. 소비가 활발해지니 기업의 생산도 증가할 가능성이 높아.

2. 주광이는 저금리 시대라서 대출이자가 싸니 이참에 공장에 기계를 증설할 계획이야. 금리가 낮으면 자금조달 비용이 작아져 기업이 투자에 나서는 경향이 있어.

3. 기업이 돈을 빌려서 투자도 늘리고 생산도 늘리고, 그러면 돈의 수요가 증가하니 금리가 슬슬 오르게 돼.

금리가 크게 올라 8%가 되었다고 하자.

1. 광필이가 10억원을 은행예금에 넣으면 일년 이자만도 8천만원이야. 이자가 8%이면 매우 높은 건데 **무엇하러 위험을 감수하면서** 주식투자에 나서겠어? 주식시장에서 매년 평균 8% 수익률을 올리는 게 얼마나 어려운데.

2. 그동안 대출로 주식이나 부동산 투자에 나섰던 사람들도 이자가 비싸니 빚부터 갚으려 하고 주식이나 부동산 투자를 꺼리게 돼.

3. 주식이나 부동산을 사려는 사람들이 줄어들면서 가격이 떨어져. 돈이 주식이나 부동산 등에서 예금이나 채권 쪽으로 흐르는 거야.

중소기업 경영자인 주광이는……

1. 주광이는 공장 증설 계획을 미루었어. 이자가 너무 높아서 부담스러워. 한국 제조업의 평균 영업이익률은 6% 정도에 불과해. 그러니 금리가 8% 정도로 올라가면 기업들도 생산설비 등에 대한 투자를 부담스러워 하는 거지.

2. 이처럼 금리가 높으면 돈을 빌리려는 측이 줄어들어서 금리는 다시 내리게 돼.

금리는 **돈의 흐름**을 결정하는 중요한 변수야. 금리가 높으면 돈이 이자 상품(예금이나 채권)으로 흐르고, 금리가 낮으면 주식이나 부동산, 원자재 시장으로 흘러 들어가. 돈에 얽힌 이야기는 통화량을 다루는 곳에서 다시 할게.

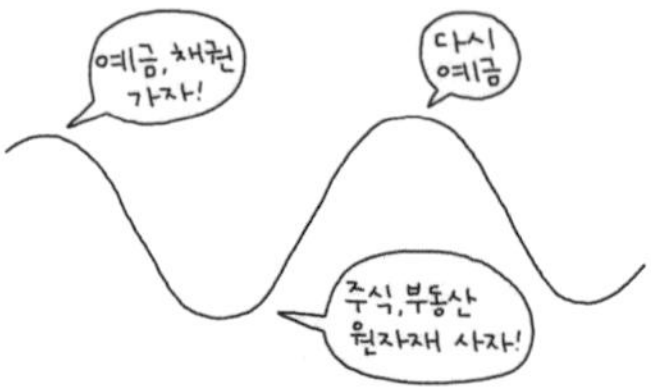

고금리 시대에는 대체로 돈이 예금과 채권으로, 저금리 시대에는 주식, 부동산, 원자재 등으로 흘러 들어가.

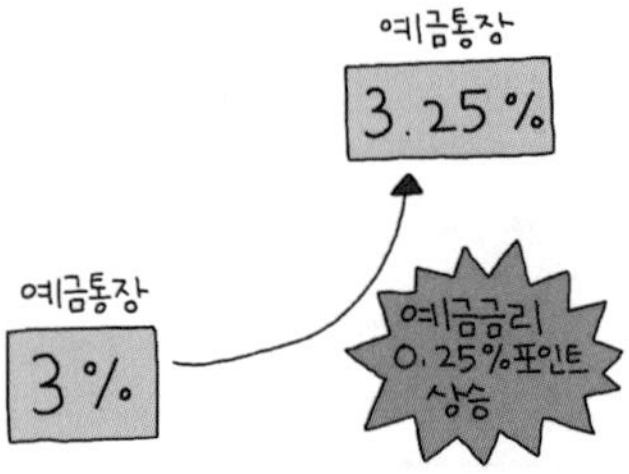

참, 곁다리로 **금리 단위**를 좀 익혀볼까?

원래 퍼센트와 바뀐 퍼센트의 차이는 **%포인트**. 금리의 차이는 %가 아니라 %포인트라고 해. %P 또는 %p라고도 써.

bp는 **베이시스 포인트**(basis point)이고 그냥 **비피**라고 읽어. 국제 금융시장에서 금리나 수익률을 나타낼 때 쓰는 단위인데 1%의 100분의 1을 말해. **1bp=0.01%**이므로 25bp를 인상했다면 0.25%포인트를 올렸다는 거야.

25bp=0.25%, 100bp=1% 등 금리 표현에 익숙해지는 것은 매우 중요해. 25bp가 몇 퍼센트인지 확실히 익혀두자.

국제 금융시장에서는 수조원, 수백 조원이 움직이므로 0.01포인트(1bp)의 금리 변화에도 매우 민감할 수밖에. bp는 자주 나오니 이 정도는 꼭 익혀두자.

문제 시중금리가 올해 들어 급등하고 있다. 다음 중 그 영향이 아닌 것을 골라보자.

① 가계는 부채부터 갚으려고 한다.
② 부동산 가격에 상승 압력으로 작용한다.
③ 기업은 생산설비 등에 대한 투자를 부담스러워한다.

정답) ②

Section

04 손들고 기준! 기준금리

기준금리 인상 | 기준금리 인하 | 한국은행 | 금융통화위원회 | 각국의 중앙은행

광필이는 사람 이름이나 얼굴을 잘 기억 못해. 이런 광필이가 경제공부를 좀 해보려고 나섰는데 금리 이름에서 꽉 막혔대. 금리의 종류도 많고 이름도 너무 헷갈리더래. 자기 말로는 학교 때 공부도 잘했다는데(정말?).

금리는 **누가, 왜, 어떻게**를 기준으로 익히면 쉬워.

일단 가장 중요한 금리들부터 좍 줄을 세워보자. 이것들만 알면 뉴스나 시사경제상식 시험에 나오는 웬만한 금리들은 알 수 있어.

먼저 기준금리.

누가 – 한국은행이

왜 – 시중의 돈의 양을 조절하려고 정하는 금리.

기준금리는 한국은행이 정하는 금리인데, 말 그대로 한 나라 모든 금리의 기준이 되는 금리야.

기준금리가 위로 올라가서(인상) 손을 번쩍 들고 "기준!" 외치면 온 나라 안의 금리들이 그쪽으로 올라가서 줄을 죽 서.

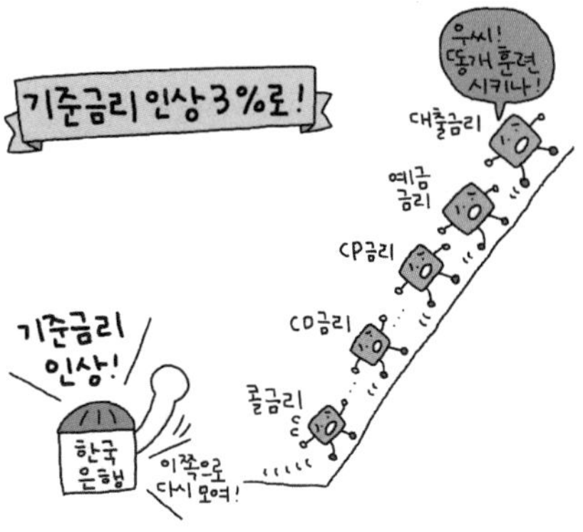

기준금리가 아래로 내려가서(인하) "기준!" 외치면 이번에는 금리들이 그쪽으로 내려가서 줄을 죽 서. **한국은행이 막대기로 선을 딱 그어놓고** "다른 금리들아, 멀리 가면 안 돼. 요 근처에서만 놀아야 해" 하는 거야. 다른 금리들은 모두 시장에서 돈의 수요/공급에 따라 자유롭게 결정되지만, 사실상 기준금리에 영향을 받는 거지. 즉 시중금리 전체의 수준을 결정하는 것은 바로 한국은행의 기준금리야.

한국은행이 기준금리를 내렸는데도 시중의 다른 금리가 높은 상태에 있으면? 한국은행은 필요하면 새 돈을 찍어낼 수도 있어. 시중은행으로 막대한 돈을 초저금리로 빌려주면 시중금리도 내릴 수밖에 없어.

한국은행은 **기준금리를 올렸다 내렸다 자주 하지 않아.** 기준금리에 따라 온 나라 안의 금리가 변하고 영향이 매우 크기 때문이지. 한두 달에 한번 한국은행의 금융통화위원회에서 회의를 해서 결정해. 인상도 인하도 하지 않고 동결할 때가 더 많아.

또 기준금리를 인상하거나 인하할 때도 0.25%포인트처럼 조금씩 움직여. 이른바 **베이비스텝**(baby step). 왜 한국은행이 이처럼 기준금리를 살살 다루냐고? 기준금리의 힘이 워낙 크기 때문이야.

예전에는 한국은행이 매월 2번째 목요일에 기준금리를 발표했는데, 한두 달에 한번씩 발표하는 것으로 바뀌었다.

기준금리의 힘을 좀 살펴볼까? 한국의 가계부채가 1,700조원일 때 금리 1%포인트를 내리면 은행이 이자를 17조원이나 덜 받겠다는 거야. 사람들은 이자를 덜 내는 대신 그 돈으로 소비나 투자를 할 가능성이 높아. 시중에 돈이 늘어나는 효과가 있어. 10조원이 얼마나 큰돈인지 볼까?

▼ 기준금리 1%포인트 인하, 10조원의 위력

경제성장률 1%면 정말 큰 거야. 우리는 경제성장률 1%를 더 올리려고 용을 쓰지.

▼ 한국은행의 기준금리 스텝

동결 경제흐름상 인상/인하가 필요 없을 때.	**0.25%포인트 인상/인하** 0.25%포인트 인상/인하에 불과하지만 앞으로 경기와 돈의 흐름에 큰 영향을 미쳐.	**0.5%포인트 인상/인하** 이례적이고 매우 큰 폭의 변화야. 돈의 흐름이 크게 변할 수 있어.	**0.75~1%포인트 인상/인하** 몇 번 볼 수 없는 파격적인 조치야. 2008년 말에 기준금리를 4% → 3%로 1%포인트를 내린 적이 있어.

한국은행은 **왜 기준금리를 바꿀까?** 시중에 도는 돈의 양을 조절하려는 거야. 한번 볼까?

대출이 늘고 수출도 잘되고 외국인 투자도 늘어나 **시중에 돈이 너무 많이 돌아다니면** 물가가 크게 오르고 부동산이나 주식 가격이 너무 올라서 거품이 커져. 그러다 거품이 갑자기 쾅 터지면 한국 경제가 흔들릴 수 있어.

이런 경우 한국은행은 과열된 경기를 진정시키려고 시중의 돈을 거두어들이기 위해 기준금리를 인상해.

기준금리 인상을 하면 다른 금리들도 따라 오르니 이자부담이 커지겠지? 그러면 대출이 줄어들고 물가가 좀 잡히고 주식, 부동산 가격도 안정되는 거지.

한국은행은 **경기가 침체되고 시중에 돈이 돌지 않으면** 기준금리를 인하해. **기준금리 인하**는 한국은행이 돈을 풀겠다는 거야.

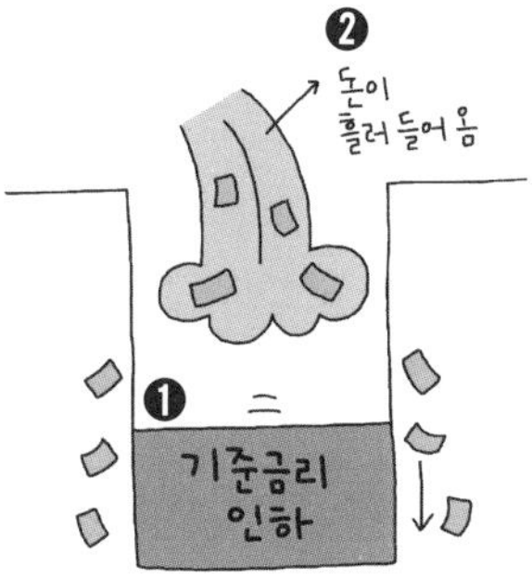

"금리를 낮추어 줄 테니 제발 돈을 빌려 투자도 하고 소비도 팍팍 해라."

단, 경기침체로 기준금리를 인하하는 초기 단계는 주식 매도 신호야. 기준금리를 여러 번 인하한 후 주식시장이 상승하기 시작해. 『경제기사의 바다에 빠져라』 참조.

한국은행이 기준금리를 인하하면 다른 금리들도 슬금슬금 내려. 금리가 낮아지면 기업도 투자에 나서고, 개인들도 소비와 주식이나 부동산 투자 쪽으로 눈을 돌리게 되지.

기준금리를 결정하는 금융통화위원회가 열리는 시기에는 뉴스가 꼭 나와. 며칠 전부터 '내릴 것이다, 동결할 것이다' 등 예측 및 논쟁기사가 나오고, 기준금리가 결정되면 그 영향에 대한 뉴스도 꼭 나와.

덤&덤. 한국은행은 우리나라 중앙은행이야. 한 나라의 **중앙은행**은 **발권은행**으로 돈을 찍어낼 수 있는 은행이야. 만원짜리 지폐를 보면 한국은행 총재의 도장이 찍혀 있어. 한국은행에서 돈을 직접 찍는 것은 아니고 조폐공사가 찍어서 한국은행에 입고시켜.

중앙은행은 **은행의 은행**이야. 우리가 돈이 필요하면 은행에 가서 돈 빌리지? 시중은행은 돈이 필요하면 한국은행에 가서 돈을 빌리기도 해.

중앙은행은 **정부의 은행**이야. 정부는 세금을 받아서 한국은행에 예치해 두고 필요할 때 인출해서 써. 달러나 엔화 등 **외환보유고**도 관리해. 외환보유고 이야기는 나중에 다시 할게.

각 나라의 중앙은행 이름과 영문 약자 정도는 꼭 익혀두자. 상식이니까.

▼ 각 나라의 중앙은행

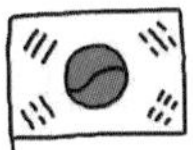		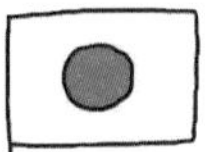	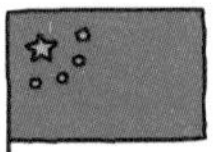		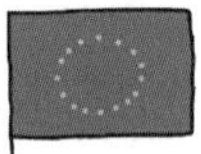
한국	미국	일본	중국	영국	유로존
한국은행	연방준비제도 이사회 (FRB)	일본은행	인민은행	영란은행 (잉글랜드은행)	유럽중앙은행 (ECB)

문제 다음 중 기준금리에 대한 설명으로 틀린 것은?
① 한 나라 금리의 기준이 되는 금리이다.
② 중앙은행이 시중의 통화량을 조절하기 위해 정하는 금리이다.
③ 기준금리를 인상하면 시중 금리가 내린다.

정답) ③

Section

05 단기금리 삼총사, 나와라!

단기금리 | 콜금리 | CD | CD금리 | CP | CP금리

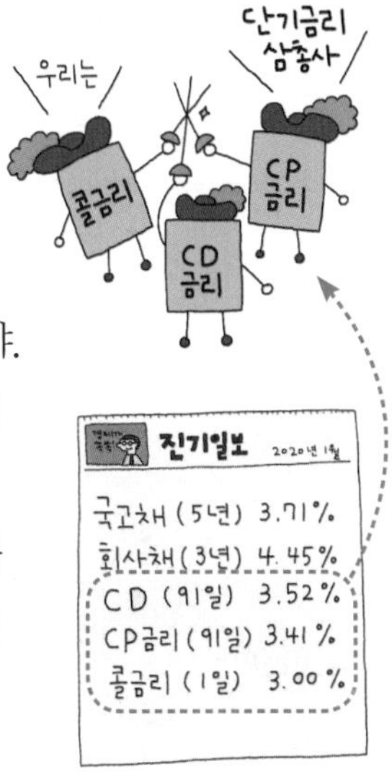

광필이는 5억원을 은행예금에 넣기로 했어. 그런데 만기를 6개월로 할까, 2년으로 할까 고민이야. 먼저 단기금리부터 체크해 볼까?

단기금리는 만기가 1년 미만인 금융상품의 금리야. 단기금리를 보면 금융기관이나 기업에 단기자금이 풍부한지, 돈이 잘 도는지 알 수 있어.

단기금리가 오르면 결국 예금 · 대출금리도 오를 가능성이 높아. 여기서는 뉴스에 자주 나오는 단기금리 3가지를 살펴볼 거야.

단기금리 삼총사를 불러보자.

"콜금리, CD금리, CP금리, 나와랏!"

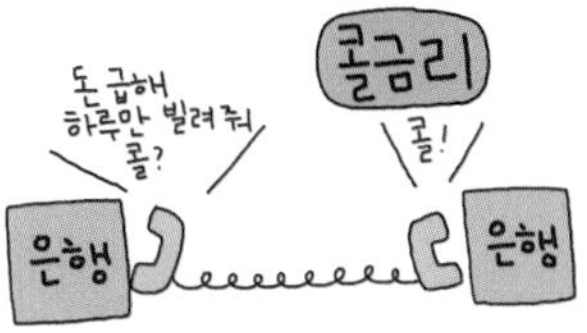

콜금리는 금융기관끼리 하루이틀 초단기로 급전을 쓸 때 적용되는 금리야. 은행도 매일 업무를 하다 보면 갑자기 돈이 부족할 때가 있어.

누가 – 은행 등 금융기관이

왜 – 하루이틀 급전이 필요해서

어떻게 – 콜(call)은 전화하다, 요청하다.

콜금리는 은행이 하루이틀 돈이 부족해서 급하게 다른 은행에서 빌릴 때의 금리라고 생각하면 돼.

은행에 돈이 부족하면 콜이 불이 나겠지? 이처럼 은행들이 콜자금을 빌려 쓰려고 난리이면 당연히 콜금리가 자꾸 오르겠지. 은행이 이 지경인데 기업이나 가계 등 시중 자금사정이야 오죽하겠어? 다른 금리들도 오를 가능성 높아.

특히 콜금리 급등 뉴스는 시중에 돈이 씨가 마르고 돈 빌리기가 매우 어려우며 경기침체가 심해진다는 신호야.

은행에 돈이 풍부하면 급전을 땡겨 쓸 일이 별로 없으니, 콜금리가 꾸준히 내리고 다른 금리들도 따라서 하락해. 그러므로 콜금리는 금융권의 초단기 자금사정을 보여주는 지표라고 할 수 있어.

CD금리에서 CD는 **양도성예금증서**라고 하는데, 남한테 양도할 수 있는 예금(Deposite) 증서(Certificate)라고 생각하면 돼.

예금통장에는 광필이의 이름이 떡하니 찍혀 나오지만, 양도성예금증서인 CD에는 이름 적는 난이 없어. 은행은 맨처음 CD를 사간 사람과 만기 때 돈을 찾으러 온 사람만의 신원을 확인해. 그래서 중간에 누가 사고팔았는지 알 수 없어서 몇 단계 손바꿈을 하고 나면(사고팔면) 자금 추적이 어려워서 은밀한 뒷거래에도 이용돼.

누가 – 은행이

왜 – 단기자금이 필요해서

얼마나 길게 – CD는 보통 1년 미만, 특히 91일 만기 상품이 많아. 그러니까 CD금리는 은행이 단기자금이 필요할 때 발행하는 CD의 금리라고 생각하면 돼. CD금리는 보통 은행예금보다 이자가 조금 높아. 중도해지가 없어서 은행이 맘놓고 쓸 수 있는 돈이니까.

은행이 자금이 부족하면 CD금리가 자꾸 올라. 돈이 부족하여 단기자금을 융통하려고 많이 발행하니 CD금리가 오르는 거지. 은행이 돈을 비싸게 빌려왔으니 앞으로 대출금리 등 다른 금리들도 오를 가능성이 높아.

은행이 자금이 풍부하면 굳이 CD를 발행하지 않아도 되므로 발행량이 줄어들고 CD금리도 자꾸 내려. 다른 금리도 내릴 가능성이 높지.

옛날에는 은행이 예금으로 확보한 돈이 부족하면 CD를 발행해 자금을 많이 조달했어. 그래서 은행이 부동산 대출을 할 때, CD금리에다가 이윤 1.5% 식으로 붙여서 대출금리를 정했어. 이른바 CD 연동 주택담보대출. 예전에는 주택을 살 때 CD 연동 주택담보대출을 받은 사람들이 많아서 CD금리가 오르면 "아이고, 다음달에 대출이자를 더 내야겠네" 했어. 뉴스에서도 CD 금리를 많이 다루었고.

요즘은 은행이 CD 발행으로 자금을 조달하는 경우는 약 15%에 불과해. 그래서 주택담보대출도 **코픽스 금리** 연동 대출을 많이 해. 코픽스 금리는 나중에 살펴볼게.

은행이 돈이 부족해요!
은행이 어떻게 하는지 볼까?
1. 하루이틀 쓸 돈이 부족하다 → 콜자금 빌려와(콜금리)
2. 기본적으로 예금을 많이 유치해야 해. → 예금금리 조금 올리자(예금금리)
3. 1년 미만 단기자금이 부족하다 → CD 발행하자(CD금리)
4. 1년 이상 빌리자. → 은행채권 발행(은행채 금리)
5. 외국 은행에서 빌려오기도 하고, 한국은행에서 빌리기도 하고.

CP(Commercial Paper)는 **기업어음**이라고 하는데, 기업이 1년 이내의 단기자금을 조달할 때 쓰는 단기 기업어음이야.

어음이 뭔지 살펴볼까? **어음**에는 진성어음과 융통어음이 있어.

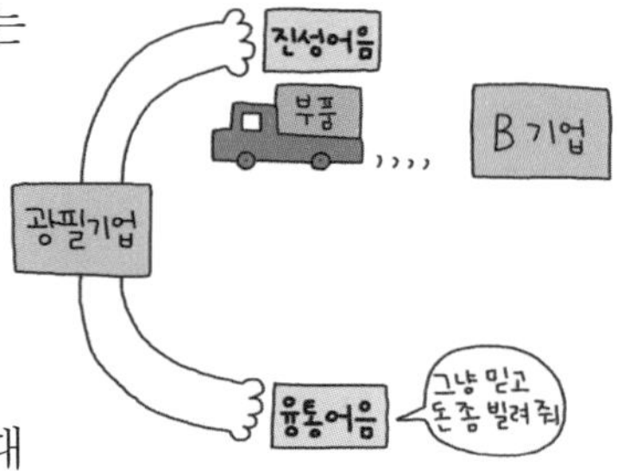

진성어음은 물건이나 서비스를 받고 그 대가로 주는 어음이야. 광필기업이 B기업에 부품대금을 만기 3개월짜리 진성어음으로 주었다 치자. 그러면 B기업은 3개월 후에 광필기업이 지정한 은행에서 이 어음을 현금으로 바꿀 수 있어. **융통어음**은 그냥 돈을 조달하기 위해 발행하는 기업어음이야.

기업어음이나 회사채나 모두 증서를 주고 돈을 빌리는 것은 같아. 단 기업어음의 발행절차가 훨씬 간단하고 만기가 1년 미만(주로 3~6개월)일 경우가 많아. 회사채는 뒤에서 다룰 거야.

MMF나 CMA 통장이 있는 사람~.
금융기관들은 이 자금을 모아 콜, CD, CP 등을 사고팔아 수익을 올려.

CP금리를 볼까?

누가 – 기업이 CP를 발행해.

왜 – 주로 1년 미만의 단기자금을 조달하기 위해서. CP는 보통 1년 미만, 특히 91일물이 많아. 그러니까 **CP금리**는 기업이 단기자금을 조달할 때의 금리로, 기업에 1년 미만 단기자금이 풍부한지 부족한지를 볼 수 있는 지표야.

기업의 단기자금이 부족하면 CP 발행을 늘리고 CP 금리가 자꾸 올라. 경제가 안 좋다는 신호지.

기업의 단기자금이 풍족하면 CP 발행량도 줄어들고 CP금리가 자꾸 내려.

단기금리는 이것으로 끝~.

이제 뉴스에 자주 등장하는 장기금리를 살펴보러 가자.

문제 1 은행들이 하루이틀 초단기 자금이 부족해 서로 간에 급전을 쓸 때 적용되는 금리는 (　) 금리이다. 이 금리가 뉴스에 자주 등장하면 경제가 심상치 않다는 이야기.

문제 2 요즘은 주택담보대출을 할 때 주로 (　) 금리에 가산금리를 덧붙여 대출금리가 결정되는 경우가 많다. 이 금리는 국내 8개 은행이 제공하는 자금조달 관련 정보를 기초로 산출한 은행의 자금조달비용지수이다.

정답) 1. 콜 2. 코픽스

Section

06 장기금리가 꾸물꾸물

단기금리 | 중기금리 | 장기금리 | 금리 메커니즘

매일 신문에 나오는 금리지표를 가져와 보았어. 신문에 매일 나오는 건데 이 정도는 척 하면 알 수 있어야겠지?

먼저 단기금리, 장기금리부터 볼까?

단기금리는 보통 만기가 1년 미만인 금융상품의 금리야. **장기금리**는 보통 만기가 1년 이상인 금융상품의 금리이고.

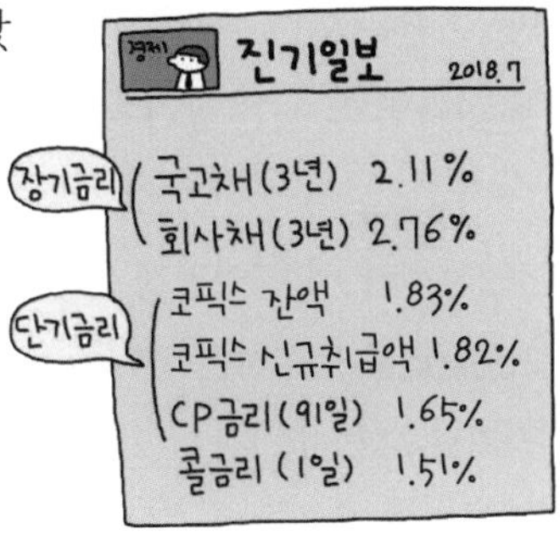

CD금리 대신 코픽스 금리가 주요 금리 지표가 되었다. 코픽스 금리는 뒤에서 살펴본다.

단기/중기/장기금리로 나눌 때는 대체로 만기가 1년 미만인 금융상품의 금리는 단기금리, 1~3년은 중기금리, 3년 이상은 장기금리야.

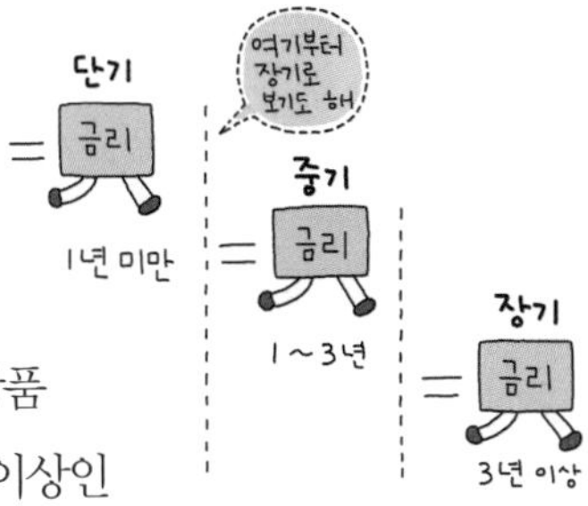

광필이가 여윳돈 1억원을 1년 미만인 상품에 넣었다면 이때의 금리는 단기금리, 3년 이상인 예금에 넣었다면 장기금리.

단기금융시장은 1년 미만의 만기가 짧은 금융상품이 거래되는 시장으로 **머니마켓**(Money Market)이라고 해.

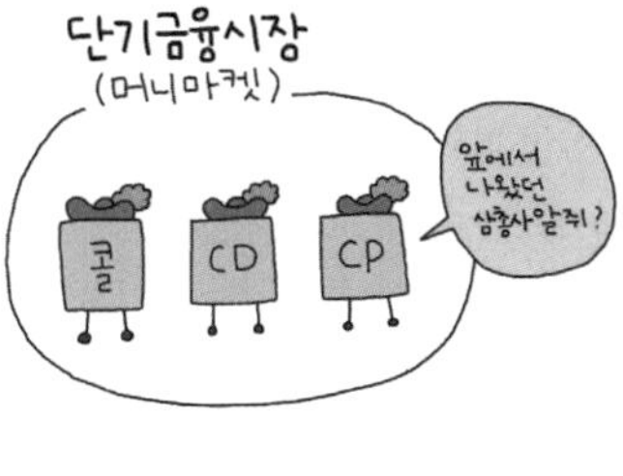

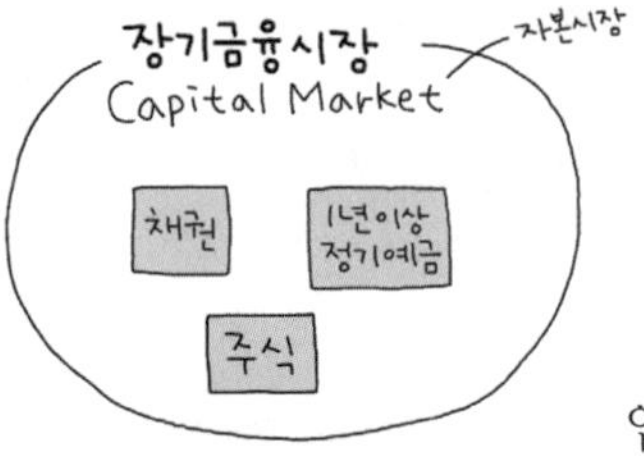

장기금융시장은 대체로 만기 1년 이상의 상환기간이 긴 금융상품이 거래되는 시장인데 **자본시장**(Capital Market)이라고도 해.

만기 1년 이상의 정기예금이나 대출, 기업에 장기투자 하는 채권 등이 거래되는 시장이야.

주식도 여기에 포함돼. 주식은 만기가 없지. 다른 사람에게 팔 수는 있지만. 어쨌든 어떤 주식회사가 '새로운' 주식을 시장에서 팔고, 광필이가 신주를 샀다면 그 돈은 장기적으로 산업에 투자된 거야.

자, 금리가 서로 어떻게 영향을 주고받는지 줄을 세워볼게. 먼저 기준금리. **기준금리를 인상하면** 단기금융시장의 금리가 올라. 그러면 장기금융시장의 금리도 오르지.

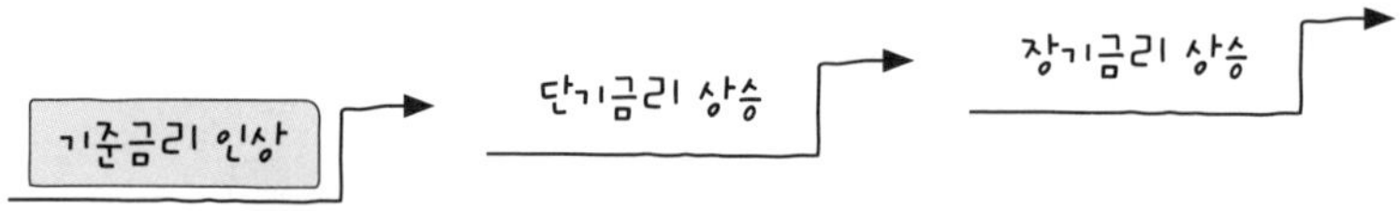

반대의 경우도 마찬가지야. **기준금리를 인하하면** 단기금융시장의 금리가 내리고 뒤이어 장기금융시장의 금리가 내려.

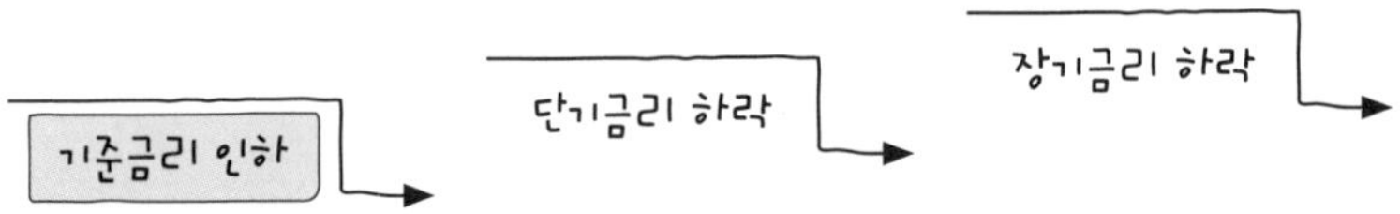

대부분의 경우 단기금리보다 장기금리가 높아. 만기가 길어 돈을 못 받을 위험이 더 크므로 금리가 더 높은 거지.
하지만 아주 가끔 단기금리가 장기금리보다 높아지는 경우가 있어. 경제에 매우 중요한 신호야. 3장 참조

물론 항상 이런 것은 아니야. 경제란 워낙 복잡다단해서 예외가 있는데 그건 차차 살펴보고, 어쨌든 금리의 흐름은 대체로 **기준금리 → 단기금리 → 장기금리**로 흐른다는 것은 꼭 기억해 두자.

문제 1 1년 이내로 만기가 짧은 단기금융시장을 머니마켓(Money Market), 1년 이상으로 만기가 긴 장기금융시장을 ( )마켓이라고 한다.

문제 2 1년 정기예금을 들었는데 명목금리가 2%. 그런데 1년 동안 물가가 1.5% 상승해서 예금 만기 때에는 ( )금리가 0.5%밖에 안 되었다.

정답) 1. 캐피털 2. 실질

금리 이름 쏙쏙

여신 금융기관에서 고객을 믿고 돈을 빌려주는 것.

여신금리 금융기관에서 고객에게 돈을 빌려줄 때 적용하는 금리. 대출금리라고 생각하면 돼.

여신기관 돈을 빌려주는 기관, 주로 은행.

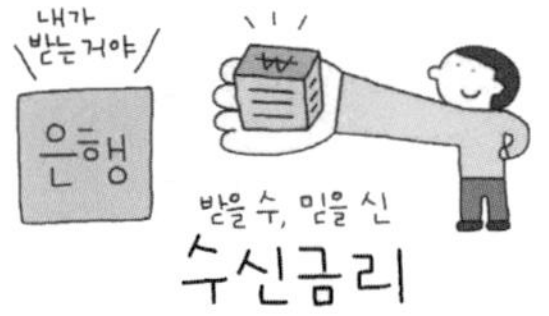

수신 은행이 고객으로부터 예금 등을 받는 것.

수신금리 예금금리는 수신금리야. 우리 입장에서는 돈을 예금하는 것이지만, 은행의 입장에서는 돈을 받는 것이므로 '수신금리'지.

대고객금리 은행이 고객과 거래할 때의 금리로 예금금리, 대출금리 등.

공금리 금융기관이 급전이 부족해서 공기관인 한국은행에서 빌려올 때의 금리.

시중금리 금융시장의 사정을 잘 반영하는 대표적인 금리. 일반적으로는 '시중은행의 대출금리'를 말해.

실세금리 시중의 자금사정을 가장 잘 반영하는 금리.

신문의 금리지표에 매일 나오는 금리라고 생각하면 돼. 거래규모가 크고 다른 금리에 큰 영향을 미쳐.

● 시장금리는 금융시장에서 수요와 공급에 의해 결정되는 금리.

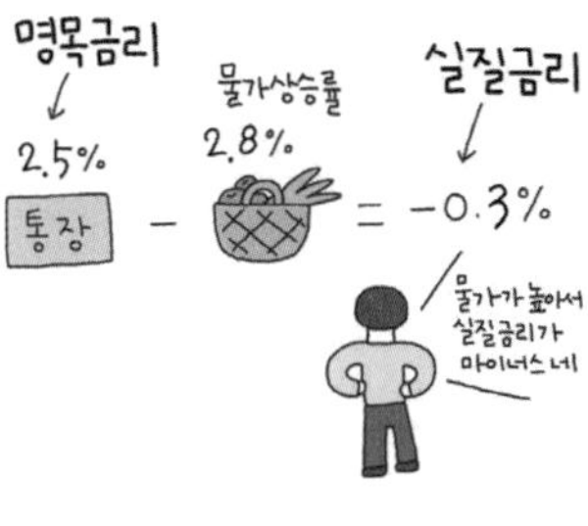

명목금리 돈의 가치 변동을 고려하지 않은 숫자상의 금리.

실질금리 명목금리에서 물가상승률을 뺀 금리.

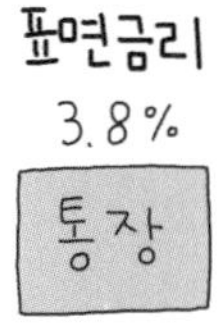

표면금리 통장 표면에 찍힌 금리. 또는 채권 발행시에 액면에 찍혀 있는 금리.

실효금리 실제로 지급받는 금리.
표면금리가 똑같이 3.8%라도 단리냐 복리냐 등에 따라 실제로 지급받는 이자가 달라.

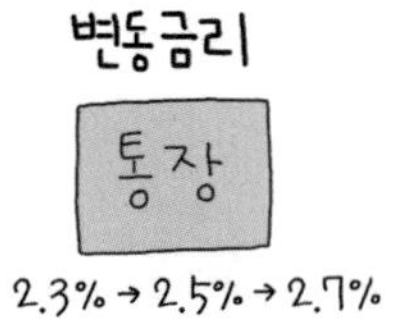

고정금리 금리가 변하지 않고 만기 때까지 딱 고정되는 것.

변동금리 금리가 3개월 또는 6개월 등의 단위로 변하는 것.

단리 원금에만 이자가 붙는 것.

복리 원금뿐만 아니라 이자에도 이자가 붙는 것.

복리상품을 선택할 때는 월 복리 > 분기 복리 > 연복리 식으로 유리해.

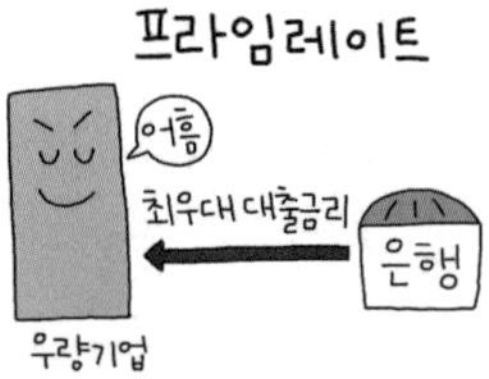

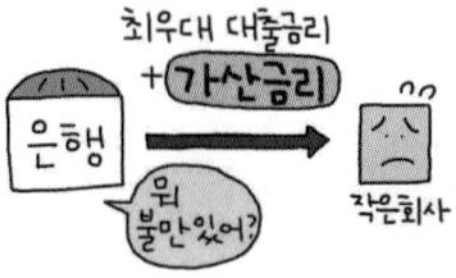

우대금리 고액예금, 신규계좌 개설 등 일정 요건을 갖춘 고객에게 주는 특별 금리.

프라임레이트 신용도가 우수한 우량기업에 대출할 때 적용하는 금리. 대출금리의 기준이야.

가산금리 덧붙이는 금리.

신용도가 낮은 기업이나 개인이 대출을 받을 때, 최우대 대출금리(프라임레이트)에 가산금리를 붙여.

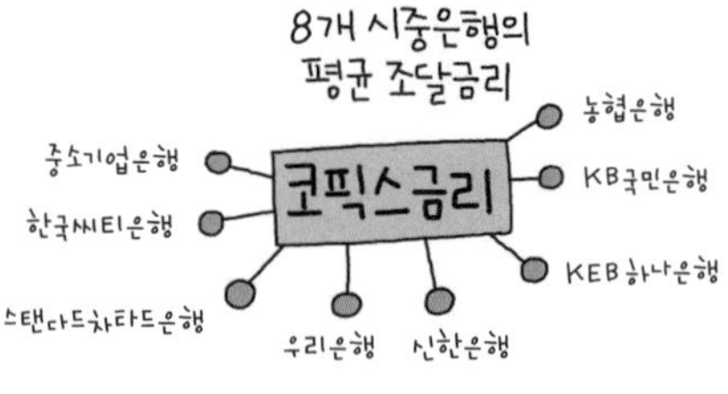

티저금리 대출자를 유혹하는 금리.

대출 초기에는 매우 낮은 금리로 유혹하지만, 그 기간이 끝나고 나면 금리가 올라 갚느라 힘들어.

코픽스(cofix) 금리 8개 시중은행이 조달한 자금의 평균금리. 요즘 주택담보대출을 받을 때 코픽스 금리에 연동되는 경우가 많아.

코픽스 금리(잔액기준) 매월 말 자금조달 잔액의 금리를 기준으로 평균 한 금리.

코픽스 금리(신규취급액 기준) 이번 달에 신규로 조달한 자금을 기준으로 한 금리.

단기 코픽스 금리 이번 주에 신규로 조달한 자금을 기준으로 한다.

금융상품 쏙쏙

요구불예금 고객이 '요구'하면 언제든 은행이 바로 돈을 지급해야 하는 예금. 보통예금, 당좌예금 등.

당좌예금 요구불예금 중 하나. 당좌예금 계좌의 예금주가 발행한 수표를 은행에 가져가면 바로 돈을 찾을 수 있어.

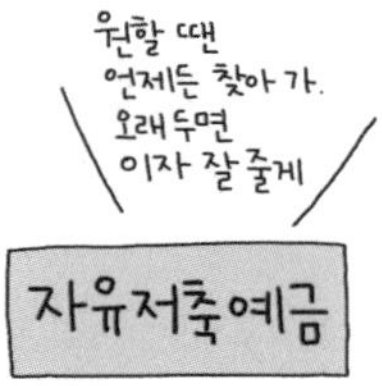

저축성 예금 돈을 맡긴 후 일정기간이 지나야 찾을 수 있는 예금.

자유저축 예금 요구불예금이지만, 몇 개월 이상 장기 예치할 경우 저축성 예금처럼 이자를 더 주는 상품.

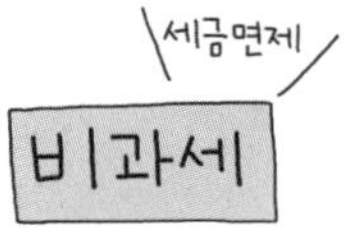

비과세 이자에 붙는 세금을 안 내는 금융상품. 이자소득세(14%)와 주민세(1.4%)를 면제받아.

세금우대 세금을 조금 깎아주는 상품.

절세상품 비과세, 세금우대처럼 세금을 아낄 수 있는 금융상품.

돈 빌리러 갔더니 은행이 "널 어찌 믿냐, 집이든 땅이든 맡겨." 담보를 잡는 **담보대출**.

담보 없이 신용만 평가해 대출해 주면 **신용대출**.

역모기지론 은퇴 노인들이 주택금융공사에 집을 담보로 맡기고 남은 생애 동안 월 생활비를 받는 제도. 최근에 주택**연금**으로 이름이 바뀌었어.

은행은 노인이 돌아가시고 나면 집을 처분해서 돈을 회수하고, 남은 것은 상속자에게 줘.

모기지론 재산을 담보로 하여 돈을 빌리는 대출상품. 주택담보대출도 일종의 모기지론이야.

한국에서는 상환기간이 1~5년인 경우는 '주택담보대출', 10~30년으로 긴 것은 '모기지론'이라고 하는 경우가 많아.

CD 연동 정기예금 CD(양도성예금증서)의 수익률에 따라 금리가 변하는 예금. CD금리에 가산금리가 붙으며, 금리가 3개월마다 변해.

회전식 정기예금 금리가 1개월, 3개월, 6개월 등의 단위로 계단식으로 바뀌는 예금.

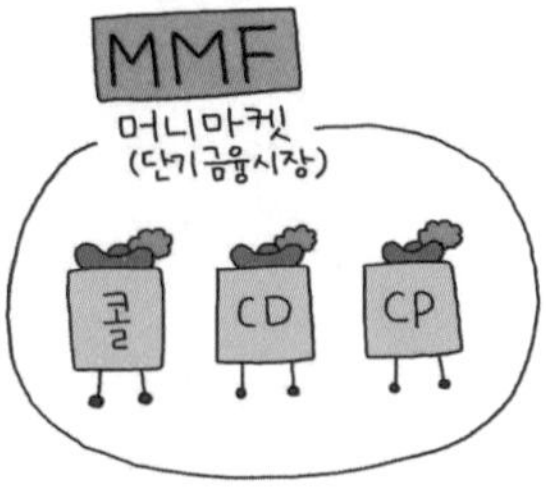

MMF(머니마켓펀드)는 콜, CD, CP 등 단기 금융상품을 사고팔아 수익을 남겨 고객에게 돌려주는 펀드.

CMA 고객의 예탁금을 CP, CD, 단기국공채 등 단기상품에 투자해 얻은 수익을 고객에게 돌려주는 상품. **종합자산관리계좌**라고도 해.

급여이체와 수시입출금, 자동납부를 할 수 있고, 하루만 맡겨도 이자가 나오며, 만기 후에도 자동으로 재예탁되어 이자에 이자가 붙는 복리상품이야.

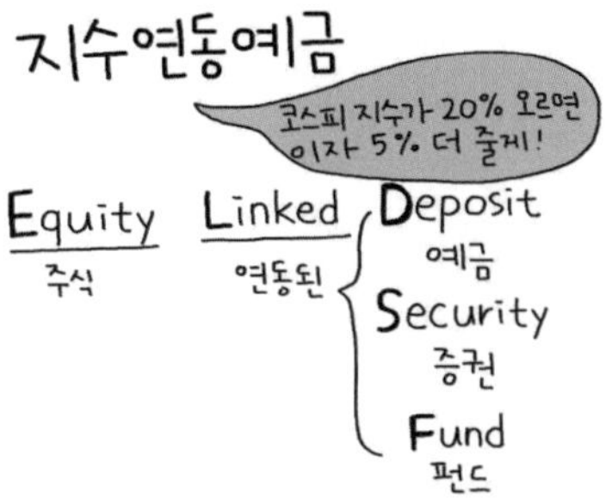

ELD 지수연동예금 지수에 연동되어 수익률이 달라지는 예금.
코스피지수나 현대자동차 주가 등 금융상품마다 정해진 특정 지수에 연동되어 수익률이 오르내리게 설계되어 있어.
ELS 지수연동증권 지수에 연동되는 증권으로 증권회사나 은행에서 팔아.
ELF 주가연계펀드 지수에 연동되는 펀드.

ELD나 원금보장형 ELS는 원금이 보장되지만, ELF는 원금이 보장되지 않아. 원금 비보장형 ELS, ELF 상품에 가입했다가 큰 손실을 본 경우도 있으니 주의하자.

Section

07 은행이 위태위태

예대마진(예대차) | 순이자마진 | 역마진 | 예대율 | BIS 자기자본비율 | 고정이하 여신비율 | 배드뱅크 | 스트레스 테스트

은행은 뭘 먹고 살까?

은행의 예금금리와 대출금리의 차이를 **예대마진**, 또는 **예대차**라고 해. 수신금리 평균이 3%이고 여신금리가 5%이면 예대마진은 2%.

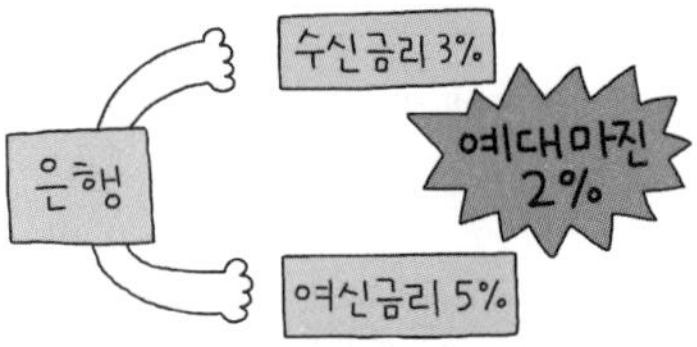

물론 은행은 수수료 장사도 하고 펀드도 보험도 팔지만, 기본적으로는 예대차를 먹고 살아. 은행 전체 수익의 80% 이상이야.

순이자마진은 은행이 벌어들인 이자수익에서 자금조달 비용을 뺀 것. 다시 말해 은행이 이자 장사를 해서 남은 이윤을 말해.

그런데 아주 가끔이지만 **역마진** 상황이 벌어지기도 해. 역마진은 은행의 자금조달 금리가 대출금리보다 높은 상황이야. 한마디로 돈을 비싸게 빌려서 싸게 대출해 주어 손해를 보는 상황인 거지. 역마진 상황은 매우 특수한 경우야.

2008년 금융위기 때 은행이 고금리로 자금을 조달했어. 세계적인 은행들도 도산하던 시기지. 은행이 망하지 않으려면 BIS(국제결제은행) 자기자본비율을 갖춰야 하는데, 돈 빌리기가 힘드니 금리를 많이 줄 수밖에 없었지. 그런데 중앙은행이 경기침체에서 벗어나려고 기준금리를 크게 인하하니 대출금리가 떨어졌어. 은행이 비싸게 빌려서 싸게 대출하는 상황, 즉 일부 역마진 상황이 생긴 거지.

$$\frac{\text{대출잔액}}{\text{예금잔액}} = \text{예대율}$$

은행의 건전성을 꼼꼼히 살펴볼까?

예대율은 은행의 예금잔액에 대한 대출금 잔액의 비율. 대출금 잔액을 예금잔액으로 나누어 구해. 예금잔액이 10조원, 대출잔액이 13조원이라면 예대율은 130%. 은행들이 몸집 불리기에 여념이 없을 때 이런 무리수가 생겨. 선진국의 예대율은 대략 80% 전후이고 우리나라 저축은행은 100%가 넘어.

대출이 예금보다 더 많으면, 즉 은행의 예대율이 높은 상태에서 경기가 위축되고 대출회수가 잘 안 되면, 금융시장이 경색되고 금리가 급등하며 은행이 위기에 빠질 수 있어. 예대율이 너무 높으면 위태위태~.

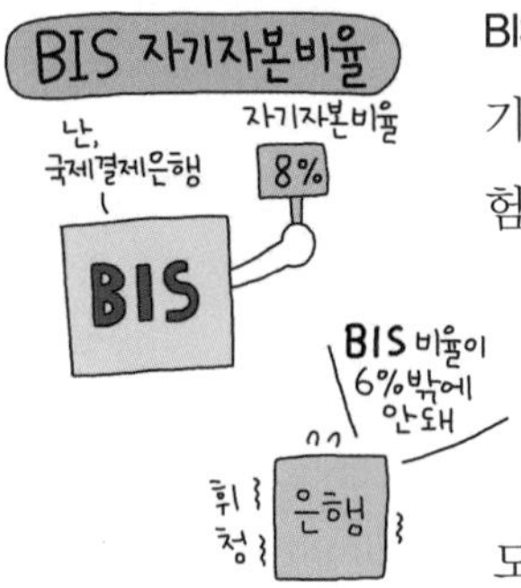

A은행이 100조원을 대출했는데 이중에서 5조원의 회수 가능성이 낮아졌다고 해 보자. 이게 위험자산. 만약 이 은행의 자본금이 5천억원이라면 BIS 자기자본비율은 10%가 되는 셈이야.

$$\frac{\text{자기자본(5천억원)}}{\text{위험자산(5조원)}} \times 100$$

BIS 자기자본비율은 국제결제은행(BIS)이 정한 자기자본비율의 기준이야. **자기자본비율**은 은행의 위험자산 총액 대비 자기자본이 차지하는 비율을 말하는데, 이 비율이 최소한 8%는 되어야 위기에 대처할 수 있다고 봐. 만약 BIS 자기자본비율이 너무 떨어지면 바로 영업정지를 당할 수도 있어. BIS 비율이 떨어지면 은행이 위태위태~. 2018년 현재 우리나라 거의 대부분의 은행은 BIS 자기자본비율이 8%를 넘기고 있어.

은행은 돈을 빌려준 다음에도 이자를 제대로 내는지 등을 기준으로 **여신**(빌려준 돈)을 관리해.

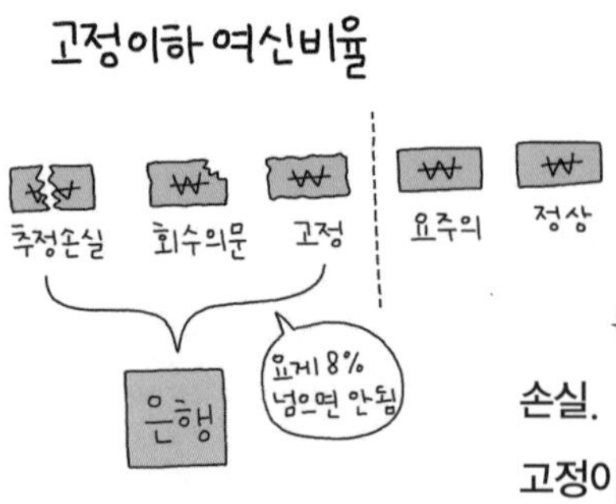

이자, 원금을 잘 갚으면 **정상**, 주의를 기울일 필요가 있으면 **요주의**,

고정적으로 체크해야 한다고 **고정**,

돈을 받을 수 있을까, 회수에 의문이 들면 **회수의문**,

돈을 못 받을 것 같으면 손실로 추정된다고 해서 **추정손실**.

고정이하 여신비율은 이 5단계에서 고정이하, 즉 고정, 회수의

문, 추정손실 금액이 전체 여신(대출) 중 얼마나 되는지를 봐. 저축은행의 경우 고정이하 여신비율이 8%를 넘으면 안 좋게 봐.

고정이하 여신비율이 높으면 은행이 위태위태~.

저축은행은 보통 BIS 자기자본비율이 8% 이상이고 고정이하 여신비율이 8% 이하인 경우를 **8 · 8클럽**이라고 해. 저축은행중앙회 사이트에서 '저축은행 공시'→'요약 공시'로 들어가 은행명을 클릭하면 8.8클럽을 확인할 수 있어. **문제는 무조건 100% 믿기에는 좀…** 부산저축은행이 2011년 초에 영업정지가 되었는데, 나중에 감사를 해 보니 BIS 비율이 8%는커녕 −50%였어. 기가 막히지? 그러니 신중하게 보자.

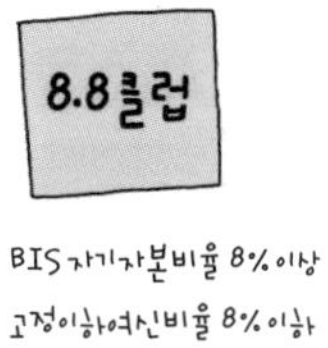

배드뱅크(bad bank)는 금융회사의 나쁜(Bad) 부실자산이나 채권을 따로 사들여 전문적으로 처리하는 구조조정 전문기관이야. 은행은 부실채권을 이 배드뱅크로 넘겨버려 비중을 줄이는 거지. 그러면 굿뱅크(good bank)로 전환되고 정상적인 영업활동을 할 수 있어.

스트레스 테스트(stress test)는 은행의 금융 시스템이 불안한 스트레스 상황에서 얼마나 잘 견딜 수 있는지를 테스트하는 거야. 몇 가지 시나리오를 가정하여 시뮬레이션을 해서 잠재적 손실을 측정해. 이 테스트를 통과해야 비교적 안전하다고 평가해.

미국 및 유럽의 은행들도 금융위기 때 스트레스 테스트를 했는데, 대부분 통과되었어. "눈 가리고 아웅 하나?" 말이 많았지만.

문제 1 은행은 예금고객들에게는 2%의 이자를 주고, 대출고객에게서는 3%의 이자를 받아서 1%의 차익을 얻었다. 이를 ( )마진이라고 한다.

문제 2 어떤 은행이 1,000억원을 대출했는데, 이 중에서 100억원은 회수가 불가능해 보인다. 그런데 자기자본은 5억원이고, 나머지는 모두 고객의 예금을 모아서 대출한 것이다. 이 은행의 BIS 자기자본 비율은 몇 %일까?

정답) 1. 예대 2. 5%

금융기관 쏙쏙

제1금융권 예금을 받아서 대출해 주는 걸로 먹고사는 전형적인 은행.

일반은행	지방은행	특수은행
KB국민은행	대구은행	NH농협
우리은행	부산은행	수협
KEB하나은행	광주은행	KDB산업은행
신한은행	경남은행	IBK기업은행
한국시티은행	전북은행	한국수출입은행
스탠다드차타드은행	제주은행	특정부문에 자금을 공급하기 위해 세워진 정부계 은행.

제2금융권 공식적인 말은 아니고, 주로 비공식적으로 언론 등을 통해 퍼진 말이야. 전형적인 은행업인 제1금융권과 대비되는 말로 **비은행금융기관**이라고도 해. 종류를 살펴볼까?

비은행예금취급기관 전형적인 제1은행권은 아니지만 예금과 대출을 취급하는 금융기관.

상호저축은행
지역의 서민과 소규모 기업을 대상으로 하는 여수신 업무를 해. 신한저축은행, OK저축은행 등.
제1금융권 은행보다 예금금리가 높지만 대출금리는 더 비싸.

신용협동기구
지역이나 직장 등을 기반으로 조합원들이 만든 거야. 직장신협, 지역신협 등.

우체국
국영금융으로 농어촌과 도시의 소액 가계 저축예금을 주로 취급해. 정부가 보증하므로 100억원이라도 원금보장이 돼.

새마을 금고
회원들의 예탁금과 예적금을 자금으로 하여 회원에게 대출해 주는 사업을 해. 신용협동기구와 새마을금고는 3천만원까지 비과세 혜택을 받을 수 있어.

보험회사
생명보험사, 손해보험사

신탁회사
신탁회사, 믿을 신, 맡길 탁. 믿고 맡긴다는 뜻.
고객들이 돈을 맡기면 투자해서 이익을 남겨 돌려줘. 투자신탁운용, 자산운용회사를 포함해.

증권회사
주식, 채권 등의 유가증권을 인수하거나 매매하는 등의 일을 해.

종합금융회사
흔히 '종금사'라고 해. 증권중개업무와 보험업무를 제외한 장단기 금융, 시설대여 등 국내 금융기관이 하는 거의 모든 금융업을 해.

여신금융회사 예금을 수신하는 기능이 없이, 여신(대출)업무만 전담하는 금융회사.

신용카드회사
현대카드, 롯데카드 등
전업카드사와 은행 계열인 BC카드사를 통털어 신용카드회사라고 해.

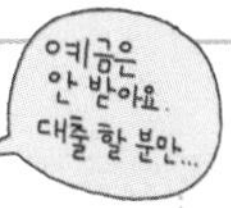

캐피탈회사
수신 없이 여신(대출)만 전문으로 하는 회사.

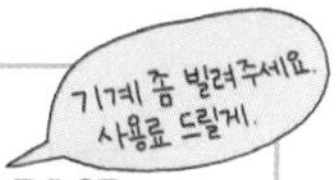

리스회사
기계, 설비 등을 직접 구입해 기업에 빌려주고 사용료를 받는 회사.

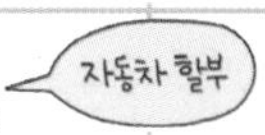

할부금융회사
소비자가 고가의 내구재 등을 구입할 때 필요한 자금을 대여해 주고 이를 분할하여 상환받는 회사. 보통 '파이낸스 회사'라고 해.

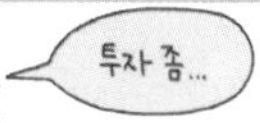

신기술금융회사
신기술을 개발하거나 이를 응용하여 사업화하는 중소기업에 투자 또는 융자해 주는 회사.

제1금융권과 제2금융권을 합쳐 **제도금융권**이라고 해.

제3금융권 제도권 밖의 대부업체, 사채업체야. Rush Cash
제1, 2금융권에서 돈을 조달하지 못한 사람들이 찾는 곳이지. 흔한 말로 사채업. 사금융권 또는 **소비자금융**이라고도 해. 러시앤캐시, 산와머니 등. 법의 테두리를 벗어나 연 수백 퍼센트의 이자를 받는 사채업자들도 있어. 물론 이자제한법상으로는 이자를 연 24%까지만 받을 수 있지만. 어기면 형사처벌.

금융보조기관 금융 시스템이 원활하게 돌아가도록 제반 여건을 제공하는 기관이야.

신용보증기관 내가 신용보증 해 줄게.	**신용평가회사** 미국 신용등급 강등!	**예금보험공사** 예금자보호법에 따라 5천만원만 드릴게요.	**한국자산관리공사** 망한 회사 자산 처리
채권 발행회사 등의 신용을 보증해 주는 기관.	국가, 기업, 개인 등의 신용을 평가하는 회사.	예금을 보호해 주는 기관으로 은행이 망하면 이 기관이 나서서 예금자보호법에 따라 돈을 돌려줘.	망한 은행이나 기업 등의 자산을 처리하는 기관.
한국무역보험공사 수출기업 보험 드세요.	**금융감독원** 흠. 금융기관들 잘 하고 있나?	**금융결제원** 거래들이 잘 돌아가도록	**한국거래소** 주식시장 등 관리
수출업체들이 환율 변동으로 손해 보지 않도록 보험을 드는 기관.	은행, 증권, 보험 등 금융기관에 대한 감사와 감독을 하는 기관. 제한적이지만 한국은행과 예금보험공사도 금융기관을 감독해.	어음교환 및 지로 제도를 확립하고 금융 공동망을 구축해 정보유통을 원활하게 하는 기관.	증권 및 파생상품 거래의 안정성 및 효율성을 도모하는 기관.

슈퍼뱅크는 자본금도 크고 지점도 많은, 덩치가 엄청난 은행. **리딩뱅크**는 한마디로 이끄는 은행. 덩치와는 상관없이 새로운 금융상품이나 경영방법을 개발하는 등으로 다른 은행보다 앞서가는 은행을 말하는데 '선도은행'이라고도 해.

Section

08 금융기관이 뜨끔뜨끔

CB(상업은행) | IB(투자은행) | 글래스-스티걸 법 | 자본시장법

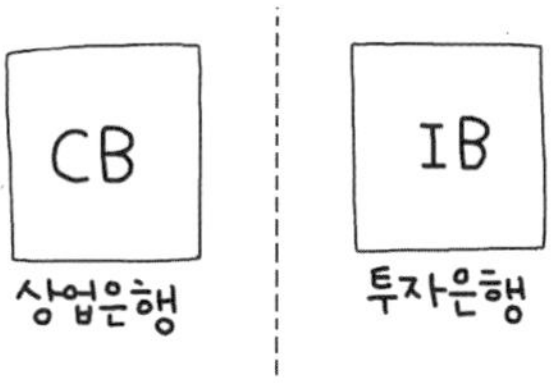

예전에는 은행이라고 하면 예금을 받아 대출해 주는 금융기관이라고만 알고 있는 경우가 많았어. 그런데 원래 은행은 CB, IB 두 계열로 나누어져 있어.

CB는 **상업은행**(Commercial Bank)으로 고객의 예금을 받아 단기대출을 해서 금리 차이를 먹고사는 은행이야. 우리가 익히 알고 자주 접하는 은행이지.

IB는 **투자은행**(Investment Bank)으로 고객들이 맡긴 돈을 가지고 투자를 해. 기업에 장기 산업자금을 대출하고, 기업이 발행하는 증권(주식, 채권 등)을 인수해 팔고, 기업의 인수 · 합병에 개입하고, 거대한 프로젝트에 자금을 투자하고……. 기업 입장에서야 어려운 자금조달을 투자은행에 일임하고 수수료만 내니 편리한 점이 있지. 투자은행은 공격적으로 돈을 벌어서 고객에게 돌려줘. 골드만삭스, JP모건 등이 대표적인 투자은행들이야.

그런데 왜 은행의 역할을 이처럼 나누어 놓았을까?

때는 **1929년 대공황 당시로 거슬러 올라가.** 대공황이 터지기 전 주식시장이 좋을 때, 은행들은 대거 주식투자를 하는 등 방만한 경영을 했고 이것이 대공황이 터진 한 원인이었어. 그래서 1933년에 **글래스-스티걸 법**(Glass Steagall Act)을 만들어 은행을 상업은행과 투자은행으로 이원화한 거야. 글래스-스티걸 법은 약 60년간 지속되다가 1999년 상업은행의 증권업 겸업이 허용되면서 유명무실해졌어. **그리고 10년 후** 다시 세계 금융위기가 터진 거야.

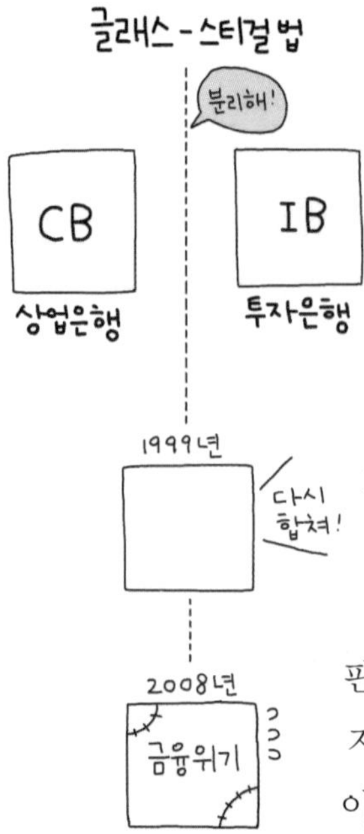

우리나라도 2009년 **자본시장법**이 발효되었어. 그간 상업은행의 역할을 해 온 은행들이 투자은행의 역할까지 할 수 있게 된 거야. 이전에는 각 금융회사가 자본시장과 관련된 6개 법률에 따라 별도로 활동했는데, 자본시장법이 통과되면서 일정 요건만 갖추면 '은행'과 '보험' 업무를 제외한 모든 금융업무를 취급할 수 있게 되었어.

한 나라 경제의 혈액을 공급하는 은행이 투자판에 몰두하면 돈이 생산적인 순환 쪽으로 들어가지 않고 '돈 놓고 돈 먹는' 투기경제로 흐를 가능성이 높아지고, 그러다가 미국처럼 강한 펀치를 맞아 쓰러질 수도 있지. 우리나라는 미국 정도의 맷집은 아니잖아?

문제 다음 중 글래스-스티걸 법(Glass Steagall Act)에 대한 설명으로 틀린 것은?

① 은행의 방만한 투자는 대공황의 원인 중 하나였고, 글래스-스티걸 법이 제정되는 계기가 되었다.
② 글래스-스티걸 법은 은행을 상업은행과 투자은행으로 이원화한 법이다.
③ 1999년 상업은행의 증권업 겸업이 허용되며 유명무실해졌다. 이것이 10년 뒤 금융위기가 터지는 한 원인으로 보는 시각도 있다.
④ 우리나라는 상업은행과 투자은행이 뚜렷이 구별되어 있다.

정답) ④

확인하고 넘어가기

1 금리는 위험 수익률과 (   )로 이루어져 있다. (   )은 자신이 쓸 수 있는 기회를 포기하는 대가이다.

2 금리는 신용이 좋을수록, 만기가 짧을수록, 금액이 작을수록 (높다/낮다).

3 기준금리는 (   )이 결정하는 정책금리로 (   )이 통화량을 조절하기 위해 인위적으로 결정한다.

4 기준금리가 2.25%에서 2.5%로 인상되었다면 25(   )를 인상한 것.

5 기준금리를 인하하면 시중 통화량이 (늘어날/줄어들) 가능성이 크다.

6 (   )는 금융기관끼리 하루이틀 초단기로 서로 돈을 융통하는 것이다. 기준금리가 인상되면 (   )는 오를 가능성이 크다.

7 중앙은행은 그 나라 돈을 찍어낼 수 있는 (   )은행이며, 은행들에게 돈을 빌려주는 은행의 은행이고, 정부가 국민의 세금을 거둬 예치하고 인출해서 쓰는 정부의 은행이다.

8 미국의 중앙은행은 (   )이고 한국의 중앙은행은 (   )이다.

9 만기가 1년 미만인 금융상품의 금리를 (   )라고 한다. 대표적인 것들로 콜금리, CD금리, CP금리 등을 꼽을 수 있다.

10 콜금리가 급등하고 있다. 지금 금융권의 자금사정은 (어렵다/여유 있다). 앞으로 예금이나 대출금리는 (오를/내릴) 가능성이 높다.

11 CD는 우리말로 (   )라고 한다. 예금통장과 유사하나 무기명이고 중도해지가 되지 않으며 중도에 사고팔아 매매차익을 얻을 수도 있다.

12 CD금리가 지속적으로 오르고 있다. CD금리가 오르면 대출금리는 (오를/내릴) 가능성이 크다.

13 갑 기업이 을 기업으로부터 반도체 부품 1억원어치를 납품받고 현금 대신 3개월 후 대금을 지급하겠다는 어음을 지급했다. 이런 어음을 (   )어음이라고 한다.

CHOICE

- ☐ 콜금리
- ☐ 단기금리
- ☐ 무위험 수익률
- ☐ 연방준비제도이사회(FRB)
- ☐ 한국은행
- ☐ 발권
- ☐ bp
- ☐ 양도성예금증서
- ☐ 진성

1 무위험 수익률 **2** 낮다 **3** 한국은행 **4** bp **5** 늘어날 **6** 콜금리 **7** 발권 **8** 연방준비제도이사회(FRB), 한국은행 **9** 단기금리 **10** 어렵다, 오를 **11** 양도성예금증서 **12** 오를 **13** 진성

CHOICE

- ☐ 예대마진
- ☐ 변동금리
- ☐ 여신금융회사
- ☐ 배드뱅크
- ☐ 고정금리
- ☐ 코픽스
- ☐ 자본시장
- ☐ 요구불
- ☐ 자기자본
- ☐ 스트레스 테스트
- ☐ 투자은행
- ☐ 가산금리

14 CP금리가 내리고 있다. 기업의 단기자금 사정은 (좋다/나쁘다).

15 만기가 1년 미만으로 짧은 금융상품이 거래되는 시장을 머니마켓(money market), 1년 이상인 금융상품이 거래되는 시장을 (   )(capital market)이라고 한다.

16 만기 때까지 금리가 변하지 않으면 (   ), 금리가 3개월 내지 6개월마다 변하면 (   )이다.

17 신용도가 낮은 개인이나 기업이 대출을 받을 때 최우대 대출금리(프라임레이트)에다 (   )를 덧붙인다.

18 (   ) 금리는 8개 시중은행이 조달한 자금의 평균 금리로, 요즘 주택담보대출을 받을 때 이 금리에 연동되는 경우가 많다.

19 (   ) 예금은 고객이 요구하면 언제든 바로 돈을 지급해야 하는 예금이다.

20 은행의 주 수입원으로 대출금리와 예금금리의 차이는 (   ).

21 은행의 위험자산 총액 대비 (   )이 차지하는 비율을 BIS 자기자본 비율이라고 한다.

22 (   )는 금융회사의 나쁜 부실자산이나 채권만을 따로 사들여 전문적으로 처리하는 기관이다.

23 (   )는 은행의 금융 시스템이 불안한 스트레스 상황에서 얼마나 잘 견딜 수 있는지를 테스트하는 것이다.

24 예금은 받지 않고 여신(대출)만을 전문으로 취급하는 금융회사를 (   )라고 한다.

25 1929년 대공황 이후 미국의 글래스-스티걸 법에 따라 은행은 상업은행과 (   )으로 이원화되었다.

14 좋다 **15** 자본시장 **16** 고정금리, 변동금리 **17** 가산금리 **18** 코픽스 **19** 요구불 **20** 예대마진 **21** 자기자본 **22** 배드뱅크 **23** 스트레스 테스트 **24** 여신금융회사 **25** 투자은행

3

Chapter

채권이 뚜벅뚜벅

1. 반갑다, 채권아 / **2.** 채권시장이 으쓱으쓱 / **3.** 채권 금리가 오르락내리락 / **4.** 채권 종류가 알록달록 / **5.** 채권 형태가 형형색색 / **6.** 회사채가 각양각색 / **7.** 금리 신호, 이것만 알면 끝!

Section

01 반갑다, 채권아

채권 | 발행처 | 액면가 | 만기 | 표면금리 | 발행금리 | 채권 매매차익

채권은 돈을 빌리고 주는 증서야. 차용증과 비슷하다고 생각하면 돼. 그런데 채권은 차용증과 달리 개인이 아니라 정부나 은행, 그리고 일정 요건을 갖춘 기업만이 발행할 수 있어.

정부는 채권을 발행할 때 국회의 동의를 받아야 하고, 기업도 금융감독원에 신고서를 내야 하는 등 절차가 까다로워. 하긴 아무나 채권을 발행한 뒤 나중에 돈을 못 갚겠다며 "배 째라!" 하면 난리나잖아.

또 채권은 차용증과 달리 사고팔 수 있어. 주식처럼 쌀 때 사서 비쌀 때 팔면 수익률이 높아지지.

자, 주식회사인 **광필기업이 설비투자를 위해 100억원이 필요해.** 은행은 깐깐한 조건을 붙이고, 주식을 새로 발행해서 돈을 모으려니 신주를 발행하면 기존 주주들의 지분이 그만큼 줄어들잖아. 그래서 채권을 발행하기로 했어.

다음의 그림을 보자. 광필기업이 채권 발행자야. 중개자인 A증권사가 이를 인수했고 1장당 100만원짜리 채권 1만 장으로 나누어 팔았다고 치자. 자금 여유가 있는 금융회사나 부자들이 A증권사에서 이 채권을 사는 거지. 이 채권에는 다음과 같은 것들이 인쇄되어 있어.

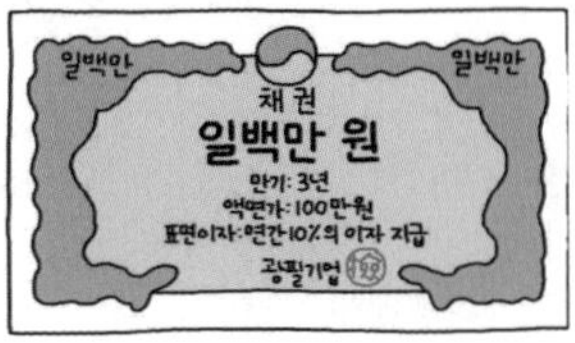

발행처 채권을 발행해 돈을 빌리는 광필기업(즉 채무자).

액면가 빌리는 원금, 예를 들어 100만원.

만기 3년 뒤에 원금을 갚겠다.

표면금리(이자)는 고정적으로 지급하는 이자로 **발행금리**라고도 해. 예를 들어 연이율이 10%이고 3개월마다 이자를 지급하는 경우, 분기에 2.5%씩 내 계좌로 이자가 이체돼.

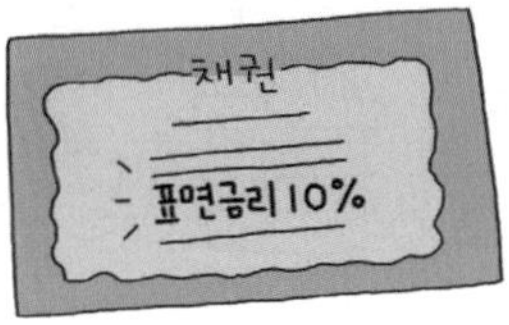

표면금리=발행금리 채권 발행시 액면에 표시된 금리.

채권은 다음의 2가지를 통해 돈을 벌 수 있어.

표면금리를 챙겨. 발행기업이나 국가가 망하지 않는 한, 만기까지 채권에 기재된 표면금리를 받을 수 있어. 금리도 대체로 은행 예금금리보다 높아.

채권가격이 오르면 팔아서 **매매차익을 올릴 수 있어.** 액면가가 100만원인 채권이 시중금리, 발행기업이나 기관의 신용등급 변화에 따라서 95만원, 110만원에 거래되기도 해. 이에 대해서는 좀 있다 다시 살펴볼게.

즉 채권은 보유하다가 가격이 오르면 팔아서 매매차익을 빨리 취할 수도 있고, 가격이 제자리거나 내리면 그냥 만기까지 보유해서 확정된 이자만 챙길 수도 있어. 채권의 기초는 여기서 끝~. 채권을 왜 알아야 하는지 보자.

문제 다음 문제를 보고 O, X로 표시해 보자.

1. 채권은 만기가 되기 전에 사고 팔 수가 없고, 그저 이자만 받을 수 있다. (O, X)
2. 한 국가가 발행하는 채권은 이자가 그 나라 회사채보다 높다. (O, X)
3. 채권 발행 기관은 거액의 자금을 일시에 조달할 수 있다는 장점이 있다. (O X)
4. 채권은 투자금액이 커서 일반인은 소액투자를 하기가 어렵다. (O X)

정답) 1. X 2. X 3. O 4. X

Section

02 채권시장이 으쓱으쓱

채권시장 ı 주식시장 ı 돈의 흐름

채권은 경제를 알려면 꼭 필요한 상식인데, 사람들이 막연히 어렵다고 생각하고 재미없어 해. 다음 문제를 풀어볼까?

[퀴즈] 돈을 빌릴 때 가장 많이 사용하는 방법은?

1. 은행 대출　　　2. 채권 발행

보통 일반인들은 '돈을 빌린다'고 하면 은행 대출을 떠올리지만 천만에! 전체로 보면 채권시장을 통해 빌리는 돈이 훨씬 더 많아.

일반인은 기껏해야 몇 천만원, 몇 억원을 빌리지만 대기업이나 각국 정부는 100억원, 1천억원, 1조원, 10조원씩 빌려. 세상에서 제일 큰 빚쟁이는 우리 같은 일반인이 아니라 바로 대기업과 각국 정부들이야. 이들이 큰돈을 빌릴 때는 주로 채권을 발행해.

[퀴즈] 개발도상국에서 다음 중 어느 시장이 더 클까?

1. 주식시장　　　2. 채권시장

주식시장이 채권시장보다 무조건 더 크다고 생각하는 사람들이 많아. 한국 성인 5명 중 1명은 주식투자를 하고 있으니 채권시장보다 주식시장이 더 익숙하기 때문이지.

하지만 돈은 주식시장보다 채권시장에 훨씬 더 많이 떠돌아다녀. 한편

2008년 금융위기로 세계 주식시장이 크게 떨어졌을 때도 채권시장이 더 컸지.

당시 전 세계 채권시장은 83조 달러로 34조 달러인 주식시장보다 2배 이상 컸어(IMF, 2008년 기준). 한국도 채권시장이 주식시장보다 더 컸고.

일반인들은 높은 수익률을 바라고 주식시장을 기웃거리지만, 각국 정부, 대기업, 부자일수록 손실위험을 피하기 위해 안전한 채권시장에 많이 투자해. 진짜 큰돈은 채권시장에 몰려 있어. 그러니 돈의 흐름에서 채권시장이 매우 중요한 거지.

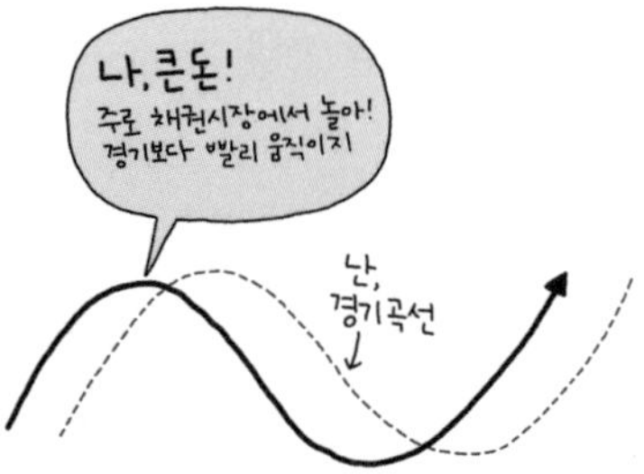

채권시장도 모르고 주식투자를 하는 것은 단기적으로야 운이 좋아서 돈을 좀 벌지 모르지만, 결국 어느 때인가는 왕창 잃을 가능성이 높아. 돈을 잃지 않으려면 큰돈의 흐름을 알아야 하는데, 그걸 가장 잘 보여주는 게 채권시장이니까.

경기가 과열되어 거품이 심각하면, 큰돈들이 주식시장 등에서 한 발 먼저 수익을 실현하고 빠져나와 채권 등의 안전한 시장으로 옮겨 가. 그러면 주가는 더욱 하락하게 되지.

우리나라의 경우 외국인들이 달러를 갖고 들어와 원화로 바꾼 뒤 주식이나 채권, 부동산에 많이 투자해. 그런데 경제가 침체할 기미가 보이면 이들은 환금성이 좋은 주식부터 팔게 되지. 그럼 주가가 내려. 잠시 경제를 관망하기 위해 주식을 판 거라면 그 돈이 채권시장으로 옮겨가지만, 한국 경제의 장기 전망이 안 좋을 경우 원화를 달러로 바꾸어 다른 나라로 이동해.

채권시장은 큰돈들이 위험지역에서 벗어나 관망하는 곳이기도 해. 그래서 채권 금리는 앞으로 경기의 방향성을 알려주는 주요 지표야.

개미투자자가 주식투자로 '매해' 연 6%씩 수익률을 계속 올리기는 힘들어. 작년, 올해 주식투자로 돈을 좀 벌었다 해도 위기가 닥치면 한순간에 다 날리는 경우도 많아.

하지만 채권은 발행기업이 망하지 않는 바에야 원금을 받을 수 있어서 더 안전하지. 또 매매 차익을 남길 수도 있고.

우리나라는 채권시장을 우습게 보는 일반인이 많아. 채권은 0.25%, 0.5%를 더 먹기 위해 벌벌 떠는 시장이라고.

채권시장을 너무 우습게는 보지 말자. 채권으로 연 6% 이상의 수익률을 꾸준히 올리는 개미투자자들도 있으니까.

2009년에 발행된 기아자동차 신주인수권부 사채는 2년 수익률이 1,000%였어. 뭐? 2년 만에 10배나 올랐다고?(신주인수권부 사채는 뒤에서 따로 다룰게).

오해하지는 말자. 2년 만에 10배 오른 기아 신주인수권부 사채의 예는 매우 특수한 경우야.

원래 경제책을 쓰면서 **되도록 투자 이야기는 안하는데,** 채권이 매우 중요함에도 너무 관심이 없어서 일부러 귀에 쏙 들어오게 대박 예를 든 거야.

문제 지금 시중금리는 3%대인데, 해인이는 연 5% 이자를 주는 S기업의 1년 만기 회사채를 샀다. 그런데 1주일 뒤에 기준금리가 내리면서 시중금리도 2%대로 내렸다. 이 경우 내가 가진 채권의 가격은 오를까 내릴까?

정답) 오른다

Section 03

채권 금리가 오르락내리락

발행시장 | 유통시장 | 채권 수익률 | 채권 금리 | 할인율 | 채권 금리 | 채권 가격

채권 금리는 예금금리와 개념이 좀 달라. 이 부분을 이해하면 채권지식의 기초를 확실히 다질 수 있어.

채권시장은 발행시장과 유통시장이 있어. 아파트를 처음 건설해서 분양하잖아. 이게 **발행시장**. 아파트에 입주해서 살다가 중간에 팔거나 살 수 있잖아. 이게 **유통시장**. 채권도 처음 신규로 발행되는 시장을 발행시장, 이미 보유한 채권을 거래하는 시장을 유통시장이라고 해.

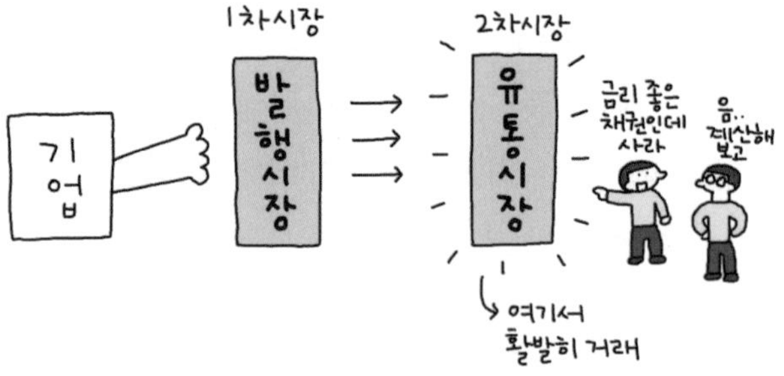

표면금리=은행 예금금리
채권의 표면금리를 만기까지 받을 수 있어. 은행 예금금리를 연상하면 돼.

채권은 발행될 때 대부분 **표면금리**라는 딱지가 붙어 나와. 이 표면금리는 대부분 발행할 때부터 만기까지 고정되어 있으므로 예금금리와 같다고 생각하면 돼. 예를 들어 표면금리가 8%라면 만기 때까지 분기든 월이든 정해진 기간마다 따박따박 이자를 받을 수 있어.

그런데 채권은 만기 전에 사고팔 수 있다고 했지? 1억원짜리 채권이 1억 100만원, 1억 110만원, 재수없으면 9,900만원 식으로 가격이 오르내려. 같

은 채권을 1억원에 산 사람과 1억 100만원에 산 사람은 만기 때 수익률이 다르겠지?

채권 수익률은 바로 이런 뜻이야.

"당신이 지금 이 채권을 사서 만기까지 보유한다면 올릴 수익률은 바로 ___%이다."

즉 오늘 가격으로 이 채권을 사서 만기까지 보유하면 연 몇 %의 수익을 얻을 수 있는가를 계산해서 보여주는 거야. 채권 수익률은 **채권 금리**라고도 하는데, 이자소득과 매매차익을 모두 환산한 수익률인 거지. 채권을 사는 순간 만기 때의 수익률이 계산되는 거지. 그러니까 채권의 표면금리와 채권 수익률은 다른 개념이야.

가끔씩 **할인율**이라는 말도 나와. 1년 만기 1억원의 채권을 구입할 때 9천만원을 주고 샀다고 치자. 만기인 1년 뒤에는 액면가인 1억원을 돌려받을 수 있어. 할인율은 일종의 선이자 개념이야.

채권의 이자에 대해서는 15.4%의 세금을 떼지만 매매차익에는 세금이 없어.

채권 수익률과 채권 가격이 어떻게 변하는지 살펴볼까? 초보자가 어려워하는 것이니 두세 번을 읽더라도 꼭 이해하고 넘어가자. 자꾸 반복해서 보는 것만큼 좋은 공부법은 없어.

광필이가 가진 채권의 표면금리가 4%야. 그런데 어제 9시 뉴스를 보고 기겁했어. 경기가 나쁘고 자금사정이 심각해져서 시중금리가 6%로 올랐다는 거야. 이에 따라 채권 금리도 오르는 추세야.

채권 금리와 채권 가격은 반대로 움직여. 채권 금리가 오르면 채권 가격은 내려.

광필이의 채권 가격은 오를까, 내릴까?

표면금리가 6%인 채권이 나오는데, 광필이의 4% 채권은 인기가 떨어질 수밖에. 채권의 가격을 더 내려야 겨우 팔려. 1억원 채권을 9,800만원에 시장에 내놓는 거지. 즉 채권 금리가 오르면 채권 가격이 내려(채권 가격을 많이 내려도 안 팔리면 만기까지 보유하며 표면이자를 받아도 돼).

채권 금리가 내리면 채권 가격은 올라.

극심한 경기불황으로 한국은행이 기준금리를 1.5%로 내렸고, 시중에 자금이 풀리기 시작하자 **채권 금리가 2.5%까지 떨어졌어.** 광필이가 보유한 4%짜리 채권은 인기가 엄청나겠지?

"헉, 이게 웬 횡재?" 광필이는 1억원 채권을 1억 500만원에 팔았어. 즉 채권 금리가 떨어지면 채권 가격이 올라. 지금 팔면 그간 이자 받은 것 외에 매매차익을 얻을 수 있는 거지.

이제 다시 정리해 볼까?

금리는 돈의 수요와 공급에 따라서 결정된다고 했지? 금리는 채권시장의 영향을 받아. 은행도 채권시장에서 활약하는 대표선수이기 때문에 예금이나 대출금리도 직접적인 영향을 받는 거지. 금리를 이해하려면 채권시장을 꼭 이해해야 해.

복습해 볼까?

시중금리가 오르는 추세 — 채권 금리는 오르고 채권 가격은 내려.

시중금리가 내리는 추세 — 채권 금리는 내리고 채권 가격은 올라.

여기서 채권의 기본적인 사항은 끝~. 채권 종류를 살펴보자.

Section

04 채권 종류가 알록달록

국채 | 국고채 | 국민주택채권 | 외평채 | 지방채 | 특수채 | 금융채 | 회사채 | 통안채 | 공채 | 국공채

신문의 금리지표 정도는 읽을 수 있어야겠지? 뉴스에 자주 등장하는 채권을 좀 알아볼까? **누가 발행하는지**에 따라 채권 종류를 나누어 살펴보자.

국채는 한 국가의 중앙정부가 자금을 조달하기 위해 발행하는 채권이야. 나라가 망하지 않는 한 돈을 떼일 위험이 없으므로 가장 안전해. 대신 금리가 낮아.

미국이나 일본 등 선진국들은 채권시장에서 국채가 50%를 넘어. 한국은 30%가 조금 넘는데, 뒤에서 설명하는 지방채, 특수채, 통안채 같은 것도 결국 국가가 보증을 선 셈이라 이것을 합치면 한국 채권시장에서 국가가 보증하는 채권의 비중은 65%가 넘어.

국채는 정부가 빚을 낸 것이므로 결국 국민이 세금으로 언젠가는 갚아야 해. 국채 발행량이 증가하면 미래에 세금부담이 그만큼 늘어나는 거지.

국채의 주요 **삼총사**는 국고채, 국민주택채권, 외평채.

국고채는 국고(國庫), 즉 국가의 금고를 채우는 채권이라고 생각하면 돼. 국가가 세금이 부족할 때, 또는 경부고속도로 같은 큰 사업을 할 때 발행하는 채권인데 실업기금으로도 많이 쓰여.

특히 **3년 만기 국고채** 금리는 장기금리의 흐름을 보여주는 주요 지표야. 뉴스에도 자주 나오니 밑줄 좍 그어. 국채 중에서도 가장 많이 발행되고 유통도 가장 잘되거든. 국고채는 국가가 보증하므로, 국고채 금리는 위험 프리미엄이 거의 없어서 무위험 수익률의 기준이 돼.

국민주택채권은 말 그대로 국민주택 건설을 위해 발행하는 채권이야. 예로 아파트를 구입할 때 의무적으로 매매대금의 일정 퍼센트를 국민주택채권을 사도록 법에 정해져 있어. 아마 대부분 사자마자 법무사 등을 통해 싸게 팔기 때문에 실물을 구경하진 못했을 거야.

외평채는 풀어쓰면 외국환평형기금 채권. 이름에서도 확 풍기듯이 환율을 안정시키기 위해 발행하는 채권이야. 이건 환율 장에서 따로 다루니 그냥 외평채는 '환율과 관련된 채권이구나' 정도만 알고 넘어가자.

여기까지가 국채야. 이제 다른 채권들을 보러 가자.

지방채는 서울특별시나 경기도 같은 지방자치단체가 발행하는 채권이야. 서울시지하철공채, 지역개발채권, 상수도공채 등이 있어. 국가가 보증하는 채권이니 꽤 안전한 축에 속해.

특수채는 법으로 정한 공공기관에서 발행하는 채권이야. 한국전력공사채권, 한국도로공사채권, 한국가스공사채권, 한국토지주택공사(LH)채권, 부실채권정리기금채권(예금보험공사) 등이 있어.

금융채는 금융기관에서 발행한 채권이야. 은행채, 카드채, KDB산업은행의 산금채(산업금융채권), IBK기업은행의 중금채(중소기업금융채권) 등이 있어.

회사채는 주식회사가 발행하는 채권이야. 아무 회사나 회사채를 발행할 수 있는 것은 아니고 요건을 갖춘 주식회사만 발행할 수 있어. 신용등급에 따라 금리도 천차만별이고.

통안채, 원래 이름은 통화안정증권이야.

누가 – 한국은행이 발행해.

왜 – 통화를 안정시키기 위해 발행하는 채권이야. 즉 통안채는 한국은행이 물가나 주식, 부동산 가격이 너무 오르는 등 경기가 과열될 때 시중 돈의 양을 조절하기 위해 발행하는 채권이야.

한국은행과 통화량은 뒤에서 다루니까, 통안채는 '통화안정, 한국은행이 발행한다!' 정도만 알아두고 넘어가자.

참, 공채나 국공채도 뉴스에 가끔 등장하지?

공채는 지방자치단체가 발행하는 지방채와, 특별법에 따라 설립된 공공기관이 발행하는 특수채를 말해. **국공채**는 정부나 지방자치단체, 공공기관이 발행하는 채권을 말하고.

문제 다음 중 채권의 종류에 대한 설명으로 맞지 않는 것은?
① 국채는 국고채, 국민주택채권, 외국환평형기금채권이 있다.
② 외평채는 환율을 안정시키기 위해 발행하는 채권이다.
③ 통안채는 한국은행이 발행한다.
④ 산업금융채권(산금채), 중소기업금융채권(중금채)는 국채의 일종이다.

정답) ④

Section

05 채권 형태가 형형색색

할인채 | 이표채 | 복리채 | 확정금리부 채권 | 변동금리부 채권 | 보증채 | 무보증채 | 외채 | 내국채 | 단기채 | 장기채
물가연동채 | 첨가소화채권 | 다양한 외국 채권

다양한 채권들을 살펴볼까?

채권에 표시된 액면가보다 할인된 가격에 파는 것은 **할인채**. 할인채는 한마디로 선이자 방식의 채권이야.

예로 액면가 1억원 채권을 할인해 9,500만원을 주고 사서 만기에 1억원을 받는 경우야. 선이자 500만원을 먼저 뗀 셈이지.

이표채는 액면가를 주고 사서 분기, 6개월, 1년마다 정해진 날짜에 이자를 받는 채권이야. **이표**는 이자 지급 표시, 한마디로 이자 쿠폰이야. 이표채를 **쿠폰채**라고도 해.

옛날 이표채에는 이자 쿠폰이 죽 붙어 있었는데 쿠폰을 떼어 발행기업이 지정한 은행에 가면 이자를 주었어. 요즘이야 전산이 발달했으니 이자 지급일에 탁탁 통장으로 입금되지만.

복리채는 만기에 원금과 복리이자를 한꺼번에 받는 채권.

표면이자가 확정되어 있으면 금리가 확정되어 있다고 **확정금리부 채권**, 금리가 변동되면 **변동금리부 채권**.

변동금리부 채권은 보통 기본금리에 앞에서 배운 CD금리(양도성예금증서 금리)를 덧붙여 주는 식이야. CD금리가 변하면 이 채권의 금리도 변하는 거지.

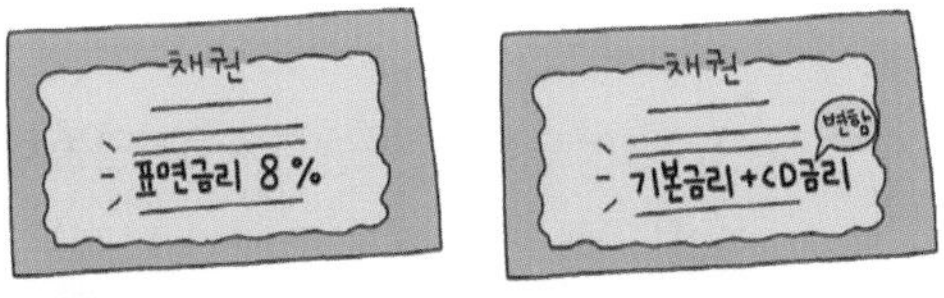

확정금리부 채권 변동금리부 채권

"채권 발행처가 망했을 때 내가 원금과 이자를 돌려줄게."

제3자가 나서서 보증해 주는 채권은 **보증채**. 은행, 증권회사, 종금사, 보증보험회사 등이 보증을 서 주는 거야.

보증 없이 발행되는 채권은 **무보증채**. 우리나라의 경우 외환위기 이후부터는 회사채도 거의 무보증채로 발행해. 그러니 신용등급을 잘 보고 투자해야겠지.

해외에서 발행하는 채권은 **외채**(외국채). 포스코, 신한은행 같은 큰 기업들은 외국에서 외채를 발행해 자금을 조달하는 경우가 많아.

국내에서 발행되면 **내국채**.

기업이나 국가가 자금을 조달하기 위해 외채를 발행하는 것은 당연하지만, 외채가 너무 많으면 원금이나 이자상환시 국가 경제에 큰 타격이 될 수 있어. 내국채는 국가경제 내에서 소득이 이전되는 것일 뿐이니 그래도 나은 편이고.

단기채는 만기가 1년 미만인 채권이고 **장기채**는 1년 이상인 채권이야. 또는 단기/중기/장기채로 나눌 경우는 만기가 1년 미만인 채권은 단기채, 1년 이상 3년 미만은 중기채, 3년 이상은 장기채라고도 해.

단기, 중기, 장기의 분류는 딱 정해져 있는 건 아니야. 2년 미만을 단기, 2년 이상 5년 미만을 중기, 5년 이상을 장기로 보기도 해. 또 나라마다 약간씩 달라.

주의할 점이 있어. 유통시장에서 **10년 장기국채의 만기가 6개월밖에** 안 남은 상태에서 거래된다면? 이 채권은 단기채로 취급해. 채권 발행시의 만기가 아니라 현 시점에서 만기가 얼마나 남았는지를 기준으로 단기채/장기채

를 나누는 거지.

요것 정도는 알아둘까? **물가연동채**는 물가가 오르고 내리는 데 연동해서 금리가 바뀌는 채권이야. 기획재정부에서 발행하므로 일종의 국채야.

물가연동채의 금리는 물가에 연동되기 때문에, 물가가 많이 오르면 수익률이 상승하고 물가가 내리면 수익률이 떨어져.

첨가소화채권은 등기나 인허가, 면허등록 등을 할 때 강제로 첨가해서 일반인들을 대상으로 소화하는(파는) 채권이야. 자동차나 아파트를 살 때, 주식회사를 차려 등록할 때 등에 의무적으로 사도록 법으로 정해져 있어.

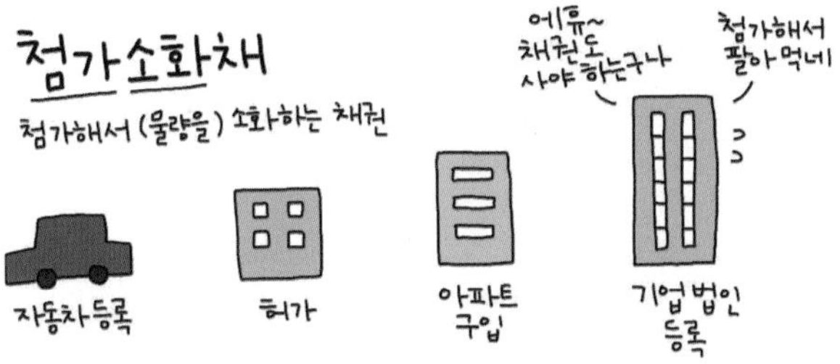

보통 국민주택채권, 지역개발채권, 도시철도채권 등을 첨가소화채권으로 소화해. 사자마자 법무사나 채권업자들에게 바로 파는 경우가 많지? 증권회사를 통해서 팔면 원금에 따라서 몇 십만원, 백만원도 넘게 더 받을 수 있으니 참고하자.

각국에서 발행하는 채권 이름을 좀 알아볼까? 시험에도 가끔 나오는 모양이야. 채권은 영어로는 **본드**(bond).

양키본드는 외국 정부나 기업이 미국 채권시장에서 발행하는 달러 표시 채권. **달러 표시 채권**이란 그냥 달러를 빌리는 채권이라고 이해하면 돼. 예를 들어 신한은행이 미국에서 달러로 자금을 조달하기 위해 발행하는 채권이 바로 양키본드.

어느 나라에서 어떤 화폐로 발행하는지를 유심히 봐.

불독본드 영국에서 외국인들이 파운드화로 발행하는 채권.

사무라이 본드 일본에서 외국인들이 발행하는 엔화 표시 채권.

아리랑본드 한국에서 외국인들이 발행하는 원화 표시 채권.

김치본드 한국에서 외국인들이 달러 등의 외화로 발행하는 채권.

딤섬본드 홍콩에서 외국인들이 위안화로 발행하는 채권.

팬더본드 중국에서 외국인들이 위안화로 발행하는 채권.

캥거루본드 호주에서 외국인들이 발행하는 호주 달러 표시 채권.

▼ 각 나라에서 발행되는 채권의 이름

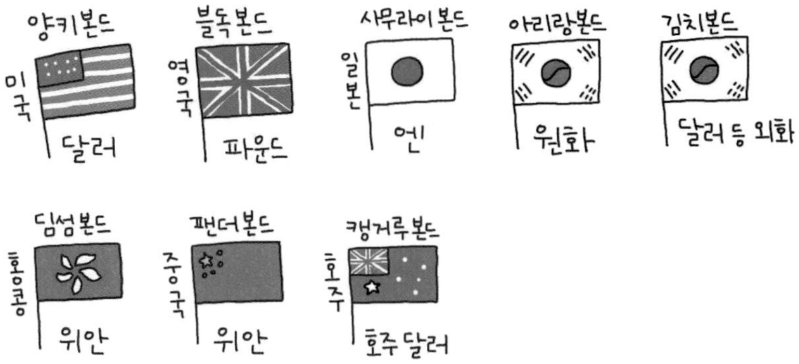

채권 이름은 끝~. 이제 회사채에 대해 알아볼까?

문제 다음 중 채권에 대한 설명으로 맞는 것을 고르시오.
① 정해진 날짜에 이자를 받는 채권을 이표채라고 한다.
② 우리나라의 회사채는 거의 보증채로 발행된다.
③ 만기가 6개월 남은 5년 만기 국채는 장기채로 본다.
④ 물가연동채는 물가가 오르면 가격이 떨어진다.
⑤ 양키본드는 미국 정부와 기업이 발행하는 채권이다.

정답) ①

Section 06

회사채가 각양각색

회사채 | 신용등급 | 전환사채 | 신주인수권부 사채 | 후순위채권 | 정크본드

회사채는 기업이 자금을 조달하기 위해 발행하는 채권이야. 기업이 발행하는 채권이므로 돈을 못 받을 위험이 국채보다 높아. 그래서 회사채 금리는 거의 대부분 국채 금리보다 높아. 회사채는 보통 **신용등급**을 18개로 나누어. 다음 그림을 꼭 살펴보고 지나가자.

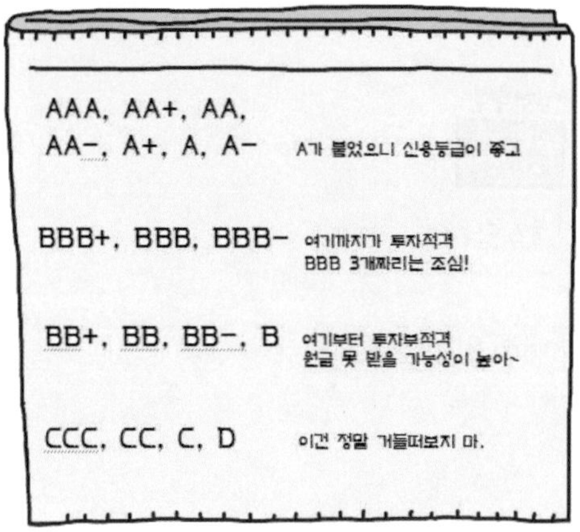

가능한 A− 등급 이상의 채권에 투자하는 것이 좋으며, BBB 이하의 채권은 일반인은 거들떠보지 않는 것이 좋아.

그럼, 특수한 회사채를 좀 알아볼까? 먼저 **전환사채**(CB)는 주식으로 전환할 수 있는 회사채야. 영어로 CB. 기사에 CB라고만 나올 때가 많으니 꼭 기억해 둬. 삼성 에버랜드 전환사채 사건 때문에 뉴스에 자주 나와 귀에 익숙할 거야.

전환사채도 일종의 회사채이니 표면금리와 만기, 이자 지급주기 등이 정해져 있어. 단, 전환사채는 정해진

조건에 따라 언제(전환시기), 발행기업의 주식을 얼마의 가격(전환가격)으로 바꿀 수 있다는 옵션이 붙어 있어.

예로 2007년 말에 미래에셋증권은 전환사채를 발행했어. 표면금리 4.6%, 만기 6개월, 2008년 2월 이후 주당 97,000원에 주식으로 바꿀 권리가 붙어 있었어.

그런데 2008년 2월 이후 주가가 크게 올랐어. 무려 16만원이 넘었어. 그때 이 전환사채를 전환가격인 1주당 97,000원에 주식으로 바꾼 다음, 시장가로 주당 6만 3천원의 차익을 남긴 거지. 불과 몇 달 만에 60%가 훌쩍 넘는 수익률을 올린 셈.

만약 당시 주가가 97,000원보다 낮았다면? 주식으로 바꾸지 않고 만기까지 보유하여 표면금리인 4.6% 이자를 받으면 돼.

물론 전환사채의 발행금리는 다른 채권보다 좀 싸긴 해. 하지만 꿩 먹고 알 먹고, 주가가 오르면 주식으로 바꾸어 이익을 챙기고, 주가가 안 오르면 이자를 먹으면 그만이고.

신주인수권부 사채는 신주를 인수할 수 있는 워런트를 가진 회사채(Bond with Warrant)야. 워런트는 살 수 있는 권한 정도로 이해하면 돼. 영어로는 BW라고 줄여 말해.

2009년 3월 기아자동차는 자금이 부족하자 신주인수권부 사채인 BW를 4천억원어치 발행했어. 표면이자 외에 기아자동차가 새로 발행하는 신주를 6,880원에 살 수 있는 권한이 달려 있었지.

2년 뒤인 2011년 기아자동차는 신주를 발행했는데, 당시 주식시장에서 주가가 7만 4,700원 이상이었어. 이때 신주인수권을 사용했다면 7만원 넘는 주식을 고작 6,880원에 살 수 있었던 거지. 이 BW에 투자한 사람들은 2년 만에 10배가 넘는 수익률을 올렸어.

만약 기아차 주가가 행사가격인 6,880원보다 떨어졌다면? 그냥 신주를 인수하지 않으면 되지. 물론 신주인수권부 사채의 이자는 좀 낮긴 해.

후순위채권은 빚을 변제받는 순위가 후순위인 채권. 기업이 망한 뒤 돈을 돌려받는 순서를 볼까?

보통 은행대출이 1순위이고 그다음은 회사채, 그다음이 후순위채, 그리고 주식 순이야. 빚을 변제받는 순서가 채권 중에 후순위라고 후순위 채권인 거지.

망한 회사가 돈이 있겠어? 변제 순서가 뒤에 있는 후순위채권을 가진 사람들은 원금을 못 돌려받을 가능성이 높아. 2011년 삼화저축은행, 부산저축은행 등이 줄줄이 영업정지를 당하면서 후순위채권을 산 사람들이 큰 피해를 입었어.

정크본드는 쓰레기(junk) 채권. 신용등급이 너무 낮아서 아무도 선뜻 사려 하지 않아. 가격이 매우 싸서 나중에 채권 발행 기업이나 국가가 파산하지 않고 살아남아 원금과 이자를 지급하면 큰 수익을 낼 수 있어. 물론 망해서 원금을 못 받을 위험도 매우 크니 일반인은 금물~.

하이브리드 채권은 말 그대로 잡종(hybrid) 채권이야. 주식과 채권의 중간 성격을 가진 채권으로 증시에 상장되어 주식처럼 자유롭게 사고팔 수 있어.

1989년 헝가리의 전설적인 투자자 앙드레 코스톨라니는 고르바초프와 부시의 정상회담을 보고, **러시아에서 차르시대에 발행된 정크본드를 헐값에 사두었어.** 10년 뒤 6,000%(60배)의 수익률을 올렸어. 러시아가 이전의 채무를 정리하지 않고는 서방국가에서 새로운 채권을 발행할 수 없을 거라는 동물적 감각이 정확히 들어맞았던 거야.

문제 다음 중 회사채에 대한 설명으로 틀린 것을 고르시오.
① 전환사채는 주식으로 전환할 수 있는 회사채이다. 이자는 받을 수 없다.
② 신주인수권부사채에서 신주를 살 수 있는 권리는 행사하지 않아도 된다.
③ 회사채 금리는 거의 대부분 국채보다 높다.
④ 기업이 파산했을 때, 후순위채권은 채무 변제순위가 은행 대출보다 늦다.

정답) ①

Section 07

금리 신호, 이것만 알면 끝!

장단기금리의 스프레드 | 장단기금리 역전 현상 | 신용 스프레드 | 회사채 간 스프레드

신문의 금리지표를 보면서 복습해 볼까? 사실 금리지표는 5가지 관점에서 보면 돼. 뉴스들도 대체로 이 5가지를 주의해서 다루어.

단기금리와 장기금리는 어떻게 움직이나?

1. 단기금리가 오르고 있는가?

콜금리, CP금리(91일물), CD금리(91일물)가 단기금리의 흐름을 보여줘.

요즘에는 CD금리 대신 코픽스 금리를 금리지표로 사용하는 경우가 많아. 흠, 올랐네~.

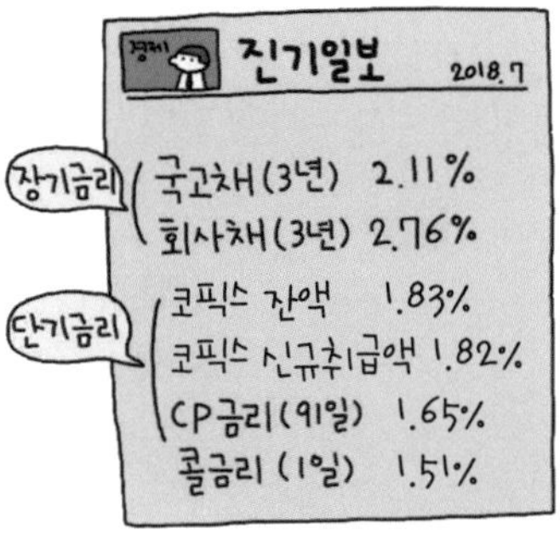

보통 장기금리가 단기금리보다 높아. 만기가 길면 돈을 못 받을 위험이 커져 위험 수익률이 높으므로.

2. 장기금리가 얼마나 오르고 있나?

장기금리는 1년 이상이라고 했으니 통안채(1년), 회사채(3년), 국고채(3년) 등이 장기금리 지표야. 흠, 이 또한 올랐네~

경제주체들이 돈을 잘 빌리고 있나?

정부, 은행, 기업들의 자금사정이 평안한지, 필요한 자금을 잘 조달하고 있는지 살펴봐.

1. 은행들끼리 하루이틀 초단기로 돈을 잘 빌리고 있나? ~ 콜금리

2. 기업이 단기로 돈을 잘 빌리고 있나? ~ CP금리

3. 은행이 단기로 돈을 잘 빌리고 있을까? ~ CD금리

4. 한국은행이 통화안정을 위해 장기로 빌리는 채권 금리는 안녕한가? ~ 통안채 금리

5. 한국 정부가 장기로 돈을 빌리는 금리는 안녕하신가? ~ 국고채 금리

보통 기업>은행>국가 순으로 금리가 높아. 돈을 못 받을 신용위험이 기업>은행>국가 순으로 크기 때문이야.

자, 앞쪽은 매일 나오는 기본 금리지표를 살펴본 것이고, 이제 경제의 흐름과 위험을 알려주는 금리 신호를 체크해 볼까?

장기금리와 단기금리가 어떻게 노나?

장단기 금리 스프레드는 장기금리의 대표인 국고채 3년물과 단기금리의 대표인 91일물 CD금리의 차이. 경제와 돈의 흐름을 보여주는 매우 중요한 지표야.

만기가 길수록 돈을 못 받을 위험이 크므로 **보통은 장기금리가 단기금리보다 높아.** 상식적으로도 이해가 되지? 돈을 장기로 빌려주면 그만큼 못 받을 위험이 크므로 장기금리가 단기금리보다 높은 거야.

그런데 극심한 금융위기가 닥치면 누구도 돈을 선뜻 빌려주려 하지 않고 돈의 흐름이 꽉 막혀. 부도를 막으려면 일단 급전이라도 구하려고 뛰어다니니 단기금리가 치솟아. 단기금리가 장기금리보다 높아지는 기현상이 벌어져. 이를 '장단기 금리가 뒤집어졌다'고 하여 **장단기금리 역전 현상**이라고 해.

장단기금리 역전 현상은 매우 드물어. 그만큼 위기상황이고 신용경색, 즉 돈이 꽉 막혀 돌지 않고 있다는 뜻이지. 이런 시기에 고금리 채권을 사서 나중에 짭짤한 수익을 올리기도 해.

한편 장단기금리의 차이가 정상적으로 벌어지면 돈이 돌고 금융이 제자리를 찾고 있다는 신호야.

국채와 회사채는 어떻게 노나?

국채는 국가가 발행하는 안전한 채권이라 금리가 낮아. 국채의 대표주자는 국고채 3년물. 정부가 부족한 재원을 마련하거나 대형 국책사업을 위해 발행하는 거야. **회사채**는 국채보다 돈을 못 받을 위험이 커서 금리가 높아. 회사채의 대표주자는 신용등급 AA- 3년물.

경제가 좋을 때는 주식이나 원자재 등 투자할 것이 많은데, 굳이 금리가 낮은 국채를 사려고 하겠어? 돈이 주식시장 등으로 흐르기에 국채 수요가 많지 않으므로 국채 금리가 약간 높아져. 금리가 조금이라도 높아져야 살 사람이 생기니까.

반면 회사채는 경제가 좋을 때는 부도위험이 줄어들어 금리가 약간 내리는 경향이 있어. 그러면 두 금리의 차이는 줄어들겠지?

국채와 회사채 금리의 차이를 **신용 스프레드**라고 해. 신용 스프레드가 작아지면 경제가 나아지고 돈도 잘 돈다는 거야.

스프레드는 금리와 금리의 차이

경제가 나빠지면 돈을 못 받을 위험이 높아지므로, 안전자산인 국채를 사려는 수요가 늘어나서 국채 금리는 떨어져.

반면 회사채는 망해서 돈을 못 받을까 봐 사려는 사람들이 줄어들어. 금리라도 더 주어야 그나마 돈을 빌려주니 회사채 금리가 마구 올라.

국채 금리는 자꾸 떨어지고 회사채 금리는 나날이 올라가니, 국채/회사채의 스프레드는 나날이 커져. 즉 신용 스프레드가 커지면 경기가 매우 나쁘고 금융경색이 심하다는 거야.

회사도 회사 나름이다

신용등급이 높은 기업과 낮은 기업의 회사채 금리 스프레드(차이)를 이용하기도 해. **신용등급**이 높은 회사채의 대표는 AA− 3년물, 낮은 회사채의 대표는 BBB− 3년물.

경기가 나빠지면 신용등급이 낮은 기업은 자금조달이 힘들어 금리가 자꾸 올라가. 반면 우량 회사채는 금리가 그렇게 크게 오르지는 않아. 즉 경기가 나빠질수록 두 회사채의 스프레드가 벌어지는 거야.

금리 스프레드는 향후 경기의 방향성을 알려주는 나침반이야.

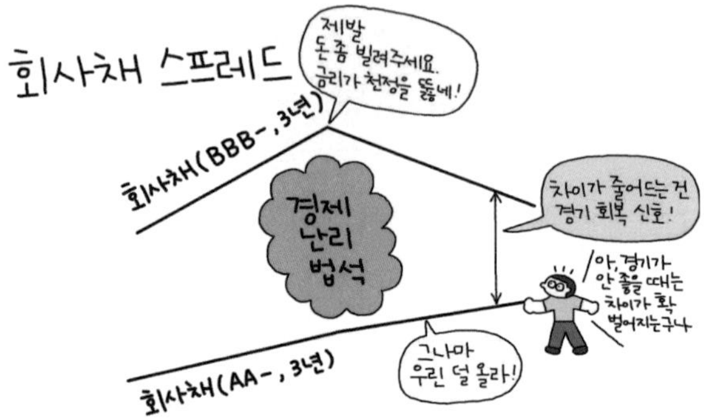

신문 등의 금리지표를 자주 보며 전반적인 추세를 읽는 게 중요해. 어차피 금리가 급등하거나 급락하면 금리 뉴스가 크게 나오기도 해. 이제 금리 뉴스 편하게 알아들을 수 있을 거야.

문제 1. 금융위기로 단기금리가 치솟아 장기금리보다 높아지는 것을 (　　　　　　)라고 한다.
2. 경기가 나빠질수록 국채와 회사채 금리의 차이인 신용 스프레드는 (커진다, 작아진다.)
3. 경기가 좋아지면 회사채 스프레드는 (커진다, 작아진다.)

정답) 1. 장단기금리 역전 현상 2. 커진다 3. 작아진다

확인하고 넘어가기

1 정부나 은행, 주식회사가 증권시장에서 돈을 빌리고 발행하는 것은 (　　　)이다.

2 채권은 표면금리 외에 만기 전에 팔아 (　　　)을 얻을 수 있다.

3 정부나 주식회사 등이 처음 신규로 채권을 발행해 파는 시장은 (　　　)시장, 보유하고 있는 채권을 매매하는 시장은 (　　　)시장이다.

4 채권 발행시 채권에 인쇄되어 있는 금리는 발행금리 또는 (　　　)금리라고 한다.

5 만기 1년, 액면가 1억원짜리 채권을 9,600만원에 샀다면 이 채권의 (　　　)율은 4%이다.

6 경기가 침체되면서 한국은행이 기준금리를 2%까지 내렸다면 표면금리가 8%인 채권의 가격은 (오른다/내린다).

7 시중금리가 오름세이면 채권 가격은 (오르고/내리고), 시중금리가 내림세이면 채권 가격은 (오른다/내린다).

8 국가가 발행하는 채권을 (　　　), 서울시 등 지방자치단체가 발행하는 채권을 (　　　)라고 한다.

9 고속도로 등 큰 국책사업을 위해 발행하는 국채는 (　　　)로 장기금리의 주요 지표이다.

10 LH공사나 한국전력공사 등 법으로 정한 공공기관에서 발행하는 채권은 (　　　)이다.

11 주식회사가 발행하는 채권은 (　　　)이다.

12 환율을 안정시키기 위해 정부가 발행하는 채권은 (　　　)이다. 통화량을 조절하기 위해 한국은행이 발행하는 채권은 (　　　)이다.

13 액면가보다 싸게 파는 채권은 (　　　), 액면가로 팔고 정해진 기일에 이자를 지급해 주는 채권은 (　　　)이다.

CHOICE

- □ 외평채
- □ 특수채
- □ 표면
- □ 채권
- □ 발행
- □ 할인채
- □ 국채
- □ 이표채
- □ 지방채
- □ 국고채
- □ 매매차익
- □ 회사채
- □ 유통
- □ 할인
- □ 통안채

1 채권 **2** 매매차익 **3** 발행, 유통 **4** 표면 **5** 할인 **6** 오른다 **7** 내리고, 오른다 **8** 국채, 지방채 **9** 국고채 **10** 특수채 **11** 회사채 **12** 외평채, 통안채 **13** 할인채, 이표채

CHOICE

- □ 보증채
- □ 신주인수권부 사채
- □ 단기채
- □ 장기채
- □ 물가연동채
- □ 첨가소화채권
- □ 양키본드
- □ 회사채
- □ 전환사채
- □ 무보증채
- □ 신용등급
- □ 외채
- □ 후순위채권
- □ 정크본드
- □ 장단기금리 역전

14 제3자가 원금과 이자의 지급을 보증하는 채권은 (　　　), 보증 없이 발행되는 채권은 (　　　)이다.

15 만기가 1년 미만으로 남은 채권은 (　　　), 1년 이상인 채권은 (　　　)이다.

16 물가에 연동해서 수익률이 바뀌는 채권은 (　　　)이다.

17 등기나 인허가, 면허등록 등을 할 때 강제로 첨가해서 일반인들에게 소화시키는 채권은 (　　　)이다.

18 미국에서 외국인이 달러 표시로 발행하는 채권은 (　　　).

19 주식으로 바꿀 수 있는 채권은 (　　　), 신주를 인수할 수 있는 권리를 주는 채권은 (　　　)이다.

20 기업이나 정부가 채권을 발행할 때 발행금리는 신용위험을 반영하는 (　　　)에 따라 달라진다. 최상위등급은 트리플A(AAA)이다.

21 채권 발행회사가 부도났을 때 빚을 변제받는 순위가 채권 중 가장 뒤에 있는 것은 (　　　)이다.

22 신용등급이 너무 낮아 아무도 선뜻 사려 하지 않는 채권은 (　　　).

23 극심한 금융경색이 일어나면 단기금리가 장기금리보다 높은 (　　　) 현상이 발생한다.

24 국채와 회사채 중 금리가 더 높은 것은 (　　　)이다.

25 주식이나 부동산시장 등이 불안할 때 국채 금리는 (오른다/내린다). 왜냐하면 사람들이 국채를 (사려고 몰리기/팔려고 몰리기) 때문이다.

26 국채 3년물과 회사채 3년물의 금리 차이(스프레드)가 줄어들고 있다. 향후 금융시장에서 자금의 흐름이 (원활할 것이다/경색될 것이다).

27 외국에서 발행한 채권은 (　　　)이다.

14 보증채, 무보증채 **15** 단기채, 장기채 **16** 물가연동채 **17** 첨가소화채권 **18** 양키본드 **19** 전환사채, 신주인수권부 사채 **20** 신용등급 **21** 후순위채권 **22** 정크본드 **23** 장단기금리 역전 **24** 회사채 **25** 내린다, 사려고 몰리기 **26** 원활할 것이다 **27** 외채

4

Chapter

통화가 부글부글

Section 01

돈이 끊임없이 변해

명목화폐 | 법화 | 물물교환 | 상품화폐 | 금속화폐 | 그레샴의 법칙 | 골드스미스 노트 | 태환지폐 | 불환지폐

돈이 뭔지 모르는 사람도 있나?

하지만 경제공부를 할 때 우리가 사용하는 돈이 진정 무엇인지 아는 것은 매우 중요해.

먼저 지갑에서 1만원 지폐를 꺼내볼까?

자체적인 가치가 거의 없어.

1만원 지폐는 종이처럼 보이지만 목화솜과 비단을 섞어서 만들어. 한 장을 제조하는 데 100원이나 200원쯤 든다고 알려져 있어(정부가 발표를 안하니 정확한 액수는 몰라). 이런 화폐를 '명목화폐'라고 해.

자체적인 가치를 갖고 있어.

명목화폐는 그 돈의 실제 가치와는 상관없이 화폐에 새겨진 액면단위로 유통되는 돈이야. 반면 물품화폐는 가축이나 노예, 곡물, 귀금속 등 실제 가치로 통용되는 화폐인데 '상품화폐'라고도 해. 오늘날 거의 모든 국가에서 쓰는 화폐는 명목화폐야.

실제 가치가 고작 100원, 200원에 불과한 지폐들이 어떻게 1만원, 5만원짜리로 '행세하며' 유통되는 것일까?

한 나라에 오직 하나 있는 **중앙은행**이 발행하고 보증하며, 정부가 이 지폐로만 세금을 받기 때문이야. 이런 돈을 법으로 발행과 보증을 한 화폐라고 해서 **법화**라고 해. 오늘날 전 세계에서 발행되는 지폐는 모두 법화인 거지.

현재 우리가 쓰는 지폐는 어떻게 등장하게 되었을까? 돈의 역사를 한번 살펴볼까?

옛날에는 필요한 물건이 있으면 서로 **물물교환**을 했어. 달걀과 토끼, 밀과 소를 서로 바꾸는 식으로. 여담이지만 오늘날에도 물물교환은 여전히 남아 있어. 석유나 커피 같은 자원을 다른 나라의 무기 등과 바꾸는 물물교환을 하기도 해.

물물교환은 불편한 점이 많았어. 소 한 마리와 물고기 한 마리를 바꿀 수는 없잖아? 멀쩡한 소를 물고기와 교환하기 위해 자를 수도 없고. 그래서 **상품화폐**(물품화폐)가 등장했어. 곡물, 가죽, 소금, 직물, 금이나 은 등 휴대가 편리하고 잘 변하지 않고 쉽게 나눌 수 있는 것들이지.

박지원의 『열하일기』를 보면 청나라와 무역할 때 인삼, 우황, 수달피 등을 지불 및 교환수단으로도 사용했다니 조선시대에도 일부 상품화폐가 사용된 거지.

문명이 점차 발전하고 생산과 교환이 활발해지면서 금화, 은화, 동화 등 금속화폐가 등장했어. **금속화폐**는 금속으로 만든 화폐로 견고하고 희소가치가 있으며 보관과 운반이 더욱 편리했지.

그런데 왕이 금화나 은화 함량을 속이는 경우도 자주 있었어. 금화를 만들면서 구리 같은 불순물을 넣는 거지. 금 함량을 줄이면 훨씬 더 많은 금화를 만들 수 있으니까. 로마시대의 폭군 네로 황제도 그랬고 중세시대 많은 군주들도 그랬지.

양상은 다르지만, 오늘날에도 비슷한 현상이 벌어져.
짐바브웨 대통령은 중앙은행을 통해 돈을 한꺼번에 엄청 발행해 버렸어. 덕분에 돈 가치가 떨어져 물가가 앙등하고 돈은 완전 똥값이 되었지. 금화에 불순물을 섞었던 네로 황제나 다름없는 짓.

그레샴의 법칙은 '악화가 양화를 구축한다(쫓아낸다).' 이 말을 한 16세기 영국의 재정고문인 토머스 그레샴의 이름을 딴 거야.

금화에 구리 등을 섞어서 주조하면 사람들은 금 함량이 높은 양화(良貨)는 가지고 내놓으려고 하지 않고, 반면 금 함량이 낮은 악화(惡貨)는 얼른 다른 사람에게 줘버리기 위해 거래에 활발하게 사용해.

시장에서 양화는 사라지고 악화만 남아 흘러 다니게 되고, 거래는 점차 위축되는 거지.

17세기까지는 금화, 은화, 동화가 같이 쓰이기도 했는데 이후 금화가 널리 쓰이게 되었어. 그런데 대량의 금화는 보관도 쉽지 않고 분실의 우려가 있고 휴대하기도 불편하잖아?

나중에 골드스미스들은 보관하고 있는 금보다 더 많은 금 보관증을 만들어 유통시켰다고 해. 지금의 은행과 유사했어.

귀금속 세공업자인 골드스미스에게 금을 맡겨두고 보관증인 **골드스미스 노트**를 받아서 금화 대신 거래에 이용했어. 이 보관증을 가지고 골드스미스에게 가면 언제든지 금으로 바꿀 수 있었어. 이 골드스미스 노트가 발전해서 **지폐**가 된 것이며, 골드스미스의 역할이 나중에 **은행**으로 변하게 돼.

지폐는 18세기에 본격적으로 등장했어. 이때 은행은 보유하고 있는 금의 양만큼만 지폐를 발행할 수 있었어. 초기에 골드스미스가 그랬던 것처럼. 그래서 지폐를 가지고 은행에 가면 언제든 금으로 태환할 수 있었어. **태환지폐**는 언제든 금으로 바꿀 수 있는 지폐야.

요즘 은행에 지폐를 들고 가서 금으로 바꾸어 달라면 주겠어? '이 사람이 정신이 있나. 은행에서 왜 금으로 바꾸어 달래'라고 하겠지?

우리가 쓰는 지폐는 불(태)환지폐기 때문이야. **불환지폐**는 금의 양과는 전혀 상관없이 발행되기에 금으로 바꾸어 주지 않아. 우리가 쓰는 원, 달러, 엔 모두 불환지폐야. 금의 양과 상관없이 중앙은행이 원하는 만큼 얼마든지 찍어낼 수 있어.

일단 돈의 역사는 여기까지만 살펴보자. 뒤에서 기축통화를 다룰 때, 1900년대 이후의 흥미진진한 돈의 역사를 알아볼게. 돈의 역사를 아는 것은 현대 경제를 이해하는 핵심 지식 중 하나야.

중요하게 기억해야 할 것은 이거야.

우리가 사용하는 명목화폐는 실제 가치와는 전혀 상관없이 화폐에 새겨진 1만원, 5만원 액면단위로 유통되지? 어찌 보면 **화폐에 표시되어 있는 숫자는 그냥 숫자일 뿐**이야.

돈에 새겨진 액면단위는 1만원으로 변함이 없지만, 그것의 교환가치는 끊임없이 변해. 시중에 돌아다니는 돈의 양, 물가, 환율 등에 따라서.

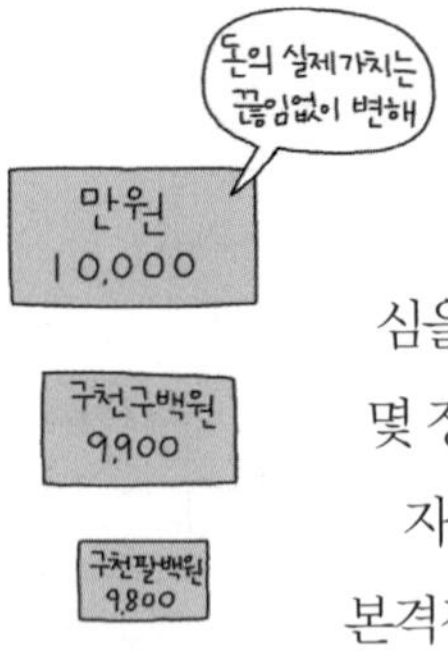

몇 년 전에는 1만원으로 친구랑 둘이서 웬만한 점심을 사먹을 수 있었지만, 이제는 최소한 천원짜리 지폐가 몇 장 더 필요하지? 1만원의 가치가 크게 떨어진 거야.

자, 돈의 가치가 끊임없이 변한다는 것을 기억하고, 이제 본격적으로 통화를 배우러 가자.

돈의 실제 가치는 시중의 돈의 양, 물가 등에 따라 끊임없이 변한다.
돈의 양이 늘어난다
= 돈 가치가 떨어짐.
돈의 양이 줄어든다
= 돈 가치가 올라감.

문제 1 현대의 돈에 대한 설명으로 맞지 않은 것은?
① 중앙은행이 발행하는 법화이다.
② 언제든 금으로 바꿀 수 있는 태환화폐이다.
③ 내가 가진 1만원짜리 지폐는 명목화폐이다.

문제 2 16세기 영국 엘리자베스 여왕의 고문이자 금융업자의 이름에서 따온 법칙으로, '악화가 양화를 구축한다'는 법칙은?

정답) 1. ②
2. 그레샴의 법칙

Section

02 통화가 부풀어

통화 | 통화량 | 지급준비금 | 지급준비율 | 신용창조

통화(currency)는 '현재 흘러다니고 있는 돈'이라는 뜻이야. 흔히 통화라고 하면 지폐나 동전만 연상할 수 있는데, 예금, 수표, 어음 등 지불수단이 될 수 있는 것을 모두 포함해. **통화량**은 시중에 유통되는 통화의 양.

통화나 통화량에 대해 배울 때, 우리가 꼭 알아야 할 가장 기초적인 개념이 바로 지급준비율과 신용창조야.

은행은 기본적으로 고객으로부터 예금을 받아서 돈이 필요한 측에 대출을 하여 먹고사는 기관이야.

그런데 한 은행이 100억원의 예금을 받아서 몽땅 대출해 버린다면? 예금자가 은행에 와서 갑자기 1억원을 찾겠다고 하면 줄 돈이 없어서 큰일나겠지? 그래서 지급준비금제도가 있어.

지급준비금제도는 은행이 예금자의 갑작스러운 인출 요구에 대응하기 위해 고객이 맡긴 예금 중 일부를 중앙은행에 예치해 두도록 한 제도야. **지급준비금**은 이 제도에 의해 한국은행에 맡겨두는 돈, **지급준비율**은 지급준비금의 비율이야.

한국의 지급준비율은 예금상품마다 다르지만 평균 3.8%쯤 돼. 그러니까 국민은행이 예금을 100원 받았다면 3.8원은 지급준비

금으로 남겨두고 나머지 96.2원을 대출할 수 있는 거지. 모든 예금자가 한날 한시에 돈을 찾으러 올 일은 없으니까 이 정도 비율로 비축해 두면 된다고 보는 거야.

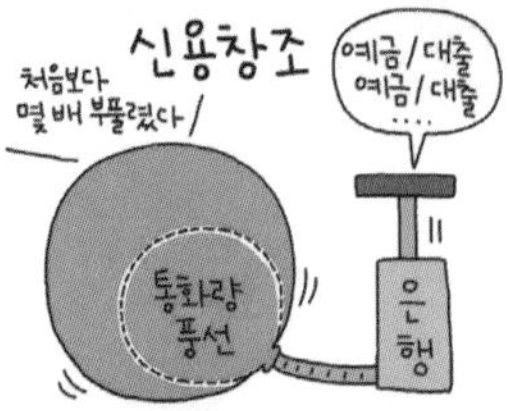

신용창조는 '예금창조'라고도 하는데, 은행이 처음 받은 예금의 몇 배를 다시 예금으로 만들어 내는 것을 말해. 무슨 말이냐고? 이게 어떻게 가능하냐고? 차근차근 설명해 볼게.

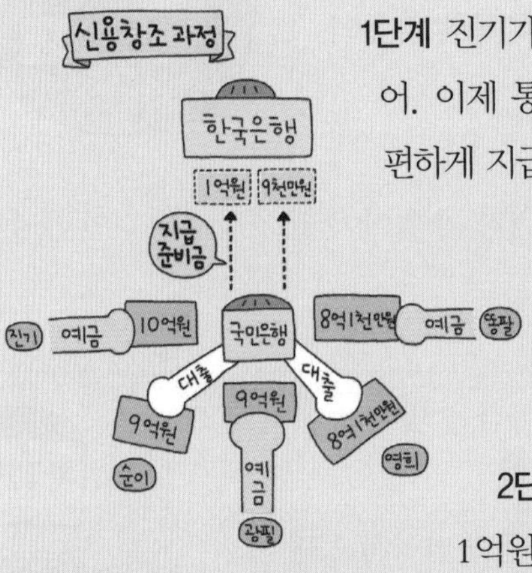

1단계 진기가 10억원을 국민은행에 예금했어. 이제 통화량은 10억원이야. 계산하기 편하게 지급준비율이 10%라고 할게(한국의 지급준비율 평균은 자주 발표되지 않는데 2006년 기준 3.8%였어. 크게 바뀌지는 않아).

2단계 국민은행은 10억원 중에서 1억원을 지급준비금으로 남기고 순이에게 9억원을 대출했어. 순이는 벼락 땅부자 광필이의 창고부지를 사고 9억원을 지불했어. 광필이는 이 9억원을 국민은행에 예금했어.

예금도 통화라고 했지? 통화량은 이제 19억원이 되었어(진기예금 10억원+땅부자 광필 예금 9억원).

3단계 국민은행은 땅부자 광필이의 예금 9억원 중에서 지급준비율 10%인 9천만원을 남기고 영희에게 8억 1천만원을 대출했어. 영희는 이 돈을 아파트 구매대금으로 똥팔이에게 지불했어. 똥팔이는 8억 1천만원을 받아서 은행에 예금했어.

이제 통화량을 볼까? (진기예금 10억원+땅부자 광필 예금 9억원+똥팔 예금 8억 1천만원)으로 모두 27억 1천만원이 되었어.

4단계 국민은행은 똥팔이가 예금한 8억 1천만원에서 약간의 지급준비금을 떼고 대출하고, 대출된 돈이 흘러다니다 다시 은행으로 예금되고…….

5단계 은행은 예금 중 일부를 지급준비금으로 떼고 대출하고,
6단계 예금/대출,
7단계 예금/대출, 예금/대출, 예금/대출…….

통화량은 이처럼 예금/대출의 신용창조 과정을 통해 늘어나는 거야. 이게 바로 우리가 그렇게 좋아하는 돈이 부풀어 오르는 과정이야.

덤&덤, 신용카드도 돈일까?

신용카드로 물건을 살 수 있으니 돈이라고 생각할 수 있어.

광필이가 점심을 먹고 신용카드로 결제하면 신용카드회사가 대금을 대신 지급하고, 한 달 뒤 광필이의 예금계좌에서 신용카드회사로 돈이 빠져나가. 즉 신용카드는 대금 결제의 시기를 늦추는 역할을 할 뿐이야. 그러므로 신용카드 사용액은 기본적으로 통화량에 속하지 않아. 단, 신용카드로 현금 서비스를 받았다면? 이건 현금이 인출되어 시중에 돌아다니게 되니 통화량에 포함돼.

문제 1 (　　)제도는 은행이 예금자의 갑작스러운 인출 요구에 대응하기 위해 고객이 맡긴 예금 중 일부 비율을 중앙은행에 예치하는 제도이다.

문제 2 중앙은행이 찍은 돈이 은행을 통해 시중에 유통되며 또 다른 통화를 계속 만들어내는 과정을 (　　)라고 한다.

정답) 1. 지급준비금
2. 신용창조

Section

03 통화량이 늘었어, 줄었어

통화량 증가 | 통화량 증가의 영향 | 통화량 감소 | 통화량 감소의 영향

통화량은 어떤 요인으로 증가 또는 감소하고 경제에 어떤 영향을 줄까? 인구가 1천명인 섬나라의 통화량이 1천억원이라고 하자. 이때 통화는 단순히 지폐, 동전만이 아니라 예금, 수표, 어음 같은 것도 포함된다고 했지? 이제 섬나라의 **통화량이 1,500억원으로 50%가 늘었다**고 하자.

시중의 통화량이 늘어나는 요인

섬나라의 통화량은 어떻게 늘어났을까?

1. 섬나라 중앙은행에서 **지폐 인쇄기**를 마구 돌리면 돼. 그 돈을 시중은행에 빌려주면 시중은행은 다른 사람에게 대출하거나 투자를 하기 때문에 시중 통화량이 늘어나지.

2. 섬나라 사람들이 **마구 돈을 빌려서 투자에 나서면** 돼. 앞에서 신용창조에 대해 살펴봤잖아? 예금/대출, 예금/대출이 활발할수록, 즉 대출하는 사람들이 많아질수록 통화량은 급격히 늘어나게 돼.

3. 수출을 많이 해서 해외의 달러를 많이 가져와. 또 해외에서 외국인이 달러를 싸들고 와서 섬나라의 주식과 부동산을 사들이고 공장도 지어. **외국 돈이 섬나라로 들어오면** 섬나라 돈으로 환전되어 투자되니까 통화량이 늘어나는 거야.

사실 경제가 발전하면 통화량은 완만히 증가하게 되어 있어. 생산물이 많아지고 거래가 늘어나니 당연히 돈이 더 많이 필요하게 되니까. 그런데 우리가 살펴보는 섬나라는 1년 만에 50%라는 경이적인 통화량 증가율을 보여주고 있어.

오해하지 말자. 통화량이 이처럼 급격하게 늘어나는 경우는 드물어. 뒤에서 살펴보겠지만 1922~23년 1년에 물가가 무려 약 100배 올랐던 1차 세계대전 후의 독일이나 2008년 금융위기 당시 200,000,000%라는 최악의 물가폭등을 겪은 짐바브웨 등에서나 볼 수 있는 일이야. 2017년 남미의 베네수엘라는 물가상승률이 14,000%에 달했어.

이제 섬나라에 무슨 일이 벌어질까?

1. 돈이 많아졌으니 물건이나 서비스 가격 등 물가가 올라.

2. 돈이 흔해졌으니 그만큼 돈 가치는 떨어지겠지? 예전엔 천원으로 파 한 단을 살 수 있었는데 이제는 1,500원을 내야 해. 물론 파 같은 농작물은 그해 작황이 좋은지 나쁜지에 따라 가격이 영향을 받지만, 일단 딱 고정시켜 놓고 생각해 보자고.

3. 돈이 많아졌으니 부동산이나 주식의 가격도 오를 가능성이 높아.

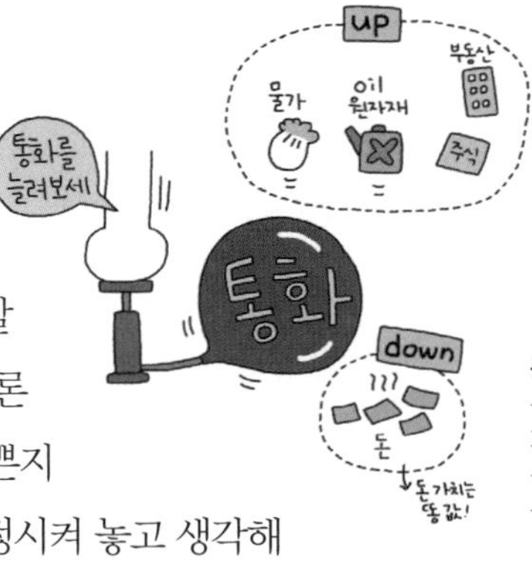

통화량이 급격히 늘어나면
돈의 가치는 떨어지고 물가는 오르고 원자재, 부동산 등 실물자산이 오를 가능성이 커.

만약 통화량이 5% 증가해서 1,050억원으로 늘었다면? 물가도 위의 예보다 덜 오르고 돈의 가치도 덜 떨어지고 주식이나 부동산 가격이 오를 가능성이 적어지겠지.

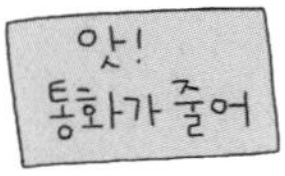

이번에는 섬나라의 **통화량이 거의 늘지 않거나 오히려 줄어들었어.** 통화량이 왜 늘지 않았을까?

경기가 침체되면 원금을 못 받을 위험이 크기 때문에 돈을 잘 빌려주지도 않고, 소비와 투자가 적어져 돈을 빌리려는 사람들도 줄어들어. 통화량은 예금/대출을 반복하는 신용창조 과정을 통해 늘어나는

데 대출이 급감하니 통화량이 거의 증가하지 않아. 미국은 2008년 금융위기 이후에 잠깐 통화량이 오히려 줄어들기도 했어.

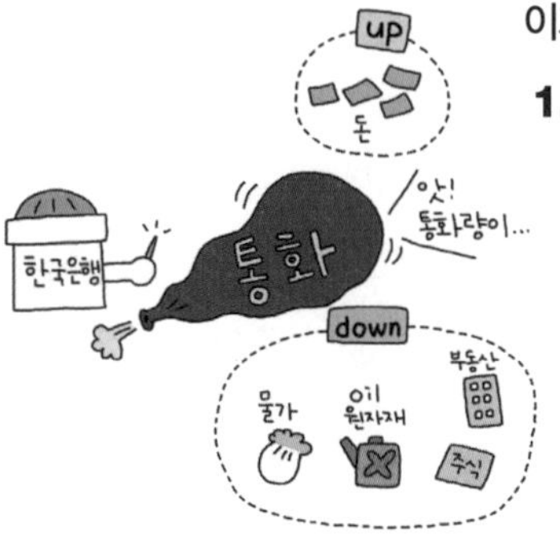

통화량 증가율이 떨어지면 돈의 가치는 올라가고 물가, 원자재, 부동산, 주식 등의 가격이 떨어질 가능성이 있어.

이제 섬나라에는 무슨 일이 벌어질까?

1. 시중의 통화량이 줄어들었으니 물건이나 서비스 가격 등 물가가 내려.

2. 돈 가치는 올라가. 돈을 빌려주려는 사람이 없으니 돈이 금값이 되고 가치가 올라갈 수밖에.

3. 시중에 돈이 별로 없으니 부동산이나 주식 가격도 내릴 가능성이 높아.

물가가 내리고 사람들이 소비도 하지 않고 기업도 투자에 나서지 않으니 경기가 더욱 침체돼. 섬나라 정부나 중앙은행이 어떻게든 통화량을 늘리기 위해 여러 조치들을 해. 일단 돈이 돌아야 사람들이 소비도 하고 기업도 투자를 하고 그래야 경기가 살아나니까.

자, 광필이네 섬나라를 통해 통화량이 왜 증가 또는 감소하는지, 어떤 영향을 미치는지 살펴보았어.

경제는 워낙 다양한 요인이 많아서 통화량만으로 설명할 수는 없어. 하지만 통화량의 변화가 경제상황과 주식이나 부동산 가격에 큰 영향을 미치는 것은 사실이야. 뉴스에 통화량 기사가 자주 나오고, 정부나 기업, 투자자들도 통화량 지표를 주목하는 이유지.

시중의 통화량을 적정한 수준으로 유지하는 것은 한국은행의 책임이야.
한국은행의 존재 이유는 통화량을 관리해 물가를 안정적으로 유지하는 것.

문제 1 다음 중 통화량 증가와 관련된 상황이 아닌 것은?
① 중앙은행이 돈을 많이 찍어낸다.
② 주식, 부동산 가격이 오르면서 투자자들이 몰려든다.
③ 시중의 물가가 내렸다.
④ 수출이 빠르게 증가하며 기업의 투자가 활발해졌다.

문제 2 다음 중 통화량 증가속도가 느려졌을 때의 상황이 아닌 것은?
① 부동산 가격이 내릴 가능성이 높다.
② 물가상승률이 떨어지고 있다.
③ 내 통장에 든 돈의 가치가 올라간다.
④ 기업의 투자가 활발하게 일어날 가능성이 높다.

정답) 1. ③ 2. ④

Section

04 통화 종류가 단계별로

본원통화(M0) ı 파생통화 | 협의통화(M1) ı 광의통화(M2) ı 금융기관 유동성(Lf) ı 광의유동성(L)

이제 본격적으로 통화량에 대해서 살펴보자. 생소한 단어들이 나오지만 딱 5개만 기억해 두면 돼. **5개도 귀찮다면 딱 3개만 기억해 두자.** 본원통화, 협의통화, 광의통화.

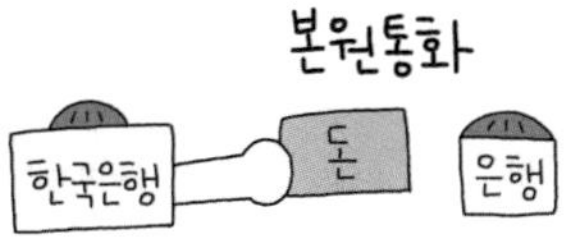

먼저 본원통화. 한국은행이 시중은행으로 흘려보낸 돈을 **본원통화**라고 해. 조폐공사에서 한국은행으로 입고된 새 돈은 통화량이 아니야. 한국은행에서 국민은행, 우리은행 같은 시중은행으로 흘러들어가야 비로소 통화량으로 잡혀.

본원통화는 우리가 볼 수 있는 **지폐와 동전 같은 현금**이라고 생각하면 돼.

우리 주변에 현금이 어디에 있을까?

광필이 지갑에 있는 현금

광필기업의 금고에 든 현금

지급준비금 – 은행이 예금자들이 갑자기 예금을 찾으러 왔을 때를 대비해 한국은행에 예치해 둔 돈

시재금 – 은행 본점이나 지점의 금고에 들어 있는 돈

본원통화는 긴 시간을 두고 보면 완만하게 증가해 왔는데, 2008년 금융위기로 돈이 돌지 않자 한국도 미국도 본원통화량을 급격하게 늘렸어. 경기침체로 인해 신용창조 과정이 원활하지 않자 중앙은행이 지폐를 마구 찍어서 뿌렸기 때문이야.

파생통화는 본원통화가 예금/대출, 예금/대출을 반복하는 신용창조 과정을 통해 부풀어 오른 통화를 말해. 그러니까 본원통화를 제외한 모든 통화는 바로 파생통화야.

파생통화는 **현금화가 얼마나 쉬운가**를 기준으로 4가지로 나누어. 사실 본원통화보다 **파생통화가 더 중요해.** 경제란 결국 돈이 잘 돌아야 신용창조가 활발해지고 활력을 찾게 되니까.

그럼, 파생통화를 하나하나 살펴볼까?

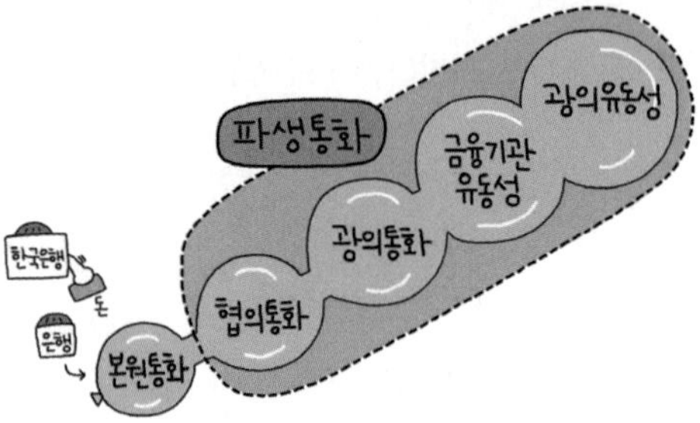

협의통화(M1)는 지급수단으로서의 화폐의 기능을 중시한 지표로, 오늘이라도 당장 은행에 가서 현금으로 바꿀 수 있거나 수표를 발행하여 지급할 수 있는 통화야. **현금과 바로 현금화할 수 있는 예금**을 포함한다고 생각하면 돼.

우리 주변에 협의통화는 어디에?

본원통화

요구불예금 — 예금자가 요구하면 바로 인출할 수 있는 보통통장, 별단예금, 당좌예금 등

수시입출금식 저축성 예금, 투신사의 MMF 등

별단예금은 금융기관이 미결제·미정리된 일시적 보관금이나 예수금 등을 처리하기 위해 설치한 일시적 편의적 계정. 예금증서나 통장은 없으며 '가상계좌'라고도 해.

광의통화(M2)는 넓은 의미(광의)의 통화라는 의미. 협의통화에다 **만기 2년 미만의 정기예금, 수익증권, 양도성예금증서**(CD), **환매조건부채건**(RP), CMA 등을 더한 것이라고 생각하면 돼.

한국은행은 매월 광의통화량을 측정하여 경제성장률, 물가, 금리 등을 감안해 통화량을 늘리거나 줄여. **뉴스에서 통화량**이라고 하면 이 광의통화를 말해. 밑줄을 치고 꼭 기억하자.

금융기관 유동성(Lf)은 모든 금융기관의 유동성까지 포함한 통화야. 금융기관의 통화 예치기간이 정해져 있는 상품을 모두 합한 셈이야. 즉 광의통화에 만기 2년 이상의 정기예적금 및 금융채, 증권회사의 예수금, 생명보험회사의 보험계약 준비금 등을 모두 더한 거야.

광의유동성(L)은 나라 안의 총 통화량이야. 금융기관 유동성에다가 상호저축은행, 증권회사, 보험회사 등이 발행한 유동성 금융상품을 더한 거야. 국채, 지방채, 기업어음, 회사채 등도 모두 광의유동성에 포함돼. 한마디로 나라의 모든 통화량을 합친 거지.

딱딱한 말이 나와서 조금 이해하기 어렵지? 다음의 핵심만 확실히 알면 돼.

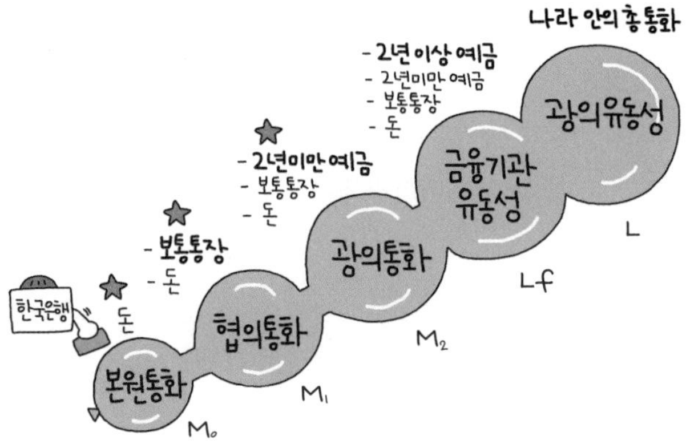

자주 나오는 것은 본원통화, 협의통화, 광의통화이고, 특히 뉴스에서 그냥 통화량이라고 하면 광의통화를 말하는 거야. 통화량의 기초 개념은 끝~.

문제 1 다음 중 본원통화가 아닌 것은?
① 지갑의 동전 ② 지급준비금 ③ 시재금 ④ 조폐공사 창고의 현금

문제 2 다음 중 협의통화에 속하지 않는 것은?
① 본원통화 ② 생명보험사 보험계약 준비금 ③ 보통통장의 돈 ④ 당좌예금

문제 3 다음 중 파생통화가 아닌 것은?
① 본원통화 ② 협의통화(M1) ③ 광의통화(M2) ④ 금융기관유동성

정답) 1. ④ 2. ② 3. ①

Section

05 돈이 얼마나 빨리, 많이

통화승수 | 통화 유통속도 | 유동성|단기부동화 | 유동성 선호현상 | 금융경색 | 신용경색

2030년 광필네 섬나라의 통화량이 얼마나 늘어났을까? 예금/대출 등 신용창조가 잘 이루어지고 있는지 알아볼까?

통화승수는 본원통화가 신용창조를 통해 늘어난 비율이야. 광의통화량을 본원통화량으로 나누어 구해.

광필이네 섬나라의 통화승수가 20이라면 본원통화 1만원이 광의통화 20만원으로 늘어난 거야. 통화승수가 40이라면 본원통화 1만원이 광의통화 40만원으로 늘어난 것이고.

> 광필이네 섬나라의 통화승수가 20, 또는 40이라면?
> **통화승수가 크면** 돈을 빌리는 사람들이 많고 신용창조가 활발하다는 거야. 투자가 활발하고 돈을 빌리는 사람들이 많아지면 물가가 오르고 자산가격도 오를 가능성이 높아.
> **통화승수가 작으면** 신용창조가 별로 안 된다는 의미.
> 경제가 좋지 않아 국민들이 소비도 별로 하지 않고 투자를 꺼리고, 돈을 빌리려는 사람도, 빌려주려는 측도 줄어든 상태. 경기침체가 심하다는 거야.

돈은 인체에 비유하면 혈액과 같아. 교환경제체제에서 돈이 부족하고 돌지 않으면 소비, 생산, 투자, 고용, 소득 등 모든 기능이 위축돼.

광필이네 섬나라에서 돈이 얼마나 빨리 돌고 있을까?

소비와 투자가 활발할수록 돈이 은행에서 가계나 기업으로, 이 기업에서 저 기업으로, 이 사람 손에서 저 사람 손으로 옮겨지는 속도가 빨라지겠지?

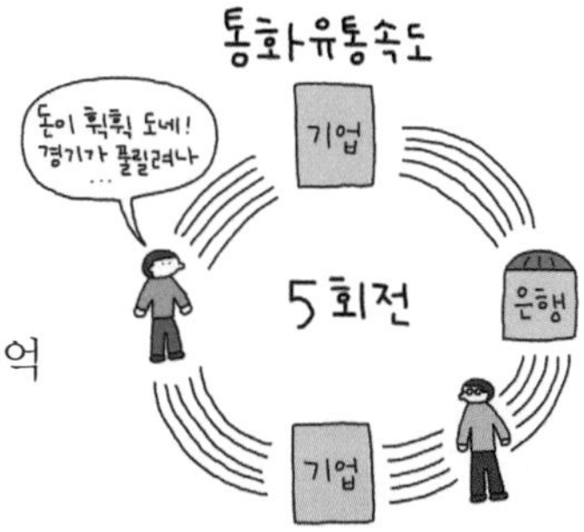

통화 유통속도는 1년간 통화가 거래된 횟수야. 1년간의 국내총생산량(GDP)을 광의통화량으로 나누어 계산해. 연간 생산량이 1,000억원인데 연 평균 광의통화량이 200억원이면 5회전 한다고 보는 거야.

광필이네 섬나라에서 통화 유통속도가 빨라졌다면

소비와 투자가 활발할수록 돈이 빨리 돌아다니게 되니 경기회복의 신호가 될 수 있어. 그런데 통화 유통속도가 너무 빠르다면? 경제에 거품이 끼고 있다는 의미.

통화 유통속도가 너무 느려졌다면 그만큼 돈이 안 돌고 있다는 것이니 경제에 좋지 않은 신호.

유동성이란 말을 자주 들어보았지? **유동성**은 빨리 현금화할 수 있는 정도로, 보통통장의 돈은 유동성이 매우 좋은 거지. 그럼, 가볍게 문제 하나 풀어볼까?

[퀴즈] 다음에서 유동성이 가장 좋은 것은?

1. 내 주식계좌 **2.** 1년 정기예금 **3.** 당좌예금

답은 당좌예금. 지금이라도 당장 찾을 수 있으니까. 주식을 판 돈은 매도한 날로부터 이틀 뒤(D+2일)에 내 계좌에 들어와. 게다가 손실을 보고 있다면 현금화하기도 만만치 않고.

시중 유동성이 과도하다. 한국은행이 본원통화 1조원을 풀었는데, 시중은행을 통한 예금과 대출이 활발하게 일어나 광의통화가 1,000조원으로 늘어났다면? 보통 통화량 증가율이 실물 부문의 총거래액 증가율보다 크면 '유동성이 과도하다'고 평가해.

이런 시기는 가계나 기업이 투자를 위해 대출을 많이 받을 때야. 반대로 경기가 안 좋을 때는 유동성이 축소돼.

단기부동화는 돈이 부동화되어 단기 금융상품으로 떠도는 거야. 부동화는 뜰 부, 움직일 동, 돈이 제자리를 찾지 못하고 둥둥 떠다니는 거야. 딱히 수익성이 날 만한 투자처가 보이지 않으므로 보통통장, CMA나 MMF처럼 단기상품에 주로 예치하고 투자처가 안 보이니 대출도 줄어들어.

유동성 선호현상이 강해졌다. 현금(유동성)을 더 선호한다는 말이야.

경기가 좋지 않으면 사람들은 유동성이 좋은 현금이나 단기 금융상품 위주로 투자하려고 해. 단기 금융상품으로 운용하다가 부동산 등 자산가격이 떨어져 바닥을 쳤을 때 싸게 사려고 하는 대기성 자금이라고 할 수 있어.

금융경색에서 경색(梗塞)은 피가 잘 통하지 않고 꽉 막힌 상태.

돈을 피에 비유하잖아. 자금을 쓰려는 사람은 많은데 경기가 너무 나빠서 돈을 빌려주려는 사람이 없는 상태. 돈이 씨가 마른 상황으로 **돈맥경화**라고도 해. **신용경색**도 마찬가지. 금융기관이나 시중에 돈이 안 도는 상태야.

문제 다음 중 통화량과 관련된 설명 중 틀린 것은?
① 통화승수가 크면 투자가 활발하고 자산가격이 오를 가능성이 높다.
② 경기침체기에는 통화 유통속도가 느려질 가능성이 높다.
③ 경기침체기에는 금융경색이 일어날 가능성이 높다.
④ 유동성 선호현상이 강해지면 만기가 긴 예금에 드는 사람이 많다.

정답) ④

Section

06 앗, 인플레이션이 닥쳤어

인플레이션 I 수요 인플레이션 I 비용 인플레이션 I 통화 인플레이션 I 인플레이션 기대심리 I 기대 인플레이션율
인플레이션 헤지 I 구두창 비용 I 메뉴판 비용 I 인플레이션 조세효과 I 레버리지 I 부의 효과 I 인플레이션 수출
차이나플레이션 I 애그플레이션 I 에코플레이션 I 아이언플레이션 I 피시플레이션 I 택스플레이션

광필이네 섬나라에 인플레이션이 닥쳤어.

인플레이션(inflation)은 물가가 지속적으로 오르는 거야.

왜 인플레이션이 생겼을까?

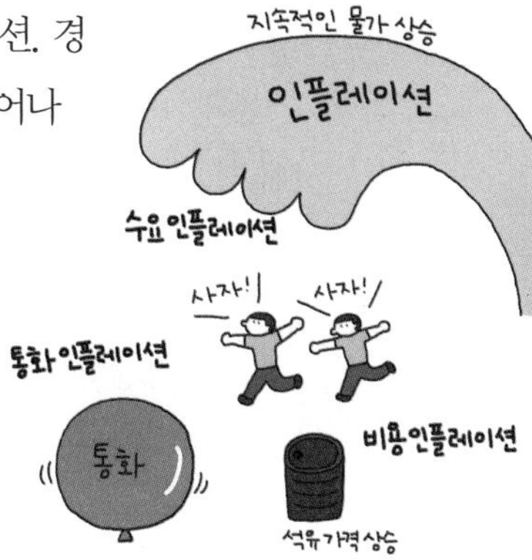

수요 인플레이션은 수요가 늘어나 생기는 인플레이션. 경기가 좋고 사람들의 소득이 늘어나 수요가 크게 늘어나면 물건이나 서비스의 가격이 올라.

비용 인플레이션은 기업의 비용이 늘어나 생기는 인플레이션. 석유나 철, 곡물 등 원자재 가격이 상승하면 물가가 올라. 임금, 지대(땅값, 임대료) 등이 상승해도 인플레이션이 생기지.

물론 이외에도 유통단계가 늘어나거나 독과점화가 심해져도 제품의 가격이 오르고 물가상승에 영향을 줘. 그런데 인플레이션은 더 근본적으로는 통화량과 깊은 관계가 있어.

통화 인플레이션은 통화량이 크게 늘어나 물가가 지속적으로 오르는 현상을 말해.

물가가 자꾸 오르면 사람들의 인플레이션 기대심리가 커져. **인플레이션 기대심리**는 앞으로 물가가 더 오를 것으로 예상하고 그에 대비해서 행동하는 거야. 인플레이션 시기에 대비해 어떤 행동을 보이는지는 뒤에서 살펴볼게.

인플레이션 기대심리는 기대 인플레이션율로 측정해.

기대 인플레이션율은 한국은행이 조사하는데, 매월 15일 전후 일주일 동안 전국 6,600가구를 샘플로 조사하는 소비자동향조사 중의 한 항목이야.

기대 인플레이션율은 향후 1년간 물가상승률을 일정 구간별(1.0% 간격)로 설문조사하여 중앙값으로 산출한 값이지만, 소비자 심리를 잘 보여줘. 인플레이션 기대심리나 기대 인플레이션율이 높아지면, 정부의 물가 억제정책도 잘 먹히지 않고 앞으로 인플레이션 추세가 계속될 가능성이 높아.

인플레이션이 되어 물가가 자꾸 오르면 사람들은 돈 가치가 떨어지는 것을 방어하려고 해. 돈을 들고 가만히 앉아서 인플레이션 때문에 손해보기 싫으니까.

인플레이션 헤지 상품으로는 주로 주식, 부동산, 원자재 등 실물이나 물가연동채 등에 투자해.
하지만 무조건 따라하는 것은 금물. 시기마다 적절한 상품이 조금 달라.

인플레이션 헤지는 인플레이션의 위험을 방어하려고 투자하는 거야. 인플레이션 헤지 상품으로는 보통 부동산, 원자재, 주식, 그리고 물가연동채 같은 게 거론돼. 어? 그렇다고 물가가 오른다고 무조건 부동산을 사면 안 돼. 주의하자.

인플레이션 헤지

구두창 비용

구두창 비용은 인플레이션 시기에 금융거래가 잦아져 금융비용과 시간 허비가 늘어나는 거야. 돈의 가치가 떨어지는 것을 방어하려고 은행이나 투자시장을 뻔질나게 드나들다 보면 구두창이 닳겠지?

메뉴판 비용

인플레이션 시기에는 재화나 서비스의 가격을 올리느라 제품 포장이나 메뉴판의 가격을 자꾸 바꾸어야 해. 그래서 발생하는 것이 **메뉴판 비용**. 구두창 비용이나 메뉴판 비용은 인플레이션으로 인해 부수적으로 발생하는 시간과 비용이야.

인플레이션이 되면 먼저 상품이나 서비스 가격이 올라. 정부도 가격이 높아지니 더 많은 세금을 가져가.

광필이가 새우깡 하나를 사먹어도 거기에 부가가치세가 포함되어 있잖아. 새우깡 가격이 100원 오르면 광필이가 내는 세금도 10원 더 많아지고…….

물가가 오른 후에 임금은 뒤늦게 따라오르니 그동안 임금생활자의 소득은 실제로 줄어드는 효과가 생겨. 그 줄어든 돈은 소리 없이 기업가나 정부로 흘러들어가는 거지. 이것을 **인플레이션 세금**이라고 해. **인플레이션 조세효과**도 비슷한 말이고.

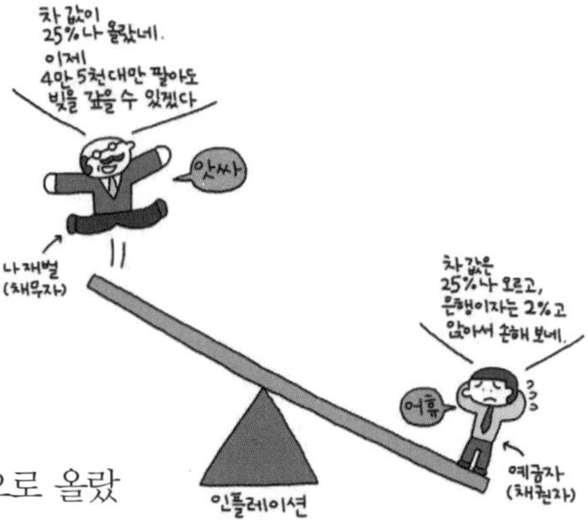

인플레이션이 되면 이득을 보는 측도 있어. 돈 가치가 떨어지면 누가 이득을 볼까? 바로 채무자야.

자동차 기업인 나재벌 회장이 은행에서 1조원을 빌려서 사업을 확장했어. 인플레이션이 심해지고 자동차의 가격도 따라 올랐지.

자동차 가격이 2천만원에서 2,500만원으로 올랐다고 해 보자. 예전에는 부채 1조원을 갚으려면 차를 5만대 팔아야 했지만 이제는 4만 5천대만 팔아도 갚을 수 있어. 돈 가치가 떨어져 채무부담이 그만큼 작아진 거지.

반대로 채권자나 예금이나 현금을 많이 가진 사람들은 인플레이션으로 인해 손해를 봐.

광필이가 친구에게 2천만원을 빌려주었는데, 인플레이션으로 인해 자동차 가격이 2천만원에서 2,500만원으로 올랐다면 이제 돈을 받아보았자 자동차 한 대 값이 안 되잖아.

누가 가장 큰 채무자일까? 대개 가장 큰돈을 빌리는 측은 몇 천억, 몇 조원씩 빌리는 대기업이나 정부야. 그리고 월급을 모아 적금이나 연금 붓는 평범한 사람들은 채권자들이지. 사실 인플레이션은 일반 국민들의 돈이 대기업과 정부로 흘러 들어가는 것과 같은 효과가 생겨.

예전에는 이런 일이 많았어. 내 돈 2억원, 은행대출 2억원으로 아파트를 샀어. 3년 뒤 6억원에 팔았다면? 2억원 대출을 갚고 나면 4억. 결국 내 돈 2억원으로 4억원을 만들어서 더블로 먹은 것. 이런 것을 '레버리지 효과'라고 해.

레버리지(leverage)는 지렛대 효과. 좀더 많은 투자수익을 올리기 위해 빌린 돈을 지렛대로 삼아서 투자를 하는 거야. 주로 인플레이션 시기에 레버리지 투자를 많이 해. 부동산 가격이 오를 것으로 보고 은행 융자를 크게 내어 투자하는 것이 레버리지 투자의 예야.

한때 강남에서는 일주일에 아파트 가격이 5천만원씩 올랐다느니 하는 소리가 떠돌았어. 부동산 가격은 오르다가 내릴 수도 있고, 팔아서 내 손 안에 들어와야 진짜 수익이지. 하지만 사람 마음이 어디 그래? 자산의 평가가격이 오르면 돈을 더 쓰게 되잖아.

부의 효과는 인플레이션으로 주식이나 부동산 등 자산의 평가가격이 오르면 소비가 늘어나는 현상이야. 보통 한국에서는 자산가격이 1억원 오르면 소비가 약 200만원 늘어난대.

미국은 금융위기 이후 기준금리를 제로금리대(0.25%)로 인하했어. 금융회사들은 저금리의 달러를 빌려서 중국이나 브라질, 한국 같은 신흥국으로 몰려왔어. 이 나라들은 통화량이 늘어나 물가가 자꾸 오르고 주식이나 부동산 가격도 크게 올랐어.

미국이 저금리의 달러를 뿌려대어 다른 나라의 물가가 지속적으로 오르는 것을 '인플레이션을 다른 나라로 수출한다'고 해서 **인플레이션 수출**이라고 해. 고래싸움에 새우등 터지는 격이지.

차이나플레이션은 중국발 인플레이션이야. 2000년대 세계 각국은 값싼 중국산 제품으로 인해 물가를 비교적 낮게 유지할 수 있었어. 그런데 이제 인건비도 오르고 국제 원자재 가격도 상승해서 중국의 물가도 만만치 않아.

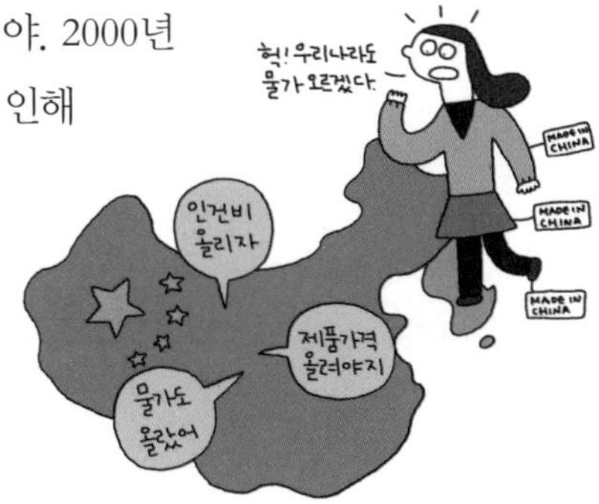

중국산 제품의 가격이 오르니 수입하던 국가들의 물가도 덩달아 올랐어. 한국도 중국산 제품의 수입이 많아서 차이나플레이션의 영향을 크게 받을 거야.

플레이션(flation)은 부풀어 오르는 것. 몇 가지 살펴볼까?

	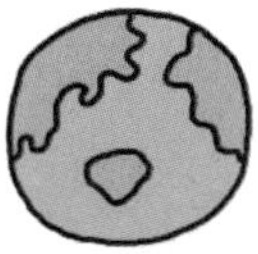	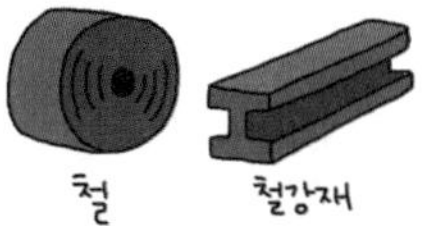		
애그플레이션 **agflation**	**에코플레이션** **ecoflation**	**아이언플레이션** **ironflation**	**피시플레이션** **fishflation**	**택스플레이션** **taxflation**
농업(agriculture) +인플레이션	ecology(환경) +인플레이션	iron(철강)+인플레이션	Fisheries(수산물) +인플레이션	tax(택스)+인플레이션
곡물가격이 상승하여 일반 물가가 오르는 현상.	환경적 요인에 따른 인플레이션. 기후변화로 인한 가뭄, 산불, 한파, 태풍 등이 자주 발생해 기업의 제조원가가 상승하고 결과적으로 소비자물가가 오르는 것.	철재 가격이 오르면 자동차 조선 등의 제조원가가 오르고 인플레이션을 불러오지.	남획과 지구온난화로 인한 수산자원의 부족으로 수산물의 가격이 지속적으로 상승하는 것.	세금에 의해 인플레이션이 유발된다는 주장. 부가가치세를 포함한 간접세가 인상되면 그만큼 물가가 상승하는데, 그 결과 인플레이션 기대심리가 높아지면 인플레이션이 심해진다는 주장이야.

문제 다음 중 인플레이션 상황과 관련된 설명 중 틀린 것은?
① 인플레이션에는 수요 인플레이션, 비용 인플레이션, 통화 인플레이션이 있다.
② 인플레이션 헤지로는 부동산, 원자재, 물가연동채 등이 거론된다.
③ 인플레이션이 닥치면 구두창 비용과 메뉴 비용이 늘어난다.
④ 인플레이션은 채권자, 예금자에게 유리하다.
⑤ 인플레이션 시기에는 레버리지 투자를 고려하는 사람들이 늘어난다.

정답) ④

Section

07 앗, 뜨거라! 하이퍼인플레이션

하이퍼인플레이션 I 리디노미네이션

하이퍼인플레이션은 물가가 단기간에 엄청나게 치솟는 것으로 **초인플레이션**이라고도 해.

한때 남미의 부국이었던 베네수엘라는 2010년대 중후반 살인적인 물가상승률에 시달리고 있어. 2017년 물가상승률은 무려 14,000%에 달했어. 수출의 90% 이상을 오일머니에 의지했는데, 국제유가가 반토막이 나자 국고가 비게 되고, 정부와 중앙은행이 돈을 막 찍어내어 하이퍼인플레이션이 닥친 거지.

2007~8년 짐바브웨도 무려 200,000,000%에 달하는 하이퍼인플레이션을 겪었어.
계란 한 개의 가격이 무려 350억 짐바브웨 달러.
우리나라에서도 신년선물로 짐바브웨의 100조 달러 지폐가 잠깐 유행했는데, 100조 달러 지폐 한 장이 우리 돈 1만원 정도였어.

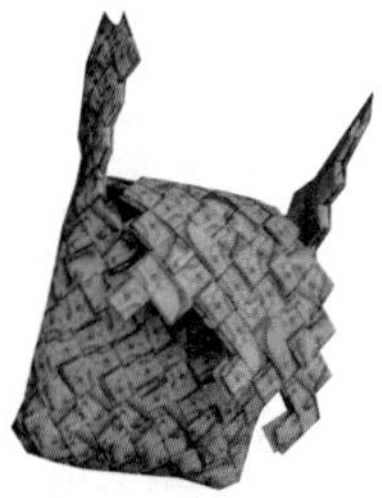

SNS에서는 화폐가치가 크게 떨어진 베네수엘라 지폐를 접어 만든 가방 사진이 큰 화제를 끌기도 했어. 돈으로 가방을 만들어 팔기도 했대.

하이퍼인플레이션을 겪은 나라는 독일, 브라질, 아르헨티나, 멕시코 등 많아.

보통은 월 평균 물가상승률이 50%를 초과할 때 하이퍼인플레이션이라고 해. 1년에 약 130배가 오르는 거지.

기준은 그렇지만, 물가상승률이 두 자릿수이면 하이퍼인플레이션이라고도 해. 한국의 경제규모와 경제성장률 수준이면 원래 물가상승률이 2% 선이 적절한데 5~7%씩 상승하면 신문에서 하이퍼인플레이션을 들먹이기도 해. 좀 과장된 표현이라고 할 수 있어.

리디노미네이션(re-denomination)은 화폐의 액면단위를 일괄적으로 낮추는 화폐개혁을 말해. 1,000원을 1원으로 화폐개혁을 하면 액면단위를 1/1000

로 줄인 거지.

하이퍼인플레이션에 시달리던 짐바브웨 정부는 100억 짐바브웨 달러를 1짐바브웨 달러로 변경하는 리디노미네이션을 했어.

한국도 리디노미네이션을 두 번 했어.

1953년 화폐 단위를 100:1로 낮추면서 원(圓)에서 환(圜)으로 바꾸었지.

100원(圓) → 1환(圜)

1962년 화폐 단위를 10:1로 낮추면서 환(圜)에서 '원'으로 다시 바꾸었어.

10환(圜) → 1원(圓)

우리나라에서는 10여 년 전부터 일각에서 리디노미네이션이 필요하다는 소리가 나오고 있어. 1달러에 1,000원 선으로 원화의 액면단위가 너무 크다는 거야. 이미 경제통계에서 조 단위를 넘어 경 단위가 등장할 정도니까.

10,000,000,000,000,000원(1경)

리디노미네이션은 워낙 경제에 큰 충격을 주는 거라 쉽게 단행하기 힘들어. 일단 모든 회계처리 시스템과 ATM 기계 등을 바꾸어야 해.

만약 **1,000원을 1원으로 화폐개혁을 하면** 5억원 아파트의 가격이 50만원이 되지. 이 경우 착시현상으로 사람들이 싸게 느끼게 돼. 그래서 물가가 올라.

화폐개혁은 물가상승률이 지나치게 높은 시기에는 시도하기 힘들어. 2011년 북한도 화폐개혁을 했다가 경제가 더욱 도탄에 빠져 난리가 났지.

1000원(圓) → 1원(圓)으로 리디노미네이션이 되면

5억원 아파트 → 50만원

조선시대 말에도 엄청난 인플레이션이 있었어.

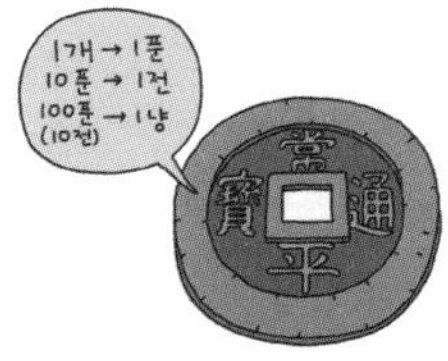

옛날 사극에서 한 냥, 두 냥, 백 냥 본 적 있지?

상평통보(엽전) 1개는 1푼.

상평통보 10푼은 1전.

상평통보 100푼(10전)은 1냥.

조선 후기 고종 즉위 당시에는 약 7냥이면 쌀 한 섬(약 80kg)을 살 수 있었어. 요즘 20kg 쌀 한 포대가 약 5만원인데 한 섬으로 계산하면 약 20만원.

그럼 당시 상평통보 1냥을 쌀 가격을 기준으로 환산하면 지금 돈 약 28,500원……. 얼추 그렇지?

1냥 = 28,500원, 쌀 한 섬 7냥

그런데 1866년 고종 3년, 흥선대원군이 경복궁을 중건할 때 당백전이라는 새 화폐를 약 1년 동안 1,600만 냥을 만들었어. 토목건설비, 국방비 등 돈이 많이 필요했거든. '일당백' 할 때 그 '당백'이야.

그러니까 당백전이라는 엽전을 하나 만든 뒤 이게 **상평통보 100개(1냥)와 맞먹는다고 우긴 거지.** 당백전을 녹여 가치를 비교하면 상평통보의 5~6배 가치밖에 없었는데 100배로 강제 유통시킨 거야. 로마시대의 네로가 금화에 불순물을 넣었듯이.

그후 돈이 크게 늘어나니 돈값이 똥값이 되고 물가가 폭등했어. 순식간에 쌀 한 섬 가격이 7냥에서 45냥으로 수직 상승했고 백성들의 생활고는 말로 표현할 수 없었어.

당백전 유통 후 쌀 가격

쌀 한 섬=7냥 → 45냥

6배 상승

돈이 너무 많이 풀리면 반드시 사고를 쳐. 급격한 인플레이션으로 화폐가치가 갑자기 흔들릴 때 어떤 사태가 일어나는지 생생히 보여주는 사례야.

여기서 인플레이션은 끝~. 이제 디플레이션으로 가 볼까?

문제 다음 중 리디노미네이션과 관련된 설명 중 틀린 것은?

① 하이퍼인플레이션 시기에 고려하는 경우가 많다.
② 우리나라는 리디노미네이션을 실시한 적이 없다.
③ 북한은 2011년 화폐개혁을 실시한 바 있다.
④ 리디노미네이션은 급격한 물가상승을 불러올 수 있다.

정답) ②

Section

08 앗, 디플레이션이 닥쳤어

디플레이션 | 리세션 | 디프레션 | 디레버리지 | 리레버리지 | 자산 디플레이션 | 부채 디플레이션 | 역부의 효과 | 안전자산 선호현상 | 뱅크런 | 공황

광필이네 섬나라에 디플레이션이 닥쳤어.

디플레이션(deflation)은 물가가 지속적으로 내리는 거야. 상품이나 자산의 가격이 내리는 이유는 몇 가지가 있어.

우선 기술혁신이나 노동생산성 향상으로 가격이 내릴 수 있어. 예를 들어 컴퓨터.

한편, 부의 불평등한 분배 때문에 기업이 생산한 제품이 팔리지 않을 때야. 국민들이 가난해 물건을 안 사면 가격을 내려야 팔리겠지.

한편, 경기가 과열되면서 돈을 빌리려는 수요가 늘어나고 금리가 치솟아 더 이상 대출이 늘어나지 않을 때야. 통화량이 쭉 늘다가 갑자기 속도가 느려지면서 소비와 투자가 멈칫할 때 물가가 하락하기 시작해. 여기서는 세 번째에 주목해서 살펴보자.

▼ 디플레이션이 오는 과정

1. 인플레이션 시기에는 너도나도 돈을 빌려 투자에 나서므로 돈의 수요가 늘면서 금리가 계속 올라.

2. 금리가 너무 높은 수준까지 오르면 사람들은 이자부담 때문에 더 이상 돈을 빌리려 하지 않고 오히려 갚으려고 해.

3. 소비와 투자를 위한 대출이 줄어들면 시중의 통화량 증가율이 둔화해. 주

식, 부동산 등의 거래도 소비도 줄어들면서 전반적으로 물가가 하락해.

4. 과도하게 커진 거품이 꺼지면서 물가가 지속적으로 하락하는 디플레이션 시기가 온 거지.

물가가 내리면 좋은 것 아니냐고?

기업 실적이 악화되면서 노동자의 실직이 늘어나고, 소득이 줄어들면서 소비가 더욱 감소하는 악순환이 일어나게 돼.

미국은 금융위기 이후 2009년 소비자물가가 약 1년간 마이너스 행진을 하며 디플레이션 상황을 겪었어.

한국은 물가가 내리는 디플레이션 상황을 겪어본 적이 거의 없어. 경제구조의 특성상 경제위기가 닥치면 환율부터 급등하여 수입물가가 올라. 그래서 오히려 경기침체 속에 물가가 상승하는 스태그플레이션 상황이 닥칠 수 있어.

스태그플레이션, 환율과 물가의 관계는 뒤에서 차차 살펴보기로 하고, 디플레이션 시기에 자주 등장하는 경제용어를 살펴볼까?

리세션(recession)은 경기침체. 경기가 후퇴하기 시작하는 초기야. 보통 실질 경제성장률이 2분기 연속 마이너스 성장을 할 때를 리세션이라고 해. 자, 2분기 연속 마이너스 성장에 밑줄을 좍 그어보자.

디프레션(depression)은 리세션보다 훨씬 더 심한 경기침체야. 그러니까 리세션은 경기침체의 초기, 디프레션은 극심한 경기침체라고 생각하면 돼.

레버리지는 빚내어 투자하는 것이고 **디(de)레버리지**는 부채축소. 경기가 좋을 때는 사람들이 레버리지를 이용해 빚을 내어 투자에 나서지만, 경기가 침체되면 부채를 줄이는 디레버리지를 해.

리(re)레버리지는 부채의 만기를 다시 연장해 주는 것.

자산 디플레이션은 경기침체기에 주식이나 부동산 등 자산가격이 떨어지는 현상이야.

일본의 부동산은 1991년 이후 잃어버린 10년으로 최고가 대비 87%가 폭락하기도 했어. 주가도 75%나 폭락하고. 2018년 현재 예전(1990년) 최고점과 비교하면 약 40%나 폭락한 상태야. 후덜덜하지~.

부채 디플레이션은 과중한 부채 때문에 생긴 디플레이션을 말해.

빚이 과도하게 늘어난 상태에서 주식이나 부동산 등 자산의 거래가 줄면서 가격이 하락하기 시작하면, 사태는 걷잡을 수 없게 진행돼. 투자와 소비가 갑자기 줄어들며 파산하는 기업과 가계가 늘어나고, 그러면 부채를 갚기가 더욱 어려워지고……. 부채 디플레이션은 이런 악순환을 말해.

경제에 거품이 낄 때, 집을 담보로 대출을 받아 두 번째 집을 사고, 또 대출해서 세 번째 집을 사고……. 그러다가 주택 가격이 폭락하기 시작하면 도미노 파산이 일어나는 거지.

미국의 경제학자인 어빙 피셔. 그는 1929년 대공황 직전에 "미국 주가가 영구적인 최고점에 안착했다"고 공언했어. 결국 재산과 명성을 다 날려버렸지. 그가 나중에 대공황을 분석하다가 정리한 이론이 바로 부채 디플레이션이야.

역부의 효과는 경기침체기에 주식이나 부동산 등 자산의 평가가격이 내리면 소비가 줄어드는 현상. 인플레이션으로 자산의 평가가격이 오르면 소비가 늘어나는 현상인 '부의 효과'의 반대 개념이야.

문제 디플레이션 상황과 관련된 설명 중 틀린 것은?
① 통화량 증가율이 둔화되고 물가가 지속적으로 하락한다.
② 부의 효과가 나타난다.
③ 개인이나 기업이 디레버리지에 나선다.
④ 부동산이나 주식 가격이 떨어지는 자산 디플레이션 현상이 나타난다.
⑤ 안전자산 선호현상이 나타난다.

정답) ②

안전자산 선호현상은 경기침체나 극심한 금융불안기에 돈을 잃을 위험을 피하기 위해 좀더 안전한 자산에 투자가 몰리는 현상이야.

주식 · 부동산 · 원자재 등의 위험자산에서 좀더 안전한 곳, 이를테면 미국 달러나 국채, 수천년 동안 화폐의 역할을 해 온 금 같은 것으로 옮기는 거야.

뱅크런(bank run)은 대규모 예금 인출 사태.

은행은 지급준비금을 제외하고는 모두 대출을 해 버리므로 예금자들이 한꺼번에 돈을 찾으러 은행(bank)으로 달려가면(run) 금고가 금방 거덜나 버려.

뱅크런 사태는 심심찮게 일어나. 미국, 영국에서도 일어났고, 한국도 2011년 저축은행의 연이은 영업정지로 일부 뱅크런을 겪었어.

공황(panic)은 두려울 공(恐), 어리둥절할 황(慌), 극단적인 경기침체 상황이야.

1929년 대공황은 주식시장이 최고가에서 90%나 폭락했고, 산업생산은 −46%로 반토막이 났어, 미국 노동자 4명 중 1명이 실직하고, 세계 무역의 총가치는 50% 이상 줄어들었어. 뭉크의 그림 '절규'처럼 끔찍한 상황이지.

Section **09**

리플레이션을 하라

리플레이션 | 유동성 함정 | 양적완화 | 출구전략

광필이네 섬나라에 극심한 경기침체인 디플레이션이 닥쳤어.

섬나라의 정부나 중앙은행이 디플레이션에서 벗어나기 위해 노력하는 시기에 자주 거론되는 경제용어들을 살펴볼까?

리플레이션은 디플레이션 시기에 정부와 중앙은행이 돈을 풀어 경제를 다시 인플레이션으로 유도하려는 거야. 시중에 돈을 뿌려서 투자와 소비를 다시 늘리려는 거지.

리플레이션을 위해 구체적으로 어떤 정책을 쓰는지는 5장에서 자세히 살펴볼게.

"헬리콥터를 타고 공중에 돈을 뿌려서라도 디플레이션을 막겠다."
FRB 의장 벤 버냉키는 금융위기가 닥치자 리플레이션을 위해 달러를 마구 뿌려댔어. 그의 별명은 헬리콥터 벤.

유동성 함정은 돈이 함정에 빠져서 돌지 않는 것.

경기침체가 되면 일단 중앙은행은 기준금리를 인하해.

"금리가 싸졌으니 돈 좀 빌려라. 빌려서 소비와 투자를 늘려라."

중앙은행이 돈을 풀면 개인이나 기업으로 흘러들어가 돈이 돌아야 해.

그런데 경기가 너무 나쁘면 모두 겁이 나서 투자도 소비도 안 하려고 해. 그래서 돈이 '중앙은행→은행→가계 · 기업'으로 돌지 않아. 중앙은행↔은행 사이에서만 왔다갔다 해. 이것을 **유동성 함정에 빠졌다**고 해.

기준금리 인하 등으로 돈을 풀어도 돌지 않고 유동성 함정에 빠지며 경기가 회복될 기미가 보이지 않으면 다음 타자는 양적완화.

양적완화(Quantitative Easing)는 말 그대로 양적으로 완화하는 것. 중앙은행이 직접 나서서 시장에 돈을 공급하는 거야. 그냥 **QE**라고도 해. 양적완화 2탄을 QE2 식으로 줄여 말하지. 예를 들어 채권시장에서 국채나 은행채, 회사채 등을 사들이고 정부, 은행, 기업에 돈을 줘. "제발 좀 써서 투자하라"고. 한마디로 돈을 찍어서 직접 시중에 뿌리는 거야. 2008년 금융위기로 미국 등 세계 각국은 양적완화 정책을 폈어.

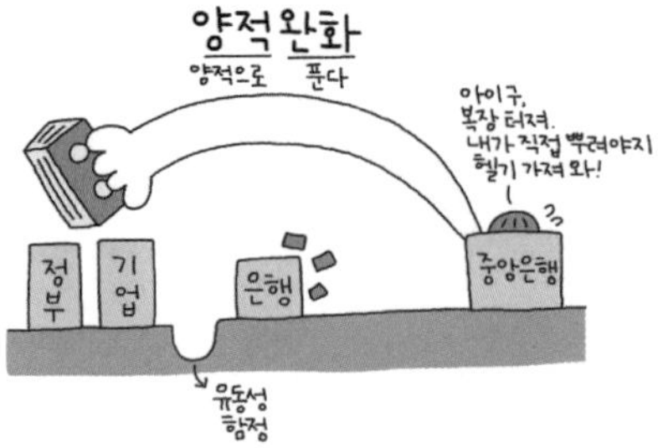

원래 **출구전략**은 군사용어로 미국이 베트남 전쟁에서 피해를 최소화하면서 철수하는 시나리오에서 나온 말이야.

경기침체에서 경제를 살리기 위해 계속 돈을 뿌리면, 나중에 물가가 미친 듯이 오를 수 있고 주식이나 부동산에도 거대한 거품이 낄 수 있어. 그래서 경기가 살아나는 기미가 보이면 거품이 터지기 전에 조심스럽게 과열을 막는 조치들을 취해. 이게 출구전략.

출구전략에는 크게 타이트닝(tightening)과 테이퍼링(tapering)이 있어. **타이트닝**은 금리 인상, **테이퍼링**은 '점점 가늘어지다'는 뜻. 마라톤 선수가 큰 경기를 앞두고 훈련량을 줄이는 것. 경제에서는 돈을 푸는 양적완화를 줄이는 거야.

출구전략이 어떤 게 있는지는 5장에서 더 살펴보기로 하고, 여기서 디플레이션에서 벗어나는 길은 끝~. 더 무서운 스태그플레이션으로 가보자.

문제 다음 중 디플레이션 시기의 상황에 대한 설명이 틀린 것을 고르시오.
① 중앙은행과 정부가 돈을 풀어도 유동성 함정에 빠질 수 있다.
② 중앙은행은 시장에 직접 돈을 공급하는 양적완화를 하기도 한다.
③ 디플레이션에서 벗어나는 기미가 보이면 출구전략을 편다.
④ 중앙은행의 기준금리 인하는 출구전략 중 하나이다.

정답) ④

Section 10 스태그플레이션이 진퇴양난

스태그플레이션 | 오일쇼크 | 스태그플레이션의 극복

스태그플레이션(stagflation)은 경기가 침체하는데도 물가가 지속적으로 오르는 거야.

경기가 활황일 때는 물가가 오르지. 반면 경기 침체기에는 소비가 줄어들어 기업들이 가격을 올릴 수 없거나 내리기도 하기 때문에 물가 상승세도 한풀 꺾여.

그런데 스태그플레이션은 경제성장률이 떨어지고 경기가 침체하는데, 물가는 계속 오르는 거야. 서민들은 경기가 안 좋으니 실업과 저소득으로 고통받고 물가까지 치솟아 이중고에 시달리게 되지.

1970년대 두 차례의 **오일쇼크**로 석유가격이 급등했어. 1차 오일쇼크 때는 1년 만에 유가가 4배, 2차 때도 무려 3배가 올랐어. 유가가 치솟자 원유를 수입해야 하는 대부분의 나라들에서 물가가 크게 올랐어. 이로 인해 생산과 소비가 급격히 줄어들고, 경기침체 상황에서도 물가가 치솟는 스태그플레이션이 나타났어.

스태그플레이션은 이 책의 첫 페이지에서 봤던 경제고통지수(misery index)야.
일자리가 줄어들며 실업률이 올라가고 물가까지 치솟으면서, 사람들이 최소한의 인간적인 생활을 할 수 있는 돈까지 끊어져 버리는 상태를 만들어.

스태그플레이션에서 벗어나는 정책. 마땅한 정책이 없다.

스태그플레이션은 사실 대책이 별로 없어.

1번 방법. 물가를 잡으려고 금리를 올리면, 기업의 생산과 가계의 소비가 위축되어 성장률이 떨어지고 경기침체가 더욱 심해져.

2번 방법. 경기를 활성화하기 위해 투자와 소비를 부추기려고 금리를 내리면 물가가 더 튀어올라.

이러지도 저러지도 못하는 외통수에 갇히는 거야.

2011년 후반 우리나라도 스태그플레이션의 징후를 보였어. 경제성장률은 3%대에 머무는데, 물가상승률은 매월 4%를 넘어섰어. 우리나라는 경기를 살리려는 성장 위주의 정책을 취했어. 물가가 오름에도 기준금리를 올리지 않았지. 덕분에 물가가 더욱 크게 올라 서민들의 고통이 컸어.

스태그플레이션에서 벗어나려면 기술혁신을 통해 좀더 좋은 제품을 더 값싸게 공급해서 돌파하는 방법밖에 없다고들 해. 생산원가를 줄여 가격을 인하하면 소비가 늘어나고 기업도 회복되고 고용도 늘어나는 시나리오야.

▼ 신문에 가끔 나오는 공포 시리즈

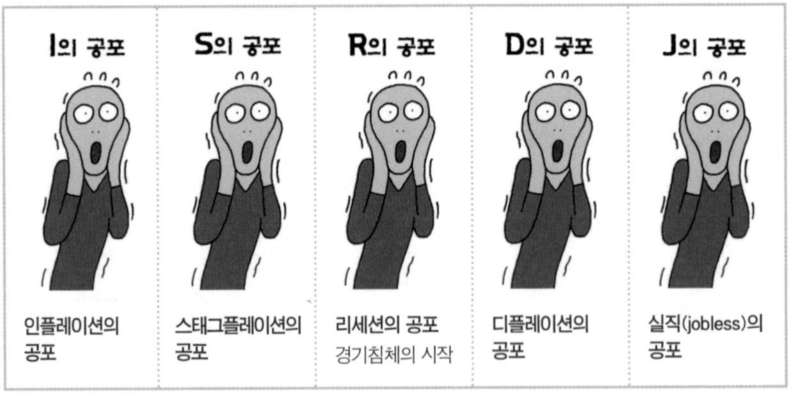

문제 다음 문제를 보고 O, X로 표시해 보자.

1. 스태그플레이션은 경기침체가 심함에도 물가가 크게 오르는 상황이다. ( )
2. 스태그플레이션이 닥치면 기준금리부터 인하해야 한다. ( )

정답) ① O ② X

확인하고 넘어가기

1 은행이 고객의 갑작스러운 인출 요구에 응하기 위해 고객의 예금액 중 일부를 떼어내 한국은행에 예치하는 것을 (　　　　)제도라고 한다.

2 은행이 예금 → 대출 → 예금 → 대출을 반복하여 처음 예금액보다 훨씬 많은 통화량이 만들어지는 것을 (　　　　)라고 한다.

3 한국은행이 지폐나 동전을 주조해 시중은행으로 흘려보낸 돈은 (　　　　)통화이다. 그리고 이 통화가 예금과 대출을 반복하면서 늘어난 것은 (　　　　)통화이다.

4 (　　　　)통화는 본원통화와, 은행에 가면 당장 인출할 수 있는 요구불 예금을 더한 통화이다.

5 (　　　　)통화는 협의통화에다가 만기 2년 미만의 예적금까지 더한 통화량으로, 뉴스에서 통화량이라고 하면 보통 이 통화를 말한다.

6 한국은행이 본원통화를 1만원 늘렸는데 신용창조를 거쳐 광의통화가 20만원이 되었다면 (　　　　)는 20배이다.

7 한 나라의 1년간 총생산물이 1,000억원이고 연평균 통화량이 200억원이면 (　　　　)는 5회전 한 것이다.

8 경기가 나빠지면 사람들은 투자 대신 현금을 보유하려고 하는데 이를 (　　　　) 선호현상이라고 한다.

9 물가가 지속적으로 오르는 현상을 (　　　　)이라고 한다. 원인으로는 크게 수요 (　　　　), 비용 (　　　　), 통화 (　　　　) 등을 든다.

10 앞으로 인플레이션이 계속될 거라는 (　　　　)가 높아지면 중앙은행이 물가를 잡기가 몹시 어려워진다.

11 사람들이 인플레이션으로 인해 돈 가치가 하락하는 것을 보전하기 위해 투자에 나서는 것을 (　　　　)라고 한다.

CHOICE

- □ 유동성
- □ 신용창조
- □ 본원
- □ 파생
- □ 지급준비금
- □ 광의
- □ 인플레이션
- □ 통화승수
- □ 인플레이션 기대심리
- □ 통화 유통속도
- □ 협의
- □ 인플레이션 헤지

1 지급준비금 **2** 신용창조 **3** 본원, 파생 **4** 협의 **5** 광의 **6** 통화승수 **7** 통화 유통속도 **8** 유동성 **9** 인플레이션 **10** 인플레이션 기대심리 **11** 인플레이션 헤지

CHOICE

- ☐ 양적완화
- ☐ 리세션
- ☐ 구두창 비용
- ☐ 스태그플레이션
- ☐ 부의 효과
- ☐ 레버리지
- ☐ 출구
- ☐ 하이퍼인플레이션
- ☐ 조세
- ☐ 디플레이션
- ☐ 디레버리지
- ☐ 리플레이션
- ☐ 유동성 함정

12 인플레이션으로 인한 돈 가치의 하락을 막고자 뻔질나게 투자시장을 드나들다 보니 늘어나는 비용은 (   )이다.

13 인플레이션 (   )효과는 인플레이션 시기에 물가는 지속적으로 오르는데 임금은 시차를 두고 상승하기 때문에 결국 부가 가계에서 기업이나 정부로 이전된다는 것이다.

14 (   )은 주식이나 아파트의 평가가격이 오르면 소비가 늘어나는 것.

15 (   )는 대출한 돈으로 투자해 수익을 극대화하는 것, (   )는 고금리로 인해 대출이 줄어들거나 은행 대출을 갚는 것.

16 단기간에 물가가 엄청나게 치솟는 현상은 (   )이다.

17 (   )이 일어나면 물가가 지속적으로 내리고 실업이 증가하며 소득이 줄어들면서 소비 감소와 생산 감소로 이어진다.

18 경제성장률이 2분기 연속으로 마이너스를 기록하면 (   )이라고 한다. 침체가 더 심해져 만성화되면 디프레션(depression)이다.

19 극심한 디플레이션에 빠졌을 때 정부와 중앙은행이 다시 인플레이션으로 유도하려는 것을 (   )이라고 한다.

20 경기침체기에 중앙은행이 돈을 풀어도 민간으로 흐르지 않고 고여 있는 상황을 '(   )에 빠졌다'고 한다.

21 제로금리와 재정지출로도 경기가 회복되지 않을 때 중앙은행이 직접 민간의 채권 등을 구매하면서 돈을 푸는 것은 (   ) 정책이다.

22 경기회복을 위해 정부와 중앙은행이 엄청나게 뿌린 돈은 물가를 급등시킬 위험이 있다. 이런 상황을 피하기 위해 미리 금리를 올리거나 재정지출을 축소하는 등의 조치를 (   )전략이라고 한다.

23 경기침체임에도 물가가 지속적으로 오르는 상태는 (   )이다.

12 구두창 비용 **13** 조세 **14** 부의 효과 **15** 레버리지, 디레버리지 **16** 하이퍼인플레이션 **17** 디플레이션 **18** 리세션 **19** 리플레이션 **20** 유동성 함정 **21** 양적완화 **22** 출구 **23** 스태그플레이션

5

Chapter

경기정책이 힐끔힐끔

1. 경기가 오르락내리락 / **2**. 경기순환도 가지각색 / **3**. 경기정책이 끼어들기 / **4**. 한국은행, 경기야, 게 섰거라 / **5**. 물렀거라, 정부가 나섰다 / **6**. 감세정책이 은근슬쩍 / **7**. 트리클다운 효과가 히죽히죽 / **8**. 돈 풀기, 방향이 틀렸어 / **9**. 경제효과 시뮬레이션이 가소로워 / **10**. 경제정책 기조가 후끈후끈 / **11**. 규제완화가 찌그럭찌그럭

Section 01

경기가 오르락내리락

경기 | 경기순환 | 경기변동 | 경기 고점 | 경기 저점 | 경제주기 | 경기 확장기 | 경기 수축기 | 경기 진폭 | 경기 회복기 | 경기 활황기 | 경기 후퇴기 | 경기 침체기

경기(景氣)는 경제의 기운. 국민경제 전체의 활동 상태야.

경기가 좋다. 생산, 소비, 투자, 고용이 잘되고 돈도 잘 돌고 수출도 잘되고 경제가 총체적으로 잘 돌아가는 상태. '경기호전, 경기확장, 경기호황, 호경기, 경기가 호조를 띠고 있다' 식으로 표현해.

경기가 나쁘다. 투자, 생산, 고용, 소비가 잘 안되고 돈이 안 돌고 수출이 저조한 상태. '경기악화, 경기부진, 경기수축, 경기불황, 불경기, 경기가 침체되고 있다' 식으로 표현해.

경기는 상승했다가 하락하고 다시 좋아졌다가 나빠지고……, 상승과 하락을 반복해. **경기순환**은 경제활동이 상승과 하강을 반복하며 되풀이되는 과정인데 **경기변동**이라고도 해.

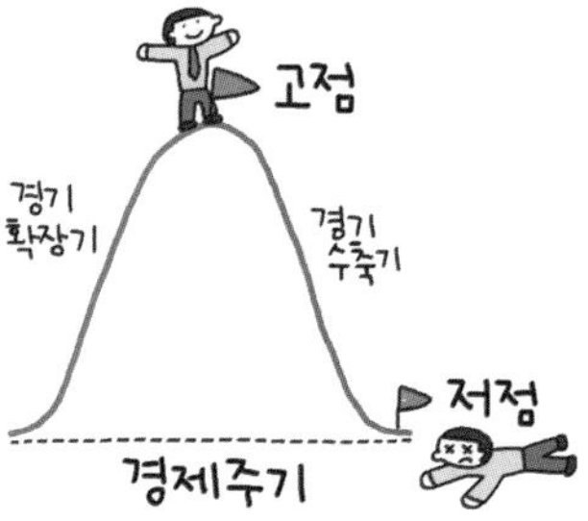

경기순환은 신용창조 사이클과 밀접한 관계가 있어. 돈이 늘어나는 신용팽창의 시기가 바로 경기의 확장기이고, 돈이 줄어드는 신용수축의 시기가 바로 경기의 수축기야.

경기 고점은 경기가 가장 좋은 지점, **경기 저점**은 가장 나쁜 지점.

경제주기는 경기 저점에서 다음 저점까지의 기간, 즉 경기가 저점에서 상승하여 고점을 찍은 후 다시 하락하여 저점에 이르는 기간이야. 경기가 사이클을 한번 돈 기간이야.

경기 확장기는 경기가 저점에서 고점으로 점점 상승하는 시기, **경기 수축기**는 경기가 고점에서 저점으로 점점 하락하는 시기를 말해.

경기 진폭은 경기의 고점과 저점의 높이로 경기가 어느 정도 크게 상승하고 하락했는지를 보여줘. 경기 진폭이 클수록 경제침체로 인한 충격도 회복도 크고 빨랐다는 거야.

경기는 대부분 **회복기→활황기**(확장기)→**후퇴기→침체기**의 4단계를 순차적으로 지나가.

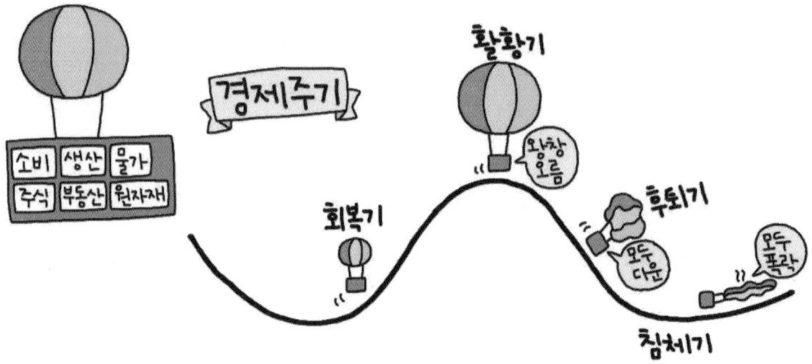

회복기는 경제에 봄 기운이 완연해지는 시기야. 경기가 저점에 도달한 후 다시 상승하기 시작하는 시기지. 금리가 낮아 투자와 소비가 살아나면서 기업의 생산량도 늘고 고용도 살아나. 시중에는 돈이 늘어나기 시작하고.

선순환은 순환이 잘 되는 상태. 경제에서는 좋은 현상이 다른 좋은 현상을 불러오는 등 좋은 현상이 되풀이 되는 구조를 말해.

활황기는 경제에 여름 기운이 완연한 시기야. 경기가 계속 상승하는 시기로 **확장기**라고도 해. 소비가 늘어나고 투자와 생산이 증가하며 고용도 늘어나. 그러면 소비가 더 살아나게 돼. **선순환**이 되는 거지. 주식, 부동산, 원자재에 대한 투자도 활성화되어 가격이 오르고 물가도 상승해. 자금 수요가 계속 늘면서 금리도 계속 올라가는 시기야.

후퇴기는 가을 기운이 완연한 시기야. 경기가 상승하다가 고점을 찍고 내려가는 시기지. 금리가 높기 때문에 대출이 감소하고 소비도 줄어들어. 생산도 감소하고 고용과 소득도 줄어들고……. 그러면 다시 소비가 더 줄어들며 **악순환**이 되는 시기야.

침체기는 경제에 호된 겨울이 닥친 거야. 경기가 계속 하락하여 저점에 이르는 시기야. 소비와 투자가 극히 위축된 상태지. 경제성장률이 곤두박질치고 실업률이 올라가고, 정부가 돈을 풀어도 소비와 투자가 살아나지 않아 경제가 계속 침체되는 악순환이 일어나는 거지.

결국 과도한 투자가 된 부분부터 구조조정이 되고, 거품이 끼었던 주식과 부동산 가격이 떨어지고 금리도 낮아져. 그러다가 경기는 다시 소비와 투자의 씨앗이 움트고, 회복기로 접어들어 봄을 맞으며 순환하게 돼.

한국의 **경기순환 주기**는 약 50개월, 4년쯤 된대. 경기가 나쁜 상태에서 좋아지기 시작하는 확장기는 약 31개월, 경기가 점점 나빠지는 수축기는 약 19개월이야. 확장기가 수축기보다 길어.

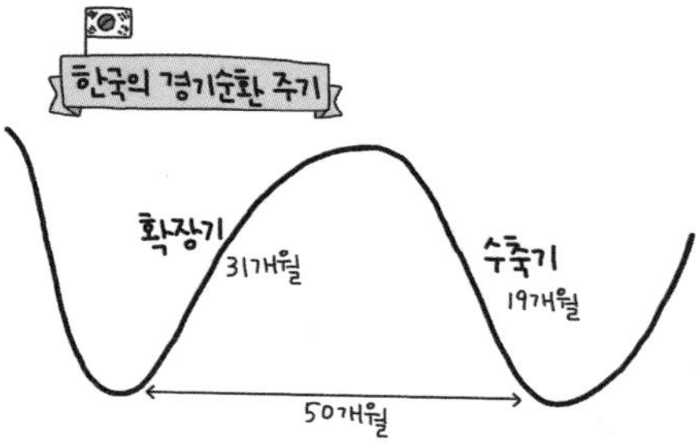

평균이 그렇다는 거야. 맹신하지는 말자.

그렇다고 경기가 항상 이렇게 순환하는 건 절대 아니야. 평균이 그렇다는 것이니 그냥 참고만 하는 게 좋아. 미국은 경기순환 주기가 대략 61개월로 우리보다 길고, 일본은 약 50개월로 비슷하다고들 해.

문제 다음 중 경기에 대한 설명으로 틀린 것은?
① 경기 확장기에는 신용창조가 활발하다.
② 경기 회복기에는 시중의 금리가 점점 낮아진다.
③ 경기 활황기에는 물가가 상승하며 금리도 계속 올라간다.
④ 경기 후퇴기에는 대출이 줄어들고 생산, 고용도 감소한다.

정답) ②

Section

02 경기순환도 가지각색

U자형 경기순환 I V자형 경기순환 I L자형 경기순환 I W자형 경기순환 I 나이키 커브형 경기순환 I 경기 연착륙 경기 경착륙 I 골디락스

"경기가 언제 바닥을 치고 올라갈까?", "경기가 계속 상승할까?" 앞으로의 경기 방향은 항상 사람들의 관심사야. 그래서 경기가 앞으로 어찌될지 논쟁도 많이 벌어지지. 다양한 경기순환 모습을 살펴볼까?

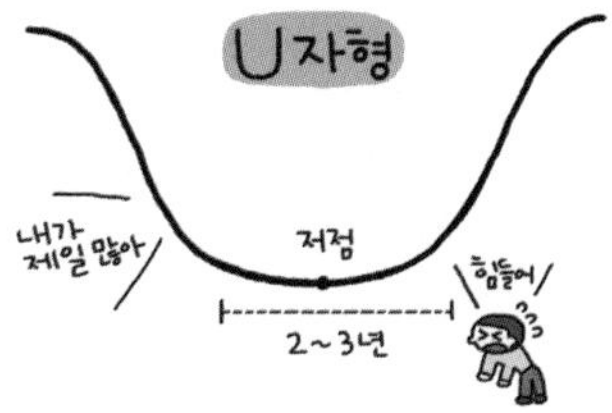

U자형 경기순환은 경기가 천천히 하강했다가 천천히 회복되는 거야.

U자형이라도 경기 저점에서 2~3년간 머무르기 때문에 큰 고통이 따르게 되어 있어. 보통 U자형 경기순환이 제일 많아.

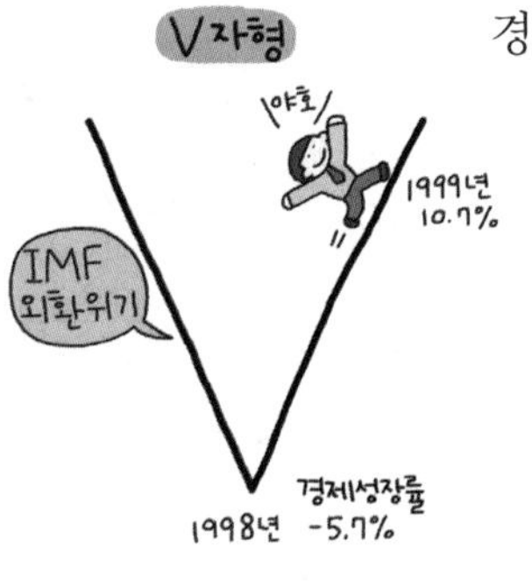

경기가 급격하게 침체되었다가 빠르게 회복되는 것은 **V자형** 경기순환. 1997년 외환위기 이후의 한국이 전형적인 V자형 경기순환을 했어.

경기가 침체에 빠진 후 아주 오랫동안 좋아지지 않으면 **L자형** 경기순환. 일본의 '잃어버린 10년'이 대표적인 예야. 일본은 1990년 폭락 이후 2000년대 중반 잠깐 반등한 것을 제외하면 약 20년간 장기침체에서 벗어나지 못했어.

W자형 경기순환은 **더블딥**이라고도 해. 경기침체 후에 정부나 중앙은행의 정책 덕분에 경기가 회복하는 듯하다가, 민간소비와 투자가 살아나지 않아 다시 2분기 연속 마이너스 성장을 하면 '더블딥에 빠졌다'고 해.

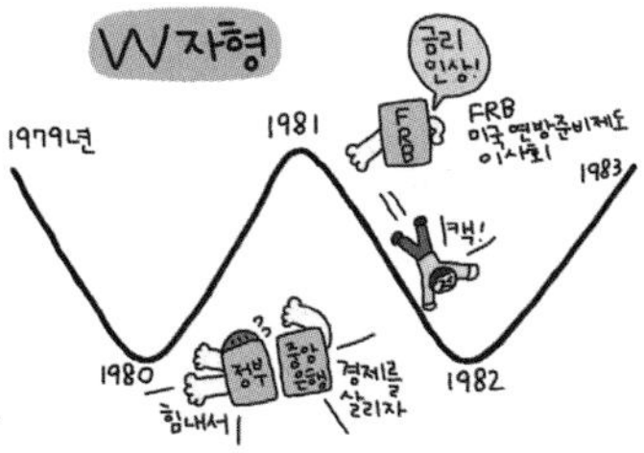

1980년대 초반 경제성장률 그래프가 완전 W자 모양이야. 경제가 회복되는 듯하다가 미 연준이 금리를 올리면서 다시 곤두박질쳤어.

카터 때부터 레이건 대통령 시기까지 FRB 의장이었던 볼커는 오일쇼크로 물가가 폭등하자 금리를 20%대로 유지 · 관리했어. 이 정책으로 물가는 잡았지만 미국의 제조업은 치명타를 입었어.

대표적인 예는 1980년대 초반 미국이야. 오일쇼크 때문에 물가가 크게 올랐고, 미국 연준은 기준금리를 20%대로 올림으로써 더블딥을 불러왔어.

나이키 커브형은 경기가 빠르게 침체된 후 바로 회복되지 않고, 매우 완만하게 오랜 시간에 걸쳐 회복되는 거야.

경기 연착륙(soft landing)은 경기가 정점을 지난 후 약간 하락한 후 진정되는 거야.

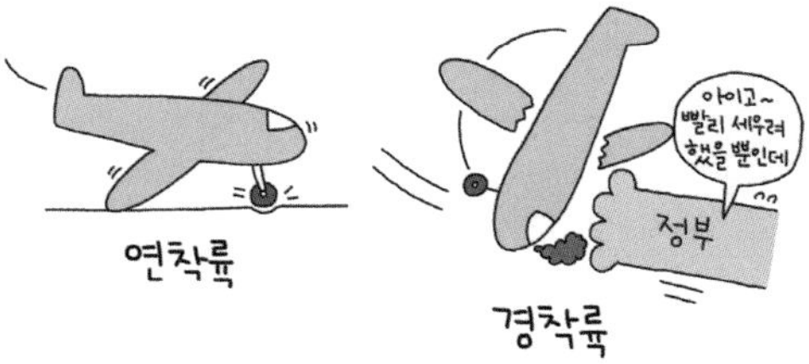

경기 경착륙(hard landing)은 정부의 잘못된 대응 등으로 경기가 크게 침체하여 경제가 큰 충격에 빠지는 거야.

골디락스는 높은 경제성장률, 낮은 물가의 행복한 경제상태를 말해. 영국 전래동화 '골디락스와 곰 세 마리'에서 금발머리 골디락스가 따뜻한 수프를 먹고 행복하게 잠든 것처럼. 우리나라도 1980년대 초중반에 3저 호황으로 골디락스 시기를 구가했어.

문제 다음 중 설명이 틀린 것을 고르시오.
① 우리나라는 외환위기 이후 V자형 경기순환을 했다.
② 경기침체기의 정부는 경기가 살아나는 듯해도, W자형 경기순환에 빠질까봐 걱정한다.
③ U자형 경기순환보다 L자형 경기순환을 더 흔히 볼 수 있다.

원화 약세는 환율이 올라 우리 돈 원화가 싸지는 것. 수출 제품의 가격 경쟁력이 커지기에 수출이 증가한다. 7장 참조

정답) ③

Section 03

경기정책이 끼어들기

경기조절정책 | 총공급 | 총수요 | 총수요관리정책 | 금융정책 | 재정정책

광필이네 섬나라에 경기침체가 닥쳤어.

→ 나서라, 정부와 중앙은행아.

경기활성화 조치를 취하라.

광필이네 섬나라의 경기가 너무 과열되었어.

→ 정부와 중앙은행아,

거품이 갑자기 꺼지기 전에 살살 경기를 안정시켜라.

경기가 침체되거나 너무 과열되면 정부나 한국은행은 경기조절정책을 펴. **경기조절정책**은 결국 나라 전체의 총공급과 총수요를 관리하여 경기를 조절하려는 정책이야. 그런데 총수요와 총공급이 뭐지?

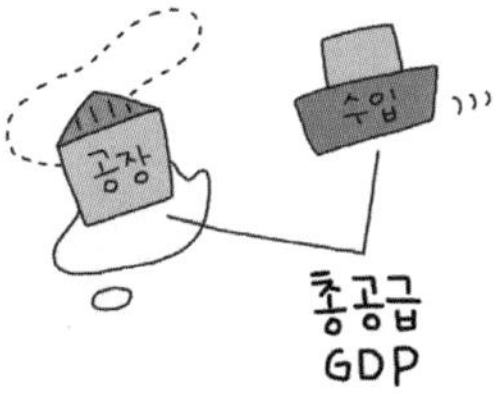

총공급은 국내에 공급되는 모든 상품과 서비스의 총량이야. 국내총생산, 즉 GDP와 같아. 외국에서 수입한 것도 총공급에 포함돼. 어차피 국내에 공급된 것이니까.

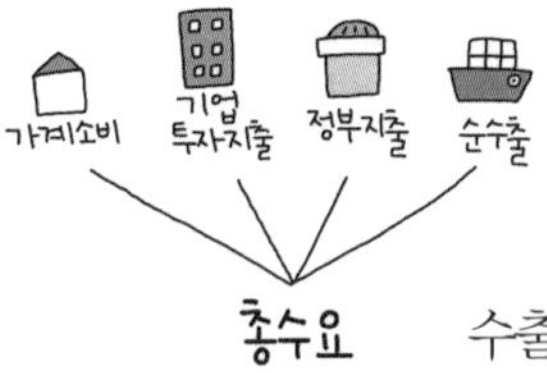

총수요는 나라 전체의 수요를 모두 합친 것. 가계의 소비, 기업의 투자와 지출, 정부의 지출, 순수출도 포함돼. 해외에서 소비한 순수출(수출총액–수입총액)도 결국 국내에서 만든 걸 소비하는 거니까.

가계소비, 기업 투자지출, 정부지출, 순수출 등 4가지를 합친 걸 GDP라고도 해. 다음 장에서 살펴볼게.

앞에서 수요와 공급이 시장에서 만나 가격이 형성된다고 했지? 마찬가지로 **총수요와 총공급이 만나는 지점**에서 나라 전체의 평균적인 **물가수준**이 결정돼.

총공급은 기업이 자유경쟁 속에서 결정하는 것이므로 **정부가 끼어들어 관리하기가 쉽지 않아.** 바람직하지도 않고.

물론 총공급에 손을 대는 경우도 있긴 해. MB정부는 2011년 물가가 너무 오르자 중국에서 배추를 대량으로 수입했어. 또 우유, 라면 등의 가격을 올리지 못하도록 기업에 압력을 넣기도 했지. 총공급 부분에 손을 댄 거야. 근본적인 물가대책을 세우지 않고, 허겁지겁 기업에 압력을 행사하거나 수입으로 특정 제품의 물가만을 잡으려고 했다는 비판을 받았어.

반면 **총수요**는 정부와 한국은행이 상대적으로 총공급보다 쉽게 조절할 수 있어. 경기가 좋지 않을 때는 총수요를 늘리는 정책, 경기가 지나치게 과열되면 총수요를 줄이는 정책을 펴. 그래서 경기조절정책을 **총수요관리정책**이라고도 해.

쉽게 말해 정부와 한국은행은 경기조절을 위해 **돈줄을 풀어주거나 죄어주는 방법**을 쓰는 거야.

한국은행은 기준금리를 낮추거나 높이면서 돈을 풀거나 흡수할 수 있어. 또 정부는 세금을 더 걷거나 덜 걷어 시중 돈의 양을 조절할 수 있어(감세 또는 증세). 세금으로 거둔 돈보다 더 많은 돈을 풀거나(국채 발행), 아니면 반대로 긴축정책을 써서 돈을 아껴 쓰면서 돈줄을 죄일 수도 있고.

한국은행이 사용하는 경기조절정책은 '금융정책'(통화정책, 화폐정책), **정부**가 사용하는 경기조절정책은 '재정정책'이라고 해. 그럼, 한국은행이 쓰는 경기조절정책부터 하나하나 알아보자.

Section **04**

한국은행, 경기야, 게 섰거라

금융정책 | 기준금리 인하/인상 | 지급준비율 인하/인상 | 공개시장 조작 | 총액한도 대출 확대/축소

경기가 침체되거나 과열될 때 한국은행이나 정부가 어떤 경기조절정책을 펴는지 아는 것은 매우 중요해. 경제의 흐름을 읽을 때도, 내 통장의 돈을 관리할 때도.

먼저 **한국은행**의 **금융정책**을 살펴볼까? 복잡하게 생각할 것 없고, 앞으로 이야기할 딱 4가지만 익혀두면 돼.

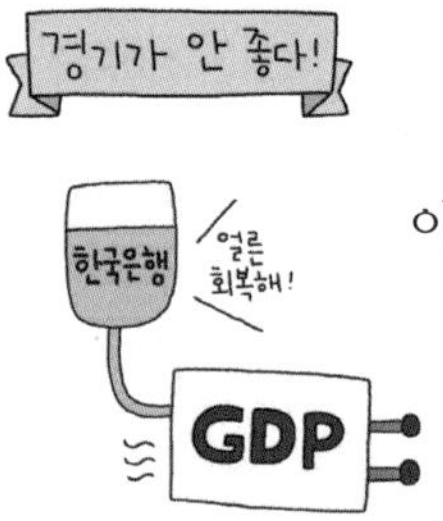

한국은행, 돈 풀엇!

한국은행은 경기침체가 심하거나 앞으로 경기가 안 좋아질 것 같으면 시중에 돈을 풀어. 돈을 풀어서 수요를 늘리려는 거지. 돈이 풀리기 시작하면 소비가 증가하고 투자도 활성화되어 경기가 살아날 가능성이 높아져.

1. 기준금리를 인하해.

기준금리를 인하하면 다른 금리들도 따라 내리고, 이자가 싸지면 사람들이 돈을 빌려서 소비도 하고 주식도 사고 집도 사고……. 기업은 싸게 빌려서 시설투자도 하고 고용도 늘리고……. 그러면 경기 선순환이 일어나겠지?

2. 지급준비율도 인하해.

지급준비율은 은행이 갑작스러운 예금 인출에 대비하기 위해 중앙은행에 예치하는 지급준비금의 비율이라고 했지? 지급준비율을 인하하면 시중은행들은 더 많은 돈을 대출할 수 있어. 시중에 돈이 더 풀리고 시중금리도 내리겠지.

2012년 세계 경제가 좋지 않을 것으로 예상되자 중국은 지급준비율을 인하했어. 뉴스에 "중국 지준율 인하"라고 헤드라인이 뜨면 '중국이 경기가 안 좋아 앞으로 돈 푸는 정책을 하려는구나' 이해하면 돼.

3. 급해! 공개시장에 직접 돈을 풀엇!

공개시장은 주식, 채권 등이 거래되는 증권시장이야. 공개시장에서 채권을 사고팔면서 통화량을 조절하는 정책을 **공개시장 조작**이라고 해.

공개시장에서 국공채 등의 채권을 매입하고 대신 돈을 주어 시중에 푸는 거지.

오퍼레이션 트위스트 (operation Twist)
중앙은행이 증권시장에서 장기채권은 매입하고 단기채권은 매도하는 경기부양책의 하나.
예를 들어 중앙은행이 돈을 풀어 만기 10년 이상의 장기채권을 사들이면 장기금리가 하락할 것이고, 기업 입장에서는 싼 금리로 시설자금을 조달할 수 있어.
그런데 돈이 너무 많이 풀리면 물가가 급등하고 돈의 가치가 떨어질 수 있으니, 한편으로는 중앙은행이 보유한 단기채권을 시장에 내다팔아 돈을 흡수해.
이를 통해 산업에 필요한 자금을 수혈하면서 과다한 화폐는 흡수하는 효과를 노리는 거지.

4. 총액한도대출을 늘려라.

총액한도대출은 한국은행이 중소기업을 지원하기 위해 저금리로 시중은행에 돈을 빌려주는 제도야. 매년 총액한도가 정해져. 총액한도대출을 늘리면 시장으로 흘러가는 돈이 그만큼 증가하겠지.

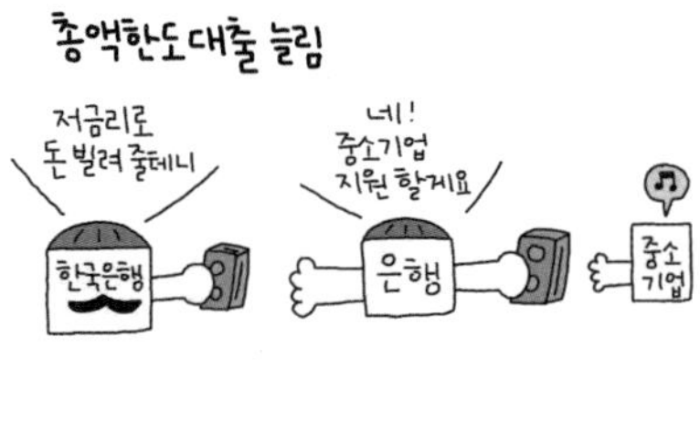

경기가 너무 뜨거워! 한국은행, 돈 거두어들여!

한국은행은 경기가 너무 과열될 때는 미리 식히는 일을 해.

거품이 너무 많이 부풀어 오르네. 물가가 천정부지로 오르고 주식, 부동산 가격도 너무 오르네. 이러다 갑자기 거품이 꺼지면 경제가 큰 충격을 받을 거야.

"파티가 흥이 무르익을 즈음, 불을 끄고 창문을 열며 '그만 집으로 돌아가자'고 하는 것이 원래 우리의 임무이다."
— 앨런 그린스펀, 전 미국 FRB 의장

거품이 갑자기 꺼져 경제가 큰 충격을 받는 것을 미리 막기 위해, 중앙은행은 시중의 돈을 거두어들여. 시중에 돈이 적어지면 돈 빌리기가 예전보다 어려워지니 소비나 투자도 줄어들어. 물가와 자산가격 상승도 주춤해지고 거품이 조금씩 빠지니까.

1. 기준금리 인상해.

"이자가 오르는데도 돈을 빌려쓸래? 이자를 갚을 자신은 있나?"

기준금리를 올리면 다른 금리들도 따라 오르고, 금리가 오르니 시중의 돈이 줄어들지. 그러면 소비나 투자도 주춤해지고.

2. 지급준비율도 인상해.

2010년 브라질과 중국은 주식, 부동산 가격과 물가가 크게 오르자 지급준비율을 20% 이상으로 인상하기도 했어. 지급준비율을 올리면 그만큼 은행은 대출할 돈이 줄어들겠지. 그러면 시중의 통화량이 줄어들고 시중금리가 올라갈 가능성이 높아져.

3. 공개시장에서 돈을 거두어들여.

한국은행이 보유하고 있던 국공채 등을 채권시장에 팔고 대신 돈을 거두어들이는 거지.

4. 총액한도대출을 줄여.

한국은행이 중소기업 지원을 위해 저금리로 시중은행을 통해 빌려주는 총액한도대출을 줄여. 그러면 시중에 돈이 덜 풀리니까.

결국 한국은행의 금융정책은 경기침체기에는 수요를 늘리기 위해 시중에 돈을 풀어주고, 경기가 너무 과열되면 돈을 거두어들이고~.

도대체 한국은행의 금융정책이 나와 무슨 상관이냐고?

경기침체기에 **텔레비전에서 이런 소식이 들리면**, 주식시장이 빠지더라도 무작정 주식펀드를 해약하지 말고, 이런저런 경제의 변수들을 신중히 생각해 볼 여지가 있어. 앞으로 한국은행이 돈을 본격적으로 풀면 결국 돈의 힘으로 주식시장이 오를 가능성도 있으니까. 2009년 초에 그랬듯이.

기준금리 인하해.
지급준비율 인하해.
공개시장에 돈 풀어.
총액한도대출 늘려.

첫 번째 기준금리 인하 소식은 주식 매도 신호야.
기준금리 인하도 단계별로 영향이 다른데 『경제기사의 바다에 빠져라』 참조

한국은행이 돈을 거둬들이는 정책을 쓴다면?

주식시장이 오른다고 무조건 큰돈을 갖다 꽂지 말고, 공부하면서 면밀히 살펴봐야 해. **물론 경기가 완연한 봄에 들어가면** 중앙은행이 이런 정책을 발표해도 계속 주식시장이 오르기도 해. 경기가 활황기로 가고 있는 거니까. 하지만 조심해서 살펴보긴 해야 해.

기준금리 인상해.
지급준비율 올려.
공개시장에서 돈을 거두어들여.
총액한도대출을 줄여.

문제 다음 중에서 경기침체기 한국은행의 금융정책이 아닌 것은?
① 기준금리 인하 ② 지급준비율 인상 ③ 공개시장에 돈풀기 ④ 총액한도대출 증가

정답) ②

Section 05

물렀거라, 정부가 나섰다

재정정책 | 확대 재정정책 | 긴축 재정정책 | 감세정책 | 증세정책

정부의 경기조절정책을 알아볼까? 이것도 매우 중요해. 뉴스가 나오면 '아, 앞으로 어떻게 되겠구나' 상이 딱 그려져야 경제의 흐름도 읽을 수 있고 내 통장의 돈도 잘 관리할 수 있으니까.

정부는 예산을 짜고 세금을 거두어들여 집행하는 기관이야. 정부의 살림을 **재정**이라고 하고. 그래서 정부의 경기조절정책을 **재정정책**이라고 해.

세수보다 더 많은 재정지출을 집행하는 것을 **확대 재정정책**, 재정지출을 줄이는 것을 **긴축 재정정책**이라고 해.

정부는 한 해에 400조원 이상을 세금과 국채 발행으로 조달하므로 시장에서 큰 영향력을 갖고 있어. 규제를 만들거나 풀 수도 있고. 조세정책이나 정부지출을 조절해서 민간에 큰 영향을 미치는 거지.

정부가 경기를 관리하기 위해 어떤 재정정책을 쓰는지 볼까? 정부가 쓸 수 있는 카드는 크게 2개야. 세금과 재정지출.

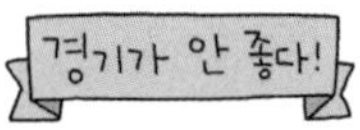

정부, 돈 풀자.

시중에 돈을 풀어서 사람들이 소비도 늘리고 투자도 늘리게 하는 거야. 그래야 경기가 살아나니까.

1. 세금 깎아줄게.

정부는 경기가 침체되면 **감세정책**을 펴. 감세정책은 세금을 깎아주는 정책. 2008년 금융위기로 경기침체가 극심해지자 정부는 다양한 감세정책을 폈어.

대표적으로 근로소득세 및 법인세 인하. 이처럼 감세정책을 편다는 건 그만큼 시중에 돈이 풀린다는 의미야.

2. 정부지출을 늘려.

일단 경기가 안 좋으니 시중에 돈을 뿌리는 거지. 감세정책으로 세금을 줄이는데 어떻게 정부지출을 늘리냐고? 국채를 발행하여 돈을 빌려오는 거야. 재정지출을 크게 늘리는 것을 **확대 재정정책**이라고 해.

이를테면 정부는 금융위기 이후 한시적으로 희망근로자사업을 실시했어. 지방자치단체별로 사회적 공공일자리를 만든 거지. 월 임금은 90만원 내외였고, 임금의 반은 지역경기 활성화를 위해 희망근로상품권으로 지급되었어.

또 한시적으로 연소득 3,600만원 이하인 사람, 일용직 근로자 등에게 최대 24만원까지 유류환급금을 준 적도 있어. 이 조치로 약 3조원이 넘는 돈을 뿌렸어. 그때 유류환급금 신청하느라 사무실이 들썩이기도 했어.

심지어 호주는 2008년 금융위기 후 한 가정당 약 100만원씩을 그냥 줘버렸어. 그때 뉴스 듣고 사람들이 부러워했어. 하지만 어떻게든 경기침체에서 벗어나려는 처절한 몸부림이지. 이밖에도 세계 각국은 경기침체시에 각종 토목사업, 사회간접자본 사업 등을 통해 시중에 돈을 풀어.

경기가 너무 뜨거워!

정부, 돈 거둬. (긴축 재정정책)

경기가 너무 과열되어 물가가 치솟고 부동산, 주식 가격이 크게 오르면, 정부는 심각한 거품붕괴를 막기 위해 미리 과열된 경기를 진정시키려고 해. 민간에 도는 돈을 흡수하려는 거지.

1. 세금을 늘려.

보통은 경기침체기에 폈던 법인세나 소득세 인하 등 각종 감세정책을 철회하는 거야. 때로는 소득세나 재산세 인상 등 증세정책을 펴기도 해. 세금을 늘려 시중의 돈을 거두어들이는 거지.

2. 정부지출을 줄여.

경기과열기에는 정부지출을 줄이는 **긴축 재정정책**을 펴. 그만큼 민간에 푸는 돈을 줄이는 것이고, 과열된 소비와 투자를 진정시키는 효과가 있어.

정리해 볼까?

정부가 하는 경기대책은 재정정책.

경기가 너무 안 좋으면 감세정책을 하거나 확대 재정정책을 펴. 돈을 풀어 수요를 늘리는 거지. 감세정책이 발표되고 돈을 푸는 정책이 나오면?

당장 손해난 주식펀드를 환매하지 말고 좀더 신중히 생각해 보자. 정부가 엄청나게 푸는 돈이 시중에 풀려 경기침체를 좀 막을 여지가 있으니까. 그래서 주식시장이 덜 떨어지거나 심지어 오를 수도 있으니까.

2009년 정부가 감세정책, 희망근로자사업 등으로 엄청나게 돈을 풀자, 주가지수는 1200선에서 연말에 1700선까지 올랐어. 정부가 돈을 푼다고 무조건 그렇다는 건 절대 아니야. 하지만 정부의 재정정책은 매우 중요하니 뉴스를 흘려듣지 말고 유의하자.

경제 이슈에 대한 지나친 낙관론도 비관론도 바람직하지 않아. 발표되는 정부 정책의 효과를 신중하게 생각해 볼 필요가 있어. 물론 이런 판단을 하려면 꾸준한 경제공부가 뒷받침되어야 하겠지.

경기가 너무 과열되면 증세정책이나 긴축 재정정책을 통해 돈을 거두어들여서 수요를 줄여.

이제 꼼꼼하게 정부의 살림살이와 정책을 보러가자. 먼저 감세정책을 하나하나 뜯어볼까?

Section

06 감세정책이 은근슬쩍

감세정책 | 래퍼곡선 | 법인세 감세정책 | 소득세 감세정책 | 재산세 | 실효세율

경기가 나빠지면 정부는 세금을 줄이는 감세정책을 편다고 했지? "세금 깎아 줄 테니, 기업은 투자를 늘리고 가계는 소비를 늘려라."

대표적인 감세론자인 **레이건 대통령 시대**로 돌아가 볼까? 이 시대의 감세론자들에게 영감을 준 게 바로 래퍼곡선이야.

래퍼곡선은 미국 경제학자인 아서 래퍼가 워싱턴 시의 한 레스토랑에서 몇 명의 정치인과 식사를 하다가 냅킨에 그린 거라고 해. 래퍼의 주장이 **부자 정치인**들의 마음에 쏙 들었나 봐. 래퍼곡선은 한 시대 정부정책의 충실한 뒷배가 되었어. 하긴 **지금도 래퍼곡선을 애지중지하는 정치인들**은 전 세계 곳곳에 널려 있어.

래퍼곡선은 공급주의 경제학의 근간을 이루는 이론. 공급주의 경제학이란 쉽게 말해 '비즈니스 프렌드리'. 그러니까 공급의 주체인 기업에 인센티브를 줘야 한다는 것. 결과적으로 1980년대 이후 미국의 재정적자는 계속 증가했어.

자, 래퍼가 레스토랑의 냅킨에 그린 래퍼곡선을 따라가 볼까?

가로선은 세율이고 세로선은 총조세수입이야. 세율이 높아질수록 국가의 총조세수입이 늘어나. 그런데 총조세수입이 계속 올라가다가 정점을 찍고 내려오지?

래퍼의 말에 의하면 세율이 지나치게 높아지면, 기업도 투자의욕을 잃고 근로자도 소비 및 투자의욕을 잃어서 경기가 침체되고 국가의 총조세수입이 줄어든대. 그래서 감세정책을 펴야 경기가 좋아지고 총조세수입도 늘어난대.

하긴 세금을 깎아준다는데 싫어할 사람이 어디 있겠어? 하지만 세금 줄인다니 무턱대고 좋아하지 말고 따져보자.

문제는 두 가지야.

하나, 뭐든 뭉뚱그려 보지 말자. 도대체 〈누구〉의 세금을 〈얼마나〉 깎아주는 것인가?

둘, 감세정책을 폈을 때, 정말 래퍼의 말대로 경기가 좋아지나? 얼마나 좋아지나?

10년 전쯤 금융위기가 닥치자 한국도 감세정책을 폈어. 세금 및 감세정책과 관련된 몇 가지만 살펴볼까?

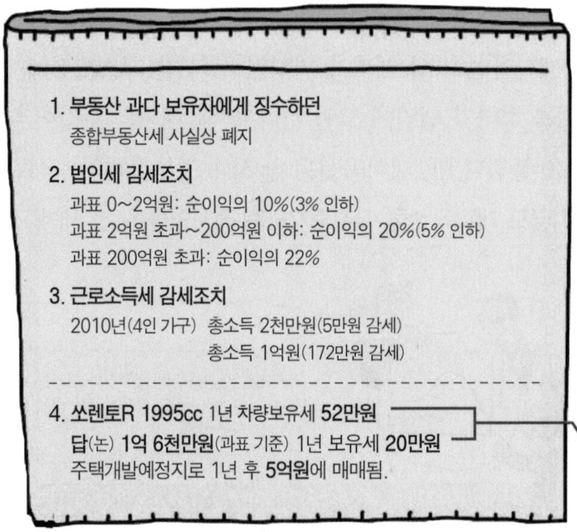
1. 부동산 과다 보유자에게 징수하던
종합부동산세 사실상 폐지

2. 법인세 감세조치
과표 0~2억원: 순이익의 10%(3% 인하)
과표 2억원 초과~200억원 이하: 순이익의 20%(5% 인하)
과표 200억원 초과: 순이익의 22%

3. 근로소득세 감세조치
2010년(4인 가구) 총소득 2천만원(5만원 감세)
총소득 1억원(172만원 감세)

4. 쏘렌토R 1995cc 1년 차량보유세 **52만원**
답(논) **1억 6천만원**(과표 기준) 1년 보유세 **20만원**
주택개발예정지로 1년 후 **5억원**에 매매됨.

모 대기업
2008년 법인세 감세액
1조 4,382억원
중소기업 평균 2,215만원

● 30대 대기업의 세금부담(유효세율)
2007년 26.3%
↓
2010년 19.4%로
6.9%포인트 축소

광필이 친구가 실제 낸 세금의 예

그들이 말하고 싶어하지 않는 것

2011년에 과표 2억원 초과 기업의 경우 법인세를 순이익의 22%로 인하했고, 이듬해 2억원 초과~200억원 이하 기업의 경우 순이익의 20%로 인하했어. 이전에 법인세율이 25%였으므로 예전에 비해 무려 5%나 인하된 거지.

법인세 추가 인하가 논란이 있었던 그때, 자동차를 운전하면서 라디오에서 정부 고위관리가 법인세의 추가감세를 예정대로 실시하자고 주장하는 걸 들었어.

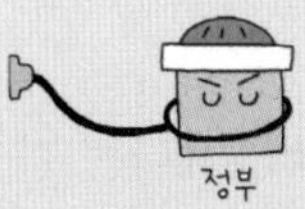

> 법인세 감세정책으로 21만개 기업이 혜택을 보았고, 경기활성화에 도움이 되었다.

이미 이때 몇몇 대기업의 영업이익은 사상최대를 기록했고, 주가는 2008년 대비 두 배 이상 뛴 상태였어.

21만개 기업을 엄청 강조하더군. 끝까지 사상최대 영업이익을 거둔 대기업들이 법인세 인하로 몇 천억, 심지어 1조원이 넘는 혜택을 보았다는 소리는 안하더군.

한쪽에서 세금을 덜 내면 다른 쪽이 더 내야 해. 대기업들이 감세정책으로 수조원의 세금을 덜 냈다면 **부족한 세금은 누가 메운 거지? 앞으로 누가 메워야 하는 거지?**

사실 한국의 법인세율이 그리 높은 것도 아니야. 한국 평균은 약 22%쯤 되는데, 미국은 35%, 프랑스 34.4%, 이탈리아 33%, 스페인 30%, 일본 30%야.

세계 유명기업 법인세 실효세율
- 삼성전자 16.5%(2011년)
- 현대차 16.5%(2011년)
- 도요타 31.8%(2009년)
- 애플 24.4%(2009년)
- 폭스바겐 28.4%(2009년)

법인세나 근로소득세, 상속세, 종합부동산세 등의 세율을 낮추면 이득을 보는 것은 기업이나 자산이 많은 사람들이야.

"감세혜택의 88%가 소득 상위 10% 계층에 집중된다."– 국회의원 모씨

가계의 수입과 지출이 그렇듯, 국가의 살림인 재정도 세금을 덜 거두면 한쪽에서 혜택이 줄어들 수밖에 없어. 덕분에 그 당시 신생아 접종비나 노인정 기름값, 장애인 복지연금, 저소득층 바우처 제도의 혜택이 줄어들었어.

감세정책이 발표되면 자기 자산이나 소득은 생각하지 않고, 누구의 세금이 얼마나 줄어드는지 살펴보지도 않고 덮어놓고 좋아하는 사람들이 있어. 집도 없는 사람이 종합부동산세 줄인다니 '얼씨구나' 좋아해. 종부세 깎아주는 대신 내가 세금을 더 내야 할 수 있는데도……. 아니면 감세로 부족한 재정을 국채를 발행해 조달해 채웠다면, 미래에 우리의 아들딸이 세금을 더 내어 갚아야 하는데도…….

강남 3구 사람들은 대체로 감세정책을 주장하는 쪽의 손을 들어줘. 어떤 정책이 자신에게 유리한지를 따져보고 투표하는 거지.

부자감세 어쩌고 비판이 많으니까 2011년 말에 국회에서 **버핏세**라는 걸 도입했어. 소득이 높은 사람에게 세금을 더 거두겠다는 거지. 연간 소득이 3억원 이상인 사람들의 소득세율을 35%에서 38%로 올린 게 핵심이야. 일단 이건 잘한 거라고 봐.

그런데 진짜 중요한 건 구렁이 담 넘어가듯 **은근슬쩍 깔아뭉개더군. 중요한 것은 재산세야.** 예를 들어 물려받은 땅이 100억원인데 연간소득은 3,000만원인 사람과, 월세를 살면서 3,000만원 버는 사람의 세금이 큰 차이가 없다면 이건 정의가 아니지.

워런 버핏이 이런 말을 했어.

나는 작년 693만 달러를 세금으로 냈지만 이는 내 과세소득의 17.4%에 불과하다. 우리 사무실 직원들 가운데 가장 낮은 과세율이었다.

그리고 래퍼주의자들에게 일갈했어. "60년간 투자를 해왔지만, 세금이 무서워서 투자를 못하는 사람은 본 적이 없다."

문제 경기침체기 정부의 재정정책에 대한 설명 중에서 틀린 것은?
① 경기침체가 심해지면 정부는 각종 감세정책을 편다.
② 정부는 경기를 활성하기 위해서 확대재정정책을 편다.
③ 정부는 도로, 항만 등 SOC사업을 증가시킨다.
④ 시중에 돈을 풀기 위해 기준금리를 인하한다.

정답) ④

Section 07

트리클다운 효과가 히죽히죽

트리클다운 효과 | 하방침투 효과 | 낙수효과 | 사내유보금 | 분수효과 | 압정형 사회

정부나 언론이 **감세정책**을 들이밀 때 항상 하는 소리가 있어.

이른바 트리클다운 효과. 트리클(trickle)은 액체가 흐르는 것, **트리클다운 효과**(trickle down effect)는 흘러넘친 물이 아래로 떨어져 바닥을 적신다는 거야.

정부가 대기업의 성장을 촉진하고 부자들에게 돈이 흘러가면 그들이 돈을 쓰니까 시간이 지나면서 물이 흘러넘쳐 아래층에 있는 중소기업과 저소득층에게도 혜택이 돌아가서 경제가 전체적으로 좋아진다는 거야. **하방침투 효과**, **낙수효과**(물이 떨어지는 효과), 적하효과(방울처럼 떨어지는 효과)라고도 해.

트리클다운 효과? 이건 경제이론상으로도 실효성이 검증된 바 없고, 인문학적으로도 절대 말이 안 되는 주장.
서민은 부자가 흘린 돈을 주워먹으라는 이야기야? 낙수효과가 아니라 분수효과에 맞는 정책을 개발해 시행하는 것이 경제를 살리는 길이야.

정말 그럴까? 대기업에게 감세정책을 폈을 때 경기부양에 얼마나 효과가 있었는지 고용 측면에서 살펴보자. 트리클다운 효과가 있으려면 고용이 늘어야 하지. 고용이 늘어야 가계의 소득이 늘어나고 소비가 증가하여 경기가 좋아지니까.

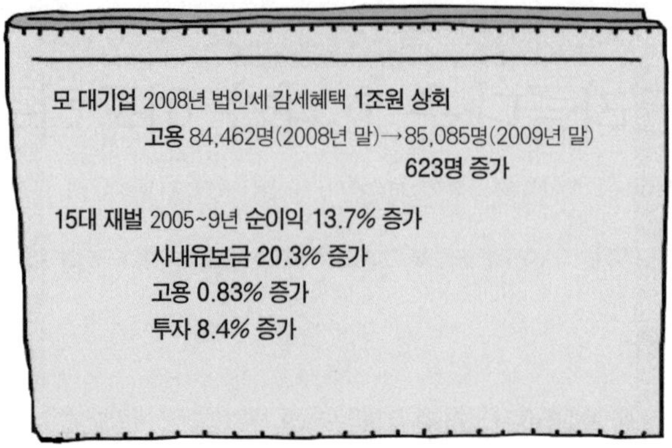

모 대기업 2008년 법인세 감세혜택 **1조원 상회**
고용 84,462명(2008년 말)→85,085명(2009년 말)
623명 증가

15대 재벌 2005~9년 **순이익 13.7% 증가**
사내유보금 20.3% 증가
고용 0.83% 증가
투자 8.4% 증가

출자총액제한 제도를 폐지하고 법인세를 깎아준 결과는 투자와 고용이 늘어난 것이 아니라, 기업 금고에 순이익금이 고스란히 쌓이는 것으로 드러났어. 트리클다운 효과는 가짜야.

감세혜택을 1조원이나 주었는데 겨우 623명을 더 고용했어! 순이익이 13.7%, 사내유보금(순이익 중 기업에 쌓아둔 돈)이 20.3%나 늘어나는 동안 고용은 0.83%, 투자는 8.4%가 증가하는 데 그쳤어. 한마디로 돈을 많이 벌고 세금을 깎아주어 봤자, 사내유보금으로 쌓아두고 고용도 안 늘리고 투자도 조금 한다는 거야. 대기업에 감세혜택을 몰아줘 봤자 트리클다운 효과가 얼마나 있다고!

낙수효과가 아니라 **분수효과가 필요해.**

저소득층에게 돈을 나누어 주어야 나라 전체적으로 소비가 늘어나. 1% 부자들에게 세금을 깎아준다고 그들이 냉장고를 10대씩 살까? 외국 휴양지나 해외 명품 등에 쓰는 돈이 더 많을 수도 있고. 게다가 그들은 소수야. 나라 전체적인 소비에는 크게 영향을 미치지 못해.

사회가 양극화되니 계층구조가 꼭 압정을 거꾸로 눕혀둔 모양새야. 1%가 아니라 90% 이상을 차지하는 중산층, 저소득층에게 돈이 풀려야 해. 그래야 나라 전체의 소비가 늘고 경제발전의 동력으로 작용해.

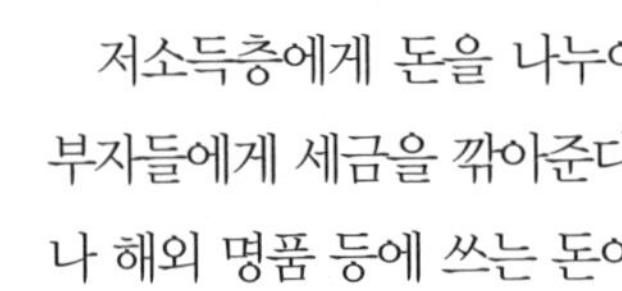

낙수효과? 이젠 레파토리 바꿀 때도 됐잖아?

Section

08 돈 풀기, 방향이 틀렸어

소비성향 | 한계소비성향 | 가처분소득 | 재정승수

경기침체기에 정부의 정책으로 풀린 돈이 어느 계층에 돌아가야 경기활성화에 더 도움이 될까? 이 질문에 대한 답을 경제학적으로 살펴보자.

앞으로 **정치인의 경제정책이 발표되면** 제대로 파악하는 방법을 워밍업을 해 볼까?

먼저 소비성향과 한계소비성향을 익혀보자.

소비성향은 소득 중에서 소비가 차지하는 비율. 월급 200만원인 사람이 월 160만원을 소비하면 소비성향이 80%야. 만약 월급 1억원인 사람이 월 3천만원을 소비하면 소비성향은 30%야.

소득이 낮은 계층은 소비성향이 높을 수밖에 없어. 월급 200만원인 사람은 먹고살기 위해 매월 소득 중 많은 부분을 소비하지만, 월급 1억원인 사람이 매월 8천만원씩 소비하지는 않을 테니까.

부자라고 하루에 밥을 열 끼 먹나? 여행, 쇼핑도 하루이틀이지 매월 8천만원씩을 써대어 소비성향이 80%가 되기는 힘들겠지?

한계소비성향은 소득증가분 대비 소비 증가분의 비율.

광필이는 월급이 200만원에서 300만원으로 오르자, 월 지출을 150만원에서 200만원으로 늘렸어. 늘어난 소득은 100만원, 늘어난 지출은 50만원, 한계소비성향은 50%야.

반면 월급이 2억원에서 3억원으로 늘어났다고 매월 지출을 5천만원씩 늘리는 건 아니야. 예전보다 조금 더 소비하고 나머지는 투자를 하겠지.

한계소비성향도 저소득층이 높아. 워낙 생활이 빡빡하니 수입이 조금이라도 늘면 식료품비, 학원비, 옷값으로 쓸 가능성이 높아.

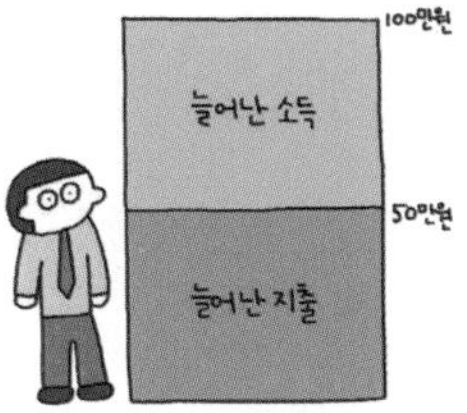

한계소비성향 50%

소비성향과 한계소비성향이 높고, 인구의 대다수를 차지하는 서민층과 중산층의 가처분소득이 늘어야 국가 전체의 소비가 살아나. 고소득층에게 감세정책 등으로 가처분소득을 늘려주어 봤자, 한계소비성향이 작아서 저소득층에게 혜택을 준 것만큼의 효과가 없어.

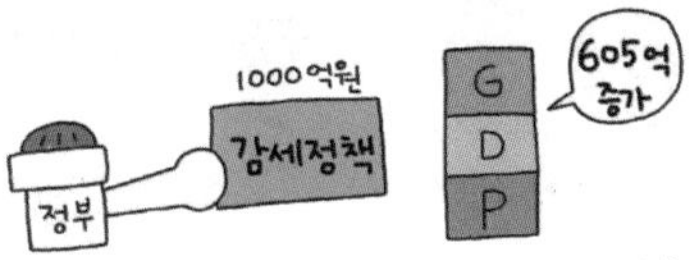

그럼, 세금을 깎아주는 감세정책과 정부의 재정지출을 늘리는 확대 재정정책 중 어느 게 경기부양에 더 효과적일까? 이건 재정승수를 보면 알 수 있어.

재정승수는 정부가 1천억원을 지출했을 때 GDP가 늘어나는 비율.

한국의 재정승수는 평균 0.876야. 정부가 재정을 1천억원 지출하면 GDP가 876억원 늘어나. 반면 감세정책의 재정승수는 평균 0.605야. 정부가 세금을 1천억원 깎아주면 GDP가 605억원이 늘어나는 데 그쳐.

감세정책과 확대 재정정책 중 어느 게 더 효과적이지? 답은 확대 재정정책이야. 그러니까 대기업이나 고소득층의 감세조치보다는 **한계소비성향이 큰 저소득층에 대한 재정지출**을 늘리는 게 경기활성화에 더 효과적이라는 거야. 저소득층에 대한 소득재분배, 복지정책에 돈을 투자하는 게 경기활성화에 더 낫다는 거지.

Section 09

경제효과 시뮬레이션이 가소로워

확대 재정정책 | 고용 | 경제효과 | 취업유발계수

정부가 확대 재정정책을 통해 경기를 활성화하려는 것은 올바른 조치야. 다만 이왕 정부가 큰돈을 쓸 판이면, 앞에서 살펴본 것처럼 다음의 요건에 맞아야 해.

1. 얼마나 많은 일자리를 창출하는가?

고용이 많이 되어야 소비가 늘어나고 경기가 빨리 좋아지니까.

2. 이왕이면

앞으로 국가의 미래 성장동력이 될 사업인가?

그런데 정부가 국민의 혈세를 얼마나 효율적으로 쓰고 있을까?

뉴스에서 대형 국책사업을 보도할 때마다 **경제효과**와 관련된 이야기가 자주 나와. 무슨 경제연구소에서 시뮬레이션을 한 결과, 몇 만 명의 고용이 창출되고 간접효과까지 치면 수백조원에 이른다는 뉴스들. 정부가 용역을 준 유명 연구소에서 어떤 수학공식을 넣어 시뮬레이션을 했는지 모르지만 어이없는 일이 한둘이 아니야.

약 34만개의 일자리 창출 효과가 있을 거라는 4대강 사업 이야기 많이 들어봤지?

취업유발계수는 10억원을 투자할 때 직간접적으로 늘어나는 고용자수야. 당시 건설업의 취업유발계수는 10억당 17.3명이라며 사대강 사업에 20조원을 투자하면 모두 34만개의 일자리가 늘어난다고 했으나 현실은?

결과적으로 실제 늘어난 일자리는 애초 시뮬레이션의 20%도 되지 않았다는 평가가 많아.

우리나라 지방정부의 몇 가지 사업들을 살펴볼까? 지방정부의 재정문제는 중앙정부보다 더 심각해.

강원도의 **알펜시아 리조트 사업.**

강원도의 1년 예산이 약 2조원인데 이 리조트 하나를 짓는 비용이 1.7조원이었어. 골프장, 컨벤션센터, 콘서트홀, 워터파크도 들어가. 결과적으로 이 사업은 빚더미에 올라앉았어.

전라남도 영암에 지은 **F1 경기장.** 전라남도는 애초 연간 1,100억원의 수익이 예상된다고 주장했어. 그런데 뚜껑을 열어보니 연간 비용이 940억원인데 수익은 불과 390억원. 매년 550억원씩 적자가 쌓이는 구조야.

용인경전철은 1조원이 투입된 사업으로 세금 3,500억원, 외국인이 1,500억원, 차입금이 5천억원이야. 초기에 시뮬레이션을 했을 때 하루 14만명이 이용하는 걸로 나왔어. 근데 뚜껑을 열어보니 하루 3만명밖에 이용하지 않는 거야.

용인시는 용인경전철에 앞으로 30년간 최소운임수입의 90%를 보장해 주어야 해. 연간 850억원, 30년간 2조 5천억원의 세금을 쏟아부어야 하는 거지.

이런 사례는 너무나 많아서 일일이 열거하기도 힘들어. 무슨 경제효과 어쩌고 하는 숫자들, 그러니 눈 밝게 보자.

문제 다음 문제를 보고 O, X로 표시해 보자.
1. 우리나라의 취업유발계수는 계속 커지고 있다. ( )
2. 반도체산업과 서비스산업 중에서 반도체산업의 취업유발계수가 더 크다. ( )

정답) 1. X 2. X

Section 10

경제정책 기조가 후끈후끈

경제정책의 기조 | MB노믹스 | 애덤 스미스 | 고전 경제학파 | 보이지 않는 손 | 대공황
케인즈주의 | 오일쇼크 | 신자유주의 | 레이건 | 대처 | 금융위기

국민의 정부, 참여정부, 이명박 정부, 문재인 정부

각 정부의 초기에는 그 정부의 경제정책 기조에 대한 뉴스가 많이 나와. 우리가 매우 꼼꼼하게 살펴보아야 할 뉴스야. **하긴** 각 정부의 경제정책 기조에 대해서는 선거 전에 지켜보아야지. 대통령 후보의 경제정책을 자세히 살펴보고 선거하자(응?).

MB노믹스는 이명박 정부의 경제정책을 말해. 당시 MB노믹스의 핵심을 잘 이해했다면, 흠…….

> **비즈니스 프렌드리** → 기업 하기 좋은 환경을 만들겠다.
> **7.4.7** → 7% 경제성장률, 1인당 국민소득 4만 달러, 세계 7대 경제대국

일단 뒤의 4.7은 두고 앞의 **7% 경제성장률에 주목하자.** 당시 한국의 잠재성장률(6장 참조)이 4% 내외인 상황에서 7% 경제성장률을 달성하려면? 사실 **잠재성장률보다 3% 이상 높은 경제성장률** 수치를 제시하는 것 자체가 논란의 여지가 있지만 일단 여기서는 패스하자.

매년 7%씩 성장하면 10년 뒤에 경제규모가 2배가 돼. 그러니 국민소득이 당시 2만 달러에서 4만 달러가 된다는 것이고, 그 계산대로 되면 세계 7위의 경제강국이 되는건 식은죽 먹기.

7% 경제성장률을 달성하려면 단기간에 수출을 대폭 늘려야겠지? 강력한 **수출 드라이브 정책.** 기술개발은 오래 걸리니, 당장은 수출제품의 가격이 싸지는 것이 가장 빠른 방법이야. 즉 환율이 올라야 하는 거야. 환율 900원일 때 1달러에 팔던 물건을 환율이 1000원으로 오르면 0.9달러에 팔아도 되니까(잘 이해가 안 되는 사람은 7장에서 자세히 살펴볼 테니 일단 패스~).

다시 말해 고환율 정책을 펴겠다는 말이지. 이런 경우 환율이 낮을 때 달

러를 사서 높을 때 팔면 환차익을 얻을 수 있어. 실제로 2008년 엔화 환율이 1300원 선을 훌쩍 넘어섰을 때, **모장관의 엔화통장이 논란이 되었어.** 수십억 엔화 투자로 40%가 넘는 수익률을 올리고 있었대. 고환율 정책으로 인해 국민들은 물가 때문에 고통스러웠는데. 여러분이 환투기를 하라는 게 아니야. 탐욕은 화를 가져오고 **우리가 투기를 하기 위해 경제공부를 하는 게 아니니까.** 다만 정부의 경제정책은 좀 살펴보고 투표하자는 거야.

정부의 경제정책 기조를 이해하면 앞으로 어떤 경제정책들을 펼지 예상하기가 좀더 쉬워져. 경제학파의 **큰 줄기 3가지만 살펴보자.** 애덤 스미스의 고전학파→케인즈주의→신자유주의(신고전학파).

애덤 스미스의 고전학파는 **고전 경제학파**라고도 해. 당시 자본주의가 막 싹이 트고 자라고 있었어. 예전 수공업시대에는 한 사람이 하루종일 핀 하나를 만들었는데, 10명이 작업공정을 18개로 나누어 분업을 하니 4만 8천개가 넘는 핀을 만들 수 있었어. 분업과 협업으로 인해 생산성이 크게 증대된 거야.

애덤 스미스는 사람들이 나름대로 합리적인 이기심을 가지고 있는데, 분업과 시장의 자유로운 경쟁을 보장하면 경제는 **보이지 않는 손**에 의해 잘 굴러가고 국부가 커진다고 보았어.

시장에 그냥 맡겨둬. 국가는 시장에서 자유경쟁이 잘되고 있는지 심판의 역할만 하면 되므로 야간경비나 하는 야경국가면 된다고 주장했어. 작은 정부면 족하고, 국가가 시장에 개입하면 오히려 시장의 활력이 떨어진다고 생각했지.

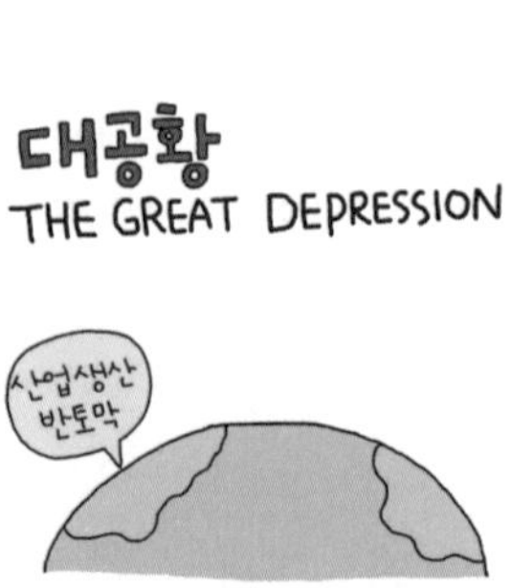

그런데 1929년에 **대공황**이 터졌어. 시장이 '보이지 않는 손'에 의해 다 해결된다면 왜 공황이 터졌겠어? 애덤 스미스가 말하던 시장의 '보이지 않는 손'에 회의가 생겼어. 경제는 자꾸 곤두박질쳤으며 미국인의 25%가 실직자가 되고 산업생산의 절반이 날아갔어.

"국가가 시장에 개입하자." **케인즈**는 극심한 경기침체기에는 국가가 개입하여 재정정책을 펴야 한다고 주장했어.

정부가 직접 지출을 늘려서 각종 사업을 벌여 고용이 늘면, 그들이 커피도 사먹고 옷도 사면서 소비가 늘어나 경기가 좋아진다는 거야. 살 수 있는 능력을 가진 수요를 늘리는 것, 이게 **유효수요 이론**이야.

큰 정부! 정부가 적극적으로 시장에 개입하여 **시장의 실패'를 해결하자.** 야구경기의 심판이 아니라 야구감독이 되자.

케인즈의 정책은 대공황을 이겨내는 데 큰힘이 되었고 이후 케인즈주의자들이 국가경제를 운영했어.

그런데 1970년대 1,2차 **오일쇼크**로 세계 경제는 경기침체에도 물가가 오히려 급등하는 **스태그플레이션**이라는 강적을 만났어.

케인즈주의자들은 돈을 풀고 재정지출을 늘렸지만 단기적인 효과만 있을 뿐, 침체의 늪에서 빠져나오지 못했고 오히려 물가만 올랐어.

이제 **신자유주의**가 나타났어.

시장에 맡겨. 작은 정부! 시장에 대한 정부의 간섭을 최소화하고 모든 것을 시장의 자율에 맡기자. 먼저 인플레이션(물가)부터 잡자. 시장에 맡기면 경기침체로 고용이 안 되니 임금인상이 억제될 거야. 석유 등 원자재 가격도 소비가 줄어드니 시장의 자율 기능에 의해 내릴 거야. 그러면 물가가 잡힌다는 거야.

한편으로는 감세정책으로 기업의 투자를 활성화하자는 거야.

신자유주의자들의 주장은 애덤 스미스의 철학과 잇닿아 있기 때문에 **신고전학파**라고도 해. 케인즈주의자들이 수요 부문을 중시했다면 신자유주의는 공급 부문을 중시했어. 기업에 감세

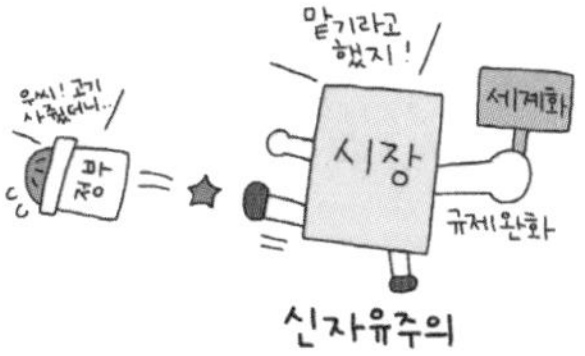

정책 등으로 동기를 부여해 기술혁신과 경제를 성장시키고 고용을 촉진하겠다는 거지.

세계화! 신자유주의의 모토야. 세계 각국의 시장을 열고 모두 자유롭게 경쟁하게 놔두면 다 해결된다는 거지. 자유무역협정(FTA)을 하면 두 나라 모두 윈윈 한다고 하면서(정말?).

부와 권력을 가진 사람들은 모두 윈윈, 그러나 대다수 국민들의 삶은 어떻게 될까? 양극화가 더 심해지고 농민, 중소기업, 자영업자들은 자유경쟁을 통해 몰락하겠지. 따지고 보면 경제문제의 뿌리는 정치야. 정치를 바꾸지 않으면 **경제는 스스로 바뀌지 않아.**

1980년대 **레이건 대통령**은 대표적인 신자유주의 경제정책을 폈어.

1. 신자유주의의 기치를 들고 '작은 정부'로 전환하자.
2. 대대적인 감세정책을 펴자.
3. 시장에 대한 각종 규제를 철폐하거나 완화하자.
4. 사회복지, 교육 등 국가의 복지를 축소하자.

미국은 대대적인 감세정책으로 1980~6년 **최고 소득세율이 70%에서 28%로 떨어졌어.** 결국 국가의 복지가 축소되어 빈부격차가 더욱 심해졌고, 한편으로는 강력한 미국을 건설한다는 명분으로 군사비 지출이 크게 늘어났어. 덕분에 미국의 재정적자는 크게 증가했어.

또한 공기업 민영화, 독과점 규제 완화, 노동시장 유연화 정책을 펴며 광범위한 산업에서 규제를 철폐했어. 1981년 항공 관제사들이 파업을 하자 1만 1,300명을 단칼에 해고해 버렸지. 다양한 금융규제를 철폐했는데, 이후 각종 파생상품이 난무하게 되고 결국 2008년 금융위기를 가져온 한 원인이 되었어(파생상품은 9장 참조).

영국의 **대처 수상**도 레이건과 난형난제야. 대처는 집권하자마자 국영기업을 민영화하고 국가 소유의 주택들도 민간에 팔아버렸어. **최고 소득세율도 80%에서 40%로 반토막을 냈지.** 대처도 1984년 광산노조가 파업을 하자 장갑차와 기마대를 동원해 2만여 명의 사상자를 내며 무자비하게 진압했어.

레이건과 대처의 정책은 2008년 금융위기와 관련이 깊어. 부의 불평등이 심화되었거든. **경제는 결국 구매력이 있는 인구**가 이끌어. 중산층이 줄어들고 서민의 삶이 힘들어지면, 소비가 크게 약화되어 경제는 급격하게 나빠져.

2008년 금융위기가 터졌어.

"도와다오, 정부!" 신자유주의를 부르짖으며 "국가여, 간섭하지 마라"고 외치던 금융기관과 대기업들이 이제 국가에 손을 벌렸어.

세계 각국은 각종 경기부양 정책을 발표했어. 정부가 재정지출을 늘려 유효수요를 창출해서 경기침체에서 벗어나려던 거야. 케인즈가 주장했던 것처럼.

미국은 1차, 2차 양적완화를 통해 약 2조 3,000억 달러, 중국은 9,500억 위안의 돈을 풀었고 EU, 영국, 일본, 그리고 한국도 예외가 아니었어. 이런 경제정책의 이론적 토대가 된 것이 바로 케인즈주의야. 정부의 역할이 그만큼 커진 거지.

문재인 정부 경제정책의 키워드는 **소득주도성장론**. 저임금 노동자 등의 임금과 소득을 올려주면, 소비가 좋아지며 기업의 투자와 생산이 증가하게 되고, 이에 따라 소득이 다시 증가하는 선순환 구조가 된다는 것. 최저임금의 빠른 인상, 대기업의 불공정 거래 규제, 소규모 업체의 카드수수료 인하 등이 이에 따른 정책이야.

문제 다음 중 신자유주의 경제정책이 아닌 것을 고르시오.

① 시장에 대한 각종 규제를 철폐하거나 완화한다.
② 대대적인 감세정책을 편다.
③ 작은 정부를 표방하며 사회복지, 교육 등 복지를 축소한다.
④ 소득주도성장론을 펴며 최저임금제도, 노동시간 단축 등에 힘쓴다.
⑤ 국제적으로는 자유무역주의를 주장한다.

정답) ④

Section

11 규제완화가 찌그럭찌그럭

규제완화 정책 | 출자총액제한 제도 | 대규모 기업집단 | 금산분리 | 독과점 규제

규제완화 정책은 시장에 대한 규제를 완화하거나 철폐하는 정책이야. 미국 레이건 대통령과 영국 대처 수상 등 1980년대 이후 등장한 각국의 신자유주의 정부들은 규제완화 정책을 많이 폈어. 한국도 마찬가지고.

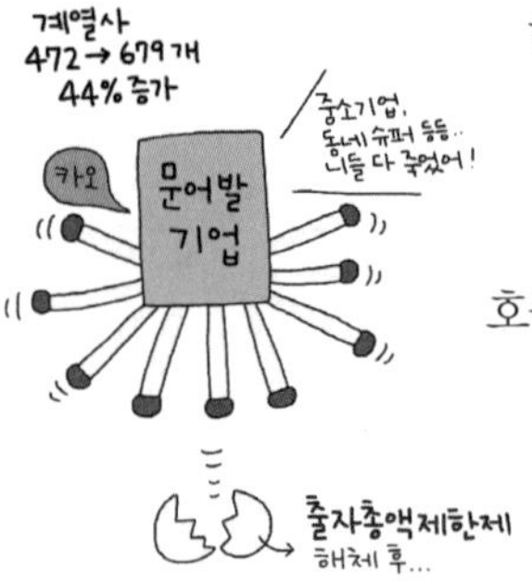

한국을 한번 볼까? **출자총액제한 제도**는 대기업의 출자를 제한하는 제도야. 계열사 자산을 다 합쳐서(직전 사업연도) 자산규모 10조원 이상의 상호출자제한 기업집단에 속하는 회사는 계열사 간 상호출자 및 채무 보증이 금지돼. 비상장 계열사의 공시 의무가 발생하는 등 여러가지 제약이 가해져. 공정거래위원회가 1년에 한번씩 지정해. 삼성, 현대자동차, SK, LG, 롯데, 포스코, 지에스, 한화, 현대중공업, 농협 등 모두 31개야(2017년 기준).

1990년대 대기업들이 문어발 식으로 무리하게 사업을 확장하다가 줄도산하고 IMF 외환위기를 불러왔지. 게다가 공룡 기업집단이 문어발 식으로 사업을 확장하면 중소기업이 살아나기 힘들어.

공룡들이 동네 빵집 체인에 진출하면 동네 빵집이 망하고, 할인마트도 성에 안 차는지 동네상권에까지 진출하니 동네 슈퍼가 망하고. 출자총액제한 제도는 이런 걸 막기 위해 있던 제도야. 그런데 이명박 정부 들어 2009년 3월에 이 제도가 폐지되었어.

어떻게 되었냐고? 15대 재벌의 출자액은 2010년에 3년 전인 2007년과 비교

했을 때 85%가 늘어났고, 계열사는 472곳에서 679곳으로 44%가 증가했어. 나라 안의 경제가 점점 대규모 기업집단에 집중되고 중소기업이나 상인이 먹고살 길이 더 막막해지고 있어.

금산분리는 말 그대로 금융자본의 금(金), 산업자본의 산(産)을 분리하는 정책. 산업자본이 은행지분의 4% 이상을 소유하지 못하게 법으로 막아놓은 거야.

대기업이 은행을 소유하여 산업도 먹고 은행도 먹으면 어떻게 될까?

한국 은행들의 자기자본비율은 평균 5%(2016년 기준), 나머지는 모두 국민들의 예금이나 은행의 부채야. 산업자본이 은행업으로 진출한다면, 결국 국민의 예금으로 만들어진 은행이 대기업의 사금고가 될 수 있어. 또 자기 계열사에 특혜대출을 하다가 부실화될 경우 국민경제에 큰 충격을 줄 수도 있고.

혹자는 내국인이나 외국인들이 은행 지분의 10%까지 소유할 수 있는데, 왜 산업자본만 4%로 제한하냐? 국내 은행을 외국자본으로부터 지키려면 산업자본의 지분 제한을 폐지해야 한다고 주장해. 그래서 지금도 금산분리법(금융산업의 구조개선에 관한 법률)은 이런저런 논쟁이 많아.

독과점 규제 완화도 주장해. 공정거래위원회는 1개사의 시장 점유율이 50% 이상이거나 상위 3개사의 합계가 75% 이상인 경우 **시장지배적 사업자**로 지정해. 이들이 불공정 거래를 할 경우 일반 사업자보다 무겁게 처벌해. 기업들은 이 독과점 규제도 완화하자는 거지. 다 먹고 싶은데 그치?

확인하고 넘어가기

CHOICE

- ☐ 금융정책
- ☐ L자
- ☐ 확장
- ☐ 골디락스
- ☐ 총액한도대출
- ☐ U자
- ☐ 긴축
- ☐ 공개시장조작
- ☐ W자
- ☐ 경기순환
- ☐ 재정
- ☐ 오퍼레이션
- ☐ V자
- ☐ 래퍼

1 경기가 회복기 → 활황기 → 후퇴기 → 침체기와 같은 패턴으로 반복되는 것을 (　　　)이라고 한다.

2 경기가 하강해 저점에서 2~3년간 머문 후 서서히 회복되는 것은 (　　　)형 경기순환이다. (　　　)형은 경기가 급격하게 침체되었다가 빠른 속도로 회복되는 것, (　　　)형은 오랜 시간 침체가 이어지는 것, (　　　)형은 경기가 저점에서 바로 회복되다가 다시 한 번 침체로 빠지는 것으로 '더블딥'이라고도 한다.

3 경제성장률이 높고 물가가 낮은 상태를 (　　　) 경제라고 한다.

4 한국은행의 경기조절정책은 (　　　), 정부는 재정정책이다.

5 한국은행의 대표적인 경기조절 정책은 기준금리, 지급준비율, (　　　)이 있다. (　　　)이란 증권시장 등 공개된 시장에서 채권을 사고팔면서 시중 통화량을 조절하는 것이다.

6 (　　　) 트위스트는 중앙은행이 증권시장에서 장기채권은 매입하고 단기채권은 매도하는 경기부양책의 하나이다.

7 (　　　) 제도는 중소기업을 지원하기 위해 한국은행이 시중은행에 저금리로 돈을 빌려주는 제도이다.

8 정부의 살림살이를 (　　　)이라고 한다.

9 정부는 경기가 과열될 때 시중의 통화량을 (늘리기/줄이기) 위해 (증세/감세) 정책을 취하기도 한다.

10 정부가 경기를 진작시키기 위해 세수(세금수입)보다 더 많은 돈을 지출하면 (　　　) 재정정책, 경기과열을 막기 위해 재정지출을 억제하면 (　　　) 재정정책이다.

11 (　　　)는 세율이 높아지면 세수가 늘어나지만 일정 한계를 넘으면 오히려 줄어든다고 주장했다.

1 경기순환 **2** U자, V자, L자, W자 **3** 골디락스 **4** 금융정책 **5** 공개시장조작 **6** 오퍼레이션 **7** 총액한도대출 **8** 재정 **9** 줄이기, 증세 **10** 확장, 긴축 **11** 래퍼

12 대기업 및 상위계층에게 돈이 흘러가면 차차 중소기업과 저소득층에게도 혜택이 돌아간다는 주장은 (　　　) 효과이다.

13 소득에서 세금과 이자를 빼고, 이전소득(연금 등)을 더한 것을 (　　　) 소득이라 한다.

14 월 300만원 버는 광필이가 250만원을 지출하면 (　　　)이 84%이다. 월 소득이 추가로 100만원이 늘었고, 지출도 추가로 50만원이 늘었다면 (　　　)은 50%이다.

15 (　　　)는 정부가 1,000억원을 지출했을 때 GDP는 얼마나 늘어나는가를 나타내는 지표이다.

16 (　　　)는 각 산업별로 10억원을 투자했을 때 몇 명의 일자리가 직간접적으로 늘어나는지를 나타내는 계수이다.

17 애덤 스미스는 분업과 자유로운 (　　　)을 보장하면 경제는 보이지 않는 손에 의해 잘 굴러가고 국부가 커진다고 보았다.

18 독과점, 환경오염, 공공재의 부족, 빈부격차 등 시장이 모든 것을 해결할 수 없는 상황을 (　　　)라고 한다.

19 케인즈는 경기침체기에 경기부양을 위해 국가가 총수요를 늘려주어야 한다는 (　　　) 이론을 주장했다.

20 (　　　) 제도는 자산규모가 10조원 이상인 상호출자제한 기업집단에 속한 회사는 계열사간 상호출자 및 채무보증이 금지되도록 했다.

21 (　　　)는 산업자본이 은행 지분의 4% 이상을 갖지 못하게 한 제도.

22 공정거래위원회는 1개사의 시장 점유율이 (　　　)% 이상이거나 상위 3개사의 합계가 (　　　)% 이상인 경우 (　　　) 사업자로 지정하고 있다.

CHOICE

- □ 트리클다운
- □ 금산분리
- □ 가처분
- □ 재정승수
- □ 한계소비성향
- □ 75
- □ 경쟁
- □ 시장의 실패
- □ 유효수요
- □ 출자총액제한
- □ 50
- □ 소비성향
- □ 시장지배적
- □ 취업유발계수

12 트리클다운 **13** 가처분 **14** 소비성향, 한계소비성향 **15** 재정승수 **16** 취업유발계수 **17** 경쟁 **18** 시장의 실패 **19** 유효수요 **20** 출자총액제한 **21** 금산분리 **22** 50, 75, 시장지배적

Chapter 6

경제지표가 왁자지껄

1. 지표, 지수가 뚜렷하게 / 2. GDP가 제일 잘 나가? / 3. 경제성장률이 오르락내리락 / 4. 잠재성장률이 오싹오싹 / 5. 경기지수가 우왕좌왕 / 6. 경기심리지수가 눈치 빠르게 / 7. 물가지수가 수근수근 / 8. 실업률이 눈 가리고 아웅 / 9. 고용 없는 성장이 아찔아찔 / 10. 1인당 국민소득이 으랏차차 / 11. 소득분배가 우르르 쾅쾅 / 12. 가계부채가 불끈불끈 / 13. 국제수지가 꼼꼼하게 / 14. 국가부채가 바짝바짝

Section

01 지표, 지수가 뚜렷하게

지표 I 지수 I 전기대비 I 전년동기 대비 I 명목 I 실질 I 계절변동 조정 I 기저효과

뉴스에 자주 나오는 경제지표를 한번 들여다보자. **지표**는 경제활동의 결과를 통계 숫자 그대로 발표하는 것. 2017년 국내총생산(GDP)은 1,730조원, 경상수지 흑자 784억 달러……, 이런 게 지표야.

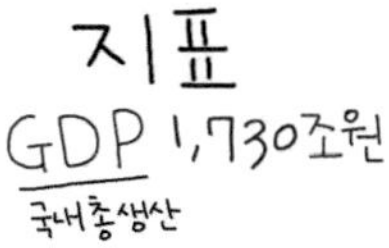

경제지표의 사전적 의미는 경제활동을 분야별로 보여주는 통계적 수치.

지수는 기준과 비교해 나온 숫자야. 기준시점의 가격, 시가총액 등을 100이나 1000 등 기준지수로 두고 변화의 폭과 속도, 방향성이 어떤지를 살펴보는 거야. 예로 코스피지수는 1980년 1월 4일의 시가총액을 100으로 정하고 비교해 나타낸 지수야.
경제지표라고 하면 지표와 지수를 다 포함하는 거야.

코스피지수가 2400이라면, 오늘 코스피시장의 시가총액이 기준시점인 1980년 1월 4일에 비해 24배 커졌다는 거야.

경제지표들은 딱 특정시기의 수치만 봐서는 현재 좋아지고 있는지 아닌지 파악할 수 없어. 그래서 다른 시기와 비교해서 살펴보곤 해.

2018년 9월의 **전월대비**는 8월, 3분기의 **전기대비**는 2분기와 비교한 거야. "전월대비 3% 성장" 식으로 표현해. 전월대비와 전기대비는 연속된 흐름과 추세를 볼 수 있어.

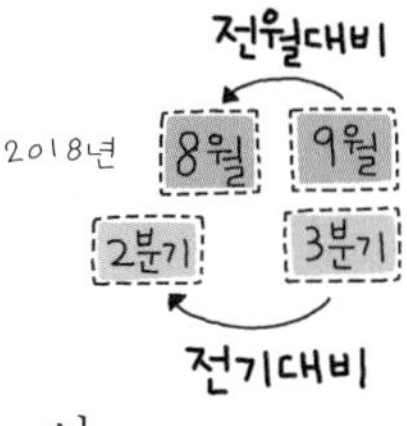

전년동월 대비는 이전해의 같은 달, 전년동기 대비는 이전해의 같은 분기와 비교한 거야. 2018년 9월의 **전년동월 대비**는 2017년 9월, 2018년 3분기의 **전년동기 대비**는 2017년 3분기와 비교한 거야. 1년 전

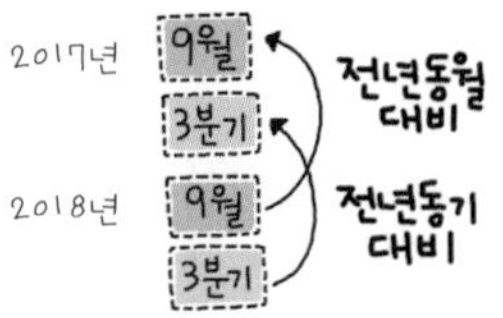

과 비교하므로 긴 경제흐름의 변화를 파악하기가 좋아.

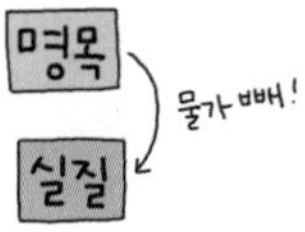

명목과 실질은 매우 자주 나오지? **명목**은 지금 현재의 가격으로 나타낸 수치야. 광필이의 연봉이 5% 올랐다면 명목임금 상승률은 5%.

실질이 붙은 통계는 모두 물가상승분만큼을 빼준 거야. 작년보다 올해 물가가 6% 올랐다면 광필이의 실질임금 상승률은 명목임금 상승률 5%에서 물가상승률 6%를 빼야 하므로 −1%로 오히려 줄어든 셈이야.

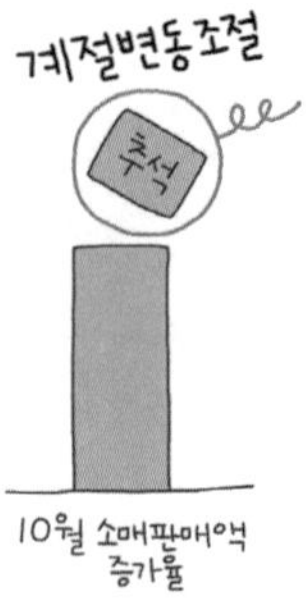

올해 10월에 추석이 있으면 소매판매액이 껑충 뛰겠지? 그래서 다음달인 11월 소매판매액 증가율은 전월인 10월에 비해 떨어진 것으로 나올 수 있어.

계절변동 조정은 명절, 휴가철 등 계절 특성으로 인한 원통계 숫자의 과대해석을 방지하기 위해 계절변동 성분을 제거하는 거야.

어차피 뉴스에 나오는 경제지표들은 대부분 이미 계절변동 조정을 한 거야. 그러니 계절변동 조정이 뭔지만 알고 넘어가자.

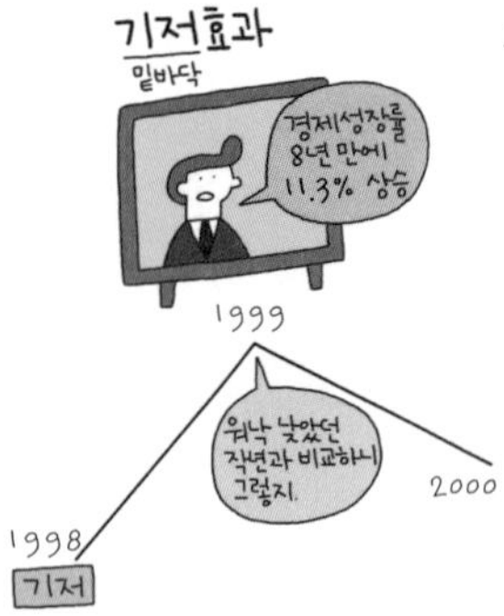

경제뉴스를 들을 때는 착시효과를 조심해야 해. 대표적인 게 바로 기저효과야. 기저는 기초가 되는 밑바닥, **기저효과**는 기준시점의 수치 때문에 비교시점의 수치가 더 좋게, 혹은 나쁘게 보이는 것을 말해.

1999년 경제성장률은 11.3%로 두 자릿수 성장을 했어. 하지만 이는 기저효과에 기인한 바가 커. 그 이전해인 1998년 경제성장률이 외환위기로 인해 최저치인 −5.5%로 너무 나빴으므로 1999년 경제성장률 수치가 더 좋게 나온 거야.

경제지표의 착시효과는 이것 말고도 많아. 차차 보기로 하고 일단 경제지표의 첫걸음은 여기서 끝~.

Section 02

GDP가 제일 잘 나가?

GDP | GNP | GDP 계산법 | 각국의 경제규모 | GDP의 한계 | 행복지수

올해 한국의 전체 경제규모는 얼마일까? 한국과 대만 중 어느 나라의 경제규모가 더 클까? 한 나라의 경제규모를 보여주는 대표적인 경제지표가 GDP야.

GDP는 **국내총생산**으로 한 나라의 영토 안에서 생산한 모든 상품과 서비스의 합이야.

GDP는 한 나라의 영토 안에서 생산된 것이므로 **미국 앨라배마의 현대자동차 매출**은 한국의 GDP에 포함되지 않아. 미국인을 고용해 생산하고 미국인에게 임금을 지불하고 미국 정부에 세금을 내므로 미국 경제에 더 많이 기여하기 때문이지. 반면 한국GM의 부평공장에서 만드는 쉐보레 자동차의 매출은 한국 GDP에 포함돼.

GDP와 GNP를 비교해 볼까?

GNP는 **국민총생산**으로 한 나라의 국민이 1년 동안 생산한 모든 상품과 서비스의 합이야. GDP는 국내총생산으로 영토 기준, GNP는 국민총생산으로 국민 기준이지.

예전에는 한 나라의 경제규모를 말할 때 GNP(국민총생산)를 많이 썼지만 요즘은 GDP(국내총생산)를 사용해. 과거에는 한국 기업이 국내에서 한국인을 고용해 생산하는 경우가 많았지만 요즘은 다국적 기업이 늘어났으니까.

GDP는 국내에서 생산한 모든 상품과 서비스를 시장가격으로 곱해서 구해.

농부가 밀을 수확하고 제분회사가 그 밀로 밀가루를 만들고 빵집에서 그 밀가루로 빵을 만들었다고 치자.

밀 가격이 100원, 밀가루 200원, 빵 500원일 때 이걸 다 GDP 계산에 넣으면 중복계산이 돼. 그래서 GDP는 최종생산물인 빵의 가격인 500원만 계산에 넣어. 또는 밀, 밀가루, 빵을 만들 때 생긴 부가가치(밀 100원, 밀가루 100원, 빵 300원)를 더하거나. 어떻게 계산하든 최종값은 같아.

GDP는 **다른 나라와 경제규모를 비교할 때** 자주 사용해. 한국의 2017년 GDP는 세계 12위. 그럼, 각국의 GDP 순위를 좀 볼까?(IMF 통계 기준)

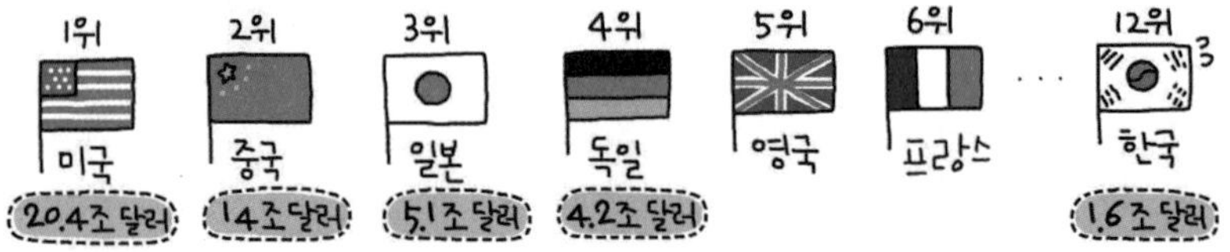

GDP는 단순히 그 나라 경제규모를 보여주는 것일 뿐 그 나라 국민의 삶의 질을 보여주는 것은 아니야. 그러니 GDP 순위를 너무 과장되게 받아들이지는 말자고. **GDP의 한계**를 알아볼까?

1. GDP는 한국 내에서 생산된 물건이나 서비스면 뭐든 포함돼. 사회나 환경에 악영향을 주든 말든. 방사능 오염으로 암환자가 늘어나 병원의 매출이 늘어도, 범죄가 크게 늘어 경비업체의 매출이 증가해도, 해일 등 자연재해로 복구비용이 늘어나도 GDP는 증가해.

2. 시장에서 돈으로 거래되는 것만 GDP에 포함돼. 가사노동이나 봉사활동 등도 가치를 창출하며 삶의 질을 풍요롭게 하지만 GDP에는 포함되지 않아.

3. 지하경제의 생산도 포함되지 않아. **지하경제**는 세금이나 정부의 규제를 회피하는 음성적인 경제활동이야. 정확한 측정은 어렵지만, 한국 지하경제의 규모는 GDP의 19.83%로 여타 선진국보다 높은 편이야(2015년 기준, IMF 자료).

만약 지하경제가 선진국처럼 양성화된다면 한국의 GDP는 현 수치보다 더 커질 거야.

4. GDP는 경제규모를 나타낼 뿐 빈부격차는 보여주지 못해. 대기업의 생산이 크게 늘어나고 자영업의 서비스 생산은 급격히 줄어들어도 GDP는 크게 성장한 것으로 나올 수 있어.

덤&덤. 한국인의 삶의 질은 어떨까?

OECD가 2016년 34개 회원국을 포함한 38개국을 대상으로 주거, 소득, 직업, 공동체, 교육, 환경, 시민참여, 건강, 삶의 만족, 안전, 일과 삶의 균형 등 11개 항목을 통해 삶의 질을 조사했어. 가장 행복한 나라는 노르웨이, 호주, 덴마크, 스위스 순이었고 한국은 38개국 중 28위였지.

문제 우리나라 GDP에 포함되지 않는 것을 모두 고르시오.
① 자연재해 복구비용 ② 가사노동 ③ 인도 삼성전자의 매출 ④ 외국인 노동자 톰의 임금

정답) ②, ③

Section

03 경제성장률이 오르락내리락

명목GDP | 실질GDP | 경제성장률 | 전망치 | 속보치 | 잠정치 | 확정치 | 연율

참, GDP에는 명목GDP와 실질GDP가 있어.

100명이 사는 나라에서 쌀만 생산하는데 2017년에 1톤을 생산했다고 치자. 쌀이 1kg에 1만원이라면 2017년 GDP는 1,000만원이지.

2018년에도 1톤을 생산했는데 물가가 5% 올라서 시장가격으로 계산하니 1,050만원이야. 이 경우 숫자상으로만 비교하면 경제가 5% 성장할 걸로 나와. 이같이 그해의 시장가격을 곱해서 구한 걸 **명목GDP**라고 해. 그런데 사실 생산이 늘어난 건 아니잖아?

그래서 기준년도(예를 들어 2015년)의 쌀 가격을 기준으로 해. 기준연도에 쌀 1kg이 8,000원이고 이후 생산량이 그대로였다면, 2017년 GDP는 800만원, 2018년 GDP도 800만원이 나와서 경제는 제자리걸음(0% 성장)을 한 것으로 나오지. 이같이 생산량에 기준연도의 가격을 곱해서 구한 GDP를 **실질GDP**라고 해.

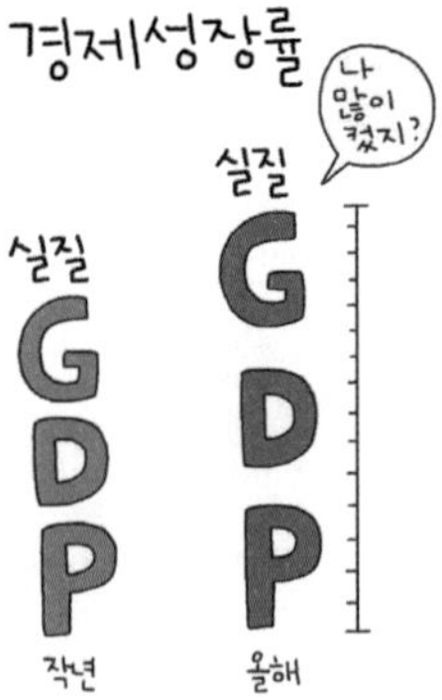

경제성장률은 한 나라의 경제규모가 얼마나 성장했는지 보여주는 지표야.

올해 실질GDP가 작년 실질GDP에 비해 얼마나 커졌을까?

올해 실질GDP를 작년의 실질GDP로 나누어 계산해. 명목GDP로 계산하면 물가상승분도 포함되니 실제 경제가 얼마나 성장했는지 알기 어렵기에 실질GDP를 비교하는 거야.

작년 실질GDP가 1,000조원, 올해는 1,050조원이라면 경

제성장률은 5%겠지?

경제성장률이 높다면 그만큼 경제가 성장한 거니 좋은 신호이고, 경제성장률이 낮다면 경기침체인 것이고.

한국은행은 GDP와 경제성장률을 분기/연 단위로 전망치, 속보치, 잠정치, 확정치로 4단계로 나누어 발표해.

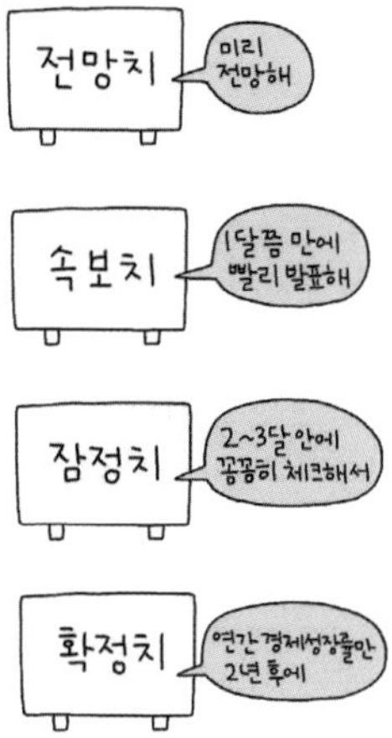

전망치는 새로운 연도나 분기 전에 발표해. "내년 경제성장률 3.5% 전망" 식으로……. 정부와 한국은행의 경제성장 전망과 목표를 알 수 있어.

속보치는 속보로 빨리 발표하는 수치야. 분기나 연말이 지난 후 28일 이내에 발표돼. 정확도는 떨어지더라도 신속하게 통계를 발표해서 정부나 기업이 대책을 수립하도록 하려는 거야.

잠정치는 모든 자료를 가공한 결과를 발표해. 분기 잠정치는 분기가 끝난 후 70일 안에 발표하고, 연간 잠정치는 연도가 끝난 후 90일 안에 발표해.

확정치는 가장 정밀한 통계야. 연간 확정치만 다다음해 3월에 발표하므로 특별히 이슈가 되지는 않아.

전망치<속보치, 속보치<잠정치이면 좋은 신호이고, 밑돌면 정부가 대책을 세워. 주식이나 채권시장도 실망해서 민감하게 반응하고.

미국이나 일본은 분기 경제성장률을 연율로 환산해 발표해. 연율은 연간으로 환산한 변화율이야.

만약 일본의 1분기 경제성장률이 −1.5%였다면, 2,3,4분기도 매번 지난 분기보다 −1.5%씩 성장할 것으로 예상하여 −6.13%라고 연율로 발표하는 거야($1.015^4=1.0613$).

어차피 뉴스의 수치는 연율로 환산해 발표하는 거니, 우리는 그냥 미국이나 일본의 분기 경제성장률 환산법은 한국과 다르다는 것 정도만 알고 지나가면 돼.

Section 04

잠재성장률이 오싹오싹

잠재성장률 I GDP 갭 I 플러스 갭 I 마이너스 갭

물론 옆의 수치는 그냥 가정을 해 본 거야.

세 나라의 경제성장률은 3%로 같지만 실제 그 나라 경제에서 주는 의미는 그림에서처럼 달라.

경제발전 단계에 따른 잠재성장률이 국가마다 다르기 때문이야.

잠재성장률은 한 나라가 노동 · 자본 · 토지 등의 생산요소를 모두 사용하여 '물가를 자극하지 않으면서' 최대로 달성할 수 있는 성장률을 말해.

그 나라 경제성장률이 높은지, 낮은지를 평가할 때는 잠재성장률과 비교해야 해. 경제가 성숙해질수록 노동과 자본, 토지 등을 이미 최대한 투입하고 있는 거지. 그래서 미국, 유럽, 일본 같은 선진국은 잠재성장률이 낮아. 중국 같은 신흥국은 인구도 많고 개발할 땅도 많으며 자본도 대대적으로 투입하므로 잠재성장률이 높고.

경제성장률이 **잠재성장률보다 낮다면** 경제가 잠재성장률만큼도 성장하지 못하고 경기가 안 좋다는 거야. 2009년 한국의 경제성장률이 0.7%였는데, 이

는 잠재성장률보다 낮은 것으로 사실상 마이너스 성장을 한 셈이지.

경제성장률이 **잠재성장률 정도**의 성장세를 보이면, 경기가 나쁘지 않은 것이고, 잠재성장률보다 약간 높으면 경기가 좋다는 것, **잠재성장률보다 현저히 높으면** 경기가 지나치게 과열된 측면이 있다고 볼 수 있어.

▼ 잠재성장률과 경제성장률 비교

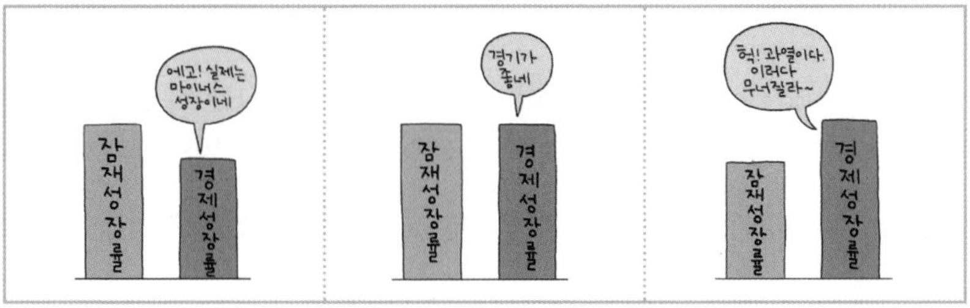

한국은행은 잠재성장률을 발표하지 않고, 민간 경제연구소 등에서 추정할 뿐이야. 한국의 잠재성장률은 대략 2.8~2.9% 정도로 보고 있어.

한국의 잠재성장률은 1971년 10%를 넘었지만, 2009년에는 3.5%대까지 떨어졌어. 2018년 현재는 2.8~2.9% 정도이고, 심지어 경제체질 개선과 성장동력을 키우지 못하면 2020년대에는 1% 선으로 떨어질 거라고 경고하는 이들도 있어.

한국의 잠재성장률이 떨어지는 것은 저출산으로 인해 인구증가율이 정체되고, 노령화로 15~64세의 생산가능인구도 줄어들고 있으며, 기업의 설비투자도 크게 감소하거나 정체되고 있기 때문이야.

GDP갭(gap)은 실질GDP와 잠재GDP의 차이(갭)로 현재의 경기상태가 과열인지, 침체인지 알려주는 온도계야. 실질GDP가 잠재GDP보다 높으면 **플러스 갭**. 경기가 과열되어 물가가 상승압력을 받기 시작했다는 인플레이션 신호야. 실질GDP가 잠재GDP보다 낮으면 **마이너스 갭**. 물가 상승 압력은 없지만 경제가 침체 상태에 있다는 경기침체 신호야.

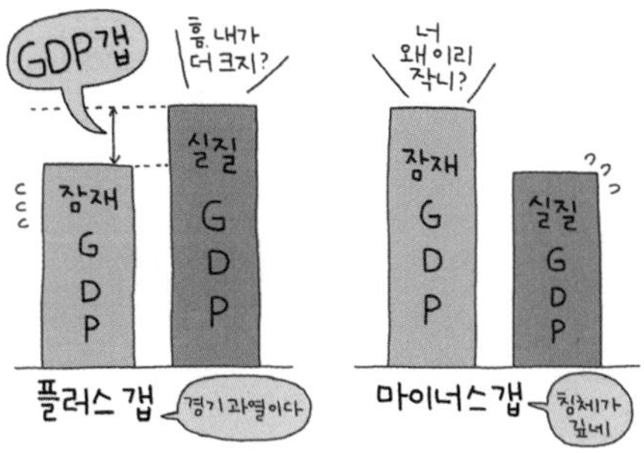

문제 다음 중 설명이 틀린 것을 모두 고르시오.

① 경제성장률은 명목GDP를 기준으로 계산한다.
② 경제성장률이 잠재성장률보다 낮으면 경기가 나쁘다.
③ 일본은 중국보다 잠재성장률이 낮다.
④ GDP갭이 플러스이면 물가상승률이 높아질 가능성이 높다.

정답) ①

Section

05 경기지수가 우왕좌왕

경기종합지수 | 선행종합지수 | 동행종합지수 | 동행종합지수 순환변동치 | 후행종합지수 | 재고효과 | 채찍효과

다들 현재 경기가 어떤지, 앞으로의 경기가 좋아질지 여부에 관심이 많아.

1. 기업은 경기를 파악하여 생산과 투자를 늘릴지 줄일지 결정해.

2. 개인도 각종 소비나 투자를 경기를 보며 판단하지.

3. 정부도 경기를 제대로 파악해야 그에 맞는 경제정책을 펴서 국가 경제를 안정적으로 이끌 수 있어.

그럼, 경기를 보여주는 경기지수를 알아볼까?

통계청이 발표하는 **경기종합지수**에는 선행종합지수, 동행종합지수, 후행종합지수가 있어.

"앞으로 경기가 어떻게 될까?"

선행종합지수는 앞으로의 경기를 예측하는 지수야. 8개의 개별지표를 모아서 만드는데, 개별지표는 뉴스에도 잘 나오니 뒤에서 따로 살펴볼게.

현재 선행종합지수는 2015년을 기준지수 100으로 잡고 매월 발표해. 예를 들어 2017년 11월은 130.5, 12월은 131.1이라고 하자. 이 수치가 전달보다 높아지고 연속적인 상승 추세이면 앞으로 경기가 좋아질 가능성이 높다고 보는 거지.

하지만 한두 달의 선행종합지수로는 앞으로의 경기를 파악하기 힘들어. 몇 달 사이로 올랐다가 내렸다가도 하니까. 그래서 추세를 살펴보는 것이 중요해. 선행종합지수가 몇 개월 연속 하락세를 보이면 앞으로 경기가 나빠

질 가능성이 높아.

한국의 선행종합지수는 경기에 약 8~15개월 선행한다고들 해. 선행종합지수가 좋으면 앞으로 그즈음의 경기가 좋아질 것이라는 거지. 하지만 **경기 순환 주기가 짧아지다 보니** 선행기간을 수학공식처럼 딱 잘라 말하기는 어려워. 선행종합지수가 좋아졌다가 금방 나빠지는 경우도 있고. 그러니 너무 맹신하지 말고 참고만 하자.

"요즘 경기 어때?"

동행종합지수는 현재의 경기가 좋은지 나쁜지 보는 지수야. 7의 개별지표를 가지고 산출해. 개별지표는 뒤에서 따로 살펴볼게.

경제뉴스에는 **동행종합지수 순환변동치**라는 말이 자주 나와. 동행종합지수를 전월과 그냥 비교하면 증감률의 차이가 작아 추세를 파악하기 힘들어. 그래서 등락폭을 좀더 뚜렷하게 보여주기 위해 미세한 숫자를 통계적 기법으로 조정해. 예를 들어 0.1이나 0.2를 10, 20 식으로 바꾸고 추세선도 수평으로 만드는 식이야. 이런 조정작업을 거친 것을 동행종합지수 순환변동치라고 해.

어차피 우리가 뉴스에서 보는 동행종합지수는 숫자 조정 작업을 거친 순환변동치이니 '그냥 이런 게 있다' 정도만 알고 있으면 돼. 동행종합지수 순환변동치가 100을 넘으면 현재 경기가 좋다는 거야.

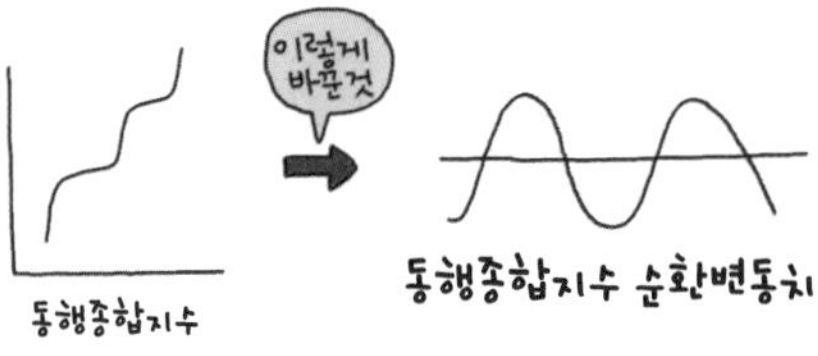

선행종합지수가 먼저 오르면 시차를 두고 동행종합지수가 상승하는 경향이 있어.
그런데 2008년 경제위기 때는 선행종합지수와 동행종합지수가 거의 같이 움직였어. 위기의 충격이 그만큼 크고 빨랐기 때문이야.

"지난 시기 경기가 어땠을까?"

후행종합지수는 경기가 예측한 대로 흘러갔는지 사후에 확인하는 거야. 뉴스에는 잘 안 나와. 하지만 후행종합지수를 작성할 때 쓰는 5개 개별지표는 알고 넘어가자.

경기를 판단할 때는 어떤 현상이 **새로운 추세의 시작인지**, 아니면 **일시적인 현상인지**를 생각해 보아야 해. 예를 들어 광공업 생산이 늘었다면 재고효과 때문이 아닌지 체크해야 해.

재고효과는 경기와 무관하게 부족한 재고를 보충하기 위해 생산량을 늘리는 거야. 기업들은 경기침체가 닥치면 생산량을 줄이는데 이런 상태가 지속되면 재고가 줄어들어. 그러면 재고를 확충하느라 생산에 나서서 일시적으로 광공업생산이 늘기도 해.

이런 **착시현상에 빠지지 않으려면** 선행종합지수나 동행종합지수는 한 달, 한 분기가 아니라 연속적인 흐름을 봐야 해. 또는 실제로 소매판매액이 빠르게 늘고 있는지도 살펴봐야겠지.

덤&덤, 채찍효과

보통 동네 슈퍼에서 아이스크림이 50개 팔리다가 날씨가 더워지자 110개 팔리면, 도매상에 150개식으로 주문하게 되지. 도매상은 이들 주문을 모아 제과회사에 훨씬 더 많이 발주하고. 재고가 떨어지면 안 되니 안정적으로 수량을 확보하려는 거지.

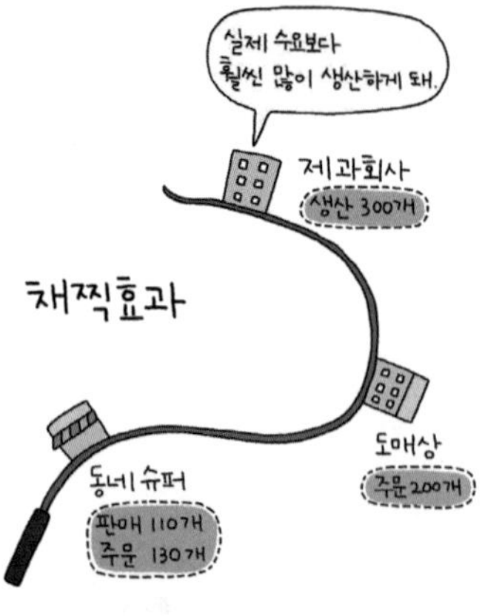

결국 채찍 끝에 있는 제과회사는 실제 수요량보다 훨씬 많은 생산을 하게 돼. 극단적으로는 오판하면 공장을 하나 더 증설할 수도 있어. 그후 수요가 약간만 감소하면 회사가 부도 날 수도 있어.

이같이 최종 소비에서 약간의 수요가 늘어나도 생산공장에서는 훨씬 많은 상품을 만들게 되는 효과를 **채찍효과**라고 해. 긴 채찍은 손목에 작은 힘만 들여도 채찍의 끝부분에서는 큰 파동이 생긴다는 것.

채찍효과의 논리는 국제무역에서도 그대로 나타날 수 있어.
소비의 왕국 미국에서 중국산 옷의 수요가 약간 늘면, 앞에서 말한 여러 단계를 거쳐 중국의 생산은 크게 늘게 돼.
그러다 미국의 수요가 약간만 줄어들면 중국의 수출이 크게 감소하여 타격을 받는 식이지.

문제 경기종합지수에 대한 설명 중 틀린 것은?
① 경기종합지수를 볼 때는 연속적인 흐름을 보는 것이 중요하다.
② 앞으로 경기가 어떨지 볼 때는 선행종합지수가 참고가 된다.
③ 동행종합지수는 미세조정을 하여 동행종합지수 순환변동치가 주로 쓰인다.
④ 경기종합지수는 선행종합지수와 동행종합지수로 이루어져 있다.

정답) ④

선행종합지수의 개별지표 쏙쏙

각 경기지수를 만들 때 사용하는 개별지표들을 알아볼게.
방송 뉴스에 각 개별지수들이 홀로 등장할 때도 많으니까 눈도장은 찍고 넘어가자. 읽어보면 모두 상식적으로 이해할 수 있는 것들이야.

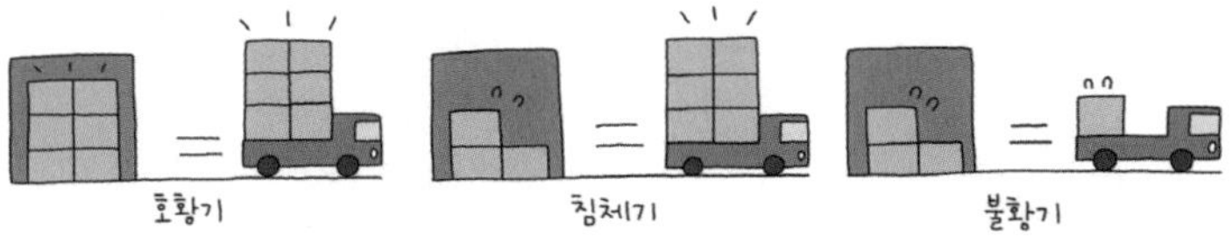

제조업 재고순환지표
재고가 얼마나 빨리 순환되는지 보여줘.
제조업의 '출하증가율(전년동월비)-재고증가율(전년동월비)'로 계산해.

호황기 출하와 재고가 동시에 증가해.
물건이 잘 팔리니 생산을 많이 해서 재고도 늘어나고 출고도 크게 증가하지.
침체기 생산은 안 팔릴까 봐 신중하게 하고,
출하는 과감하게 하기 때문에 출하증가율이 상대적으로 높아.
불황기 출하와 재고 증가율이 모두 감소해.

소비자기대지수
6개월 후의 경기에 대한 소비자들의 심리를 보여주는 지표.
소비자기대지수가 높을수록 앞으로 소비가 늘어나서 경기가 활성화될 가능성이 높아. 전국의 2,200가구를 조사해.

기계류 내수출하지수 (선박 제외)
선박을 제외한 국내의 69개 설비용 기계류 수주액. 설비용 기계류는 제조업에서 상품을 만들어 내는 기계야.
기계수주액이 높으면 경기가 좋아질 가능성이 높아.

건설수주액
일반적으로 건설회사가 계약한 공사량을 말해.
건설수주액이 많다는 것은 앞으로 건설할 물량이 많은 것이니 경기가 좋아질 가능성이 있어.

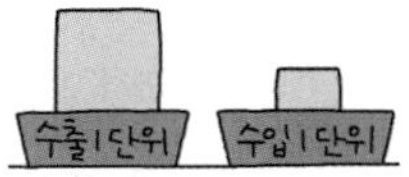

수출입물가비율
수출 1단위로 수입할 수 있는 수입량.
수출단가가 수입단가보다 높아야 수출해서 남는 게 있겠지?
순상품 교역조건이 좋아질수록 한국의 수출은 늘어나고 앞으로 경기가 좋아질 가능성이 높아.

구인구직 비율
일자리를 찾는 구직자와 기업에서 뽑으려는 일자리의 비율.

코스피 지수
보통 주가는 경기에 6개월 정도 선행한다고들 해. 코스피지수는 선행종합지수의 대표적인 개별지표 중 하나야.

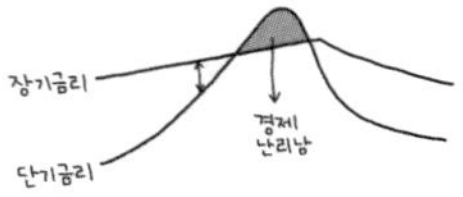

장단기 금리의 차이
장단기 금리의 차이가 좁아지면 앞으로 경기가 안 좋을 가능성이 높고, 차이가 커지면 앞으로의 경기에 청신호야.
왜 그런지는 3장을 복습.

동행종합지수의 개별지표 쏙쏙

광공업생산지수

광업, 제조업, 전기가스업 등의 생산량을 파악해 지수화한 거야.
광공업 생산지수가 높을수록 현재 경기가 좋아(2015년=100).

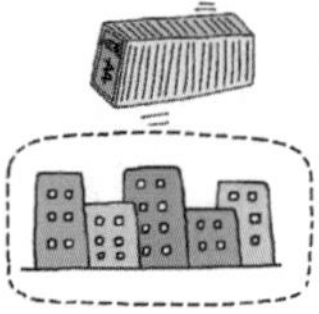

건설기성액

건설기성액은 건설회사가 수주한 공사를 진행함에 따라 단계별로 받는 돈이야.
건설기성액이 높을수록 현재 건설사업이 활발하고 경기가 좋다는 청신호.

서비스업생산지수(도소매업 제외)

서비스업 생산이 활발할수록 현재 경기가 좋아.
개별 업종의 부가가치 기준 가중치를 적용하여 지수화한 지표를 이용해(2015년=100).
약 11,600개 업체를 조사해.

소매 판매액지수

현재 경기가 좋다면 소매업 판매액도 매우 늘어나겠지?(2015년=100)
약 2,700개 업체를 조사해.

내수출하지수

제조업체의 창고에서 내수용으로 도소매상이나 소비자에게 출하되는 양을 지수화한 것.
내수출하지수가 높으면 그만큼 현재 경기가 활발해.
약 7,300개 사업체를 조사해.

수입액

완제품이나 원자재의 수입액이야. 수입액이 증가한다면 그만큼 경기가 활발해.

비농림어업 취업자수

농림어업 취업자를 제외한 취업자 수로, 고용은 현재 경기를 보여주는 주요 지표야. 약 33,000가구를 표본조사해.

후행종합지수의 개별지표 쏙쏙

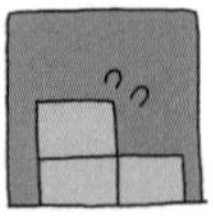

생산자 제품재고지수

생산자가 보유하고 있는 제품재고의 변동을 파악하는 지수야(2015년=100).
완성품이 출하가 되지 않고 창고에 쌓여있는 제품의 잔량을 보는 거지.

소비자물가지수 변화율(서비스)

소비자물가조사항목 중에서 서비스 152개 품목에 대한 물가지수의 전년동월비를 살피는 것.
지난 경기가 좋았다면 가계의 소비가 늘었겠지?

소비재 수입액

지난 경기가 좋았다면 수입 자동차, 명품백 등 소비재 수입액이 늘었을 거야.

취업자 수

지난 경기가 호황이었다면 안정적으로 고용되어 있는 상용근로자와 임시직 근로자가 늘었을 것이며, 특히 상용근로자의 증가율이 높았을 거야.

CP 유통수익률

지난 경기가 호황이었다면 자금 공급이 풍부하고 기업에서 발행하는 CP(기업어음)의 금리도 내렸을 거야.

Section

06 경제심리지수가 눈치 빠르게

경기심리지수 ı 기업경기실사지수 ı BSI지수 ı 소비자심리지수

경제심리지수는 경기에 대한 사람들의 심리를 조사해 지수화한 것으로 기업경기실사지수와 소비자심리지수가 있어.

기업경기실사지수는 경기에 대한 경영자들의 심리를 보여주는 지수.

한국은행은 매월 2,862개 기업 경영자를 대상으로 기업의 실적, 계획, 경기전망 등에 대해 설문조사를 해서 기업경기실사지수를 발표해. **BSI지수**(Business Survey Index)라고도 해.

$$\text{BSI} = \frac{(\text{긍정적 응답 업체수} - \text{부정적 응답 업체수})}{\text{전체 응답 업체 수}} \times 100 + 100$$

기업경기실사지수가 100을 넘으면 앞으로 경기가 좋아질 것으로 예상하는 경영자가 많다는 것. 기업경기실사지수가 100 미만이면 경기악화 가능성을 크게 본다는 거지.

경영자들은 다른 어떤 집단보다 경기에 예민하기에 꽤 참고할 만한 지표야. 경기호전을 점치는 경영자가 많으면 기업의 투자와 고용이 늘어나고, 경기가 좋아질 가능성도 높아지지.

지난 20년간 제조업 기업경기실사지수를 보면 제조업 GDP와의 상관관계가 매우 높았어. 그만큼 기업경기실사지수가 경기에 대한 선행지수로서 꽤 참고할 만하다는 이야기겠지?

소비자심리지수는 경기에 대한 소비자 심리를 보여주는 지수야. 한국은행은 분기마다 소비자동향을 조사하는데 그것을 바탕으로 산출해.

소비자심리지수는 소비자동향지수(CSI) 조사항목 중에서 경제지표와 연관성이 높은 것을 선정해 합성한 거야. 즉, 생활형편지수 2개(현재생활형편, 생활형편전망), 경제상황지수 2개(현재경기판단, 향후경기전망), 소비관련지수 2개(가계수입전망, 소비지출전망) 등 모두 6개의 조사항목을 지수화한 거야.

소비자심리지수는 소비자 심리의 장기 평균치야. 이 지수가 100보다 크게 나오면 현재 경기가 과거 평균 수준보다 좋아진 것으로 평가하고 있다는 뜻.

경기호전을 점치는 소비자가 많으면 소비가 늘어나고 결과적으로 경기에도 좋은 영향을 주겠지? 반면 소비자심리지수가 크게 떨어지면 경기에 안 좋은 신호야. 소비자들이 앞으로 소비를 줄이고 그에 따라 생산도 감소할 테니까.

문제 1 경제심리지수와 관련된 설명 중 틀린 것은?
① 소비자심리지수가 계속 80 언저리를 맴돌고 백화점 매출이 저조하다.
② 기업경기실사지수(BSI)가 연속 100을 넘으면 경기가 좋아질 가능성이 있다.
③ 소비자심리지수가 115에서 110으로 떨어졌다. 경기침체기가 뚜렷하다.

문제 2 경제뉴스에서 간혹 나오는 세부지표이다. 선행종합지수에 속하지 않는 것은?
① 소비자기대지수 ② 건설수주액 ③ 기계류 내수출하지수 ④ 구인구직비율
⑤ 수출입 물가지수 ⑥ 건설기성액 ⑦ 제조업 재고순환지표

정답) 1. ③ 2. ⑥

Section 07

물가지수가 수근수근

소비자물가지수 | CPI | 소비자물가 상승률 | 생활물가지수 | 신선식품지수 | 생산자물가지수 | 가공단계별 물가지수 | 수입물가지수 | GDP 디플레이터 | 근원 인플레이션율 | 체감물가

"물가 때문에 못 살겠다. 마트에 10만원을 들고 가도 별로 살 게 없어."

최근 몇 년 동안 참 많이 들어본 소리지?

소비자물가지수는 가계에서 자주 소비하는 재화나 서비스의 가격 변화를 지수화한 것으로 영어로는 CPI라고 해. **미국 CPI**(consumer price index)식으로 자주 등장하니 꼭 알아두자.

통계청은 매월 1인 이상 전국 가구(농어가 제외)를 모집단으로 해서 460개 품목의 가격을 조사해(상품 308개, 서비스 152개). 소비지출의 비중에 따라 가중치가 달라.

총 가중치 1,000 중에서 주택, 수도, 전기 및 연료 16개 품목의 가중치가 170.2로 가장 높아. 그다음이 식료품 및 음료(술 제외)인데 품목 수가 313개이고 가중치가 137.7이야. 지수의 기준은 2015년을 100으로 해서 산정해.

소비패턴이 바뀌므로 산정품목 및 비중은 5년마다 정기적으로 개편해.

보통 뉴스에는 소비자물가지수가 아니라 **소비자물가 상승률**이 나와.

2018년 5월의 물가지수가 102.8이고, 2019년 5월의 물가지수가 104.38이라면 그달의 소비자물가 상승률은 1.5%야. 물가상승률은 이번 달 물가지수와 전년동월의 물가지수를 비교해서 산출해.

생활물가지수는 **장바구니 물가지수**라고도 해. 쌀, 배추, 돼지고기 등 가정에서 자주 구입하는 기본 생필품 141개의 가격을 단순평균해서 비교해. 가계소득이 줄어도 소비해야만 하는 품목들로 도시가계의 평균 소비지출액의 절반을 차지해. 소비자물가지수보다 체감물가를 더 잘 반영하는 지수야.

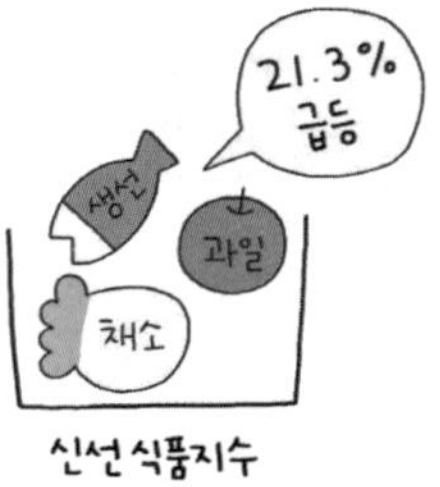

신선식품지수는 해산물, 채소, 과일 등 기상조건이나 계절에 따라 가격변동이 큰 86개 품목의 물가지수야.

덤으로, 예전에 MB물가지수란 말도 있었어. 2008년 초 이명박 정부가 서민생활 안정을 위해 집중적으로 관리하겠다고 한 52개 생필품의 물가지수. 하지만 뉴스토마토가 2011년 1월에 조사했더니 MB 물가지수가 3년 전에 비해 무려 41%나 상승했대. 서민을 위해 특별히 관리한다더니 특출나게 올랐대.

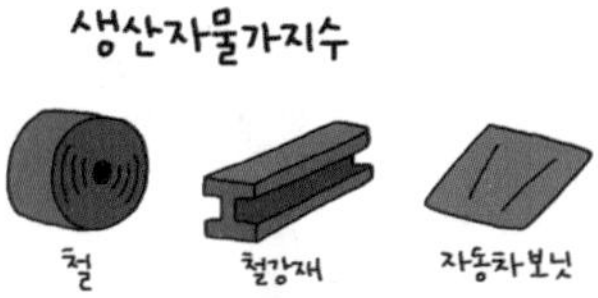

생산자물가지수는 **도매물가지수**, 영어로는 **PPI**(Producer Price Indexes)라고 해. 공장도가라고 생각하면 돼.

농수산품은 1차 대형도매시장의 경락가격을 대상으로 작성해. 생산자물가가 오르면 소비자물가도 따라 오르겠지?

가공단계별 물가지수는 수입품까지 포함해서 원자재, 중간재, 최종소비재로 나누어 가중치를 주어 총지수를 구해. 어느 단계에서 가격이 올랐는지 파악해 대책을 세우려는 거야.

수입물가지수는 석유 등 원자재, 농림수산품, 공산품 등 주요 수입물품의 물가지수야. 한국은 원자재를 많이 수입하므로, 수입물가지수가 오르면 생산자물가가 따라 오르고 이어서 소비자물가가 올라.

* 예전에는 생산자물가와 수입물가가 오르면 최소 2~3개월 시차를 두고 소비자물가에 반영되었지만 최근에는 1개월, 심지어 1,2주 사이에 바로 반영되기도 해.

GDP 디플레이터는 한 나라의 전반적인 물가수준을 보여주는 지표야.

실제 물건이나 서비스 가격을 조사하는 것이 아니라 명목GDP를 실질GDP로 나누어 구해.

명목GDP는 물가요인이 들어가 있는 것이고 실질GDP는 물가요인을 뺀 거지? 그러니 명목GDP를 실질GDP로 나누면 물가요인이 얼마나 되는지를 알 수 있어.

GDP 디플레이터 값이 클수록 물가상승률이 높아.

근원 인플레이션율은 460개 물가조사 항목 중 곡물 이외의 농산물과 석유류 등을 제외하고 계산한 물가상승률이야. 가뭄이나 장마와 같은 계절적 요인이나 국제유가 변동 등 일시적인 외부충격에 의해 가격 변동이 큰 항목을 뺀 거지.

근원 인플레이션율은 만성적인 물가상승률이 얼마나 되는지 보는 거야. **근원물가 상승률**이라고도 해.

근원 인플레이션율은 천천히 오르고 천천히 내리는 경향이 있어. 가격 변동이 큰 곡물 외의 농산물, 석유류 등을 제외했으니까. 그래서 근원 인플레이션이 계속 높아지면 만성적인 물가압력으로 작용하여 물가가 앞으로 지속적으로 고공행진을 할 위험이 있어.

공식물가는 기관이 발표한 물가, **체감물가**는 소비자들이 실제 느끼는 물가. 왜 공식물가와 체감물가가 크게 차이가 날까?

공식물가와 광필이네의 체감물가가 왜 이리 다르지?

1. 의식주 등 필수 생활재가 크게 오르면 체감물가가 훨씬 높아.

2. 물가지수의 조사품목과 가중치는 보통 5년에 한번 변경해. 그러다 보니 이미 싸진 구형 핸드폰 가격이 물가 조사품목에 들어 있고, 이번에 광필이가 구매한 스마트폰 같은 신제품의 가격은 반영이 안 돼. 그러니 체감물가와 괴리가 커져.

3. 주거비용은 가계부에 큰 영향을 미치는데, 전월세 가격은 소비자물가지수에 포함되지만 부동산 매매가격은 반영되지 않아.

4. 실제로 가계에서는 사교육비 비중이 매우 높은데, 사교육비의 가중치가 낮아.

5. 개인의 소비지출 습관에 따라서 체감물가가 다를 수 있어. 광필이네는 과일을 매우 좋아하는데 올해 작황이 좋지 않아 과일가격이 크게 올랐다면, 광필이네의 체감물가는 공식물가보다 더욱 높겠지.

한국은행의 제1목표는 물가안정이야. 2010년경까지 한국은행의 물가관리 목표는 3%±0.5%였어. 그런데 2011년 내내 매월 물가상승률이 4%를 넘어서자 슬그머니 물가 목표치를 3%±1%로 바꾸었어.

한국은행 기준금리	1.50%	물가안정 목표	2.0%

아, 물론 과거의 일이야. 2018년 현재 한국은행 사

이트(www.bok.or.kr)에 가면 물가안정 목표는 2%라고 되어 있어. 그러니 오해는 말자고.

덤&덤. 경기와 관련된 몇 가지 속설들이 있어.

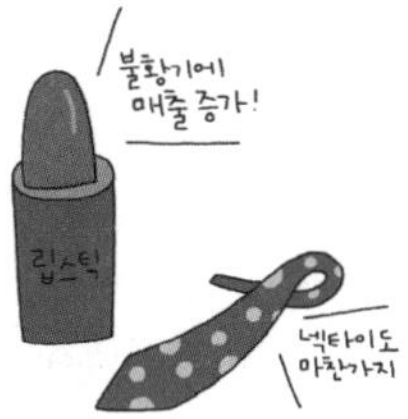

불황에는 빨간 립스틱과 미니스커트가 유행한다고들 해. 넥타이 판매량도 좋아지는데 새 양복을 구매하기는 부담스럽고, 넥타이로 옷차림에 변화를 주기 때문이래. 또 남대문에는 경기불황이 오면 일단 남자양복 판매량부터 줄어들고, 경기침체가 극심하면 아동복 판매량이 크게 감소한대.

초고층빌딩의 저주는 세계적인 초고층빌딩이 완공될 즈음에는 경제위기가 닥치는 징크스를 말해. 경제가 과열되고 부동산 가격이 죽죽 오르면 초고층빌딩에 대한 계획이 세워지지. 그러다가 완공될 즈음에는 과열된 경제의 거품이 빠지는 거지.

2009년 부채를 갚지 못해 모라토리엄(지불유예)을 선언한 두바이월드가 대표적인 예야. 당시 초고층 빌딩의 저주 이야기가 회자되었어.

문제 물가지수에 대한 설명 중 틀린 것은?

① 소비자물가지수의 산정품목 및 비중은 10년마다 개편한다.
② 생산자물가지수가 계속 오르면 소비자 물가가 오를 가능성이 높다.
③ 근원 인플레이션율에는 곡물 이외의 농산물과 석유류 등의 가격 변동이 제외된다.
④ GDP 디플레이터 값이 높을수록 물가상승률이 높다.

정답) ①

Section

08 실업률이 눈 가리고 아웅

실업|생산가능인구 | 경제활동인구 | 경제활동참가율 | 실업률 | 장기실업자 | 고용률 | 취업애로계층 | 자영업자 비율

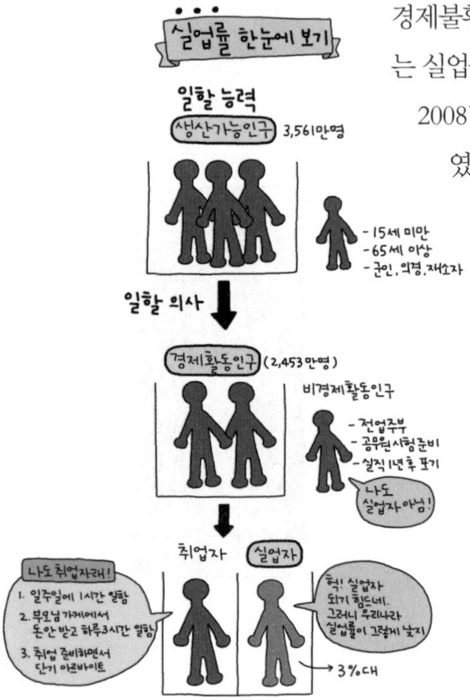

경제불황기나 경제위기에 뉴스에 정말 자주 나오는 실업률.

2008년 금융위기시 미국의 실업률은 거의 8~9%였지만 한국의 실업률은 3%대라고들 했지. 당시 **정말 한국 실업률이 미국 실업률의 3분의 1**밖에 안 되었을까? 실업률의 세계로 들어가 보자. 눈 가리고 아웅~.

실업은 일할 의사와 능력이 있음에도 일을 하지 않거나 일자리가 없어서 갖지 못한 상태야. '일할 의사와 능력이 있음에도' 여기에 밑줄 좍 그어. 실업의 중요한 기준이야.

자, 실업률을 구해볼까?

먼저 **전체 인구에서 일할 능력이 있는 사람만 솎아내.**

일할 능력이 있는 인구는 **생산가능인구**. 15~64세 중에서 현역군인, 의무경찰, 공익근무요원, 형이 확정된 수감자 등도 제외해. 4,887만명 중 생산가능인구는 72.9%인 약 3,561만명.

이제는 **일할 의사가 있는 사람만 뽑아내.**

생산가능인구를 경제활동인구와 비경제활동인구로 나누는 거지.

경제활동인구는 현재 일하고 있거나 일하려는 의지가 있는 사람, **비경제활동인구**는 일할 능력은 있지만 일자리를 구할 의지가 없는 사람이야.

전업주부, 노량진에서 2년째 공무원 시험을 준비하는 사람, 실직한 지 1년이 지났지만 취업등록을 안한 사람 등은 모두 일할 의사가 없는 사람으로 봐서 실업률 통계에서 빠져.

덤으로, **경제활동참가율**은 생산가능인구 중에서 경제활동인구의 비율이야. 일할 수 있는 연령대의 사람 중 실제 일을 하거나 일자리를 찾고 있는 사람의 비율이야. 2018년 5월 기준으로 63.9%인데, 경제활동참가율이 높아야 잠재성장률이 높아져.

이제 실업률을 볼까? **실업률**은 경제활동인구 중에서 실업자 수의 비율이야. 일주일 동안 1시간 이상 일한 적이 있는 사람, 부모님 가게에서 주 18시간 이상 무보수로 일한 사람도 취업자로 봐서 실업률에 안 들어가.

차 떼고 포 떼고 하니 실업률이 낮을 수밖에.

글로벌 금융위기가 진행 중이던 2009년에도 한국의 공식 **장기실업자**는 4천명 정도밖에 안 되었어. 한국은 1년 이상 실직상태에 있으며 취업등록을 한 사람만 장기실업자로 분류해. 취업등록을 안하면 취업 포기자로 간주되어 통계에서 빠져. 비경제활동인구가 되어 버리는 거야.

미국의 장기실업자는 실직상태가 약 3개월, 그러니까 15주 이상인 사람이야. 미국식으로 따지면 한국의 장기실업자는 약 40만명이 넘어. 4천명 대 40만명, 이게 실업 통계의 허상이야.

실업률보다는 고용률이 한국 사회의 고용과 실업 실태를 훨씬 더 잘 보여주는 지표야.

실업률은 경제활동인구 중 실업자의 비율이라고 했지? 취업이 안 되어 집에서 1년 이상 쉬고 있으면 구직의사가 없는 비경제활동인구로 보기 때문에 실업률 통계에서 빠져. 그러니 실제 실업규모를 제대로 파악하기가 어려워.

고용률은 생산가능인구 중 취업자의 비율이야.

생산가능인구(15~64세)는 경기동향과는 상관없이 어느 정도 고정적이야. 고용률도 일주일에 1시간 일하는 사람을 취업자로 취급해. 그래도 실업률에 비하면 훨씬 고용현황을 잘 보여주는 거야. 애매한 사람을 비경제활동인구로 빼버리는 꼼수를 부릴 수는 없으니까.

OECD가 조사한 2016년 기준 한국의 고용률은 66.1%야. 이는 OECD 평균인 67%와 비슷했어. 이 자료에는 특이한 점이 하나 있는데, 우리나라는 남녀의 소득 격차가 14.1%로 OECD 국가 중 1등이래.

취업애로계층은 실업자, 비경제활동인구에 속하지만 취업의사와 능력이 있는 사람, 그리고 주 36시간 미만 단기근로자 중 추가 취업 희망자를 합한 거야. 취업애로계층의 비율은 체감실업률에 가장 가까운 것이라고 할 수 있어.

자꾸 MB 정부 시절 얘기해서 좀 그런데, 기획재정부 장관이 2011년 10월 실업률이 2.9%라고 발표하면서 '고용대박'이라고 말했어. 경제학에서는 3% 실업률은 완전고용에 가깝다고 하는데 말이야. 실업률 통계에 문제가 있었던 거지. 통계상 실업률이 2.9%밖에 안 된다고? 완전고용에 가깝다고?

실업률 2.9% 해프닝의 숨은 이야기

1. 20대 취업률은 1년간 제자리걸음,

30대 취업은 오히려 6만 6천명이나 줄어들었어.

2. 50대 취업률이 늘었어.

20대 자녀들이 취업이 되지 않자 50대 아주머니들이 파트타임 일자리라도 찾아나선 거야.

3. 직장을 잃은 50대들의 창업도 늘어났어.

우리나라의 **자영업자** 비율은 약 25%로 미국 7.4%, 일본 13.8%보다 훨씬 높아.

한국 자영업의 구조를 보면 2010년 창업자 92만 5천명 중 음식점(12만 5천명), 옷 가게(2만 6천명), 호프집(2만 5천명), 부동산중개업(2만명) 등으로 많이 몰렸어.

대부분 특별한 기술 없이 할 수 있는 생활밀착형 창업이고, 이미 시장이 포화상태여서 임대료도 내기 힘든 경우가 많아.

우리나라의 자영업도 구조조정이 될 수밖에 없는 사정이지. 새로 창업에 나선 많은 분들이 투자금을 잃고 거리로 내몰릴 수 있어. 일자리가 없이 4.50대에 회사에서 내몰리고, 자영업은 포화상태이고……. 어서 신성장 동력도 찾고 경제구조도 바뀌어야 할텐데…….

문제 다음 중 실업률에 포함되는 사람을 모두 고르시오.
① 군복무 중인 대학생 ② 수감자 ③ 전업주부 ④ 2년째 공무원 공부중인 30세 청년
⑤ 부모님 가게에서 주 18시간 이상 무보수로 일한 사람
⑥ 주 15시간 편의점 알바 ⑦ 실직 후 실업급여를 받는 이

정답) ⑦

Section

09 고용 없는 성장이 아찔아찔

고용 없는 성장 | 고용탄성치 | 고용흡수력 | 취업유발계수 | 노동시장 유연화 | 정리해고제 | 파견근로제 | 변형근로제 정규직 | 비정규직 | 파견근로자 | 단시간근로자 | 기간제근로자 | 청년실업률

누차 이야기했듯, 결국 경제의 기관차는 소비야. 소비할 능력이 있는 인구가 중요하지. 그러므로 경제정책의 핵심은 일자리 창출이야. 고용이 늘어야 소비도 증가하고, 그래야 기업도 경제도 잘 돌아가니까. 그런데 한국은 고용 없는 성장 문제에 직면해 있어.

고용 없는 성장은 경제가 성장하지만 고용은 별로 늘지 않는 상태야. 고용탄성치를 통해 한국의 고용 없는 성장이 어느 정도인지 알아볼까?

고용탄성치는 경제가 1% 성장할 때 취업자가 늘어나는 비율로 **고용흡수력**이라고도 해.

한국의 고용탄성치는 계속 떨어지는 추세야. 고용탄성치가 1보다 크면 탄력적, 1보다 작으면 비탄력적이라고 해.

우리나라는 고용탄성치가 1을 밑돌고 있어. 현대경제연구원 자료에 의하면, 고용탄성치가 2012년 0.784, 2013년 0.538, 2014년 0.644, 2015년 0.470, 2016년 0.412로 점점 떨어지는 추세야.

최근에는 최저임금을 빠르게 올릴 경우 고용 감소 규모가 커질 것이라는 한국개발연구원 자료를 놓고, 갑론을박이 벌어지기도 했지.

이번에는 투자 측면에서 고용 증가를 살펴볼까? **취업유발계수**는 10억원을 투자할 때 직간접적으로 만들어지는 일자리의 수야.

한국의 취업유발계수는 1995년 10억원당 24.4명이었어. 그런데 2008년 14명, 2014년엔 12.9명

등으로 계속 떨어지고 있어. 또한 2014년 제조업 부문의 취업유발계수는 대부분 10 이하야. 10억원을 투자해도 겨우 8~9명의 고용이 늘어날 뿐이야. 기술발달로 인해 각종 자재나 장비에 들어가는 비용이 많고, 반면 기계화로 인해 인력은 많이 필요치 않아 임금으로 나가는 부분이 줄어들 수밖에 없어.

취업유발계수가 높은 산업은 농림어업수산품(31.3명), 음식점 및 숙박서비스(25.9명), 도소매업(20.2명), 건설업(13.9명)이야(2014년 기준).
농림어업은 취업유발계수가 높지만 아직 세계 경쟁력이 약하고, 고용을 늘리려면 취업유발계수가 높은 서비스산업에 국가적 관심을 기울여야 해.

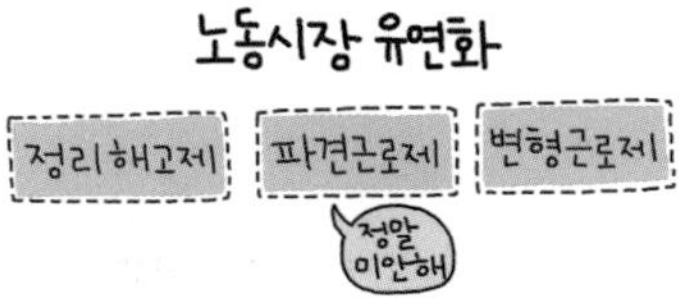

고용의 질 또한 자꾸 떨어지고 있어. 1997년 외환위기 이후 한국은 본격적으로 노동시장이 유연화되었어.

노동시장 유연화는 노동력 시장이 사회 및 경제의 변화에 맞추어 신속하고도 효율적으로 바뀌는 걸 말해. 기업이 인력을 쉽게 고용하고 재배치하며 해고할 수 있도록 하고, 산업 변화에 따라 인력이 신속하게 배분 또는 재배분되도록 하는 거지.

대표적인 **노동시장 유연화 정책**은 정리해고제, 파견근로제, 변형근로제.

정리해고제는 근로자의 중대한 잘못이 없어도, 긴박한 경영상의 필요가 있다면 해고할 수 있는 제도야. 외환위기 이전에는 근로자가 중대한 잘못을 하거나 기업이 부도가 나거나 사업을 구조조정할 때 등 매우 특별한 경우에만 해고를 할 수 있었어.

파견근로제는 **근로자 파견제**라고도 해. 기업이 인력을 직접 정규직으로 고용하지 않고, 인력공급업체에 고용된 근로자(파견근로자)를 파견받아 일을 시키는 제도야. 예를 들어 파견근로자인 광필이는 A기업의 지시, 감독에 따라 일하지만 월급은 인력공급업체에서 받아. 기업-피고용자-인력공급업체 3자 관계가 된 거지.

기업은 인력관리가 필요없고 해고하려면 파견업체에 사람을 바꾸어 달라고 하면 그만이야. 계약기간이 지나면 다른 인력공급업체로 바꾸어 버릴 수도 있고. 근로자 파견제는 한국 비정규직 문제의 출발점이야.

2018년 근로기준법 개정으로 우리나라 법정 근로시간은 주당 40시간, 주당 연장근로한도 12시간으로 합해서 최대 52시간으로 결정되었어. 야근 등 연장근로를 하더라도 1주에 52시간을 넘을 수 없는 거지. 단 300인 이상 기업부터 적용하고 있고, 50~300인 미만 기업은 2020년부터, 5~50인 미만 기업은 2021년부터 시행하게 돼.

변형근로제는 근로시간 기준을 탄력적으로 운영할 수 있도록 한 제도야. 근로기준법에는 하루 근로시간은 8시간, 1주에 40시간, 초과 근로를 시키면 통상임금의 1.5배를 지급해야 해. 그런데 변형근로제로 인해 근로시간 기준을 탄력적으로 운영할 수 있게 되어서 기준에만 맞으면(예를 들어 오늘 10시간, 내일 6시간, 도합 이틀 16시간) 하루 10시간을 일해도 초과 근로수당을 안 주어도 되게 바뀌었어.

정규직과 비정규직은 많이 쓰는 말이지만 공식용어는 아니야. 정규직과 비정규직은 근무기간의 연속성으로 구분해. **정규직**은 회사에서 정리해고가 되거나 자신이 그만두지 않는 한 계속 일을 할 수 있어. 하지만 **비정규직**은 근로기간에 종료시점이 정해져 있지.

비정규직은 단시간근로자, 파견근로자, 기간제근로자의 3가지 유형이 있어.

단시간근로자는 쉽게 말해 일종의 파트타이머라고 생각하면 돼. **파견근로자**는 앞에서 살펴보았듯이 인력공급업체에서 파견한 근로자이고, **기간제근로자**는 근로기간이 최대 2년까지만 가능하며 그 이후는 정규직으로 전환하든지 계약을 종료하게 돼.

정규직과 비정규직이 얼마나 될까?

통계청(2017년 8월 기준)은 전체 임금근로자 2,000만명 중에서 정규직이 1,342만 명으로 67.1%, 비정규직이 657만명으로 약 32.9%라고 해. 월 평균 임금은 정규직이 285만 1천원, 비정규직이 156만 9천원으로 비정규직은 정규직의 약 55%를 받는다고 나와.

청년실업률은 15~29세의 경제활동인구 중에 실업자의 비율이야. 통계청의 2018년 1분기 자료에 따르면 전체실업률은 4.3%로 양호한 편이지만, 청년실업률은 10%를 찍었어. 취업을 포기한 구직단념자 등을 감안하면 실제는 통계의 2배일 수도 있어. OECD는 청년실업률이 개선되는 추세를 보이지 않는 나라는 우리나라와 칠레 단 두 나라 뿐이라고 한 바 있어.

88만원 세대는 우석훈 교수가 처음 쓴 말로 고용불안에 시달리는 20대를 통칭하는 말이야.
우석훈 교수는 2007년 그의 책 『88만원 세대』에서 20대의 상위 5%만이 안정된 직장을 가질 수 있고, 나머지는 평균임금 88만원을 받는 비정규직 삶을 살게 될 것이라고 예측했어.

청년층 10명 중 약 2명이 체감실업자이고, 20대 비정규직 비율이 증가 추세라면 앞으로 한국의 미래는 없어. 어두운 미래를 걷어내려면 경제 시스템을 바꾸는 수밖에 없어. 고용 없는 경제 시스템, 고용의 질이 날로 떨어지는 경제 시스템을 바꾸려면 사회적 논의가 필요해. 열심히 공부하고 일했는데도 그 대가가 비정규직으로 88만원 세대가 될 수밖에 없다면 경제 시스템을 바꿔야지.

이끌어라, 못하겠으면 떠나라! 20여년 전에 나왔던 책 제목이야. 나는 이 말이 지금의 20, 30대가 **기성세대에게 도전하며 던질 말**이라고 생각해.

문제 다음 문제를 보고 O, X로 표시해 보자.

1. 우리나라의 고용탄성치는 높아지고 있다. ( )
2. 우리나라에서 취업유발계수가 높은 산업은 농림어업수산품, 음식점 및 숙박서비스, 도소매업, 건설업 순이다.

정답) 1. X 2. O

Section

10 1인당 국민소득이 으랏차차

국민총소득(GNI) | 1인당 국민소득 | 실질GNI | 교역조건 | 1인당 구매력 GDP | 삼면등가의 법칙

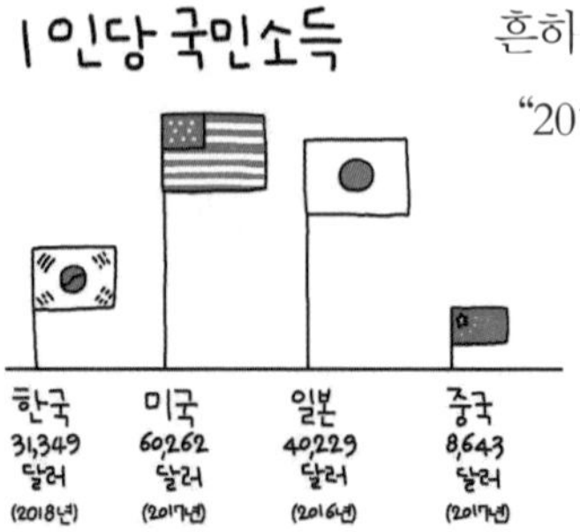

흔히 미국 국민은 중국 국민보다 잘산다고 해. 또 "2018년 한국의 국민소득이 3만 달러를 넘었다"는 뉴스도 들었을 거야.

보통 한 국가의 국민들의 생활수준은 1인당 국민소득으로 나타내. 그런데 국민소득은 어떻게 구할까?

한 나라의 국민이 1년간 생산한 재화와 서비스의 합을 국민총생산(GNP)이라고 해. 그리고 GNP에서 환율이나 물가 등의 요소를 제외시키면 순수한 **국민총소득(GNI)**을 구할 수가 있어. GNP가 명목소득이라면 GNI는 실질소득이라고 할 수 있지.

마치 광필이네가 1년간 5천만원의 소득을 올리면 그게 광필이네의 GNP이고, 또 물가가 4% 오른 것을 감안해 주면 실질소득은 4,800만원이 되는 것과 같은 이치야. 이게 GNI인 셈이지.

한 나라 국민의 구매력을 나타내는 국민총소득(GNI)을 인구 수로 나누면, 그게 바로 **1인당 국민소득**이야. 물론 국제간 비교를 위해 모든 나라가 달러로 환산해서 발표해.

한국의 1인당 국민소득 31,349달러(2018년 기준)를 우리 돈 원화로 계산하면 얼마나 될까?

환율 1100원으로 환산하면, 1인당 국민소득은 약 3,449만원이고, 4인 가족이라면 약 1억 3,800만원이야. 물론 가계의 소득이 이 기준을 넘는 경우도 있고 부족한 경우도 있고……. 어쨌든 평균이 그렇다는 이야기.

GNI에 대해 조금만 더 살펴볼까?

GNI는 **국민총소득**으로 한 나라의 국민이 일정 기간 생산에 참여한 대가로 벌어들인 소득의 합계야. 명목소득이 아니라 물가상승률만큼을 제외한 실질구매력 측면에서 본 국민총소득이지.

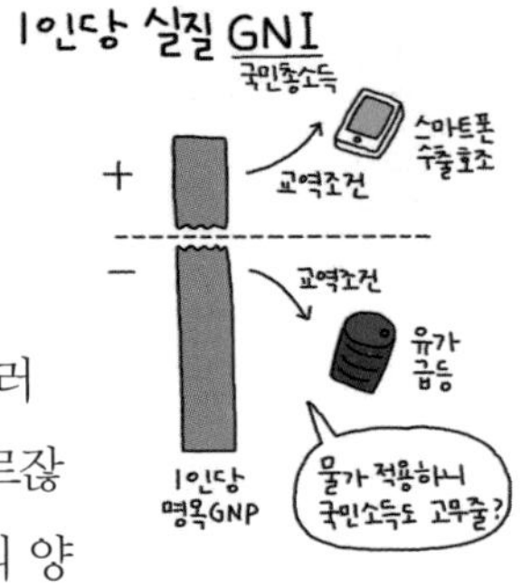

예를 들어 국제 유가가 60달러 선이었을 때 2만 달러 소득과, 100달러 선일 때 2만 달러 소득은 가치가 다르잖아? 명목소득은 같지만 그 돈으로 살 수 있는 상품의 양은 현저하게 줄어드니까. 그래서 1인당 국민소득을 구할 때는 실질GNI를 이용하는 거야.

실질GNI(국민총소득)=실질GNP+교역조건(실질 무역손익)

교역조건은 수출입에서 한 나라가 가격상 얼마나 유리, 또는 불리한지를 지수화한 거야. 수출상품 1단위와 수입상품 1단위의 평균가격을 구한 다음 나누어 계산해.

예를 들어 수출상품 1단위의 평균가격은 100달러이고, 수입상품 1단위의 평균 가격이 90달러이면 교역조건이 좋은 거야. 수출상품 1단위를 팔아서 수입상품 1.1단위를 살 수 있으니까.

교역조건이 악화된 경우를 볼까? 예전에는 자동차 1대를 수출하면 원유 400배럴을 수입할 수 있었는데 이제 300배럴밖에 수입할 수 없다면? 그만큼 수입물가가 오르고 국민들의 실질소득(구매력)인 실질GNI는 실질GNP보다 더 많이 감소하며, 국민들의 체감경기가 나빠지는 거지.

어쨌든 실질GNI(국민총소득)는 교역조건의 변화율을 반영해 GNP의 숫자를 조정해 준 거야. 명목소득(1인당 GNP)이 올라갔더라도 교역조건이 악화되면, 국민소득은 작년보다 못할 수 있는 거지.

1인당 국민소득을 말할 때는 **1인당 구매력 GDP**를 이용하기도 해.

작년과 올해의 GDP가 똑같더라도, 환율이 1000원에서 900원으로 내리면, 달러 기준 GDP가 10% 상승한 걸로 나와. 그래서 각국의 1인당 GDP를 비교할 때는 명목GDP에 물가수준을 반영해서 산출하고 달러로 표시해.

1인당 구매력 GDP

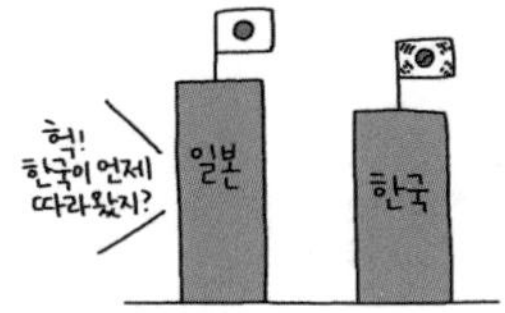

이 기준으로 계산했을 때 일본의 1인당 GDP는 42,229달러에서 42,870달러(세계 35위)로 올라가고, 우리나라는 29,745달러에서 35,790달러(세계 48위)로 올라가(2017년 기준, 세계은행).

1인당 GNI가 3만 달러를 넘고 인구가 5천만명을 넘는 나라들을 **30-50 클럽**이라고 불러. 2019년 현재 우리나라를 포함해 미국, 독일, 일본, 프랑스, 영국, 이탈리아 이렇게 7개국이야.

우리나라는 2006년에 2만 달러를 넘어선 후 2018년에 3만 달러를 돌파했는데, 꼬박 12년이 걸린 셈이야.

잠깐, **삼면등가의 법칙**을 알아볼까?

삼면등가의 법칙

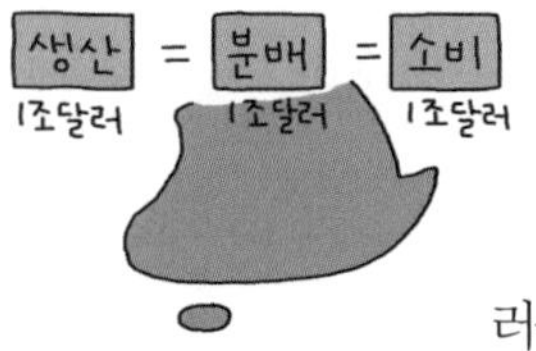

국민경제는 하나의 순환을 이루어. 광필이네 섬나라가 1년간 1조 달러어치를 생산했다면 생산에 기여한 노동자에게 임금으로, 자본을 투자한 사람에게는 배당으로, 토지를 빌려준 사람에게는 지대 등으로 1조 달러가 분배가 돼. 그리고 돈을 받은 사람들은 이 1조 달러를 지출해서 생산품을 사들이지.

즉 국민경제는 순환을 하기 때문에 국민총생산은 생산, 분배, 지출의 3가지 측면에서 본 총액이 같다는 거야. 그러니까 삼면등가의 법칙은 생산국민소득=분배국민소득=지출국민소득인 거지.

문제 다음 문제를 보고 O, X로 표시해 보자.

1. 1인당 국민소득은 한 나라 국민의 구매력을 보여준다. ( )
2. 교역조건이 나빠지면 1인당 실질GNI가 낮아진다. ( )

정답) 1. O 2. O

Section 11

소득분배가 우르르 쾅쾅

평균의 함정 | 로렌츠 곡선 | 소득 10분위 분배율 | 소득 5분위 배율 | 지니계수 | 상대적 빈곤율 | 엥겔계수

광필이가 맥주집에서 친구 3명과 술을 마시고 있었어.

광필이의 연봉은 4천만원, 친구들의 연봉은 각각 3천만원, 4천만원, 5천만원으로 **광필이네 테이블의 평균 연봉**은 4천만원이었어.

그런데 연봉이 10억원인 친구 종팔이가 허겁지겁 술집으로 들어왔어. 이제 광필이네 테이블의 평균 연봉은 2억 3,500만원이 되었어. 이게 **평균의 함정**이야.

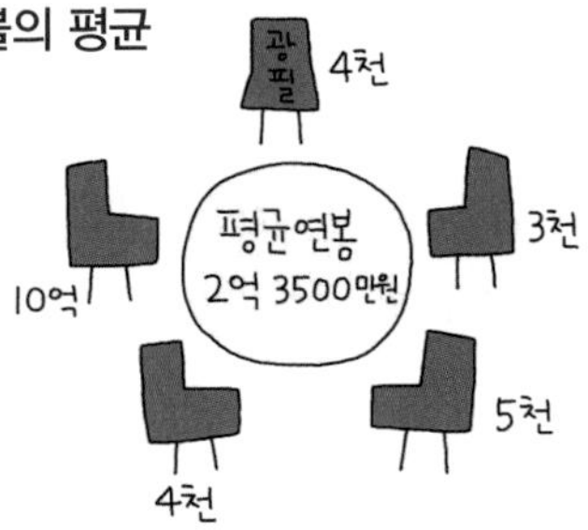

한국의 1인당 국민소득이 약 3만 달러라고 해서 국민 한 사람 한 사람의 생활수준이 같다고 볼 수는 없어. 이건 그냥 평균일 뿐, 소득이 사회 각 계층에 얼마나 골고루 분배되는지에 따라 국민들의 생활수준이 달라질 수 있는 거지. **광필이네 테이블의 평균 연봉이 보여주듯이.**

국민들의 전반적인 생활수준을 알려면 그 나라가 빈부격차가 심한지, 소득이 골고루 분배되고 있는지도 함께 살펴보아야 해. 빈부격차와 소득분배 상태를 볼 수 있는 4가지 지표를 살펴볼까?

먼저 로렌츠 곡선. **로렌츠 곡선**은 한 나라의 소득분배 정도를 보여주는 그래프로 **소득분배 곡선**이라고도 해.

로렌츠 곡선에서 X축은 소득별 누적인구수인데 가장 왼쪽이 소득 최하위 10%인 1분위이고 오른쪽 끝의 10분위가 소득 최상위 10%야. 오른쪽으로 갈수록 소득이 높은 계층이지.

수직축(Y축)에는 각 분위의 소득이 국민 전체 소득에서 차지하는 누적비율을 표시해.

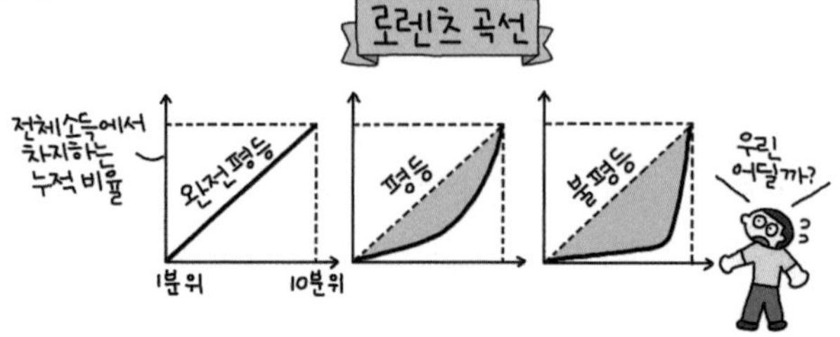

중간의 대각선은 완전평등선이야. 만약 최하위 10%인 1분위가 소득의 10%, 2분위도 10%, 최상위인 10분위도 소득의 10%를 가져간다면 소득분배가 완전히 평등한 사회야.

곡선이 대각선에 가까울수록 평등한 사회이고, 곡선이 배가 부를수록 소득분배가 불평등한 사회야. 대각선과 곡선 안쪽의 면적을 **불평등 면적**이라고 해. 이 면적이 좁을수록 평등한 사회야.

소득 최상위층과 최하위층의 빈부격차는 얼마나 되는지 알아볼까? 소득 10분위 분배율과 소득 5분위 배율은 최상위층과 최하위층의 빈부격차가 얼마나 큰지를 보여줘.

먼저 **소득 10분위 분배율**은 소득계층을 10개로 나누어. 그리고 소득 최하위 40%(1~4분위) 계층의 소득점유율을 최상위 20%(9,10분위)의 소득점유율로 나누어 구해.

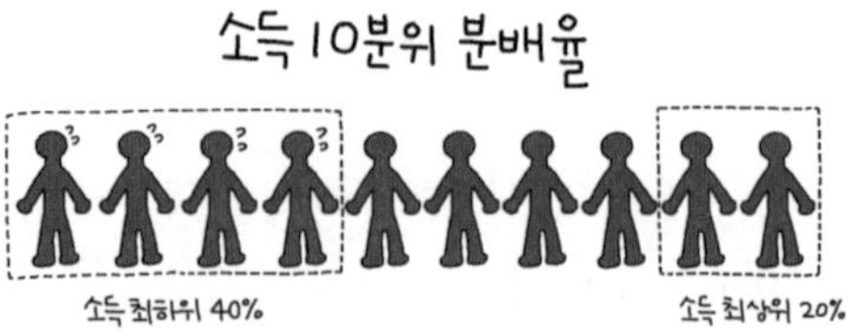

만약 분배가 완전히 평등하다면, 즉 하위 40%가 소득의 40%, 최상위 20%가 20%를 가져간다면 소득 10분위 분배율은 2가 나와. 소득 10분위 분배율은 0~2가 나오는데 숫자가 클수록 소득이 평등하게 분배되고 있는 나라야.

소득 5분위 배율은 소득계층을 5개로 나누어, 최상위 20%의 소득점유율을 최하위 20%의 소득점유율로 나누어 구해. 소득분배가 완전평등 하면 1, 극단적으로 소득분배가 불평등하면 무한대가 나와.

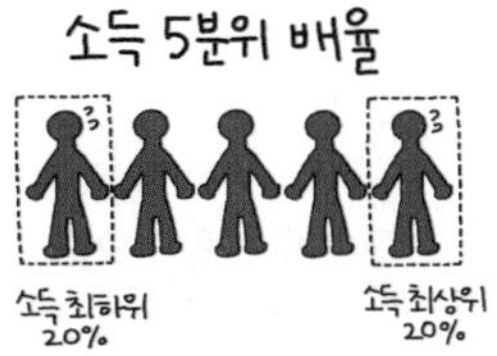

소득 5분위 배율이 1에 가까울수록 평등분배가 이루어지고 있는 국가야. 우리나라는 2006년에 소득 5분위 배율이 6.65였는데 2011년에는 7.86, 2016년에는 9.32로 지속적으로 상승하고 있어. 빈부격차가 계속 커지고 있는 거지.

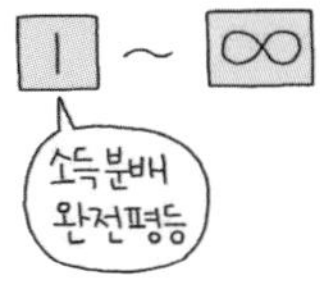

지니계수는 소득이 얼마나 균등하게 분배되는가를 나타내는 소득분배의 불균형 지표야.

로렌츠 곡선에서 소득평등 상태의 면적(직각이등변삼각형의 면적)에서 소득불평등 면적(대각선과 곡선 사이의 면적)이 차지하는 비율로 나타내.

여러분이 계산할 필요는 없고 그냥 수치만 볼 줄 알면 돼. 지니계수는 뉴스에 자주 나오니까.

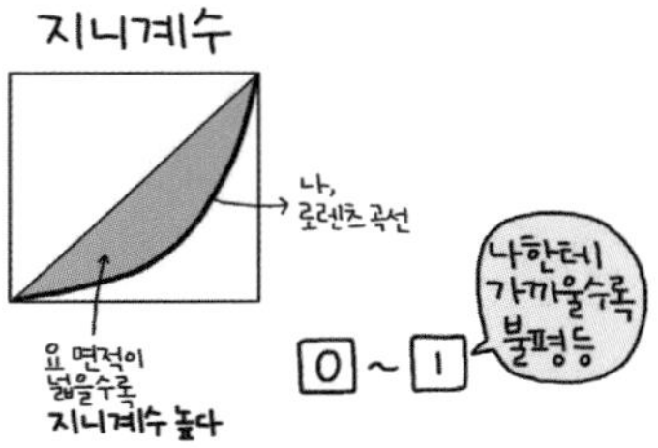

소득 완전평등 상태이면 불평등 면적이 0이므로 지니계수가 0이고, 소득이 완전 불평등하면 불평등면적이 이등변삼각형 면적과 같아서 지니계수는 1이야.

지니계수는 0~1인데 값이 클수록 소득이 불평등하게 분배되고 있다는 거야. 보통 지니계수가 0.4를 넘으면 소득불평등이 심한 것으로 봐.

한국은 1990년대에는 지니계수가 약 0.28이었는데 2011년 0.342, 2016년에는 0.353으로 커졌어. 소득불평등이 심해지고 있다는 거지.

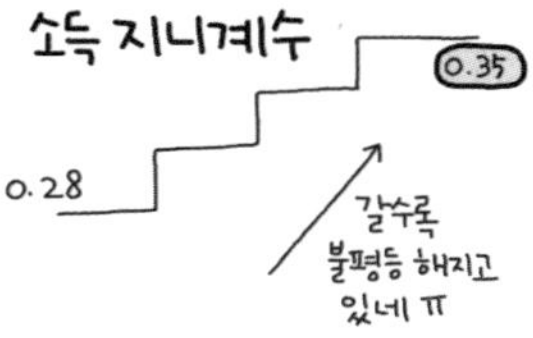

빈부격차를 가장 명확히 보여주는 지표로 **상대적 빈곤율**이라는 것도 있어.

예를 들어 100명이 사는 나라에서 소득이 적은 사람부터 가장 많은 사람

까지 한 줄로 세워. 그런 다음 50번째에 있는 사람을 기준으로 보는 거야.

상대적 빈곤율은 소득이 이 중위소득의 절반도 안 되는 사람들의 비율이야.

우리나라의 상대적 빈곤율은 19.5%(2016년)야. 쉽게 말해 중위소득이 월 250만원이면 우리나라 인구의 20% 정도는 125만원 이하의 소득을 벌고 있다는 거야.

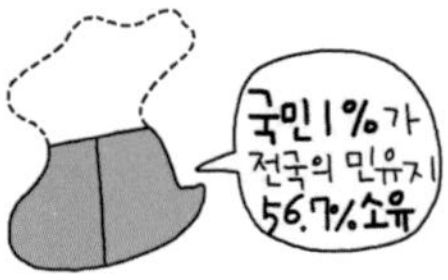

부동산 등 자산 기준 불평등은 어떨까? 100억 상속 직장인 A씨와 월세집밖에 없는 B씨, 연봉이 3천만원으로 같더라도 생활의 질은 크게 다르겠지? 중요한 건 보유자산으로 비교해야 한다는 것.

자료에 따르면 토지 보유 상위 1만명이 전국 토지의 9.6%를 가지고 있고, 상위 5만명이 20.8%, 상위 10만명이 28.8%, 상위 50만명이 56.7%를 소유하고 있어(2006년 기준). 국민의 1%인 50만명이 우리나라 민유지의 약 56.7%를 독차지하고 있다는 거다. 소득 지니계수가 약 0.35인 것과 비교하면, 자산 불평등이 얼마나 심한지를 알 수 있지.

국민들의 삶을 볼 수 있는 다른 지표 하나 볼까? **엥겔계수**는 가계의 총소비지출에서 차지하는 식료품비의 비중. 한 달 총지출이 300만원인데 식료품비가 60만원이면 엥겔계수가 20%야. 저소득층일수록 엥겔계수가 높아.

우리나라 엥겔계수는 2000년에 13.9%로 최고치였다가 2007년에 11.8%까지 하락했어. 금융위기가 터진 2008년에 12.2%로 반등했고, 2017년에는 13.8%로 다시 올랐어. 삶이 더욱 힘들어지고 있다는 것의 반증이지.

문제 소득 불평등 지수에 대한 설명 중 틀린 것은?

① 로렌츠 곡선의 배가 부를수록 소득분배가 불평등한 국가이다.
② 우리나라는 소득 지니계수가 자산 지니계수보다 크다.
③ 소득 5분위 배율이 1에 가까울수록 평등 분배가 이루어지고 있다.
④ 우리나라의 지니계수는 계속 커지고 있다.
⑤ 우리나라의 상대적 빈곤율은 커지고 있다.

정답) ②

Section

12 가계부채가 불끈불끈

가계부채 | 개인의 금융부채 | 가처분소득 | 가계저축률 | 가계대출 연체율

가계부채는 가계가 은행, 보험회사 등 금융기관에서 대출한 돈, 신용카드로 물건을 산 뒤 아직 결제되지 않은 돈, 물건을 할부로 샀을 때 갚아야 할 남은 돈 등을 더한 거야.

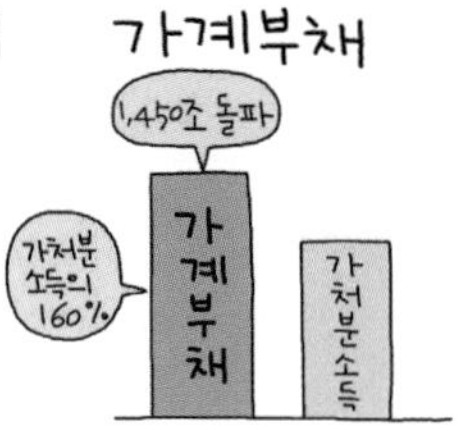

사실 집주인이 세입자에게 받은 전세나 월세의 보증금도 나중에 세입자에게 돌려주어야 할 돈이므로, 가계부채로 집계한다면 가계부채는 훨씬 크게 늘어날 거야.

우리나라의 가계부채 잔액은 2017년 말 기준으로 약 1,451조원으로 증가 속도가 너무 빨라. 심각한 것은 가계부채가 가처분소득(약 908조원)의 160%에 가깝다는 거야.

가처분소득은 개인소득 중 소비, 저축을 자유롭게 할 수 있는 소득. 세금과 이자 지급, 월세 등 비소비지출을 공제하고 여기에 사회보장금, 연금 등의 이전소득을 보탠 거야. 가처분소득 대비 가계부채 비율은 이미 오래전부터 빠르게 증가했어. 특히 빚을 내서라도 집을 사는 게 이득이라며 공공연히 대출을 부추겼던 박근혜 정부의 초이노믹스(2014년) 시기부터 증가세가 가팔라졌어.

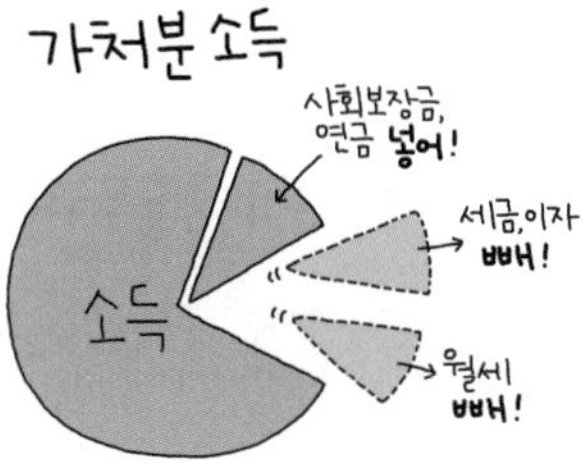

가계저축률은 나라 전체의 저축액에서 정부와 기업의 저축을 뺀 거야. 법인이 아닌 개인사업자의 저축은 가계저축률에 포함돼.

한국의 가계저축률은 1988년 24.7%, 1990년대에도 20% 내외였어. 그런데 외환위기를 거치면서 크게 하락해 2002년에는 1%까지 떨어졌고, 비교적 최근인 2017년에는 7.6%야. 2017년 기준으로 OECD 국가 중 5위를 차지했어. 2008년 세계 금융위기 이후 초저금리 기조가 유지됨에도 불구하고, 저축률

이 계속 오르자 '저축의 역설'이란 말이 뉴스에 등장하기도 했어. 사람들이 소비를 너무 줄여 불황 상태가 계속된다는 거야. 하지만 더 근본적인 문제는 기업과 가계 소득 양극화 아닐까?

2018년 5월 국회예산정책처의 자료에 따르면 1995년부터 2017년까지 우리나라 GNI가 연평균 6.6% 증가할 때, 가계소득은 6%씩 증가한 데 비해 기업소득은 8.1%씩 증가했어.

국가의 부가 20년 이상 가계에서 기업으로 이전되었다는 이야기. 우리나라의 총저축률은 1995년 38.1%였고 2017년에도 36.3%야. 20년 이상 한 번도 30% 아래로 떨어진 적이 없어. 그러니까 가계저축률이 빠진 것만큼, 기업의 저축률이 높아졌다고 생각하면 얼추 맞는 거야.

가계부채와 개인의 금융부채는 서로 다른 개념이야.

먼저 개인과 법인을 구분할 수 있어. 법인은 하나의 사람으로 취급해. 그래서 이름도 '법인'. 쉽게 말해 주식회사야. 내가 주식회사를 만들어 은행에서 10억원을 대출하면 그건 법인의 부채야. 이와 달리 내가 개인회사(자영업 등)를 만들어 은행에서 10억원을 대출하면 그건 개인 부채야. 그러니까 **개인의 금융부채**는 가계부채에 개인기업이 진 부채까지 합한 개념이라고 생각하면 돼.

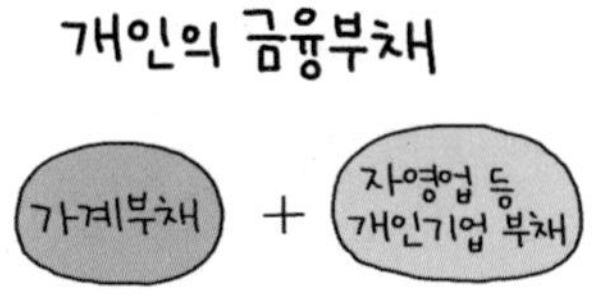

문제 1 가처분소득에 속하는 것을 모두 고르면?
① 세금 ② 대출 이자 ③ 월세 ④ 사회보장금 ⑤ 연금

문제 2 가계부채에 해당되지 않는 것은?
① 은행 대출 ② 주식회사 대출 ③ 신용카드 미지불금 ④ 할부금

문제 3 가계부채에 대한 설명 중 틀린 것은?
① 가계부채가 빠르게 증가하고 있다.
② 우리나라 가계부채는 가계 가처분소득의 100% 미만이다.
③ 가계금융부채는 자영업 등 개인 기업부채를 포함한다.

정답) 1. ④, ⑤ 2. ② 3. ②

Section

13 국제수지가 꼼꼼하게

국제수지 | 경상수지 | 상품수지 | 서비스수지 | 본원소득수지 | 이전소득수지 | 자본수지 | 금융계정 | 준비자산 | 오차 및 누락

국제수지표는 일정 기간 동안 국내 거주자와 비거주자 간에 발생한 경제적 거래를 기록한 표야. 국적 기준이 아니라 주된 경제활동 영역이 국내인지 외국인지에 따라 구분해. 외국인이라도 1년 이상 우리나라에 거주하며 경제활동을 하면 거주자로 분류돼.

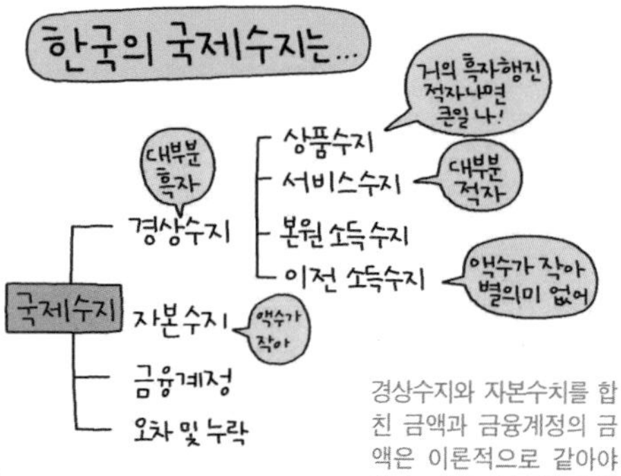

경상수지와 자본수치를 합친 금액과 금융계정의 금액은 이론적으로 같아야 한다. 다만 기초자료의 한계 및 평가방법 상의 차이로 오차가 생기는데 그 차이가 오차 및 누락에 기입된다.

하지만 여기서는 머리에 쏙쏙 잘 들어오게 그냥 우리나라와 외국이라고 표현할 건데, 전체적인 이해가 되면 거주자와 비거주자 개념으로 치환시켜 생각하길 바래.

경상수지

경상수지는 재화나 서비스를 외국과 사고파는 거래 즉 경상거래의 결과로 나타나는 수지를 말해. 우리나라가 1년 간 재화나 서비스를 외국에 1조 달러만큼 팔았고, 같은 기간 동안 외국의 재화나 서비스를 9천억 달러만큼 사왔다면 경상수지는 1천억 달러 흑자가 난 거야. 경상수지는 상품수지, 서비스수지, 본원소득수지 및 이전소득수지로 구성되어 있어.

상품수지는 반도체, 자동차, 배 같은 상품의 수출액과 수입액 차이. 한국은 제조업 중심의 수출국가여서 상품수지는 거의 매해 흑자야. 상품수지가 적자가 나면 경제가 크게 흔들려.

서비스수지는 서비스 수출액과 수입액의 차액이야. 운수, 관광, 통신, 교육 등이 들어가. 한국의 서비스 수지는 대부분

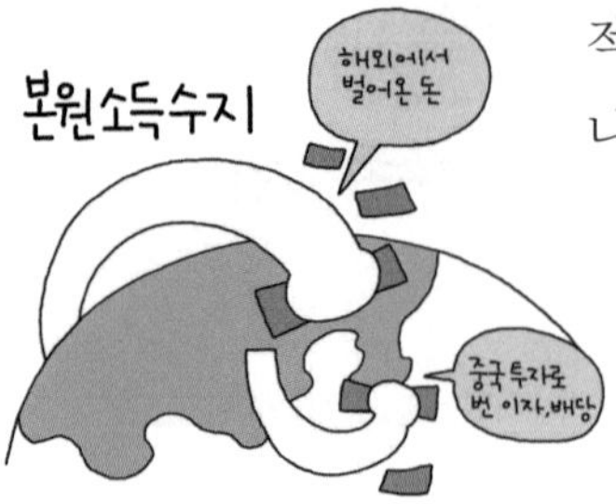

적자야. 해외여행비나 해외유학비 등이 많으니까.

본원소득수지는 노동소득이나 투자소득으로 외국에서 벌어들인 돈과 나간 돈의 차액이야. '급료 및 임금수지'와 '투자소득수지'로 나눌 수 있어. '급료 및 임금수지'는 우리나라 사람이 외국으로부터 받은 임금과 외국인이 우리나라로부터 받은 임금의 차이, '투자소득수지'는 우리나라 사람이 외국으로부터 받은 배당금과 이자의 합계액과 외국인이 우리나라로부터 받은 배당금과 이자의 합계액의 차이야. 우리가 받은 금액이 더 많으면 흑자가 될 것이고, 반대면 적자가 돼.

손흥민 선수의 연봉이 국내로 들어오면 어떻게 될까? 손흥민 선수는 한국인이지만 거주자와 비거주자의 개념으로 보면 비거주자가 되어 본원소득수지에 들어가지 않는다.

이전소득수지는 대가가 없이 국제간에 이전된 상품, 서비스 금융자산 등을 기록하는데, 무상원조와 외국에 거주하는 가족에 대한 송금 등이 포함된다. 한국의 이전소득수지는 대부분 적자야.

한국의 경상수지는 **대부분 상품수지와 서비스수지에 따라 결정돼.** 다른 것은 금액이 적어. 한국은 제조업 위주의 수출국가이므로, 경상수지는 대부분 흑자인 반면 서비스수지는 거의 적자야.

미국의 경우 보통 상품수지는 적자, 서비스수지는 흑자야. 우리와 반대지.

자본수지는 우리나라와 외국간 상속 및 상속세의 수입액과 지급액의 차이, 상표권·영업권·판매권 등의 매매에 따른 수입액과 지급액의 차이를 기록해. 예를 들어 우리나라 사람이 외국의 부동산을 1,000억 달러에 사고, 외국인이 우리나라 땅을 500억 달러에 샀다면 자본수지는 −500억 달러야. 달러가 더 많이 빠져나갔으니 적자가 되지.

금융계정은 직접투자, 증권투자, 파생금융상품, 기타투자, 준비자산으로 구분돼.

직접투자는 우리나라와 외국 간의 직접투자 거래액의 차액이 기록되는

데, 흔히 매매차익을 얻기 위한 주식투자와는 달리 투자자가 해외 기업의 경영에 상당한 영향력을 행사할 목적의 투자를 말해.

증권투자는 우리나라와 외국 간에 일어나는 주식 및 채권 거래를 말하는데, 좀 전에 말한 직접투자와 준비자산에 해당하는 거래는 제외하고 계산해. 파생상품거래도 그 거래의 결과로 일어난 손익 등이 기록되며, 기타투자에는 무역신용, 대출 및 차입 등의 거래 차액이 기록돼. 준비자산은 일정 기간 동안 일어난 외환보유액의 변동액 중에서 환율, 주가, 금리의 변화에 따른 변동분을 제외한 금액이야. 주의할 점이 있는데, 보통 뉴스에 나오는 특정 시점의 외환보유고 잔액은 그 시점에 정부와 한국은행이 총 얼마의 외환을 보유하고 있는가를 나타내는 것이어서 둘은 서로 다른 개념이야.

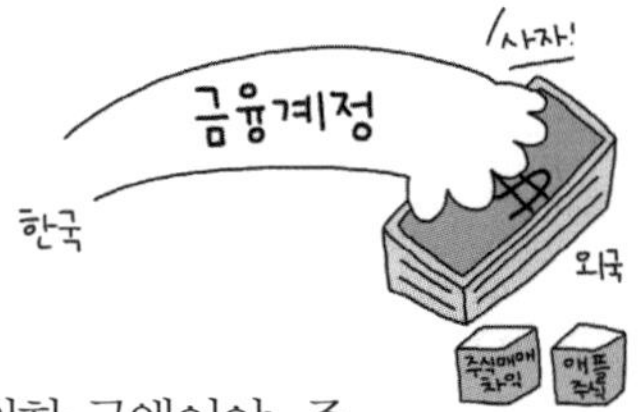

우리나라는 **경상수지 흑자, 금융계정도 순자산증가(+)**가 날 때가 많아. 경상수지+자본수지=금융계정+오차 및 누락인데 자본수지와 오차 및 누락은 액수가 작아 좀 거칠게 말하면 경상수지≒금융계정이라고 볼 수도 있어. 쉬운 예를 들어볼께.

광필이가 김밥집을 하고 있는데, 이걸 한 국가라고 생각해 보자.
1년간 김밥을 팔아 3억원의 매출을 올린다고 하자. 재료는 다른 가게에서 사오는데 재료비가 2억원이야.

김밥나라의 경상수지는?
수출이 3억원, 수입이 2억원이므로 경상수지는 1억원 흑자야. 우리나라도 거의 원자재를 수입해 가공한 다음 수출하니까 이 김밥집과 구조가 비슷하지.
그런데 경상수지 흑자액 1억원을 광필이네집 **벽장 속에 넣어두지는 않잖아?** 이 돈을 굴려서 더 불리려고 예금을 하든지 주식에 투자하든지. 그래서 이 금액만큼 금융계정의 순자산증가(+)로 나타나게 되는거지.

우리나라도 수출기업이 외국에서 달러를 벌어오면 은행에서 원화로 환전하겠지? 또는 달러 예금을 해 두었다가 원자재 대금을 결제할 때 쓰든지.

어쨌든 달러는 은행으로 들어가고, 은행은 이 돈을 해외에 투자하든지 빌려주든지 하게 돼. 심지어 한국은행이 원화를 주고 사들인 달러(외환보유고)도 지하금고에 넣어두지 않고 안전한 자산 등에 투자하고 있어.

수출 위주의 경제구조를 가진 우리나라는 **경상수지는 주로 흑자**이고, 이에 따라 금융계정도 순자산증가로 나타나게 돼.

국제수지의 양대 축인 **경상수지와 금융계정의 3가지** 경우를 볼까?

경상수지 흑자, 금융계정 순자산증가(+)

경상수지 흑자가 크게 나면 달러가 많이 들어와. 이걸 국내에 쌓아놓으면 뭐하겠어? 이 달러를 가지고 해외투자에 나서. 그래서 경상수지 흑자가 크면 우리나라의 순자산도 늘어나게 돼.

경상수지 적자, 금융계정 순자산감소(–)

경상수지 적자가 커지면 결국 달러를 빌려와야 해. 원자재를 사려면 달러가 필요하니까. 그래서 경상수지가 적자가 되면 금융계정이 순자산감소(–)로 나타나게 돼. 빌린 달러는 부채니까.

한국은 수출로 먹고사는 국가야. 우리 경제를 이해할 때 가장 중요한 포인트지. 즉 수출 중심 국가라 경상수지 적자는 경제에 매우 안 좋은 신호야.

외환위기 1년 전인 1996년 경상수지는 약 247억 달러 적자, 금융계정은 235억 달러 순자산감소(–)였어.

경상수지 적자, 금융계정 순자산증가(+)

경제위기가 닥친 시기야. 2008년 7월 한 달 간 경상수지는 약 23억 달러 적자, 금융계정은 0.1억 달러 순자산증가(+) 였어.

이렇게 경상수지 적자와 금융계정 순자산증가(+)가 나타나는 것은 매우 드물고, 유지 기간도 매우 짧아 특별한 의미를 부여하긴 힘들어. 외국인이 국내 주식을 매도할 경우 증권투자(부채)가 줄어들면서 한편으로는 우리나라의 현금(자산)도 줄어들기 때문에 금융계정의 순자산 규모에는 변화가 없어. 다만 자산과 부채가 기록되는 과정에서 시차가 있을 수 있어 일시적으로 금융계정이 순자산증가(+)로 나타날 수 있을 뿐이야.

경상수지 흑자와 금융계정 순자산감소(−)가 동시에 나타나는 것도 위와 마찬가지로 아주 드문 경우이고 특별한 의미는 없다고 보면 돼.

문제 1 다음 중 경상수지에 속하지 않는 것을 모두 고르시오.

① 반도체 등의 상품수지 ② 운수, 관광, 교육 등의 서비스수지
③ 무상원조 등의 이전소득수지 ④ 노동소득 등의 본원소득수지
⑤ 외국인의 국내직접투자액 ⑥ 준비자산

문제 2 우리나라 국제수지와 관련된 설명 중 틀린 것은?

① 대체로 경상수지는 흑자, 금융계정도 순자산증가(+)이다.
② 경상수지가 연속해서 적자이면 경제위기가 올 수 있다.
③ 외국인이 주식을 마구 팔고 나가면 금융계정은 순자산증가(+)가 된다.
④ 영업권, 상표권 매매의 차액은 자본수지에 기록된다.

정답) 1. ⑤, ⑥ 2. ③

Section 14

국가부채가 바짝바짝

국가채무 | 국가부채 | 대외채무 | 순채무국 | 재정위기 | PIIGS국 | 채무재조정 | 헤어컷 | 재융자 | 디폴트 | 모라토리엄

먼저 국가채무와 국가부채부터 알아볼까?

국가채무는 중앙정부나 지방정부가 직접 갚을 의무가 있는 부채. 정부가 발표한 국가채무는 2017년 약 660.7조원으로 추산돼.

우리나라의 국가채무 규모는 GDP 대비 38.2%야. OECD 평균이 113%이고 IMF도 70%가 적정 수준이라고 권고해. 아직은 양호한 편이야. 국가채무를 인구 수로 나누면 1인당 약 1,284만원의 빚을 지고 있는 셈이지.

기업의 경우에도 부채가 성장의 동력이 될 수 있듯이, 국가채무도 소득의 불평등을 해소하고 미래의 경쟁력 있는 산업을 육성하는 데 사용된다면 전화위복이 될 수도 있어. 감성적으로만 보지는 말자고.

국가부채는 국가채무뿐만 아니라 국가가 보증을 선 채무를 포함해. 공기업 부채, 4대연금 부족액, 민자사업 손실보전액 등.

공기업 부채는 한국전력, 한국가스공사, LH공사 등 공기업이 채무를 못 갚으면 정부가 보증을 섰으므로 대신 갚아야 해.

2018년 3월 기획재정부가 발표한 국가부채는 약 1,556조원.

MB정부 때 사대강사업으로 막대한 돈을 쓴 LH공사 하나만 해도 2013년 약 142조원으로 부채가 늘어나며, 부채비율이 458%까지 올랐어(이후 고강도 정상화 방안을 실행하면서 2017년 부채비율을 306%까지 낮췄어).

4대연금 부족액은 국민연금, 공무원연금, 사학연금, 군인공제회연금 부족액. 정부가 국민의 세금으로 메워야 해. 2017년 기준으로 공무원연금공단의 총 부채액만도 724조원에 달해.

민자사업 손실보전액은 정부의 의뢰에 따라 민간자본이 고속도로 등을 건설했을 때 수익이 일정 기준에 미치지 못하면, 정부가 국민의 세금으로 그 부족분을 메워 주는 것.

대외채무는 정부와 민간이 외국에 진 빚으로 흔히 **외채**라고 해. 대외채권은 정부와 민간이 외국에 빌려준 돈이고, **순대외채권**은 외국에 빌려준 대외채권과 외국에서 빌려온 대외채무의 차액.

외국에서 받을 돈이 더 많으면 순채권국, 갚을 돈이 더 많으면 **순채무국**. 한국의 정부, 금융기관 등은 대외채무가 더 많아.

주요 국가의 국가채무가 어느 정도인지 한번 볼까? GDP 대비 국가채무 비율 말이야(기획재정부 『월간 재정동향』 2015년 4월, 2013년 기준). 우리나라는 양호한 편이지?(우리나라는 2017년 기준)

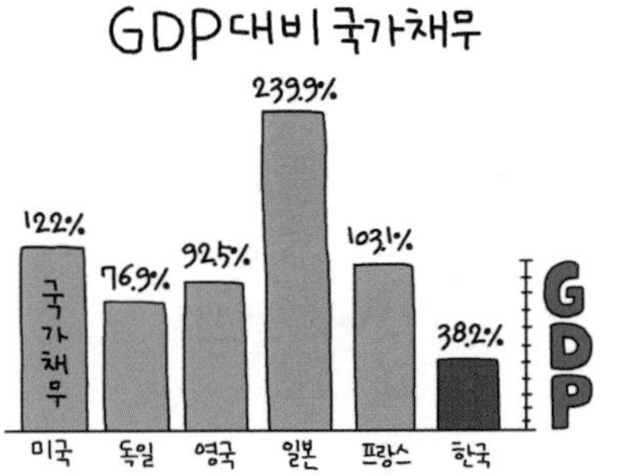

재정위기는 정부가 너무 빚을 많이 져서 위험한 상태야. 2010년 유럽 재정위기 문제가 불거졌어.

당시 유럽의 대표적인 재정위기 국가는 **피그스(PIIGS) 국가**. 포르투갈(P), 이탈리아(I), 아일랜드(I), 그리스(G), 스페인(S) 등의 남부 유럽국가였어. 이들 국가에 위기가 닥치면 돈을 많이 빌려준 프랑스, 독일 같은 나라의 은행으로 전파되고, 세계 경제에도 나쁜 영향을 미칠 수 있었지. 세계가 신경을 곤두세웠지. 다행히 큰 파국 없이 극복했어.

채무재조정은 만기를 연장해 주는 것으로 **리스케줄링**(rescheduling)이라고도 해. 대출금리는 당초 계약한 수준을 유지해. 한국도 외환위기 때 채무재조정을 받은 적이 있어.

헤어컷(hair cut)은 대출원금을 깎아주는 것. "못 갚겠다, 배 째라"고 하면 "30%는 놔두고 70%만 갚아라."

헤어컷은 원래 증권용어인데 보유자산의 가치가 하락했을 때 장부상의 가치도 내려 현실과 맞추어 주는 걸 말해.

재융자는 채무자가 채권자에게 새 융자를 받아 이전 융자를 갚는 것. **리파이낸싱**(refinancing)이라고도 해. 새로 융자를 받는 것이므로 금리가 바뀔 수 있어.

디폴트(default)는 외채 원리금의 상환 만기일이 왔을 때도 이를 갚지 못한 상태야. **채무불이행**, **지급거절**이라고도 해. "못 갚아, 배 째라!"

한 국가가 영원히 빚을 못 갚겠다고 디폴트 선언을 하기는 어려워. 인구 30만명의 중남미 국가 벨리즈가 디폴트를 선언한 적이 있긴 해.

모라토리엄(moratorium)은 **채무지급유예.**

"상환 만기일을 연장해 줘. 나중에 갚을게."

한 국가가 해외에서 빌려온 차관에 대해 일시적으로 상환을 연기하는 것. 모라토리엄 선언을 하면 채권국은 채무국과 채무 재조정(리스케줄링)을 해.

모라토리엄을 선언한 경우는 제법 있어. 한국도 1997년 말 외환위기로 모라토리엄 직전까지 갔었어. IMF와 양해각서를 쓰고 구제금융을 받았지. 브라질

과 아르헨티나는 1980년대와 2000년대 초반 모라토리엄을 두 번이나 선언했어. 그밖에 멕시코, 베네수엘라(1980년대), 러시아(1998년), 두바이의 국영기업 두바이월드(2009년)가 모라토리엄을 선언했어.

모라토리엄을 선언하면 대외신인도가 크게 떨어져. 또 경제주권이 빚을 갚을 동안 IMF나 채권국에 넘어가게 돼. 이들은 돈을 빌려주는 대신 전사회적인 구조조정을 하라고 요구하지.

빚쟁이는 시키는 대로 할 수밖에. 한국도 모라토리엄 선언 후 IMF 요구에 따라 구조조정이 단행되었어. 정리해고제 · 근로자파견제 같은 노동시장 유연화 정책을 도입하게 되었고. 경제가 파탄나면 경제 주권을 잃을 수밖에 없지.

문제 다음 문제를 보고 O, X로 표시해 보자.

1. 국가부채에는 국가채무뿐만 아니라 공기업 부채, 4대연금 부족액 등도 포함된다. ( )
2. 우리나라의 GDP 대비 국가채무 비율은 상대적으로 양호한 편이다. ( )
3. 우리나라는 채무지급유예, 즉 모라토리엄을 선언한 적이 없다. ( )
4. 우리나라는 디폴트를 선언한 적이 있다. ( )

정답) 1. O 2. O
3. X 4. X

확인하고 넘어가기

CHOICE

- ☐ 지하경제
- ☐ 기저효과
- ☐ 동행종합지수
- ☐ GDP
- ☐ 실질
- ☐ 잠재성장률
- ☐ GNP
- ☐ 명목
- ☐ 잠정치
- ☐ 경제성장률
- ☐ GDP 갭

1 기준시점의 수치 때문에 비교시점의 수치가 더 좋게 또는 더 나쁘게 보이는 것을 (　　　)라고 한다.

2 한 나라의 영토 안에서 1년간 생산한 상품과 서비스를 시장가격으로 합산한 것은 (　　　), 즉 국내총생산이다. 반면 한 나라 국민이 1년간 국내외에서 생산한 상품과 서비스를 시장가격으로 합산한 것은 (　　　), 즉 국민총생산이다.

3 (　　　)는 세금이나 정부의 규제를 회피하는 음성적인 경제활동이다. (　　　)는 GDP로 잡히지 않는다.

4 1년간 생산한 상품과 서비스를 그해의 시장가격으로 곱해서 구한 것은 (　　　)GDP, 기준연도의 가격을 곱해서 구한 것은 (　　　)GDP이다.

5 올해의 실질GDP를 전년도의 실질GDP로 나눈 뒤 100을 곱하면 (　　　)을 구할 수 있다. 미국이나 일본의 경우 분기 (　　　)을 연율로 환산해 발표한다.

6 한국은행은 GDP를 분기별/연 단위로 '전망치 → 속보치 → (　　　) → 확정치'로 발표한다.

7 한 나라가 가진 자본, 노동, 토지 등 생산요소를 최대한 사용해 물가를 자극하지 않으면서 최대로 달성할 수 있는 경제성장률은 (　　　)이다.

8 (　　　)은 실질GDP와 잠재GDP의 차이이다. 실질GDP가 잠재GDP보다 높으면 플러스 갭으로 경기가 과열되어 물가상승 압력을 받기 시작했다고 해석한다.

9 통계청이 발표하는 경기종합지수에는 선행종합지수, (　　　), 후행종합지수가 있다. 한편 (　　　)를 전월과 비교하면 증감률의 차이가 작아 추세가 한눈에 보이지 않기에 통계청에서는 (　　　) 순환변동치를 만들어 발표하고 있다.

1 기저효과 **2** GDP, GNP **3** 지하경제 **4** 명목, 실질 **5** 경제성장률 **6** 잠정치 **7** 잠재성장률 **8** GDP 갭 **9** 동행종합지수

10 최종 소비단계에서 약간의 수요가 늘어나도 생산공장에서는 훨씬 많은 상품을 만들게 되는 효과를 (   )라고 한다.

11 수출단가가 수입단가보다 높아져 (   )이 좋아지면 앞으로 경기가 좋아질 가능성이 높다.

12 (   )는 경영자들을 대상으로 앞으로의 경기전망 등을 설문조사해 발표하는 것이다. BSI라고도 한다.

13 (   )는 통계청이 매월 481개 품목의 가격을 조사해 소비지출의 비중에 따라 가중치를 적용해서 산출한다.

14 한 나라의 전반적인 물가수준을 보여주는 지표로, 명목GDP를 실질GDP로 나누어 전반적인 물가상승률을 산출해낸 것을 (   )라고 한다.

15 (   ) 상승률은 곡물을 제외한 농산물, 그리고 석유류, 축수산물, 가공식품, 전기료, 지역난방비 등 외부충격에 의해 가격변동이 큰 144개 품목을 제외하고 계산한 물가상승률이다.

16 (   )는 15세에서 64세까지 인구 중 현역군인, 의무경찰, 공익근무요원, 형이 확정된 수감자 등을 제외한 인구이다. 경제활동인구는 (   )에서 현재 일을 하고 있거나 일을 하려는 의지가 있는 사람이다. 실업률은 (   ) 중에서 실업자의 비율이다.

17 (   )은 생산가능인구 중에서 고용자 수의 비율이다.

18 경제가 1% 성장할 때 취업자가 얼마나 늘어나는지를 알려주는 지표는 (   )이다.

19 (   )는 정리해고제, 변형근로제와 함께 대표적인 노동시장 유연화 정책이다.

CHOICE

- □ 기업경기실사지수
- □ 채찍효과
- □ 소비자물가지수
- □ 고용탄성치
- □ GDP 디플레이터
- □ 경제활동인구
- □ 고용률
- □ 근원물가
- □ 순상품 교역조건
- □ 파견근로제
- □ 생산가능인구

10 채찍효과 **11** 순상품 교역조건 **12** 기업경기실사지수 **13** 소비자물가지수 **14** GDP 디플레이터 **15** 근원물가 **16** 생산가능인구, 생산가능인구, 경제활동인구 **17** 고용률 **18** 고용탄성치 **19** 파견근로제

CHOICE

- □ 상대적 빈곤율
- □ 모라토리엄
- □ 지니계수
- □ 금융부채
- □ 디폴트
- □ 국가부채
- □ 재정위기
- □ 서비스수지
- □ 헤어컷

20 (　　　)는 소득이 얼마나 균등하게 분배되는가를 나타내는 소득분배의 불균형 지표로, 로렌츠 곡선에서 소득 불평등 면적이 차지하는 비율이다.

21 소득이 국민 중위소득의 50%에도 미치지 못하는 사람들의 비율은 (　　　)이다.

22 개인의 (　　　)는 가계부채에다 개인기업이 진 부채까지 포괄한 개념이다.

23 경상수지는 상품수지와 (　　　), 본원소득수지, 이전소득수지의 합계이다. (　　　)는 운수, 관광, 통신, 교육 등으로 우리나라로 들어온 돈과 나간 돈의 차액이다.

24 경상수지가 흑자이면 금융계정은 순자산(증가/감소)이다. 예를 들어 수출실적이 좋아 달러를 많이 벌어들이면 그 달러는 다시 투자되기 때문에 순자산은 (늘어나는/줄어드는) 것이다.

25 국가채무는 중앙정부와 지방정부가 직접 갚을 의무가 있는 부채, (　　　)는 국가채무에다가 국가가 보증을 선 채무까지 포함한 개념이다.

26 (　　　)는 국가가 빚을 너무 많이 져서 위험한 상태이다.

27 채권국이 마지못해 갚아야 할 원금을 깎아주는 것을 (　　　)이라고 한다.

28 외채 상환 만기일에 빚을 못 갚겠다고 선언하면 (　　　), 지급을 유예해 달라고 요청하면 (　　　)이다.

20 지니계수 **21** 상대적 빈곤율 **22** 금융부채 **23** 서비스수지 **24** 증가, 늘어나는 **25** 국가부채 **26** 재정위기 **27** 헤어컷 **28** 디폴트, 모라토리엄

7

Chapter

환율이 후들후들

1. 외화가 한눈에 쏙 / 2. 환율 시세가 들쑥날쑥 / 3. 외환시장, 안팎으로 바꿔 / 4. 재정환율, 두 번 바꾸기 / 5. 역외시장이 모락모락 / 6. 통화가 강세, 약세 / 7. 환율이 상승, 하락 / 8. 환차익이 텀벙텀벙 / 9. 외국인은 환율에 샀다, 팔았다 / 10. 세계로 환율 문이 철커덕 / 11. 환율 변동이 움찔움찔 / 12. 환율이 고정, 환율이 변동 / 13. 외환보유고가 들락날락 / 14. 통화 스와프, 외평채가 여차하면 / 15. 정부가 외환시장에 은근슬쩍

Section 01

외화가 한눈에 쏙

외환 | 통화코드 | 원 | 달러 | 엔 | 유로 | 위안 | 파운드 | 헤알 | 프랑 | 바트 | 페소 | 동 | 호주달러

세계의 돈부터 둘러볼까?

외화는 외국돈,

외환도 외국돈.

신문에 자주 등장하는 **화폐 이름**을 알아보자. 통화코드와 함께.

한국 돈 **원화**는 KRW. 앞의 KR은 코리아(KoRea)의 약자, 뒤의 W는 원(Won). 한국의 통화코드 정도는 꼭 익혀두자.

미국 돈 **달러**는 유나이티드 스테이트 달러, 즉 USD(United States Dollar)이고 통화기호는 $.

달러는 Dead Presidents(죽은 대통령들)라는 은어로도 불려. 달러 지폐에 벤자민 프랭클린, 조지 워싱턴, 에이브러햄 링컨, 토마스 제퍼슨 등 모두 죽은 대통령의 얼굴이 들어가기 때문이야.

일본 돈 **엔**의 통화코드는 저팬 엔으로 JPY이고, 통화기호는 ¥.

유로존의 돈인 **유로**는 EUR이고 통화기호는 €. 현재 유로 사용국은 오스트리아 · 벨기에 · 키프로스 · 핀란드 · 프랑스 · 독일 · 그리스 · 아일랜드 · 이탈리아 · 룩셈부르크 · 몰타 · 네덜란드 · 포르투갈 · 슬로베니아 · 스페인 · 슬로바키아, 라트비아, 리투아니아, 에스토니아 등 19개국이야. 이들 국가를 **유로존**이라고 해. 영국은 유로를 사용하지 않아.

중국 돈은 **위안**, 통화코드는 차이나 위안으로 CNY(元). 위안 지폐는 6종인데 모두 중국의 초대 국가주석이었던 마오쩌둥의 얼굴이 나와.

영국 돈은 **파운드**, 통화코드는 그레이트 브리티시(대영제국) 파운드(Pound)로 GBP이고 통화기호는 £. 영국은 유럽연합 회원국이었다가 2016년 국민투표를 거쳐 탈퇴했어.

이밖에 신문에 자주 등장하는 화폐를 살펴볼까?

브라질의 **헤알**. 원자재 대국이며 경제성장률이 높은 편이야. 한국 사람들이 펀드투자를 많이 해. 브라질 국채를 산 사람들도 있고.

호주의 **호주 달러**. 한국과 교역량이 많으며 유학생도 많아. 한때 예금이자가 높아서 투자했던 사람들도 있어.

스위스의 **프랑화**. 사용하는 사람은 많지 않지만, 비교적 가치가 안정된 화폐로 알려져 있어. 세계 금융위기시에 안전자산으로 부각되곤 해.

외환위기를 겪은 적이 있는 화폐인 태국의 **바트**, 필리핀의 **페소**. 베트남 펀드에 관심이 많은데 베트남 화폐는 **동**. 그렇다고 당장 베트남 펀드에 들라는 말은 아니고~.

바트, 페소, 동화가 뉴스에 나오면 좋은 신호는 아니야. 제3세계 국가의 경제뉴스가 나오면 외환위기 등 부정적인 뉴스일 경우가 많으니까.

화폐 이름이 달러인 나라도 많아. 캐나다 달러, 뉴질랜드 달러, 홍콩 달러, 대만 달러, 호주 달러, 싱가포르 달러 등. 하지만 화폐 이름만 같은 뿐 가치는 다른 별개의 돈이야. 보통 달러라고 하면 미국 달러를 말해.

세계의 돈 구경은 여기서 끝~. 이제 환율을 구경하러 가자.

Section

02 환율 시세가 들쑥날쑥

원 · 달러 환율 | 원 · 엔 환율 | 원 · 위안 환율 | 엔 · 달러 환율 | 달러 · 유로 환율 | 환율시세표 | 환전수수료 | 매매기준율 | 환가료율 | 미화환산율 | 대고객 매매환율

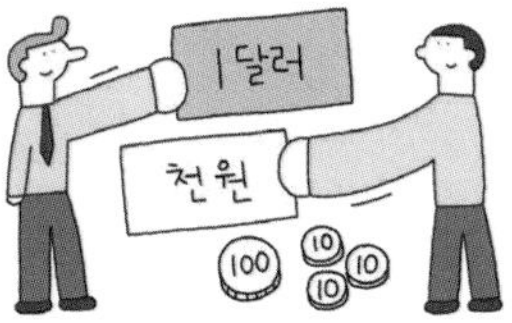

환율은 바꿀 환, 비율 률, 돈 바꾸는 비율이야. 다른 나라의 돈을 서로 바꿀 때의 교환비율. 그럼, 외국 돈을 사러 가볼까? 환율 표시방법부터 알아야겠지?

원·달러 환율은 한국 돈 원화와 달러의 교환비율.

1달러를 사려면 한국 돈 얼마가 필요할까?

원 · 달러 환율이 1,115원이라면 1달러를 사려면 한국 돈 1,115원을 주어야 해.

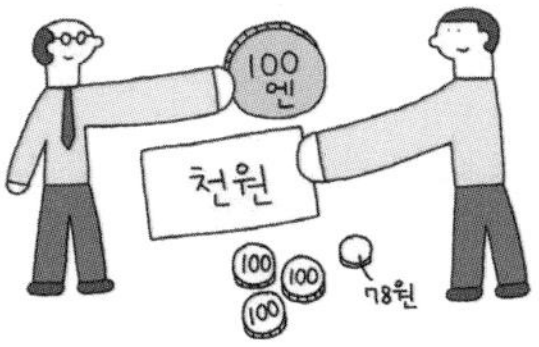

원 · 엔 환율은 우리 돈과 일본 엔화의 교환비율. 그런데 주의할 점은 원 · 엔 환율은 1엔이 아니라 100엔이 기준이야.

일본 돈 100엔을 사려면 한국 돈 얼마가 필요할까? 원 · 엔 환율이 1,010원이면 100엔을 사려면 우리 돈 1,010원이 필요해.

원 · 위안 환율이 171원이면 1위안을 사려면 171원, **원 · 유로 환율**이 1,300원이면 1유로를 1,300원에 살 수 있어.

이번에는 일본인 나카무라와 미국인 빌이 엔화와 달러를 바꾸는 걸 볼까? 오늘 보니 **엔 · 달러 환율**이 110엔이야. 뒤의 것이 기준. 1달러를 사려면 110엔이 필요해.

달러 · 유로 환율이 1.16이야. 뒤의 것이 기준이라고 했지? 1유로를 사려면 1.16달러가 필요해.

자, 이만하면 환율 표시의 기본 방법은 배웠고, 뉴스에 어떤 환율 표현이 나오더라도 바로 이해할 정도는 돼.

일단 은행에 가서 1달러를 바꾸어 보자. 가기 전에 잠깐 환율시세표를 보고 갈까? 은행 창구 앞에서 버벅대면 창피하니까.

통화코드

원·달러 환율

통화	현찰				송금		T/C 사실때	외화 수표 파실때	매매 기준율	환가 료율	미화 환산율
	사실 때		파실 때		보낼 때	받을 때					
	환율	Spread	환율	Spread							
미국 USD	1,134.00	1.75	1,095.00	1.75	1,125.40	1,103.60	1,127.87	1,102.39	1,114.50	3.9421	1.0000
일본 JPY (100)	1,025.09	1.75	989.83	1.75	1,017.33	997.59	1,017.53	997.11	1,007.46	1.9113	0.9040
유로 EUR	1,323.60	1.99	1,271.96	1.99	1,310.75	1,284.81	1,317.24	1,284.25	1,297.78	1.5790	1.1645
중국 CNY	176.64	5.00	159.82	5.00	169.91	166.55	0.00	0.00	168.23	6.1926	0.1509

현찰은 빳빳한 달러, 엔, 유로 현찰을 우리 돈과 바꿀 때의 환율.

현찰 살 때, 팔 때가 몇 십원 차이가 나지?

은행은 돈 장사이니 **환전수수료**를 따먹어. 환전수수료는 외화를 바꿀 때 붙는 수수료. 수수료 명목으로 따로 돈을 받는 게 아니라 '현찰 사실 때' 등 환율에 추가해서 받아.

뒤쪽에 보면 **매매기준율**이란 게 있지? 이게 해당 은행의 기준 외화거래 환율인데, 은행은 고객에게 외화를 살 때는 이것보다 싸게, 팔 때는 이것보다 비싸게 팔아.

송금은 통장거래와 온라인 송금을 생각하면 돼. 외화예금을 할 때도 이 송금환율, 외화예금에서 돈을 찾을 때도 송금환율, 광필이 통장의 원화를 달러로 바꾸어 외국 친구에게 송금할 때도 이 송금환율.

환전수수료 할인도 자주 하니 꼭 챙기자. 50% 할인 행사도 자주 하고 70%를 할인해 주는 경우도 있어.

외화를 현금으로 바꿀 때와 온라인으로 송수신할 때 **환전수수료 차이**가 나.

외화 현금은 운반비, 보관비, 또 현찰로 가지고 있으면 투자를 했을 때 얻을 수 있는 이자나 기타 수입을 포기해야 하니까 수수료가 높은 거야.

T/C는 Traveler's Check, **여행자수표**야. 여행자수표의 수표번호는 미리 수첩에 적어놓으면 잃어버렸을 때 은행에 신고하면 찾을 수 있어.

귀찮다고 여행자수표에 미리 서명을 해놓고 잃어버리면 큰일나. 서명을 해놓은 여행자수표는 현금이니까. 그러니 서명은 꼭 사용할 때만 해야 해.

단, 요즘은 **신용카드**를 많이 사용하는데 환율이 오르는 추세이면 손해를 볼 수 있어. 한 달 뒤 돈이 빠져나갈 때 더 많은 원화가 인출되니까. 물론 환율이 내리는 추세이면 더 이익이지. 뒤에서 다시 설명할게.

매매기준율은 해당 은행이 정하는 그 시간대의 환율. 은행마다 외화를 사는 시간과 거래량, 거래한 환율이 다르니까 매매기준율이 달라. 은행은 매매기준율을 하루 중에도 수시로 계산해 발표해. 보통 하루 수십 회 바뀌. 2008년 금융위기로 환율이 급등락할 때 100회도 넘게 바뀐 적도 있어.

은행이 외환 어음이나 수표를 받으면 외국 은행에 돈을 청구해서 받으려면 시간이 걸리겠지? **환가료율**은 외국에서 발행한 어음이나 수표를 환전할 때 일정금액을 떼고 주는 비율이야. 환전수수료 제하고 환가료율 제하고 이래저래 떼는 거지.

미화환산율은 각 나라 돈을 미국 돈으로 환산하면 몇 달러냐는 거야. 표에 보면 유로의 미화환산율은 1.1645이지? 1유로를 미국 돈으로 환산하면 약 1.16달러라는 거야.

지금까지 살펴본 것을 모두 은행의 **대고객 매매환율**이라고 해. 개인이나 기업과 외화를 매매할 때의 환율인 거지. 환율시세표를 보는 법은 여기서 끝~.

문제 다음 중 환율에 대한 설명으로 맞는 것은?
① 원 · 엔 환율이 100이면 1엔으로 우리 돈 100원으로 바꿀 수 있다.
② 은행의 매매기준율은 9시, 10시, 11시, 이렇게 1시간마다 바뀐다.
③ 환가료율은 외국 발행 어음이나 수표를 환전할 때 일정 금액을 떼는 비율이다.
④ 유로의 미화환산율이 1.5이면, 1달러가 1.5유로이다.

정답) ③

Section 03

외환시장, 안팎으로 바뀌어

외환시장 | 외환시장 참여자 | 외환 딜러 | 외환당국 | 외환정책

외환시장은 외국돈인 외환을 사고파는 시장.

외환을 거래하는 곳이면 다 외환시장이야.

KEB하나은행이 미국의 은행에서 100만 달러를 샀다면 외환시장에 참여한 것. 은행의 외환창구도 명동의 환전상 아줌마도 베트남 여행자 거리의 한스카페도, 서로 다른 나라의 돈을 사고팔면 무조건 외환시장이야.

외환시장 참여자는 외환시장에서 외화를 사고파는 사람.

해외여행을 가려고 달러를 사는 옆집 순이 엄마도, 수출대금으로 받은 달러를 원화로 바꾸는 대기업도, 큰돈을 거래하는 은행도, 정부도 모두 외환시장 참여자야.

하지만 엄밀히 말하면 외환시장은 은행 등 큰 금융기관의 전문 외환 딜러들이 서로 외환을 사고파는 시장이고, 사실상 환율은 여기서 결정돼.

가끔씩 뉴스에 보면 모니터가 5~6개 붙어 있는 컴퓨터 앞에서 헤드폰을 끼고 핫라인 전화기에 큰소리로 외치는(거래하는) 사람들이 나와. 지금 환율이 1115.00원이라면 이런 암호 같은 소리를 지르지.

"공공(00)에 비드(bid) 500"
→ 1달러를 1115.00에 500만 달러 사겠다.
전용라인으로 연결된 한국자금중개 같은 기관에서 응답이 돌아와.
"A은행 500입니다."

이 사람들이 외환 딜러야. 외환 딜러는 외화를 전문적으로 사고파는 트레이더. 스트레스 만빵으로 받는 직업이라고들 해.

어쨌거나 외환시장은 각국 은행들 사이에 자금결제 네크워크로 연결된 전산망 안에 있다고 볼 수 있어.

외환당국은 한 나라의 외환정책을 관리하고 담당하는 곳.

딱 외환당국이라고 명패를 붙여놓은 부서가 있는 건 아니고, 굳이 말하자면 한국에서는 **외환정책**을 펴는 기획재정부와 한국은행을 말해.

뉴스에서 "외환당국자는"이라고 나오면 '**기획재정부**나 **한국은행**의 누가 말했나 보다' 생각하면 돼.

외환시장은 24시간 열려 있어. 지구는 하루에 한 바퀴 도니까. 우리가 자고 있을 때도 원화는 세계 곳곳에서 거래가 돼. 째깍째깍 24시간 돌아가는 시장이지.

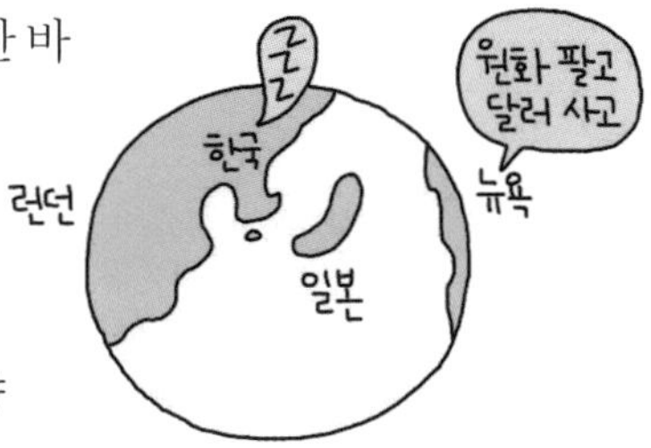

수많은 외환시장 중에도 환율 시세에 큰 영향을 미치는 시장은 **뉴욕**, **런던**, **도쿄** 등에서 큰 은행, 투자회사, 정부 같은 큰손들이 거래하는 시장이야. 그렇다고 따로 외환시장이 있는 것은 아니고, 그냥 그곳에서 큰 투자기관들이 활발하게 거래하는 시간이라는 의미일 뿐이야.

문제 1 다음 중에서 외환시장 참여자를 모두 고르시오.
① 정부 ② 한국은행 ③ 해외 여행자 ④ 수출 대기업 ⑤ 명동 환전상

문제 2 외환시장에 대한 설명 중에서 틀린 것을 모두 고르시오.
① 한국은행은 외환 당국에 포함된다.
② 원화의 외환시장은 한국의 은행이 열리는 시간에 개장된다.
③ 외환시장은 뉴욕, 런던 등 주요 도시에만 개장된다.

정답) 1. ①, ②, ③, ④, ⑤ 2. ②, ③

Section

04 재정환율, 두 번 바꾸기

시장환율 | 고시환율 | 기준환율 | 재정환율

이런저런 환율 이름을 좀 알아볼까?

먼저 **시장환율**. 각국 은행의 외환 딜러들이 외화를 거래하면서 시시각각으로 변하는 거래 환율.

고시환율은 은행들이 기업, 개인과 거래하기 위해 환전수수료를 붙여서 고시한 환율. 시장환율이 바뀌면 고시환율도 당연히 바뀌겠지? 환율이 크게 오르락내리락 할 때는 하루에 100회 이상 고시되기도 해.

한국 돈과 미국 달러 사이의 환율은 기준환율. **기준환율**은 자국통화와 기축통화의 환율이야. 기축통화에 대해서는 나중에 다시~.

그런데 한국 돈 원화와 일본 돈 엔화를 바로 바꾸는 시장은 없어. 원화와 유로도, 원화와 위안화도 바로 바꾸는 시장이 없어. 왜냐고?

한국이 세계 경제에서 차지하는 비중이 작으니, 한국 돈 원화는 거래량도 많지 않고 힘도 없어. 그래서 원화는 기축통화인 달러를 제외하고 엔, 위안 등 다른 나라 돈과 바로 바꾸는 시장이 없는 거야.

외환시장에서 **원화로 엔화를 사려면,**

일단 원화를 달러로 바꿔. 그 달러를 가지고 엔화를 사는 거야. 원화와 엔화 환율은 중간에 **달러를 꼽싸리로 끼워 넣어서** 계산하는 거야.

계산하기 쉽게 엔 · 달러 환율이 100엔:1달러, 원·달러 환율이 1000원:1달러라고 하자. 그러면 원·엔 환율은 1000원:100엔.

광필이가 1000원을 내면 100엔으로 바꿀 수 있어. 이렇게 중간에 달러를 다리로 놓아서 비교하는 걸 **재정환율**이라고 해.

재정환율 같은 말은 기억 못해도 되지만 원→달러→엔, 엔→달러→원으로 바꾼다는 것은 꼭 기억해 두자.

그런데 외환은행에 가서 원화를 내고 "엔화로 바꾸어 주세요" 하니 바로 엔화를 준다고? 여러분 눈앞에서 굳이 원화를 달러로 바꾸고, 달러를 다시 엔화로 바꾸는 시연을 할 필요가 없잖아. 이미 원·엔 고시환율에 이 두 번의 손바뀜을 하는 게 다 포함되어 있어.

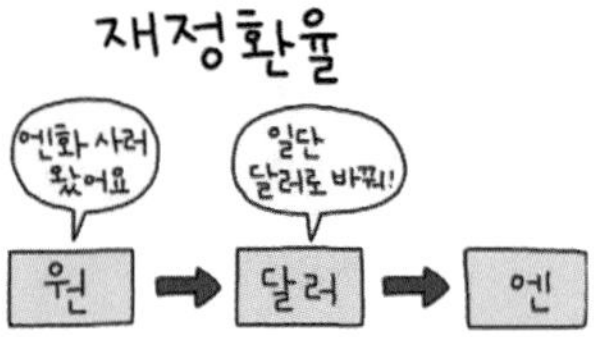

원·엔 고시환율에는 **환전수수료가 두 번 붙는 셈**이야. 예로 원화를 달러로 바꿀 때 은행이 환전수수료 20원 먹고, 다시 달러로 엔화를 살 때 은행이 환전수수료 20원 먹고, 환전수수료를 두 번 떼는 셈이지.

재정환율이 한국 환율에 어떤 영향을 주는지는 나중에 살펴보자. 상상력이 조금 필요하거든. 일단 재정환율은 여기서 끝~. 이제 역외시장으로 가자.

문제 1 다음 중에서 우리 돈과 교환할 때 재정환율이 아닌 것을 모두 고르시오.
① 프랑 ② 헤알 ③ 달러 ④ 엔화 ⑤ 위안

문제 2 다음 문제를 보고 O, X로 표시해 보자.
① 원화를 달러로 바꿀 때보다 위안으로 바꿀 때 환전수수료가 크다.( )
② 유럽연합의 통화인 유로는 원화→유로로 바로 바꿀 수 있다.( )

정답) 1. ③ 2. ① O, ② X

Section 05

역외시장이 모락모락

역외시장 | 역외NDF시장 | 선물환 | 현물환 | 차액거래 | 역외환율

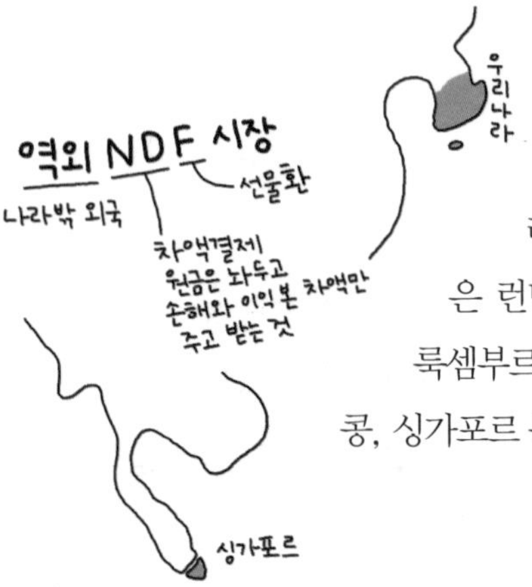

역외NDF시장은 역외 선물환 시장, 그냥 '역외시장'이라고 해.

역외시장은 말 그대로 역외, 즉 나라 밖 외국에 있는 시장. 외환 역외시장은 런던, 미국 외에 홍콩, 싱가포르, 바레인, 룩셈부르크 등이 커. 원화의 역외시장은 주로 홍콩, 싱가포르 등에 형성된 시장이 커.

역외NDF시장을 조목조목 살펴볼까? **NDF**(Non-Deliverable Foward)는 차액결제 선물환 시장을 말해.

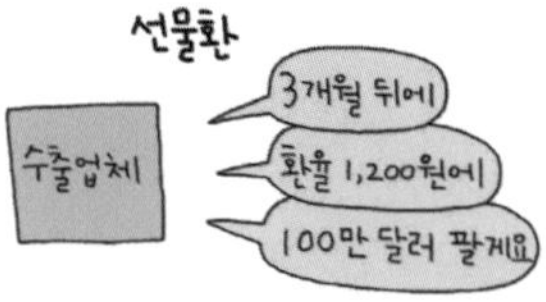

선물환(forward)은 미래에 약속한 시기에 약속한 액수만큼 약속한 환율로 주고받기로 하고 거래하는 계약. 이와 달리 앉은자리에서 바로 달러와 원화를 주고받으면 **현물환**. 선물환 거래는 바로 이런 선물환을 사고파는 거래야.

차액결제(Non-Deliverable)는 투자를 해서 손해나 이득을 보면 차액만 주고받는 것. 예를 들어 100만 달러를 매매해 1만 달러를 손해보았다면 차액인 1만 달러만 주는 거야.

어차피 **선물환 시장**은 당장 돈을 주고받는 게 아니라 나중에 약속한 때에 약속한 가격으로 주고받기로 외상을 하는 거야. 그때가 되어 환율 맞추기 게임에서 진 쪽이 차액을 주면 되지, 무엇하러 번거롭게 거래총액을 주었다가 받았다가 하겠어?

정리 좀 해볼까? **역외 NDF 시장**은 역외와 NDF 두 항목을 합치면, 역외에서 차액 결제 선물환을 거래하는 시장이야.

역외시장의 **역외환율**은 역내인 한국 외환시장에 큰 영향을 미쳐. 역외시장이 한국보다 좀 일찍 시작해. 홍콩이나 싱가포르가 해가 더 일찍 뜨니까.

지난밤 광필이가 쿨쿨 잘 때,
외국인들이 역외시장에서 원 · 달러 환율을 100원이나 올려놓았다고 치자.
오늘 아침 한국 외환시장이 열리면 "역외시장에서 환율이 100원이나 올랐다며?"
깜짝 놀라서 한국 역내환율도 따라오를 수밖에.

외환거래를 자주 하는 기업, 외환투자자, 일부 주식투자자 등은 아침에 전날 역외시장의 역외환율을 체크해. 이제 환율의 움직임을 보러 갈까?

문제 역외시장에 대한 설명으로 틀린 것을 모두 고르시오.
① 원화의 역외시장 중에서 큰 것은 홍콩과 싱가포르이다.
② 역외시장에서는 차액결제선물환이 많이 거래된다.
③ 원화 역외시장에서는 해외의 기업/금융사/정부만 거래할 수 있다.
④ 역외시장에서는 직접 현금 통화가 거래된다.

정답) ③, ④

Section

06 통화가 강세, 약세

강세 | 원화 강세 | 원고 | 엔화 강세 | 엔고 | 달러 강세 | 강달러 | 약세 | 원화 약세 | 원저 | 엔화 약세 | 엔저 | 달러 약세 | 약달러 | 평가절상 | 평가절하

오늘 외환시장에서 원화가 강세를 보였습니다. 딸꾹~.

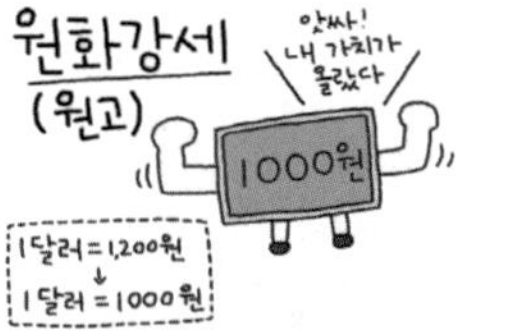

강세는 돈의 힘이 세지는 것. **원화 강세**는 원화의 힘이 세지는 것으로 "원화의 가치가 올랐다"고도 해. 한자로 높을 고(高)를 써서 **원고**.

원화의 힘이 세어져 강세가 되면, 이제 원화로 더 많은 달러를 바꿀 수 있고 더 많은 물건과 서비스를 살 수 있어.

환율이 1달러=1,200원일 때는 1달러짜리 볼펜을 사려면 1200원이 필요해. 그런데 환율이 1,000원으로 내리면 1천원만 내도 살 수 있어. 그만큼 원화의 힘이 세진 거지. 이게 바로 원화 강세이고 '원고'.

엔화 강세는 엔화의 힘이 세진 것으로 **엔고**. 일본 사람이 10만엔을 들고 한국에 와서 물건을 더 많이 살 수 있게 된 거야.

달러 강세는 달러의 힘이 세진 것으로, 이건 '달러 고'라고 하지 않고 **강달러**라고 해. 미국 사람이 1만 달러를 들고 세계 각국에서 더 많은 물건을 팍팍 살 수 있게 된 거야.

약세는 돈의 힘이 약해진 것. **원화 약세**는 원화의 힘이 약해지는 것으로 '원화의 가치가 내렸다'고 해. 한자로 낮을 저(低)를 써서 **원저**.

원화가 약세가 되면 1달러를 사려면 더 많은 돈이 필요해. 그러므로 물건이나 서비스를 예전보다 적게 살 수밖에 없어. 원화의 힘이 약해졌으니까.

환율이 1,000원일 때는 1달러짜리 볼펜을 사려면 1천원만 있으면 돼. 하지만 환율이 1,200원으로 오르면 이제 1,200원이 있어야 해. 그만큼 원화의 힘이 약해진 거지. 이게 바로 원화 약세, 원저.

엔화 약세는 일본 엔화의 가치가 떨어지는 것으로 **엔저**. 예전에는 일본 사람이 한국에 와서 200엔으로 떡볶이 1인분을 사 먹었지만, 엔화 약세가 심해지면 이제 1/2인분밖에 못 사 먹어.

달러 약세는 달러 가치가 떨어지는 것으로 이런 현상을 **약달러**라고 해. 미국인 톰이 한국에 관광을 와서 호텔에 묵던 돈으로 이제는 모텔에 묵어야 해.

평가절상(平價切上)은 한 나라 돈의 가치를 원래보다 강하게 만드는 것. 예전에는 2위안을 주어야 미제 볼펜을 한 자루 살 수 있었는데, 이제 1위안만 내면 살 수 있게 되었다면 위안의 힘이 강해졌네. 평가절상.

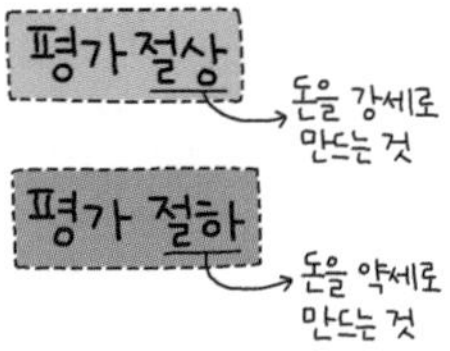

원래 평가절상과 평가절하는 중국이나 북한처럼 국가가 개입하여 환율을 관리하는 제도를 가진 경우에 쓰는 말이야.
인위적으로 자기나라 돈을 강세로 만들거나(평가절상), 약세로 만드는 거지(평가절하).
평가절상과 평가절하를 줄여 '절상', '절하'라고도 하는데, 요즘은 뉴스에서 꼭 환율을 국가가 관리하는 나라가 아닌데도 이 말을 많이 써.

평가절하(平價切下)는 한 나라 돈의 가치를 원래보다 약하게 만드는 거야. 예전에는 2위안으로 미제 볼펜을 한 자루 샀는데 이제는 3위안을 내어야 한다면, 위안의 힘이 약해졌네, 평가절하.

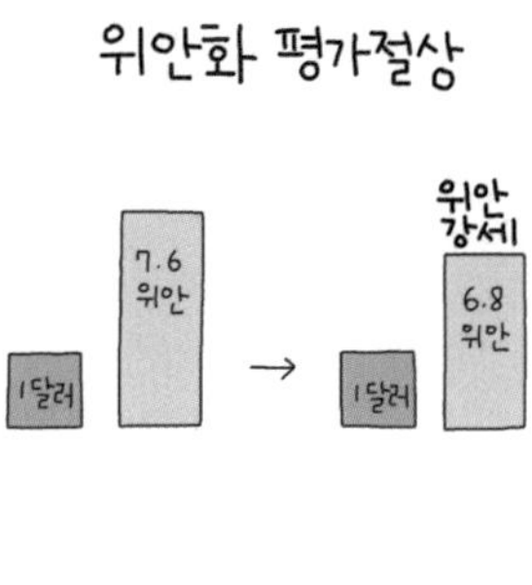

Section

07 환율이 상승, 하락

환율 하락 | 원화 강세 | 환율 상승 | 원화 약세 | 환율 대세 상승 | 환율 대세 하락

오르락내리락 하는 환율을 알아볼까? 환율은 외국 돈과 바꾸는 비율이라고 했지? '외국 돈을 한 장 살 때 한국 돈이 얼마나 필요할까?'

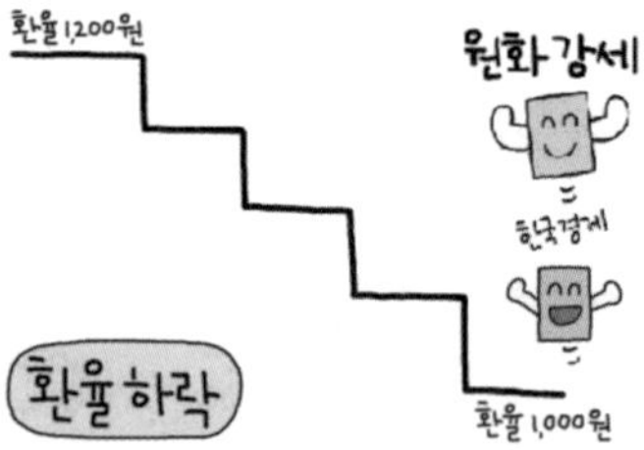

환율 하락은 환율이 떨어지는 거야. 환율이 1,200원에서 1,000원으로 내리면 이젠 1,000원만 있으면 1달러를 살 수 있어. 그만큼 한국 돈 원화의 가치가 커진 거야(강세).

기억해 두자. **환율이 내리면 원화는 강세.**

환율은 그 나라 경제의 힘에 영향을 많이 받아.

한국 경제가 매우 좋아. 수출도 팍팍 되고 달러도 팍팍 벌어들여. 국내에 달러가 지천이야. 달러가 흔해지면 원·달러 외환시장에서 달러 가치가 떨어져. 예전에는 1달러를 사려면 1,200원이 필요했지만 이제는 1,000원만 있으면 돼. 환율이 하락하고 원화가 강세가 되는 거지.

기억해 둬. **경제가 좋으면, 환율은 하락하고 원화는 강세.**

환율 상승은 환율이 오르는 거야.

환율이 1,000원에서 1,200원으로 오르면 1달러를 사는데 예전보다 200원이 더 필요해. 그만큼 한국 돈 원화의 가치가 떨어진 거야(약세).

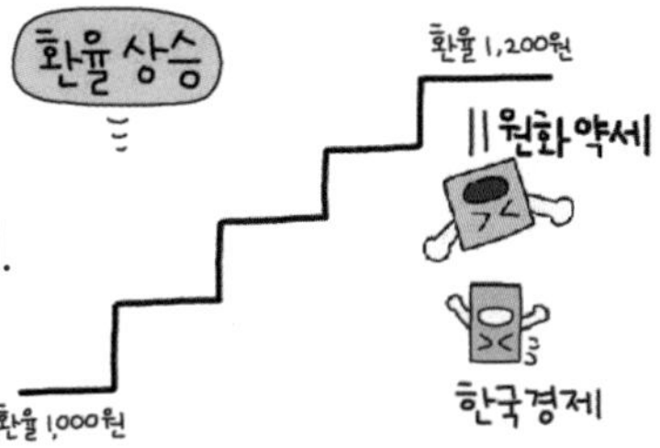

기억해 두자. **환율이 오르면 원화는 약세.**

한국 경제가 매우 나빠.

수출은 너무 안 되고 내수도 팍 죽고 달러는 씨가 말랐어. 그러면 달러 값이 비싸져 예전에는 1달러를 사려면 1,000원이 있으면 되었지만 이제 1,200원이 필요해. 환율이 상승하고 원화는 약세가 돼.

기억해 두자. **경제가 나쁘면, 환율은 상승하고 원화는 약세.**

다른 나라의 예를 한번 들어볼까?

원자재 가격이 팍팍 올라서 브라질이 떼돈을 벌고 있어.

환율은 하락하고 헤알화는 강세.

기억해 두자. **브라질 경제가 좋으면,** 브라질 환율은 내리고 헤알화는 강세.

브라질 경제가 매우 나빠. 원자재가 똥값이 되고 내수도 엄청 안 좋아. 투자자들도 브라질에서 탈출해. 달러는 씨가 말라서 달러 값이 오르고 환율은 상승해. 헤알화는 약세가 되지.

기억해 두자. **브라질 경제가 나쁘면,** 브라질 환율은 상승하고 헤알화는 약세.

뭐든 움직이는 것은 관성이 있어. 환율이 경제상황상 계속 오르는 것은 **환율 대세 상승**이라고 하고, 환율이 경제상황상 계속 내리는 것은 **환율 대세 하락**이라고 해.

Section

08 환차익이 텀벙텀벙

환차익 | 환율 수혜주 | 환차손 | 수출기업의 채산성

환율이 상승, 또는 하락함에 따라 어느 쪽은 이익을 보고 어느 쪽은 손해를 보기도 해. **환차익**은 환율이 바뀌어서 얻는 이익을 말해.

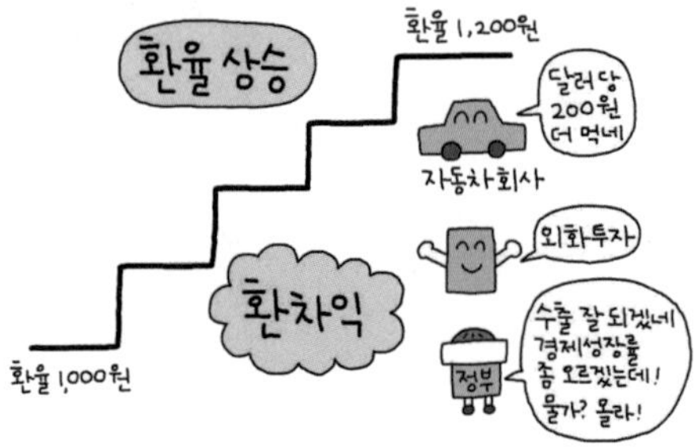

환율 상승 때 누가 환차익을 볼까? 환율이 1,000원에서 1,200원으로 올랐다고 해보자.

환차익을 보는 측은 먼저 **수출업체**. 현대자동차는 환율이 올라가면 싱글벙글.

자동차 한 대 수출해서 번 돈 3만 달러를 환율이 1,000원일 때는 3천만원으로 바꾸었는데, 환율이 1,200원으로 올라서 이제 3,600만원을 받아. 가만히 앉아서 환율 상승으로 한 대당 600만원의 환차익을 얻는 거지.

수출제품의 **가격경쟁력**이 좋아져 미국 시장에서 자동차 가격을 더 내리거나 보너스 상품도 줄 수 있겠지? 그러면 자동차가 더 잘 팔리고 현대자동차의 주가는 올라.

환율 수혜주는 환율이 상승함에 따라 수혜를 입는 주식을 말해. 예를 들어 수출을 많이 하는 현대자동차, 삼성전자 같은 주식이야.

수출 대기업은 내심 한국 돈의 가치가 떨어져 환율이 상승하기를 바래. 가격경쟁력이 좋아져 수출이 잘되니까. 매우 중요한 거니까 밑줄을 좍 그어놓고 꼭 기억해.

외화예금 가입자도 환율 상승에 너털웃음. 환율이 1,000원일 때 3천만원을

3만 달러로 바꾸어 예금해 놓았어. 몇 달 후 환율이 1,200원으로 상승했을 때 원화로 바꾸면 3,600만원을 받을 수 있어. 몇 달 만에 600만원의 환차익을 얻어 수익률이 20%가 되는 거지.

환차익에는 세금이 붙지 않는다.

환율이 오르면 **수입업체**는 환차손을 입어. **환차손**은 환율이 바뀌어서 생기는 손해야.

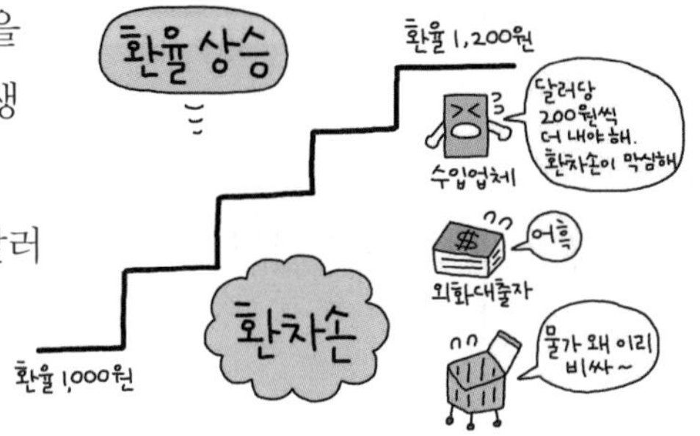

환율이 1,000원일 때는 1만 달러 수입대금을 지불하려면 1천만원이 필요했어. 그런데 환율이 1,200원으로 상승하면 이제 1,200만원이 있어야 해. 환율 변동으로 200만원의 환차손을 보는 거야.

외화 대출자도 환차손을 입어. 환율이 1,000원일 때 1만 달러를 빌렸는데 환율이 1,200원으로 올랐다면, 이제 1천만원이 아니라 1,200만원으로 달러로 바꾸어 갚아야 해. 생돈 200만원을 날리게 생긴 거지.

2005~7년 엔화 환율이 800원 선으로 낮을 때 의사들이 병원을 개업하면서 엔화 대출을 한 경우가 제법 있었어. 그런데 2008년 이후 엔화 환율이 1,400원 선으로 튀어오르자 환차손을 크게 입어 파산한 경우도 있었어. 갚아야 할 원금이 환율이 오름에 따라 2배 가까이 된 거야.

환율이 상승하면 **수입물가**가 올라. 1,000원에 수입하던 걸 이제 1,200원을 주어야 할 판이니. 한국 물건들 중 외국에서 들여온 것도 많고, 또 국내 생산품이라도 원자재는 외국에서 가져와 만드니 환율이 오르면 물가가 마구 뛸 수밖에. 서민들은 물가가 올라서 고생이 심해.

자, 결론을 내어 볼까?

환율이 상승하면 수출대기업은 앉아서 돈을 벌고, 서민은 수입물가가 올라서 고통스러우니 그만큼 손해를 보는 거지.

환율이 하락하면 **수입기업**은 환차익을 얻어서 입이 벙글벙글.

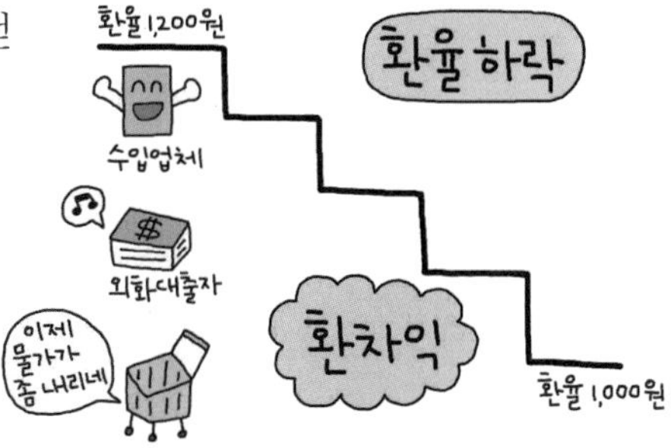

수입대금으로 3만 달러를 지불해야 하는 기업은 환율이 1,200원일 때는 3,600만원이 필요했지만, 환율이 1,000원으로 떨어지면 3천만원만 있

으면 돼. 가만히 앉아서 600만원의 환차익을 보는 거지. 수입업자들은 환율이 떨어지길 학수고대해.

외화대출자들도 마찬가지. 예전에는 대출 3만 달러를 갚으려면 3,600만원이 있어야 했지만 이제 3천만원만 있으면 돼. 환율이 떨어지면 수입물가가 낮아져 물가부담이 줄어들어.

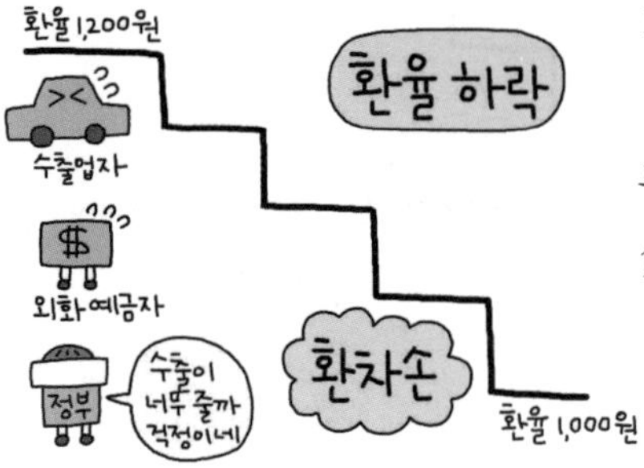

환율이 하락하면 **수출업체**들은 울상이야.

환율이 1,200원일 때는 3만 달러짜리 자동차를 팔아 3,600만원을 챙겼는데, 환율이 1,000원으로 떨어지니 이제 3천만원밖에 손에 못 쥐어. 가만히 앉아서 환율 변동만으로 600만원의 환손실을 본 거야.

그러니 환율이 급락하면 현대자동차 같은 수출기업의 **채산성**이 악화돼. 그렇다고 미국 시장에서 쏘나타 가격을 올리면 가격경쟁력에서 밀리겠지. 그래서 환율이 하락하면(원화 강세) 수출 시장에는 안 좋아. 중요한 거니 밑줄 좍 그어두자.

환투기는 외환을 가지고 하는 투기. 지금까지 보았듯이 환율 변동에 따라 이익을 볼 수 있잖아. 그래서 투자 목적으로 외환을 사거나 파는 걸 '환투기'라고 해.

환율이 하락하면 **외화예금자**들도 울상이야. 환율이 1,200원일 때 3,600만원을 3만 달러로 바꾸어 예금했는데, 환율이 1,000원으로 떨어지면 3천만원밖에 못 받아. 이자소득은 고사하고 원금이 왕창 손실이 나는 거야.

환차익, 환차손에 대해서는 여기서 끝~. 이제 외국인 투자자와 환율에 대해 알아보러 갈까?

문제 다음 문제를 보고 O, X로 표시해 보자.

1. 환율이 상승하면 수출 대기업, 외화 대출자에게 유리하다. ( )
2. 환율이 하락하면 수입업체와 외화 대출자에게 유리하다. ( )

정답) 1. X 2. O

Section

09 외국인은 환율에 샀다, 팔았다

외국인 투자자 환차익 | 외국인 투자자 환차손 | 주식시장과 환율

나는 **뉴욕의 솰라솰라 펀드의 펀드매니저 빌**이야.

한국 주식시장의 30% 이상은 나 같은 외국인 투자자가 차지하고 좌우해. 우린 정보도 더 많고 더 똑똑하니까.(응?)

나는 원화의 환율시세를 하루에도 몇 번씩 들여다봐. 환율 변동에 따라 내가 운용하는 펀드가 엄청난 환차익을 볼 수도 있고, 환차손을 입을 수도 있으니까.

결과적으로 내 보너스가 달려 있다는 거지.

① 나는 한국에 주식투자를 했어. 당시 환율이 1,000원이었어. 일단 외환시장에서 1억 달러를 1,000억원으로 바꾸어 한국의 주식을 샀어.

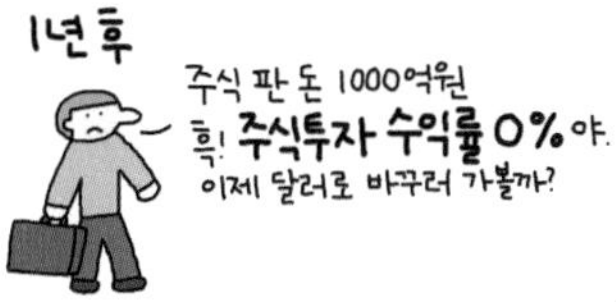

② 1년 후 세계 경제가 안 좋았던데다가 투자종목을 잘못 골랐는지 주식투자 수익률이 0%야(흑, 잠깐, 눈물 훔치고).

설상가상으로 뉴욕의 우리 사무실에서 자금이 급하게 필요하다며, 빨리 한국의 주식을 팔아서 가져오래.

본국에서 돈이 급하니 어쩔 수 없이 한국 주식을 팔아서 1,000억원을 받았어. 이제 달러로 바꾸어 미국 뉴욕으로 가져오면 돼.

환율상승

③ 윽, 환율이 1,000원에서 1,200원으로 올랐어.

한국 주식을 판 돈 1,000억원을 달러로 바꾸면 약 8,300만 달러밖에 안 돼(1,000억원÷1,200원).

1억 달러를 투자해서 1,700만 달러를 손해본 거야(약 190억원). 17% **환차손**을 입은 거지.

빌의 노트

이럴 줄 알았으면 일찍 한국 시장에서 빠져나올 걸.

나 같은 외국인들은 **한국 환율이 오르는 게 너무 싫어.**

하긴 환율이 계속 오를 때는 주식투자 수익률도 나빠져. 한국의 환율이 자꾸 오른다는 것은 한국 경제가 나빠진다는 건데, 주식시장이 오르겠어?

그래서 한국 환율이 계속 오를 것 같으면 나 같은 외국인들은 얼른 주식을 팔아서 **한국 시장에서 마구 뛰쳐나와.**

아이고, 배 아파. 한국의 환율이 오르기 전에 먼저 팔아 튀어나올 걸.

기억해 두자.

한국 경제가 나빠지면 환율은 상승, 원화는 약세.

환율 상승, 원화 약세면 **외국인은 환차손을 왕창 입어.**

그러니 환율이 상승할 것 같으면(원화 약세)

외국인은 한국의 주식을 팔아서 얼른 달러로 바꾸어 해외로 빠져나가.

환율하락

④ 어? 환율이 1,000원에서 800원으로 내렸네.^ ^

1,000억원을 환율 800원에 달러로 바꾸니 1억 2,500만 달러야(1,000억원÷800원).

주식투자 수익률이 0%라도 난 날아갈 것 같아. 환율 하락으로 **환차익**을 무려 2,500만 달러(약 200억원), 25%나 봤으니까.

빌의 노트

나 같은 외국인들은 한국 환율이 높은 상태에 있다가
이제 죽 내릴 것 같으면 **달러를 싸들고 투자하러** 한국에 와.
앞으로 **환율이 내릴수록** 내 환차익은 커질 테니까.

하긴 한국 환율이 자꾸 내린다는 것은 한국 경제가 좋아진다는 거야.
한국 경제가 좋아질수록 주식은 오르고 환율이 내려. 그러니 주식투자 수익률도 높고 환차익까지 얻을 수 있고, 꿩 먹고 알 먹고지.

그래서 **한국 환율이 경제상황보다 높은 수준에 있으면** 나 같은 외국인들은 달러를 싸들고 한국 시장으로 몰려드는 거지. 앞으로 환율이 내리면 주머니가 두둑해질 테니까.

기억해 두자.

한국 경제가 좋아지면 환율은 하락, 원화는 강세.

환율 하락, 원화 강세면 **외국인은 환차익이 엄청나.**

그러니 앞으로 환율이 내릴 것 같으면(원화 강세)

외국인은 달러를 싸들고 한국 주식을 사러 와. 환율이 계속 하락(원화 강세)한다는 것은 경제가 좋아진다는 것이니 앞으로 주식시장도 죽 오를 테니까.

환율에 따라 외국인이 어찌 움직이는지 모르면 주식투자는 꽝이야.

그러니 이번 이야기는 꼭 잘 이해하고 넘어가자.

외국인과 환차손, 환차익에 대해서는 여기에서 끝~.

이제 한국 경제에서 환율이 얼마나 힘이 센지 보자.

문제 외국인 투자자와 관련된 설명 중 틀린 것은?

① 환율이 상승하면 우리나라 주식을 산 외국인 투자자는 환차손을 입는다.

② 외국인 투자자는 환율 대세 하락기에 한국 시장으로 들어온다.

③ 환율이 급등하면 외국인 투자자가 주식/부동산을 팔고 빠져나간다.

④ 환율이 급락하면 외국인 투자자는 환차손을 입는다.

정답) ④

Section

10 세계로 환율 문이 철커덕

환율 변동폭 | 환율과 물가 | 유가와 물가

우리나라 경제를 볼 때 다음 문장들이 가장 중요해, 우리나라 경제 특성의 핵심이지.

우리나라는 부존자원이 별로 없어서 대부분의 원자재를 수입하여 가공한 뒤 수출하여 먹고사는 나라야. 또 생산능력에 비해 내수시장이 부족하여 무역의존도가 GDP 대비 약 68.7%(2017년 기준)일 정도로 매우 커.

환율은 바로 우리나라와 세계 시장을 잇는 문과 같은 역할을 해. 해외 원자재의 수입도, 제품의 수출도 환율이라는 문을 통과해서 이루어지지. 그래서 환율이 우리나라 경제에 미치는 영향이 클 수밖에 없어.

환율을 모르면 기업도 살아남을 수 없어. 자칫하면 큰 환손실을 입을 수 있기 때문이야. 또한 우리나라 주식시장의 30% 이상을 차지하는 외국인들이 환율 변동에 매우 민감하게 움직이므로, 주식투자자들도 환율을 모르면 투자에 실패할 수밖에 없어.

광필 : 꺅, 오늘 외환시장에서 환율이 30원이나 올랐어.

광필 형 : 조금 오른 것 가지고 웬 호들갑이야? 주식이든 환율이든 오르락내리락하는 거지. 주식은 하루에 2% 내외로 오르는 날도 제법 있잖아?

모르는 소리! 환율이 하루에 30원 오른다는 거는 **후덜덜한 이야기**야.

환율이 하루에 30원이 올랐다면, 10만 달러를 지불해야 하는 수입상은 하루 300만원, 1천만 달러를 지불해야 하는 회사는 하루에 3억원이 더 필요해.

그날 해외에 지불해야 하는 돈이 10억 달러였다면 하루에만 300억원이 왔다갔다 하는 거야. 이틀이면 600억원, 한 달이면 9천억원. 외국에 빚을 갚아야 하는 정부는 액수가 크니 더 말할 것도 없겠지.

환율은 이처럼 한국 경제에 큰 영향을 미치므로 하루 10원만 오르내려도 변동폭이 큰 거야. **하루 5원도 커.** 그러니 환율이 하루에 20원, 30원 오르거나 내렸다면 화들짝 놀랄 수밖에. 하긴 2008년 금융위기 때는 환율이 하루에 100원 넘게 오르내린 적도 있어, 쩝.

자료에 따르면, **원유가격이 10% 오르면** 소비자물가는 0.2% 정도 상승해.

반면 **환율이 10% 오르면** 소비자물가는 약 0.8% 올라.

다시 말해 환율이 유가보다 물가에 미치는 영향이 4배나 큰 거지.

석유 가격과 환율이 동시에 오르면? 즉 국제 유가가 10%, 환율이 10% 올랐다면? 소비자물가는 엄청 오르겠지.

한국의 수출입액은 GDP와 대비하면 약 68.7%야. 국내에서 팔리는 제품 중에서 국내에서 100% 만들어지는 것은 거의 없고, 재료, 하다못해 운송시에 필요한 연료인 석유도 수입품이야. 우리나라는 이처럼 대외의존도가 매우 높으므로 환율이 경제 곳곳에 영향을 미칠 수밖에 없어.

Section

11 환율 변동이 움찔움찔

달러 수요/공급 | 경상수지 | 세계 경제성장률 | 한국 경제성장률 | 원자재 가격 | 외국인 투자자 | 교역조건 | 단기외채
환율과 주가

환율은 신만이 안다는 우스개도 있어. 전문가들도 마찬가지야. 세계 금융위기가 터진 2008년 연초 대부분의 전문가들은 연평균 환율을 달러당 940원 선으로 예상했어. 그런데 11월에는 1400원도 넘어섰지. 전문가의 전망이라는 소리가 무색할 정도였어.

그렇다고 뉴스나 전문가의 목소리를 무조건 불신하지는 말자. 2009년 초 환율이 1500원을 넘었을 때, 전문가들은 연말에는 1200원대에서 마감할 것이라고 전망했어. 실제로 얼추 맞추었어. 중요한 것은 전문가가 말한다고 그대로 믿을 게 아니라 근거를 따져보는 거야.

그럼, 환율이 어떤 요인에 영향을 받는지 짧게 살펴볼까? 한 가지 요인에 의해 변하는 것은 아니니 '그냥 이런 영향을 준다' 정도로 알아두자.

돈을 사고파는 외환시장도 기본적으로 **수요/공급**의 영향을 받아.

달러가 부족해 사려는 사람들이 줄을 섰다고 치자. **달러 수요**가 많으면 환율이 올라. 달러 수요가 줄어들면 환율은 내려.

시중에 달러를 팔려는 사람이 많다고 치자.

달러 공급이 늘어나면 환율은 내려. 반면 달러 공급이 줄어들면 환율은 올라.

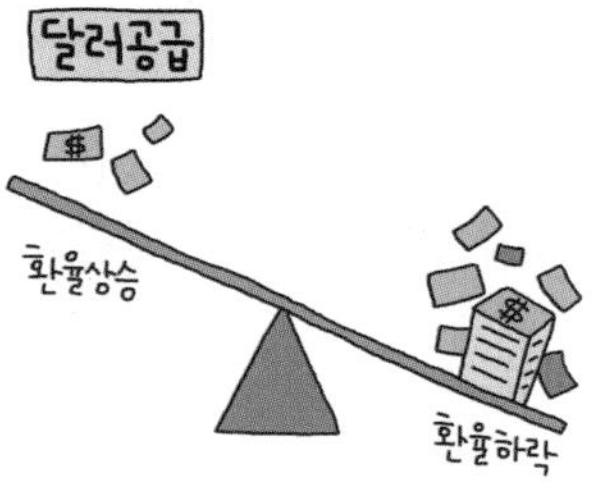

경상수지는 상품 및 서비스의 수출액과 수입액의 차액이야. 우리나라는 주로 상품 수출을 통해 달러를 벌어들여.

수출이 잘되어 **경상수지가 계속 흑자**이면 달러 공급이 넘치고 환율은 내려. 수출이 잘 안 되어 경상수지가 나빠지면 들어오는 달러가 부족하니 환율이 올라.

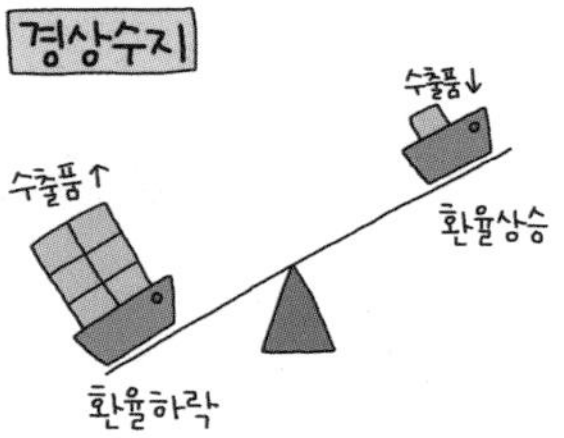

세계 경제성장률이 높으면 한국도 미국과 중국으로 수출이 잘되고 달러가 팍팍 들어와. 외환시장에 달러 공급이 늘어나고 환율은 내려.

세계 경제가 죽을 쑤면, 수출로 벌어들이는 달러가 적어져서 환율이 올라.

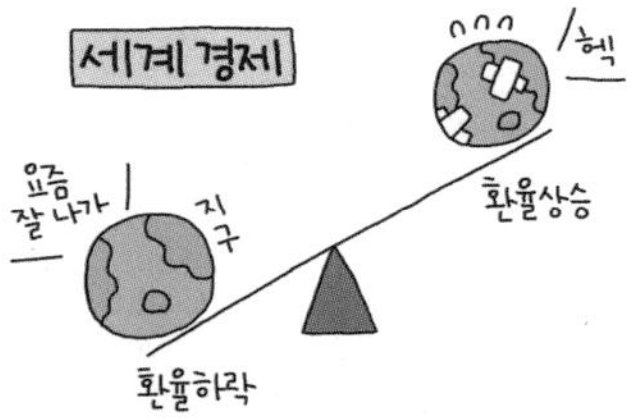

오늘 신문에 **경제성장률이 크게 좋아졌다**는 기사가 실렸네. 흠, 수출이 많이 되었나 보다. 달러가 많이 들어왔으니 환율 하락.

경제성장률이 안 좋다면? 수출이 잘 안 된다는 의미이고, 벌어들이는 달러가 적으니 환율이 상승해.

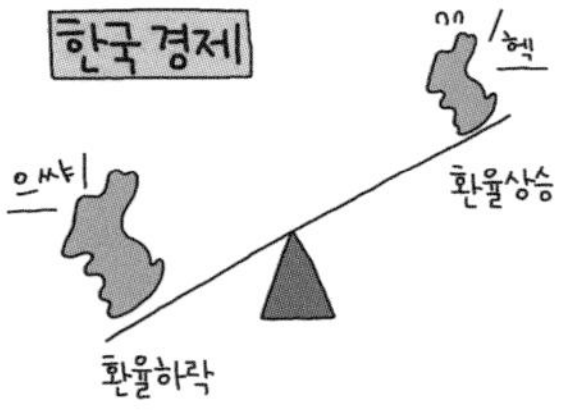

국제 유가 140달러 돌파,

철광석 가격 연초 대비 200% 상승.

원자재 가격이 자꾸 오르네. 한국은 지하자원이 없어서 웬만한 원자재는 모두 달러를 주고 외국에서 사와야 해. 국제 원자재 가격이 오르면 달러가 많이 필요하지. 그러니 시중에 달러가 귀해지고 환율은 올라.

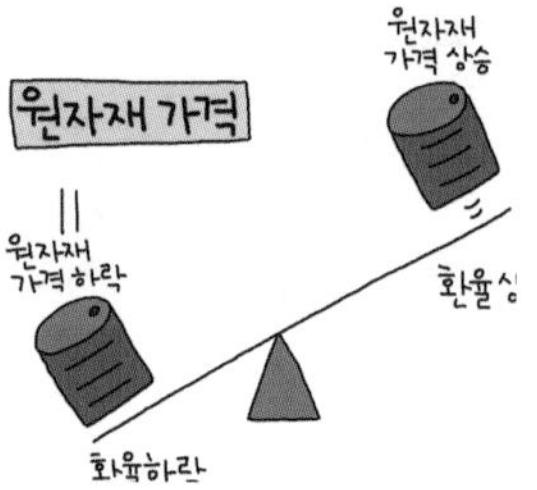

국제 유가 한 달 만에 10% 폭락, 밀 가격 30% 폭락.

원자재 가격이 내리면 달러가 덜 필요하므로 달러 수요가 줄어서 환율이 내려.

외국인 투자자 주식시장 러시

외국인들이 한국 주식시장에 투자하느라 달러를 많이 가지고 오면 달러 공급이 늘어나니 환율이 하락해.

외국인 투자자 셀 코리아

외국인들이 주식시장이나 채권시장에서 한국 주식과 채권을 팔아 해외로 빠져나가려고 해. 원화를 달러로 바꾸려는 외국인이 많겠지? 달러 수요가 늘어나므로 환율이 상승해.

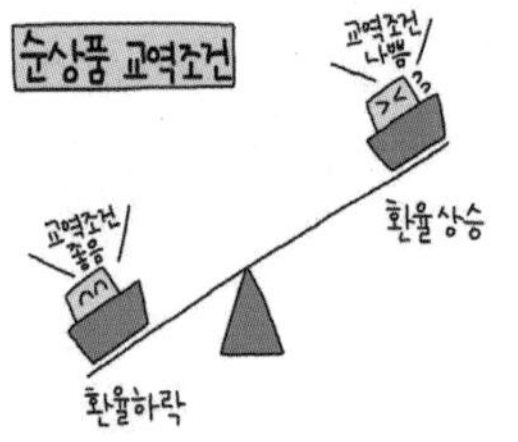

순상품 교역조건은 수출 1단위로 수입을 몇 단위 할 수 있는지 나타내는 지표야. 교역조건이 좋다는 것은, 수출 1단위로 벌어들인 돈으로 수입을 1단위보다 많이 할 수 있다는 거야. 반면 순상품 교역조건이 나쁘면, 수출 1단위로 벌어온 돈으로 겨우 수입 0.9단위밖에 못하는 상황이야.

교역조건이 100 이상이면 무역을 통해 손해를 보지 않지만, 100 이하가 되면 수출기업의 채산성이 악화돼.

교역조건이 좋으면(수출단가가 좋으면) 벌어오는 달러가 많으므로 환율이 하락할 가능성이 높고, 교역조건이 나빠지면 벌어오는 달러가 줄어드니 환율이 상승할 가능성이 높아.

단기외채는 1년 이내에 갚아야 할 외채야. 외채는 외국에 진 채무, 즉 빚이야.

단기외채가 많으면 1년 이내에 갚아야 할 달러 빚이 많다는 것이므로, 달러 수요가 많아져서 환율이 상승할 가능성이 높아. 반면 단기외채가 적으면 단기 달러 수요가 많지 않으므로 환율이 하락해.

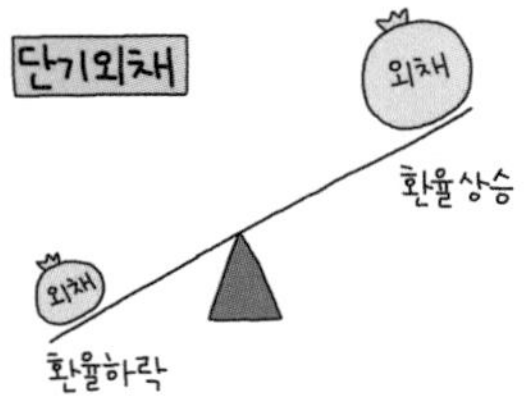

막강한 자금력과 정보력을 가진 외국인 투자자들은 한국 주식시장의 1/3을 장악하고 있어. 그러니 외국인들이 주식을 사느냐 파느냐에 따라 주식시장이 크게 영향을 받을 수밖에. 그래서 다음 같은 원리가 작동해.

환율이 자꾸 오를 때는 주가지수가 하락해. 환율이 자꾸 상승한다는 것은 경제 상황이 안 좋다는 얘기고, 주식이 오를 리가 없고, 외국인도 환차손 때문에 한국 주식을 자꾸 파니까.

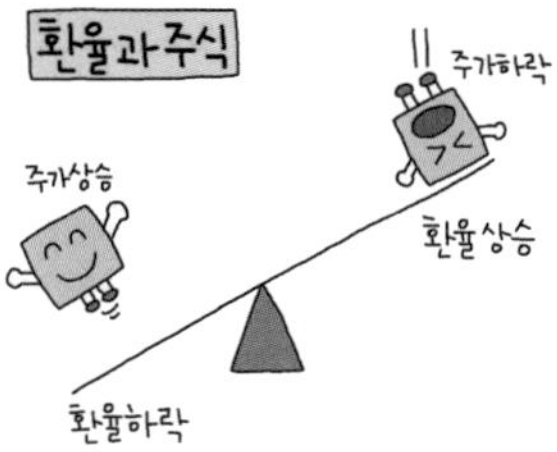

환율이 자꾸 내릴 때는 주가가 상승해. 수출이 잘되어 달러를 팍팍 벌어들어와 경상수지가 좋고, 경제성장률도 좋아지는 것이니 주가가 오를 수밖에. 게다가 외국인 투자자도 환차익 가능성이 있으면 자꾸 들어오고. 그러면 환율이 자꾸 내리고 주가는 자꾸 올라.

한국의 부동산 가격(공시지가)을 모두 더하면 GDP의 6배가 넘는다고 해. **부동산시장은 주식시장보다 커.** 그래서 부동산 가격이 하락하면 가계든 기업이든 큰 타격을 받고 경제가 얼어붙게 돼. 부동산시장이 폭락하면 한국 경제가 휘청대고 환율이 상승할 가능성이 높은 거지.

환율에 영향을 미치는 요소는 여기까지 알아보고, 이제 환율제도를 알아보러 갈까?

문제 환율 변동과 관련된 설명 중 틀린 것을 모두 고르시오.
① 경상수지가 급격히 늘어나 달러 공급이 커지면 환율이 하락한다.
② 우리 경제성장률이 높아지면 환율이 하락한다.
③ 원자재 가격의 급등은 환율 상승 압력으로 작용한다.
④ 우리나라의 교역조건이 매우 좋아지면 환율이 상승한다.
⑤ 외국인 투자금이 급격히 늘면 환율이 상승한다.

정답) ④, ⑤

Section

12 환율이 고정, 환율이 변동

고정환율제도 | 변동환율제도 | 달러 페그 제도 | 복수통화 바스켓 제도

환율제도는 크게 나누어 고정환율제도와 변동환율제도가 있어.

고정환율제도는 환율을 일정 수준으로 고정시켜 두고 통제하는 거야. 요즘은 고정환율제도인 나라가 별로 없어. 대부분 변동환율제도를 선택해.

변동환율제도는 외환시장에서 달러의 수요와 공급에 의해 환율이 자유롭게 결정되도록 한 제도야. 현재 대부분의 나라들이 변동환율제도를 채택하고 있어. 한국도 외환위기 이후인 1997년 12월부터 변동환율제도를 시행하게 되었어.

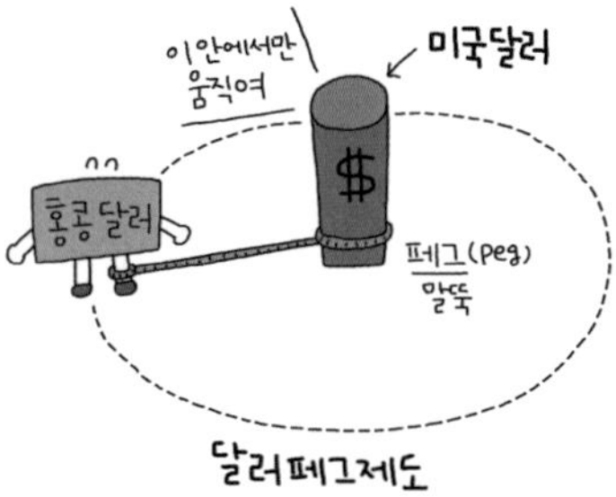

페그(peg)는 말뚝, **달러 페그 제도**는 환율을 미국 달러에 묶어놓은 일종의 고정환율제도야. 예를 들어 홍콩 달러는 1983년 이래 1달러=7.8홍콩 달러로 고정되어 있어(소폭으로 미세한 변동은 있지만).

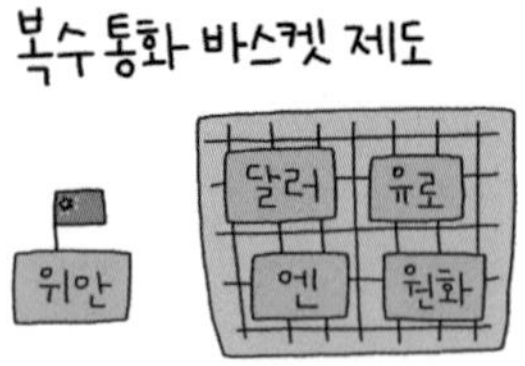

복수통화 바스켓제도는 현재 중국에서 쓰고 있는 환율제도야. 중국과 무역이나 금융거래가 많은 국가들의 통화를 바스켓에 넣고, 이들 통화의 가치가 변함에 따라 위안화 환율이 연동되어 변동하게 한 제도야. 중국 정부가 밝히지는 않지만, 6개국 통화 바스켓에서 비중은 달러 약 30%, 유로와 엔이 각 20%, 한국 원화가 약 10% 정도로 추정되고 있어.

문제 다음 문제를 보고 O, X로 표시해 보자.

1. 한국과 중국은 변동환율제도이다. ( )
2. 미국과 유럽연합, 일본은 변동환율제도를 시행하고 있다. ( )

정답) 1. X 2. O

Section 13

외환보유고가 들락날락

외환위기 | 외환보유고 | SDR(IMF 특별인출권) | IMF 포지션 | 금 | 적정 외환보유고
가용 외환보유고

외환위기는 한 국가에 외화가 부족해서 닥친 위기를 말해. 한국의 은행이나 기업, 정부가 외국에 빌린 달러나 엔 등을 갚아야 하는데 갚을 외화가 없다~, 이게 바로 외환위기야.

1997년 외환위기 직전에 우리 외환보유고는 텅텅 비어서 40억 달러밖에 없었다더군. **외환위기를 겪은 나라**는 한국 말고도 멕시코, 브라질, 태국, 러시아 등 많아.

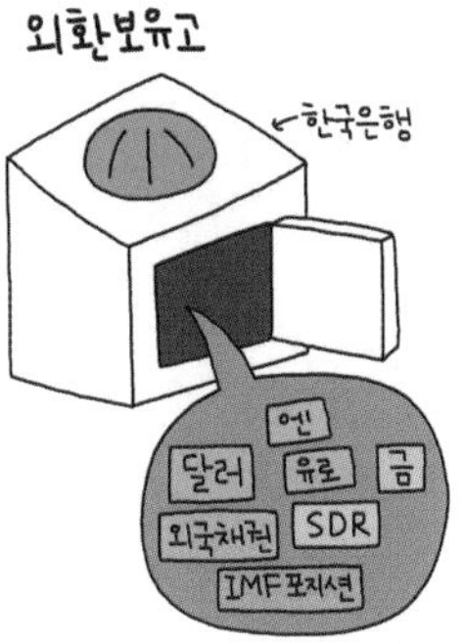

외환보유고는 한국은행이 가지고 있는 일종의 외화 비상금고야. 달러가 없으면 석유도 사올 수 없고 물건값도 지불할 수 없으니 국가 경제가 휘청거리겠지? 각 나라는 갑작스러운 외환위기를 막기 위해 중앙은행에 외환보유고라는 비상금고를 마련해 두고 있어.

외화 비상금고인 외환보유고에 무엇이 있는지 볼까?
일단 달러, 유로, 엔화 등 **외국 통화**, 각종 **해외 유가증권**이 있어. 유가증권은 국채, 정부기관채, 금융채 등을 말해. 그리고 **SDR**, **IMF 포지션**, **금**도 있어.

SDR은 **IMF 특별 인출권.**

SDR은 종이에 찍힌 돈이나 채권, 수표 같은 게 따로 있는 게 아니고, 일종의 약속으로 만들어진 실체가 없는 준비통화야.

IMF 가맹국들끼리 모여서 SDR 발행총액을 100억 달러로 정했다고 하자. 예를 들어 미국은 30억 달러, 중국은 10억 달러, 한국은 5억 달러 식으로 IMF 출자금에 따라 쿼터를 정하는 거야.

만약 IMF 가맹국인 한국에 외환위기가 닥치면?

한국이 미국에 5억 달러를 지불해야 한다면 SDR 5억 달러를 주는 거야. 현찰과 같은 거지. 그러면 미국 외환보유고에는 SDR이 5억 달러가 늘어나고 한국은 그만큼 줄어들어. SDR이 실제 달러와 같은 국제통화의 역할을 하는 거야.

IMF 포지션은 IMF 회원국이 출자금을 납입한 후 외화가 부족할 때 출자한 만큼 언제든 인출할 수 있는 권리야. 이건 실제로 자신이 출자한 금액만큼 비상시에 인출할 수 있는 거지. 예금 담보대출과 비슷해.

금이 왜 외환보유고에 있냐고?

한 나라가 외환위기로 망할 지경이 되면 아무도 그 나라 돈을 달러나 다른 화폐로 바꾸어 주려고 하지 않아. 그 나라 화폐는 휴지 취급을 받아.

그런데 수천 년 동안 인류의 화폐 역할을 해 온 금은 언제든 달러로 바꿀 수 있어. 그래서 금도 외환보유고에 넣어. 미국이나 중국은 외환보유고에 금이 매우 많아.

한국은 금의 비중이 너무 작아 말들이 많았는데, 한국은행이 금 매입에 나섰어. 그래 봤자 한국은 세계 중앙은행 중 금 보유 순위가 39위에 불과해.

한국의 외환보유고에 무엇이 들어 있는지 보았으니 **얼마나 들어 있는지** 볼까? 모두 3,989억 달러(2018년 5월 기준), 이중에서 유가증권 3,663.5억 달러(91.8%, 주로 미국 국채), 금융기관 예치금 229.2억 달러(5.7%), SDR 33.4억

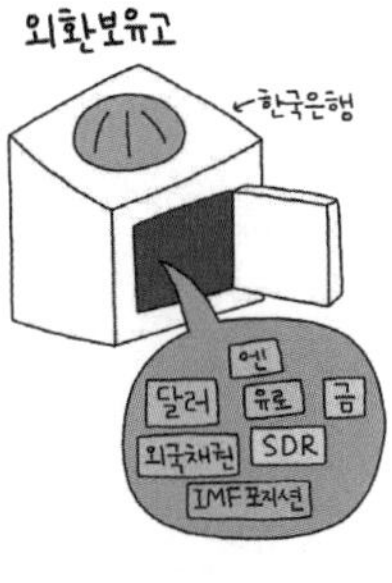

달러(0.8%), IMF 포지션 15.8억 달러(0.4%), 금 47.9억 달러(1.2%) 정도가 들어 있어. 보유액 규모는 세계 9위 수준이야.

외환보유고가 많다고 무조건 좋은 것만은 아니야.

외환보유고가 모두 한국은행의 지하금고에 들어 있는 건 아니야. 미국 국채에도 투자하고 등. 수익률보다는 안전 위주로 운용해. 외환보유고가 과하게 많아 봤자 괜스레 큰돈을 묶어두는 셈이지.

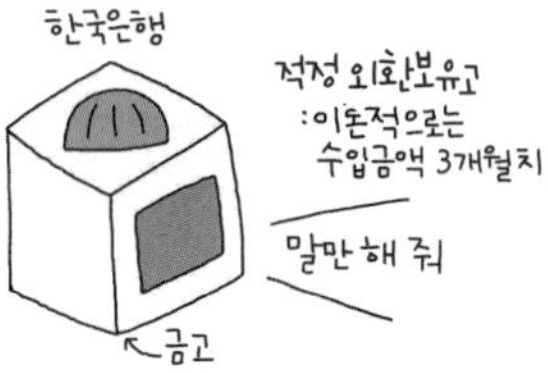

적정 외환보유고는 외환위기에 충분히 대비하면서도 지나치게 많지는 않은 외환보유고를 말해. 어느 나라도 자국의 적정 외환보유고를 발표하지 않아. 다만 3개월 정도의 수입대금을 지불할 정도가 적당하다고들 해.

한국의 월 수입액은 2018년 기준 얼추 400억 달러이므로 적정 외환보유고는 약 1,200억 달러라는 거지. 외환 보유고가 약 4,000억 달러니 이 정도면 괜찮지? 다만 이 모두가 가용 외환보유고는 아니고, 세계 외환시장에는 환투기 세력들이 판치고 있기 때문에 무조건 안심할 순 없어.

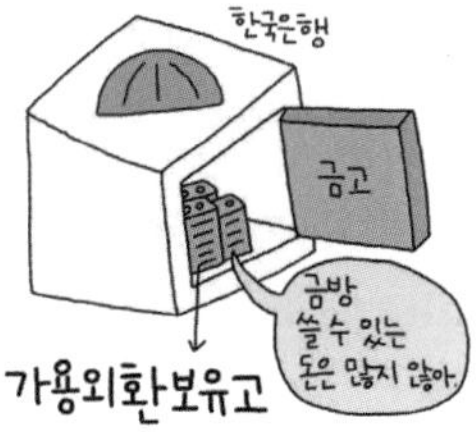

가용 외환보유고는 급할 때 바로 쓸 수 있는 외환보유고야. 외환보유고에 들어 있지만 바로 쓸 수 없는 것들도 있어. 미국 국채를 왕창 팔아버리면 미국채 가격이 떨어지므로 손해보고, 미 국채 금리가 오르게 되어 미국 눈치도 봐야 해. 그래서 실제 가용 외환보유고는 그리 크지 않다고 주장하는 측도 있어.

문제 다음 문제를 보고 O, X로 표시해 보자.

1. 외환보유고에는 외국 통화, 미국채, SDR, IMF 포지션, 금 등이 들어 있다. (   )
2. 경제위기가 닥치면 SDR, 즉 IMF 특별 인출권을 사용할 수 있다. (   )

정답) 1. O 2. O

Section

14 통화 스와프, 외평채가 여차하면

통화 스와프 | 외평채 | 달러 표시 외평채 | 원화 표시 외평채 | 외평채 가산금리

환헤지는 환율과 헤지의 결합어. 헤지는 가격 변동에 따르는 위험을 없애려는 시도야.
환헤지는 환율변동에 따른 환차손을 막기 위해 거래시 현재 수준의 환율로 고정시켜 두는 것을 말해. 방법은 통화 스와프, 선물환 거래 등 다양해.

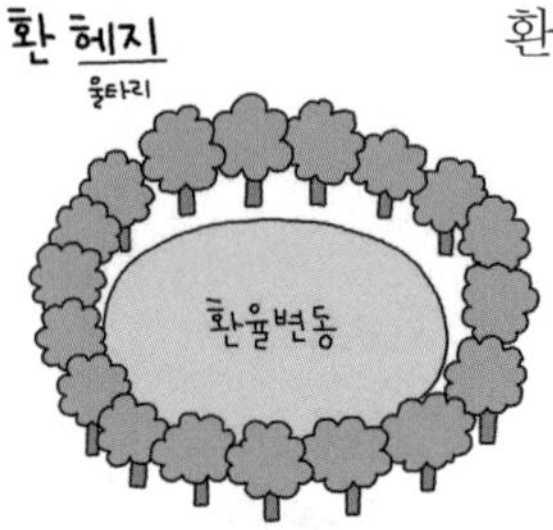

환율이 마구 급등하거나 갑자기 폭락하면 기업뿐 아니라 한국 경제 전체가 큰 타격을 받아. 그래서 통화 스와프 등으로 일종의 **환 헤지**를 해.

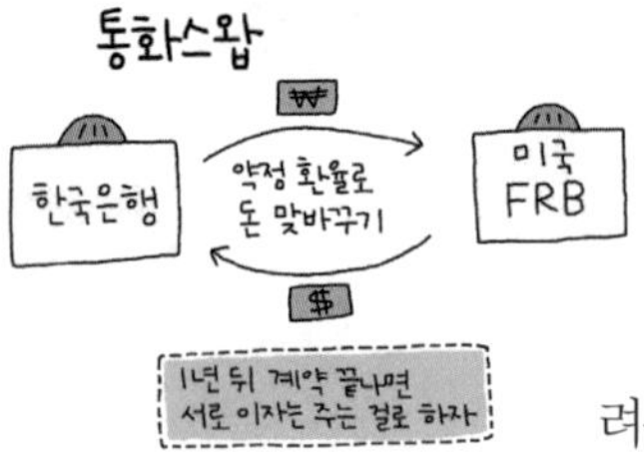

통화 스와프는 일종의 마이너스 통장이라고 생각하면 돼. 두 나라 정부 또는 은행, 기업 등이 통화를 일정기간 교환하여 이용하다가 만기가 되면 원래대로 돌려주는 거야.

한국과 미국이 환율 1200원으로 300억 달러를 1년 만기 통화 스와프 계약을 맺었다고 해 보자. 이제 1년간 300억 달러를 언제든 인출해 쓸 수 있어. 미국은 원화를 36조원 쓸 수 있고.

국제 자본거래의 약 60% 이상이 통화 스와프 형태로 거래돼. 이처럼 환율을 딱 고정시켜 두고 서로 돈을 바꾸어 쓰는 것이니, 나중에 환율 변동으로 인해서 손실이 생길 위험이 없어지는 거지.

우리나라는 스위스, 캐나다, 중국, 말레이시아, 호주, 인도네시아, 치앙마이 이니셔티브(CMIM, 다자간 통화 스와프), UAE 등과 통화 스와프를 맺고 있다. 기축통화국인 미국, 일본, 유로존과는 통화 스와프를 체결하기 위해 시도중이다.

돈이 부족해 쩔쩔매다가 마이너스 통장을 만들면 일단 한숨을 좀 돌리지? 통화 스와프는 **일종의 외화 마이너스 통장**이 생긴 셈이므로 달러가 부족하여 환율이 급등하는 사태를 좀 막을 수 있어.

환율이 급등할 때 정부가 통화 스와프 통장을 흔들어 보이는 것만으로도 시장의 심리를 안정시키는 효과가 있으니까. "어때, 외화 마이너스 통장 빵빵하지?" 이렇게.

외국환평형기금채권은 환율을 안정시키기 위해 정부가 발행하는 채권으로 흔히 **외평채**라고 해. 기획재정부 장관이 "발행하자"고 건의하고 국회가 동의하면 한국은행이 발행해서 자금을 운용해.

달러 표시 외평채는 달러를 빌리기 위해 발행하는 채권이야. 시중에 달러가 너무 부족하여 환율이 크게 오를 때 발행해. 외평채를 산 측은 그 대가로 달러를 주겠지? 이렇게 모은 달러를 외환시장에 뿌려. 달러 공급량이 늘어나고 환율은 안정되겠지?

원화 표시 외평채는 원화를 빌리기 위해 발행하는 외평채야. 시중에 달러가 흘러넘쳐 환율이 너무 하락하면, 원화 표시 외평채를 발행해. 원화 표시 외평채를 산 측이 원화로 돈을 지불하면, 이 원화로 외환시장에서 달러를 사들이는 거지. 그러면 시중의 달러 양이 줄어들어 환율이 상승할 가능성이 높아.

외평채 가산금리는 외평채를 발행할 때 가산되는 금리.

한국의 외평채 금리는 미국 국채 금리에 가산금리를 덧붙여. **한국 경제가 안 좋으면** 외평채 가산금리가 급등하고, 경제가 좋고 국가신용등급이 올라가면 가산금리가 떨어져. 외평채 가산금리는 한 나라 경제의 건강상태를 파악하는 잣대가 되기도 해.

문제 다음 문제를 보고 O, X로 표시해 보자.
1. 우리나라는 미국, 일본과 통화 스와프를 체결한 상태이다. (　)
2. 환율이 급등하면 달러 표시 외평채를 발행한다. (　)

정답) 1. X 2. O

Section 15

정부가 외환시장에 은근슬쩍

구두개입 | 직접개입 | 매도개입 | 매수개입 | 환율조작국 | 미세조정 | 스무딩 오퍼레이션

환율이 마구 급등하거나 급락하면 경제에 주는 충격이 매우 크다고 했지? 변동환율제도는 환율이 시장에서 수요와 공급에 의해 자유롭게 결정되지만, 사실 정부나 중앙은행이 알게 모르게 외환시장에 개입하는 경우가 꽤 있어.

구두개입은 구두(口頭), 즉 말로 외환시장에 개입하는 거야.

기획재정부 장관이나 한국은행 총재, 간혹 청와대 등이 외환시장에 경고성 멘트를 날리는 거야.

"외환시장 불안이 지속되면 조치를 취하겠다."

2008년 3월 환율이 하루에 31.9원이 오르며 이상신호가 감지되자, 외환당국이 경고성 멘트를 날렸어. 투자자들에게 말로 겁을 주는 거야. 속뜻은 이런 거야.

> **환율 급등시 구두 개입**
> 앞으로 환율(달러 값)이 계속 상승할 거라고 보고 **달러를 움켜쥐고** 안 파는 분들~,
> 투기를 위해 **달러를 매집하는** 분들~,
> 우습게 보지 마! 우리가 달러를 시장에 확 풀어버릴 수 있어. 그러면 환율이 내리고 너희들은 막대한 손해를 보겠지? 그러니 조심해!

그럴 때 외환당국은 직접개입을 하기도 해.

직접개입은 외환당국이 환율을 안정시키려고 외환시장에 달러를 팔거나 사들이는 거야.

매도개입은 달러가 부족하여 환율이 급등할 경우 달러를 시장에 내다팔아. 시장에 달러 공급량이 늘어나면 급등하던 환율이 안정될 수 있지.

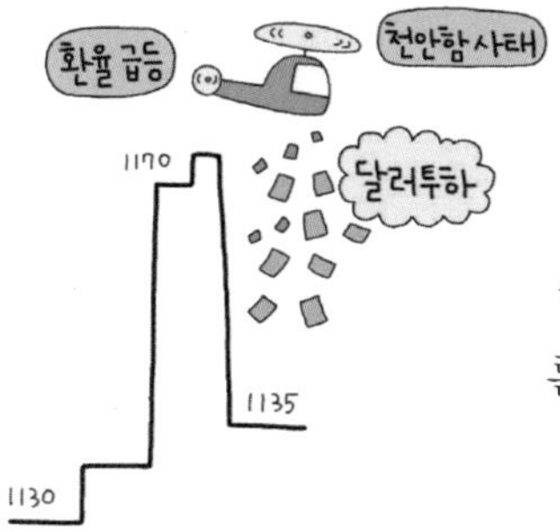

2010년 5월 천안함 사태 뉴스속보로 환율이 순식간에 50원이 급등하자, 외환당국이 장 마감 30분을 앞두고 30억 달러를 확 쏟아붓는 매도개입을 했어. 덕분에 환율이 빠른 시간에 내렸지.

도시락 폭탄, 2008년에 생긴 우스개로 신문에도 가끔 나왔어.

환율이 하루에도 몇 십원씩, 100원 넘게 급등하자, 외환당국이 외환 딜러들이 밥 먹으러 간 점심시간에 외환시장에 달러를 확 팔았지. 점심 먹고 오면 환율이 팍 떨어져 있는 거야. 외환 딜러들이 몇 번 당하고는, 아예 점심을 샌드위치로 떼우며 자리를 비우지 않았다는 전설이 있어~. 세계적으로 전무후무한 해프닝이야.

매수개입은 달러가 넘쳐서 환율이 급락하면 외환당국이 시장에서 달러를 사들이는 거야. 시장에 달러가 줄어드니 달러 가치가 올라가고 환율이 상승하는 거지. MB 정부는 고환율 정책을 펴느라 2010~11년 외환시장에 매수개입을 꽤 했다고 알려져 있어.

사실 정부가 외환시장에 직접 개입하는 것은 금물이야. 다른 나라로부터 **환율 조작국**이라고 욕을 먹고 무역보복도 당할 수 있으니까. 그러니 어느 나라든 외환시장에 직접개입을 했다고 시인하지는 않아.

외환당국은 때로는 **미세조정**을 할 뿐이라고 연막을 쳐. 미세조정은 **스무딩 오퍼레이션**(smoothing operation)이라고 해. 환율이 급등락할 때 시장을 안정시키기 위해 살짝 마사지를 해준다는 거지. 이 정도는 이해해 주는 관행이 있어.

외환당국의 외환시장 개입 단계를 볼까?

외환시장이 요동치면

1. 외환 당국이 일단 입으로 경고를 먹이고, ——▶ 구두 개입

2. 정체를 드러내지 않고 달러를 왕창 사들이거나 팔아.

——▶ 매수개입/매도개입

3. 환율 조작국으로 찍히면 안 되니까, 시치미를 뚝 떼거나 미세조정만 했다고 설레발을 치는 거야.

——▶ 스무딩 오퍼레이션이라고 변명

정부의 외환시장 개입은 여기에서 끝~. 환율 장도 끝~. 이제 후딱 '확인하고 넘어가기'를 풀고 세계 경제 편으로 달려가자.

문제 외환시장 개입과 관련된 설명 중에서 틀린 것을 모두 고르시오.

① 환율이 단기간에 비정상적으로 상승하면 외환당국이 구두개입을 한다.( )

② 환율이 급등하면 외환당국은 외환보유고의 미국 채권을 판다.( )

③ 환율이 비정상적으로 등락할 때 스무딩 오퍼레이션을 하는 경우가 있다. ( )

④ 환율이 지나치게 내리면 외환당국은 외환시장에서 달러를 판다.( )

정답) ②, ④

확인하고 넘어가기

1 한국 돈 원화의 통화코드는 (　　　)이며 미국 달러는 USD, 일본 엔은 JPY, 중국 위안은 CNY이다.

2 원/달러 환율은 미국 돈 (　　　)달러를 사는데 우리나라 돈 얼마가 필요한지 그 비율이다.

3 원화를 엔화로 바꿀 때처럼, 기축통화인 달러를 중간에 끼워 두 통화의 교환비율을 정하는 것은 (　　　)환율이다.

4 미래 약정한 시점에 약정한 환율로 약정한 금액을 주고받기로 한 계약은 (　　　)이다. 반면 현물환은 거래와 동시에 통화를 주고받는 것이다.

5 홍콩, 싱가포르 등에서 원화와 달러를 바꾸는 외환시장은 (　　　).

6 환율이 1달러에 1000원이었다가 1010원이 되었다. 이런 경우 환율은 (상승/하락)한 것이고 원화는 (강세/약세)이다.

7 환율이 오르면 가장 큰 이득을 보는 곳은 (내수 중소기업 / 수출기업)이며, 가장 큰 피해를 보는 곳은 수입기업과 물가상승으로 고통을 당하는 서민들이다.

8 환율 변동으로 인해 얻은 이익은 (　　　), 환율 변동으로 인한 손해는 (　　　)이다.

9 외국인 투자자 입장에서는 환율이 (가장 높을 때/가장 낮을 때) 들어와서 환율이 (가장 높을 때/가장 낮을 때) 수익을 실현해 다시 달러로 바꿔 나가면 가장 큰 이익을 얻을 가능성이 높다.

10 우리나라는 경제위기가 외환위기에서 시작되는 특징이 있다. 환율이 폭등하면 단기채무와 물가 등에서 큰 고통을 당하지만 한편으로는 수출이 늘어 다시 달러가 많이 유입되어 경기가 정상화되는 단초가 되기도 한다. 이런 기능을 환율의 (　　　)이라고 한다.

CHOICE

- □ 역외시장
- □ KRW
- □ 환차손
- □ 재정
- □ 1
- □ 경기 자동조절 기능
- □ 선물환
- □ 환차익

1 KRW **2** 1 **3** 재정 **4** 선물환 **5** 역외시장 **6** 상승, 약세 **7** 수출기업 **8** 환차익, 환차손 **9** 가장 높을 때, 가장 낮을 때 **10** 경기 자동조절 기능

CHOICE

- □ 외환보유고
- □ 스무딩 오퍼레이션
- □ 변동환율제도
- □ SDR
- □ 외평채
- □ 통화 스와프

11 외환시장에서 달러를 사려는 수요는 많은데 공급량이 미치지 못하면 환율은 (상승/하락)한다.

12 세계 경제성장률이 호조를 보이며 수출이 잘 되면, 경상수지 흑자 행진이 이어지고 그러면 환율은 (상승/하락)할 가능성이 높다.

13 외국인 투자자가 달러를 들고 투자하기 위해 밀려오면 환율은 (상승/하락)할 가능성이 높아진다.

14 교역조건이 나빠지면 환율은 (상승/하락)할 가능성이 높아진다.

15 한국은 주식시장이 상승하면 환율은 (상승/하락)하는 경향이 있다.

16 외환시장에서 달러의 수요와 공급에 따라 환율이 자유롭게 결정되도록 하는 제도는 (   )이다.

17 (   )는 갑작스런 외화 부족 사태에 대비하기 위해 한국은행이 달러 등 외국통화, 각종 해외 유가증권 등의 형태로 비축해 둔 준비통화이다.

18 IMF 가맹국들끼리 약속해 발행하며, IMF 출자금 비율에 따라 쿼터를 나누어 갖고 있는 무형의 국제통화는 (   )이다.

19 (   )은 두 나라 정부 또는 기업이 자국의 통화를 일정기간 교환해서 이용하다가 만기가 되면 원래대로 돌려주는 것이다.

20 정부가 환율을 안정시키기 위해 발행하는 채권은 (   )이다. 예를 들어 시중에 달러가 부족하여 환율이 지나치게 상승하면 정부는 해외에서 달러표시 (   )를 발행해 달러를 조달해 온다.

21 공식적으로 정부가 외환시장에 직접개입을 하는 것은 금물이지만, 환율이 지나치게 급등락할 때 정부가 외환시장에 인위적으로 개입해 환율이 안정적으로 움직이도록 하는 조치를 미세조정 또는 (   )이라고도 한다.

11 상승 **12** 하락 **13** 하락 **14** 상승 **15** 하락 **16** 변동환율제도 **17** 외환보유고 **18** SDR **19** 통화 스와프 **20** 외평채 **21** 스무딩 오퍼레이션

Chapter 8

세계 경제가 한눈에 탁!

1. 한국 경제의 핵심이 한눈에 쏙 / **2.** 기축통화는 요술방망이 / **3.** 미국 달러가 으쓱으쓱 / **4.** 트리핀 딜레마가 착 붙어서 / **5.** 글로벌 불균형이 티격태격 / **6.** 엔 캐리, 달러 캐리가 휘돌아 / **7.** 유로화가 우당탕탕 / **8.** 엔화가 등 떠밀려 / **9.** 미국 지표가 물끄러미 / **10.** 국제 금리가 들썩들썩 / **11.** 신용등급, CDS 프리미엄이 흠칫 / **12.** 국제 유가가 시끌시끌 / **13.** 원자재시장이 와글와글

Section **01**

한국 경제의 핵심이 한눈에 쏙

무역의존도 | 내수시장 | 대외의존도 | 커플링 | 디커플링 | 리커플링

한국은 수출로 먹고사는 나라. 수출이 한국 경제에서 차지하는 비중이 얼마나 큰지 볼까?

한국의 무역액(수출+수입)은 2017년 1조 520억 달러야(수출 5,736억 달러, 수입 4,784억 달러). 각 나라의 경제에서 무역이 차지하는 비중은 **GDP 대비 무역의존도**로 계산해. 각 나라마다 경제규모가 다르고 무역규모도 다르다 보니 비교의 기준이 있어야 하고, 그 기준을 GDP로 삼은 거야. 우리나라 GDP(2017년)가 1조 5,302억 달러이고, 무역액이 1조 520억 달러이면, 무역의존도는 약 68.7%.

무역의존도가 좀 높은 나라들 좀 볼까? 홍콩이나 싱가포르는 무역액 규모가 GDP의 3배가 넘어.

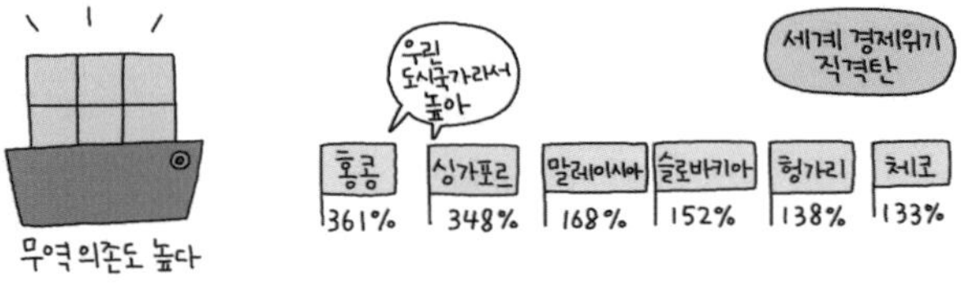

홍콩, 싱가포르는 도시국가로 무역중개 비중이 절대적이야. 그리고 말레이시아, 슬로바키아, 헝가리, 체코의 무역의존도가 높아. 우리나라도 수출입액 합계가 GDP보다 높을 때가 자주 있었어.

무역의존도가 높은 국가들은 대부분 2008년 금융위기 당시 직격탄을 맞았어. 수출로 먹고사는 나라들인데, 전 세계 경기침체로 수출량이 줄어드니 그럴 수밖에.

무역의존도가 낮은 국가는 일본, 인도, 호주, 영국, 스페인, 프랑스, 러시아 등으로 대체로 인구가 많고 내수시장이 발달된 나라들이야.

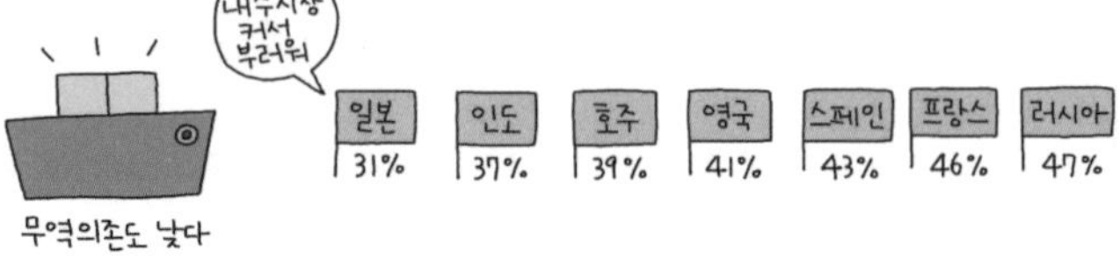

내수시장은 국내시장 규모, 즉 국내 구매력으로 한마디로 '인구'라고 할 수 있어. 구매력이 있는 인구 말이야.

2차 세계대전으로 패망했던 일본이 빨리 일어선 이유도 원래 기술력이 있었던데다가 한국전쟁으로 종잣돈을 모을 수 있었고, 인구가 1억 3천만명이 넘어 국내 구매력, 즉 내수시장이 컸기 때문이야. **반면 한국은** 생산능력은 높은데 비해 인구가 5천만 명밖에 안 되므로, 수출에 주력할 수밖에 없었어.

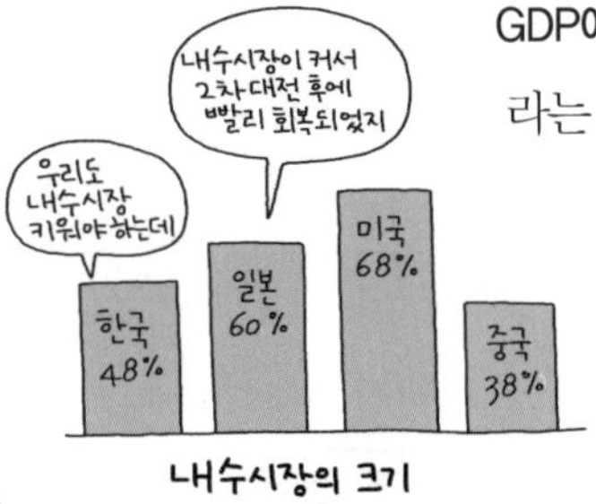

GDP에서 민간소비가 차지하는 비중을 볼까? 우리나라는 GDP의 약 48.3%, 일본은 약 60.7%, 미국은 약 68.4%, 중국은 약 38.2%야(2015년 기준).

한국은 1년 동안 1,000조원을 생산하면 483조원은 국내의 민간이 소비하고(내수), 나머지 약 52%는 해외에 수출하는 거야. 쉽게 말해 자동차를 100만대 만들면 48만대는 우리 국민들이 사고, 나머지 52만대는 해외에 수출한다는 거지. 그러니까 세계 경제가 침체하고 소비가 줄면 경제가 큰 충격을 받아.

IMF는 한국이 경제성장을 위해서는 내수시장 비중을 키워야 한다고 권고한바 있어. 문재인 정부의 소득주도성장론과 맞닿아 있는 부분이야.

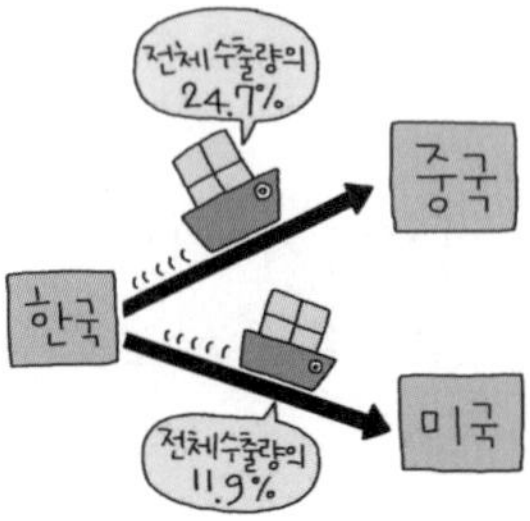

한국의 수출량 1위는 중국. 전체 수출액의 24.7%를 차지해. 2위는 미국으로 11.9%야(2017년 기준). 그러니 미국과 중국의 경기가 침체되면 한국 경제는 수출이 급감하고 직격탄을 맞을 수밖에 없어.

대외의존도가 높은 나라일수록 세계 경제가 호황이면 같이 호황을 누릴 가능성이 높고, 불황이면 경제가 큰 타격을 받을 가능성이 높은 거야.

결론적으로 **한국 경제는 세계 경제와 밀접하게 연결되어 있어.** 특히나 앞에서 살펴보았듯이, 내수시장이 작고 수출 위주이기 때문에 더욱 민감하게 움직일 수밖에 없어.

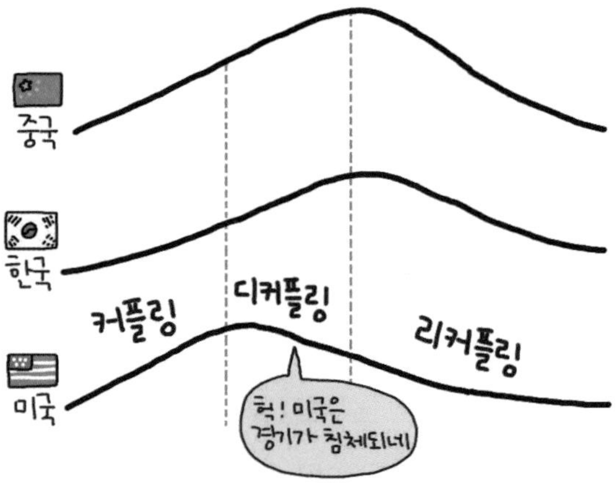

커플링(coupling)은 한 나라의 경기나 주가 등이 다른 나라와 함께 오르내리는 현상으로 **동조화**라고도 해. 미국, 중국을 비롯한 세계 경제가 좋아지면 한국 경제도 활황이고, 이들 국가의 경기가 나빠지면 한국 경제도 큰 타격을 받지.

디커플링(decoupling)은 한 나라의 경기나 주가 등이 다른 나라와 달리 움직이는 것으로 **탈동조화**라고도 해. 예를 들어 미국 경제가 침체되고 있는데도 한국 경기가 좋다면 디커플링이야.

리커플링(recoupling)은 한 나라의 경기나 주가 등이 다른 나라와 달리 움직이다가 다시 동조화되는 거야.

예를 들어 미국 경제가 침체되고 있는데도 일시적으로 한국의 경기는 아직 괜찮아서 디커플링이 될 수는 있어. 하지만 한국 경제는 미국, 중국 등 세계 경제와 밀접하게 연결되어 있지? 그래서 시간이 지남에 따라 세계 경제에 다시 동조화될 가능성이 높아. 이런 경우를 '리커플링'이라고 해.

Section

02 기축통화는 요술방망이

기축통화 | 파운드 | 달러 | 브레튼우즈 | 닉슨 쇼크 | 화폐주조 차익

세계 경제흐름을 읽는 데 필요한 최소한의 기초지식을 알아볼까? 우리도 텔레비전 경제뉴스는 막힘없이 들을 수 있을 정도가 되어 보자. 이때 **가장 중요한 지식**은 기축통화인 달러에 대한 이해야.

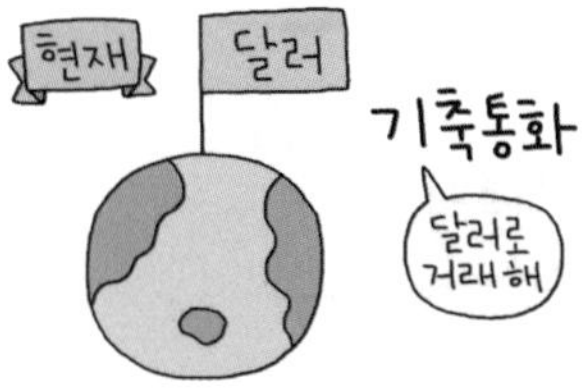

기축통화는 국제무역이나 금융거래에서 통용되는 중심통화야. 오늘날의 기축통화는 달러지. 전 세계 사람들이 국제무역이나 금융거래에서 달러를 많이 사용하고 있으니 중요할 수밖에.

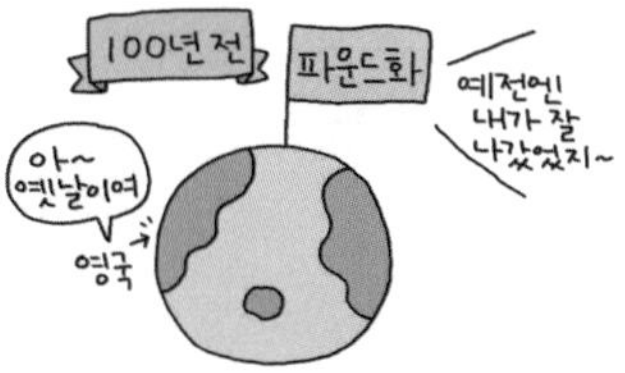

기축통화의 역사를 살펴볼까? 1860년에서 1914년까지 기축통화는 대영제국의 **파운드화**였어. 당시 파운드화는 세계 교역의 약 60%, 전 세계 외환보유고의 약 48%를 차지하고 있었어.

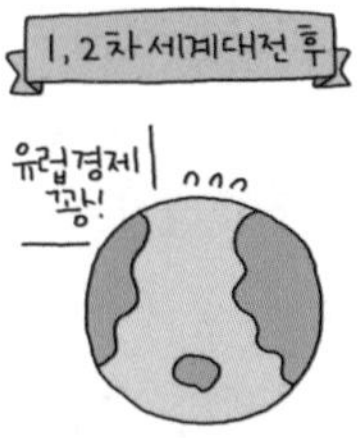

그런데 1차, 2차 세계대전 후 유럽은 막대한 피해를 입었고, 직접적인 전쟁터가 아니었던 미국은 군수물자 및 각종 제품들을 생산해 돈을 많이 벌었어. 워낙 땅이 넓고 자원이 많으니 미국의 경제가 점점 강성해졌어.

2차 세계대전이 끝날 즈음, 미국을 중심으로 44개의 승전 연합국이 미국의 브레튼우즈란 동네에서 모종의 약속을 하게 되는데 그게 브레튼우즈 협약이야. 매우 자주 나오는 것이니 밑줄 쫙 그어두자.

브레튼우즈 협약에서 약속한 내용을 볼까?

1. 미국 달러를 금본위로 찍자.

금본위는 골드(gold) 스탠더드(standard), 금이 기준이 되는 통화제도야. 즉 미국이 보유한 금의 양만큼 달러를 발행하자고 협약한 거지.

2. 금 1온스당 35달러로 하자.

미국의 중앙은행이 금 10온스를 가지고 있다면, 미국은 350달러를 찍을 수 있었던 거야.

3. 다른 나라 화폐의 환율은 달러에 고정하자.

1달러당 0.9파운드 식으로 달러에 고정되고, 환율이 1% 안에서 움직이도록 정했어.

브레튼우즈에서 생긴 기구

당시 브레튼우즈에서는 달러의 기축통화와 더불어 두 개의 국제기구 설립을 결정했어. 바로 IMF와 IBRD.

IMF는 국제통화기금으로 각국의 국제수지와 환율을 감시하는 역할을 해.

IBRD는 국제부흥개발은행으로 2차대전 이후 폐허가 된 국가들의 재건비용을 조달해 주기 위해 설립되었어. 나중에 후진국 원조 등의 역할까지 기능이 늘어났고.

드디어 **달러 기축통화 시대**가 열린 거야. 당시 미국은 전 세계 GDP의 50%를 생산하는 세계의 공장이며, 전 세계 금의 70%를 가지고 있었어. 게다가 유럽이 전쟁으로 피폐해져서 견제를 받지 않고 쉽게 기축통화국이 될 수 있었어.

그런데 미국이 2차 세계대전 이후 소련과의 냉전, 1960년대 후반 베트남 전쟁으로 막대한 원조와 군비지출을 하는 바람에 달러를 마구 찍어냈어. 브레튼우즈 체제에서 미국은 보유한 금 1온스당 35달러를 찍기로 정했다고 했지? 무시하고 그냥 더 많이 찍어내어 버린 거야.

다른 나라들은 화가 났어. 달러를 마구 찍어내니 달러의 가치가 떨어졌어. 달러를 들고 있어 봤자 손해가 된 거지. 그래서 미국 은행들에 달러를 주고는 금으로 바꾸어 달라고 금 태환을 요구한 거야. 덕분에 미국의 금 보유량은 70%에서 22%까지 확 줄어 버렸어.

브레튼우즈 협약 27년 뒤인 1971년 8월 15일(한국 광복절이네). 미국의 닉슨 대통령이 더 이상 달러를 금으로 바꾸어 주지 않겠다고 선언해 버렸어. 이게 **닉슨 쇼크**야.

이제 미국은 기축통화인 달러를 중앙은행이 가진 금의 양에 상관없이 마음대로 찍어낼 수 있게 되었어.

닉슨쇼크의 뒷 이야기
닉슨은 당시 한창 중국과 밀애(핑퐁외교) 중이었어. 그때는 대만을 하나의 중국으로 인정하던 때야.
1971년 7월 15일 닉슨은 TV 방송에 나와 근간 중국을 방문하겠다고 폭탄선언을 했지. 8월 9일에는 영국이 30억 달러를 금으로 바꾸어 달라고 했어.
13일 닉슨은 16명의 경제 관료들을 비밀리에 캠프 데이비드로 불러 임금과 물가의 동결(90일간), 금 태환 정지 등의 신경제정책을 결정했어.
언제 발표할까? 8월 16일 월요일 주식시장이 개장하기 전에 발표하기로 했는데, 시간은 일요일 저녁 황금시간대밖에 없었어.
닉슨은 당시 인기 프로그램이었던 NBC의 서부극 '보난자'를 결방하고 중대 발표를 하는 것이 국민들을 짜증나게 할 거라고 우려했으나, 보좌진의 압력으로 결국 그 시간대에 발표했다고 해.

기축통화는 요술방망이야. 미국은 기축통화인 달러의 **화폐주조 차익**(시뇨리지 효과, Seignirage)이 엄청 나. 화폐주조 차익은 화폐를 만듦으로써 얻는 이익을 말해. 주조는 녹인 쇠붙이를 거푸집에 부어 물건을 만드는 것. 만약 100달러짜리 지폐 한 장을 찍는데 1달러가 든다면, 나머지 99달러는 미국의 이익이 되는 셈이지.

왜냐고? 미국은 달러를 찍어내어 어느 나라 물건이든 살 수 있으니까. 1달러 들여서 100달러를 찍어서 그냥 다른 나라에 주고, 그 나라 물건을 사오면 되는 거야. 울 나라 원화? 원화를 들고 해외에 나가봤자 다른 나라의 물건을 못 사잖아. 달러로 환전해서 거래해야 하니까.

문제 기축통화 전쟁과 관련된 설명 중 틀린 것은?
① 브레튼우즈 협정은 미국 달러가 기축통화가 되는 계기가 되었다.
② 닉슨 쇼크로 인해 달러는 불태환화폐가 되었다.
③ 미국은 기축통화인 달러 덕분에 엄청난 화폐주조 차익을 얻고 있다.
④ 달러 이전에는 프랑이 기축통화였다.

정답) ④

Section

03 미국 달러가 으쓱으쓱

달러 인덱스 | 달러 강세 | 달러 약세 | 결제통화 | 지역통화 | 기축통화

각 나라 화폐의 힘은 결국 그 나라 경제의 힘이야. 다음을 보면 왜 달러가 기축통화로 자리잡고 있는지 알 수 있을 거야.

1. 경제력. 미국은 전 세계 GDP의 24%를 차지하는 경제강국이야. 중국은 G2 위상에 맞게 빠르게 성장해 전 세계 GDP에서 차지하는 비중이 약 15%를 차지하고 있어.

2. 군사력. 말할 것도 없는 미국이 절대강자야.
미국의 군사비 지출은 5,960억 달러로 세계 1위이고, 2위인 중국(2,150억 달러 추정)의 3배에 가깝고, 한국은 10위(364억 달러)야. 미국은 국방비를 한국의 16배나 써(2015년 기준, 스톡홀름 국제평화연구소).

웬 군사력 이야기냐고?
정치와 경제는 떼려야 뗄 수 없는 사이니까. 돈에는 군사력이 따라오게 마련이고, 기축통화의 힘은 군사력이 받쳐주어야 하는 거지.

3. 세계에 돌아다니는 돈. 세계 금융시장에 돌아다니는 돈의 60%가 달러야. 한국의 원화는 1%도 안 돼. 미국은 브레튼우즈 협정 이후 유럽 재건을 위한 마셜플랜을 집행하면서 엄청난 달러를 유럽에 쏟아부었어. 그냥 "내가 기축통화야" 하고 선언만 한 것이 아니라, 달러를 빌려주면서 전 세계에 풍부해지도록 만든 거지.

4. 외환보유고. 전 세계 외환보유고의 약 62%가 미국 달러야. 유로는 20% 정도이고.

전 세계 외환보유고에서 달러는 약 62%, 유로는 20%, 파운드화 4.5%, 엔화 5%, 중국의 위안화는 1.2%야.
달러와 파운드화는 조금씩 줄어드는 반면, 위안화가 조금 늘고 있어.

5. 원자재. 석유, 철, 밀 등 인간 문명의 필수품목인 원자재의 대부분이 달러로 거래되고 있어.

이래저래 아직 **기축통화 달러의 해가 지지 않았어.** 언젠가는 다른 기축통화나 다른 통화제도가 등장하겠지? 3,4개의 통화가 기축통화 역할을 할 수도 있고. 그때가 언제일지 나도 궁금해. 하지만 당분간은 멀어 보여.

미국이 달러를 엄청나게 찍어냈다고 치자. 돈이 많아지면 돈 가치가 떨어지니까 달러가 약세가 돼. 그러면 원유가격이 오를 가능성이 매우 커. 돈 가치가 떨어졌으니 석유 판매상으로서는 그만큼 달러를 더 받으려고 하는 거지.

그래서 한국 같은 원자재 수입국들은 달러 가치의 변동에 더욱 민감할 수밖에 없어. 기축통화인 달러가 세계 경제에 미치는 영향이 이처럼 크니 텔레비전 뉴스에 자주 등장해.

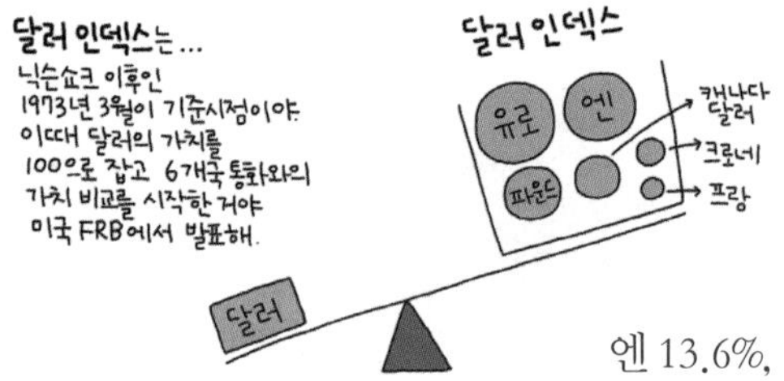

기축통화인 달러는 달러 인덱스로 강세, 약세를 파악해.

달러 인덱스는 달러 가치를 주요 6개국 통화와 비교한 거야. 바스켓의 통화는 유로 57.6%, 엔 13.6%, 파운드(영국) 11.9%, 캐나다 달러 9.1%, 크로네(스웨덴) 4.2%, 프랑(스위스) 3.6%야. 이 수치는 조금씩 변해.

달러 강세, 달러 인덱스가 상승했다.
달러가 6개국 통화 바스켓에 비해 강해졌다는 거야. 달러 강세가 되면 더 많은 외국돈으로 바꿀 수 있어. 그런데 달러 강세는 어떤 경우에 일어날까?

1. 미국 경제가 매우 좋을 때. 화폐의 힘은 그 나라 경제의 힘이잖아. 그 나라 경제가 좋을수록 화폐는 강세가 돼.

2. 세계 경제위기 때
전 세계에 경제위기가 닥치면 달러가 강세가 돼. 이런 시기에는 달러가 그나마 안전자산이라고 생각하기에 달러를 사려는 수요가 많으니 강세가 되는 거지.

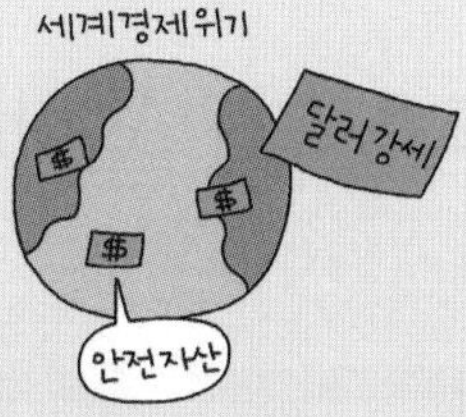

3. 유럽에 경기침체나 금융위기가 닥칠 경우

달러 인덱스에서 유로 비중은 약 58%야. 유럽의 경제가 좋지 않아 유로 가치가 떨어지면 달러는 상대적으로 강세가 돼. 달러가 강세면 유로가 약세고, 달러가 약세면 유로가 강세가 되는 거지.

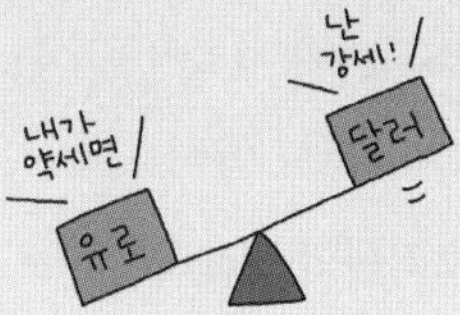

달러 약세, 달러 인덱스가 하락했다.

달러가 6개국 통화 바스켓에 비해 약해졌다는 거야. 미국이 달러를 너무 많이 찍어내면, 달러 가치가 떨어지고 약세가 될 수 있어.

▼ 통화의 단계 요모조모

	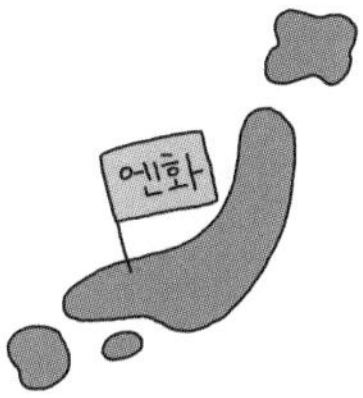		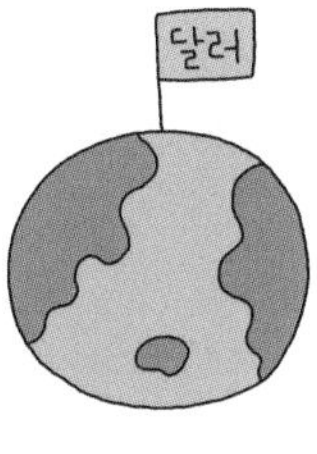
한 국가의 통화 한국의 원화, 태국의 바트화 등.	**결제통화** 국제 무역거래에서 두루 사용할 수 있는 통화로 파운드화, 엔화 등.	**지역통화** 주변지역, 큰 대륙에서 많이 사용되는 통화로 유로존에서 함께 쓰는 지역통화인 유로 등. 중국 위안화도 아시아권의 지역통화가 되기 위해 여러 시도를 하고 있어.	**기축통화** 달러 전 세계의 무역과 금융시장에서 통용되는 핵심통화(key currency).

Section

04 트리핀 딜레마가 착 붙어서

트리핀의 딜레마 | 경상수지 | 재정적자

기축통화가 요술방망이긴 하지만 약점도 있어. 바로 '트리핀의 딜레마'라는 숙명을 지고 있어.

트리핀의 딜레마(Triffin's Dilemma)는 미국 달러가 기축통화 지위를 유지하려면, 미국이 경상수지 적자를 감수해야만 한다는 거야. 1950년대에 미국의 경상수지 적자가 지속되자, 예일대 교수였던 로버트 트리핀이 의회에서 이 논리를 주장했어. 뭔 소리냐고?

기축통화는 유동성이 풍부해야 해. 원유를 사는 데도 달러, 무역을 하는 데도 달러, 해외에 투자하는 데도 달러가 필요하잖아. 한마디로 전 세계에 달러가 풍부해야 하는 거지.

그런데 **미국이 수출이 매우 잘되어 경상수지 흑자**가 계속되면, 달러가 미국으로 많이 들어오겠지? 반면 전 세계의 달러는 줄어들고 말이야. 그러면 세계 경제가 크게 타격을 받아. 통화량이 줄어들면 경제가 위축되잖아. 전 세계의 경제 시스템이 흔들리면 결국 미국의 기축통화 지위도 흔들릴 수 있어.

이번에는 **미국이 경상수지 적자**인 상황을 생각해 볼까?

경상수지 적자란 미국의 수출은 줄고 수입이 많은 상태야. 즉 미국이 수출로 벌어들이는 달러보다 수입으로 나가는 달러가 더 많으니, 전 세계에 달러가 풍부하게 돌아다니겠지? 그런데 전 세계에 달러가 너무 흔해지면 달러 가치는 계속 떨어지게 돼. 달러가 똥값이 되면 기축통화의 지위가 흔들리게 되고.

그러니 미국으로서는 한마디로 뚜렷한 답이 없어. 이러지도 저러지도 못하는 거지. 이를 '트리핀의 딜레마'라고 해.

브레튼우즈 회의 당시 **케인즈**는 IMF(국제통화기금)가 무역흑자를 보는 세계 각국으로부터 흑자액의 1%씩을 징수하여 이 기금으로 달러가 아닌 **방코르(bancor)라는 돈**을 발행하자고 했어. 이것을 기축통화로 삼자고 주장한 거지.

트리핀도 케인즈처럼 국제 중앙은행을 만들고, 여기서 새로운 국제 유동성(돈)을 만드는 것이 딜레마에서 벗어나는 방법이라고 생각했어.

어쨌든 미국은 수출보다 수입을 많이 하면서 경상수지 적자를 감수하며 **전 세계에 달러 공급량을 늘려왔어.** 경상수지 적자가 커져서 미국 국내에 달러가 부족하면 더 찍어냈어. 또 미국이 국채를 발행하면 중국 등이 달러를 내고 사 주었지. 그러면 미국은 이 빚으로 다시 소비를 늘려 그 나라들의 물건을 사주는 거지. **빚으로 소비해서 세계 경제를 이끄는 미국.** 미국이 소비를 줄이면 세계 경제가 흔들려.

문제 미국 경제와 달러에 대한 설명 중에서 틀린 것을 모두 고르시오.
① 미국은 기축통화국으로서 달러 강세를 위해 공급량을 줄여왔다.
② 미국의 경상수지가 엄청난 흑자를 보면 세계에 달러 공급량이 늘어난다.
③ 미국은 기축통화국으로서 트리핀의 딜레마를 겪고 있다.
④ 미국은 달러의 기축통화 지위를 유지하기 위해 엄청난 경상수지 적자를 감수해왔다.

정답) ①, ②

Section

05 글로벌 불균형이 티격태격

글로벌 불균형 | 경상수지 목표제 | 플라자 합의 | 잃어버린 10년

글로벌 불균형은 세계 경제에 심각한 불균형이 있다는 것으로, 미국이 이 말을 참 많이 해.

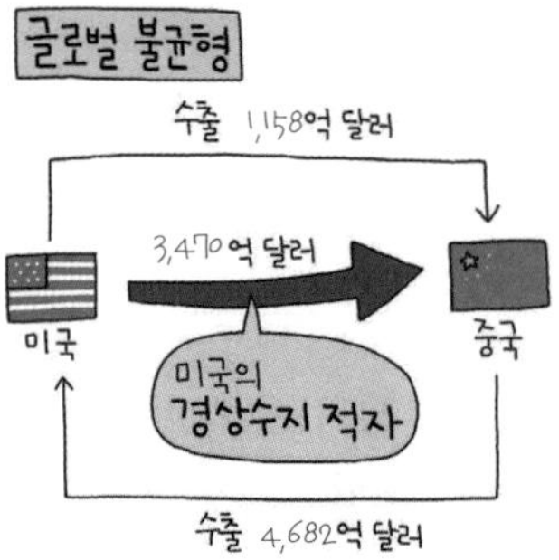

신흥국은 새로 경제가 흥하는, 발전하는 국가. 개발되는 도중에 있는 국가라고 '개발도상국'이라고도 해. 산유국은 석유를 생산하는 국가.

미국의 말에 의할 것 같으면,

중국·일본·한국 등 아시아 신흥국, 중동의 산유국들이 자기들과의 무역에서 돈을 너무 많이 번다는 거야. 즉 **아시아 신흥국이나 산유국**은 대규모 경상수지 흑자를 보고 있고, 덕분에 **미국과 유럽**은 만성적인 경상수지 적자가 쌓인다는 거야.

특히 미국은 중국과의 무역에서 엄청난 손해를 보고 있어. 2016년 미국은 중국과의 무역에서 3,470억 달러 적자를 봤어.

미국이 열받겠지?

미국은 중국이 인위적으로 위안화 가치를 낮추었기 때문이라고 주장해. 중국이 위안화를 약세로 유지하니 중국 수출제품의 가격이 싸지겠지? 그러니 값싼 중국산 제품이 미국 시장을 휩쓸고, 자기들이 만성적인 무역적자를 본다는 거야.

2018년 현재 미국과 중국은 무역전쟁 중이야.
미국의 주장은 중국이 미국에서 얻는 연간 무역흑자액에서 2천억 달러를 감축하라는 거야. 미중 간의 무역전쟁은 강건너 불구경이 아니야. 우리나라는 중국과 미국에 대한 무역 의존도가 아주 높아. G2보다도 중간에 끼어 있는 우리나라가 치명적인 타격을 받을 수 있어.

만약 중국이 위안을 절상하면(위안 환율 하락), 중국산 제품의 가격이 오르니 중국의 수출이 주춤하겠지? 미국이 중국과의 무역에서 경상수지 적자를 덜 본다는 거지.

그런데 **중국이 그러고 싶겠어?** 위안화를 절상하면 중국산 제품이 비싸져서 수출이 줄어들텐데. 그래서 말만 나오고 있는 실정이야.

예전에도 있던 일이야. 미국이 자기네 제품이 잘 안 팔리고 경제가 침체될 때, 다른 나라에게 "너네 나라 수출제품의 가격이 올라가게 통화의 가치를 높여(절상)"라고 한 것은.

1980년대 제조업 강국인 일본은 경제가 빠르게 성장했으며, **워크맨 같은 일본산 전자제품은 전 세계를 휩쓸었어.** 여러분의 형이나 누나한테 물어봐~. 그때는 일본산 워크맨 하나 가지고 싶어하는 학생들이 많았으니.

미국은 어땠을까? 1970년대 오일쇼크 후 물가가 크게 오르자, 미국은 금리를 20%대까지 끌어올렸어. 그러자 고금리인 달러의 가치가 올랐어. 이에 미국 제품의 수출경쟁력이 떨어졌지. 고금리로 대출이 어려워진 제조업체들이 크게 망가졌고, 덕분에 일본이 부상한 거야.

일본은 자동차 · 철강 등도 세계 경쟁력이 있어서 수출이 큰 폭으로 증가했고, 수출로 벌어들인 달러가 넘치니 미국의 주식과 부동산을 사들였어.

반면 미국은 수출이 잘 안 되어 경상수지 적자가 누적되었어. 지금의 미국-중국 상황과 비슷하지?

일본은 이 시기 록펠러센터, 컬럼비아 영화사, 고흐 등의 다양한 미술작품 등도 엄청나게 사들였어. 당시 일본은 가히 세계의 부를 빨아들이려고 하고 있었어.

미국은 일본의 부상에 위협을 느끼고, 1985년 9월 G5 재무장관을 뉴욕 플라자호텔에 소집했어. 모인 나라는 미국, 영국, 프랑스, 독일, 일본.

플라자 호텔에서 합의했다고 **플라자 합의**. 이거 매우 중요해.

당시 플라자 회의에 참석했던 미야자와 키이치(후에 일본총리 역임)는 **머리에 총만 대지 않았을 뿐 협박이었다**고 회고했어.

플라자 합의의 핵심은

일본 엔화와 당시 수출강국이던 독일 마르크화를 절상하는 거야. 엔화가 절상(엔고)되면 일본산 제품의 가격이 올라갈 거니, 일본의 수출이 줄어들겠지?

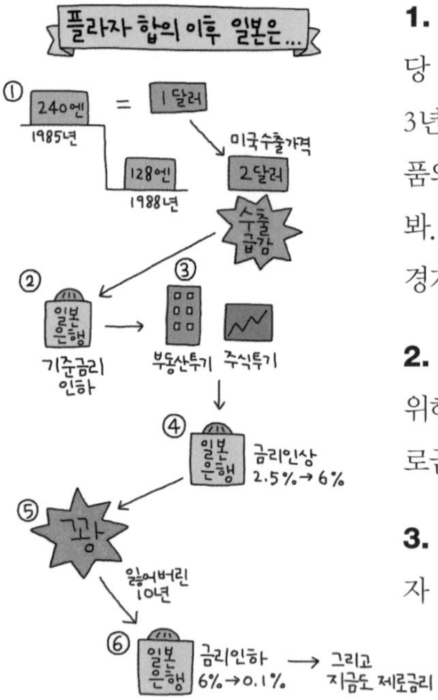

1. 플라자 합의로 엔화는 1985년 1달러당 약 240엔에서 1988년에 128엔으로 약 3년 만에 2배나 강세가 되었어. 수출제품의 가격이 2배 가까이 오른다고 생각해 봐. 이후 일본의 수출은 큰 타격을 받았고 경기침체에 빠져들었지.

2. 이에 일본 정부는 경기를 활성화하기 위해 기준금리를 계속 인하했어. 결국 제로금리 수준까지 내렸어.

3. 기준금리가 인하되고 시중에 돈이 풀리자 주식, 부동산 가격이 오르기 시작했어. 기업도 가계도 부동산 투기에 열중하고 자산시장에 커다란 거품이 생겼어.

4. 경기과열에 위협감을 느낀 일본 중앙은행이 기준금리를 확 인상했어.

5. 그동안 부채로 돈을 끌어다 투자한 사람들이 빚을 못 갚고, 자산가격이 떨어지기 시작했어. 꽝! 거품이 터진 거지.

6. 1990년대 초 버블이 꺼지고 일본의 잃어버린 10년이 시작되었어. 말이 '잃어버린 10년'이지, 20년 넘는 장기불황에 빠져버렸지.

잃어버린 10년은 1990년 일본의 주식시장과 부동산시장의 거품이 꺼진 후 경기가 오랫동안 회복되지 못한 걸 말해. 도쿄 주택가격이 80%나 빠졌다니 얼마나 큰 붕괴였는지 알겠지? 2018년 현재 일본은 **아베노믹스**로 반짝하고 있지만, 장기침체에서 벗어나긴 역부족이라는 시각도 있어.

아베노믹스는 96대(2012~) 일본 총리 아베가 장기침체에서 벗어나기 위해 실시한 경기부양책을 말한다. 통화공급 확대, 엔화 평가절하, 인프라 투자 확대, 적극적 경제 성장전략을 취하고 있다.

플라자 합의는 세계 최고를 넘보던 **일본 경제에 침몰의 방아쇠**를 당긴 거야. 이 역사를 알고, 또 엄청난 부동산 거품 붕괴 위기에 몰려 있는 중국이 미국이 글로벌 불균형을 주장하면서 위안화를 절상하라고 한다고 OK! 하겠어? 자칫 하면 일본 꼴이 날 수 있는데?

한국 정부도 국제 합의나 협정은 신중하게 해야 해. 잘못 하면 일본처럼 한방에 간다니까~. 플라자 합의의 교훈을 꼭 기억하자.

문제 다음 문제를 보고 O, X로 표시해 보자.

1. 1985년 플라자합의는 장기침체를 겪는 계기가 되었다. ( )
2. 미국은 플라자합의에서 일본에 엔화 평가절하를 요구했다. ( )
3. 일본은 플라자합의 이후 경기불황이 닥치자 기준금리를 제로금리로 인하했고, 주식, 부동산 시장에 엄청난 거품이 끼게 되었다. ( )

정답) 1. O 2. X 3. O

Section

06 엔 캐리, 달러 캐리가 휘돌아

제로금리 | 캐리 트레이드 | 엔 캐리 트레이드 | 달러 캐리 트레이드 | 캐리 트레이드 청산 | 핫머니 | 토빈세

와타나베 부인은 엔화를 다른 나라 돈으로 바꾸어 해외투자에 열을 올리는 일본의 개인투자자. 김치부인(한국), 톰 신사(영국) 같은 말도 등장한 적이 있어.

일본 정부는 1990년대 초 거품경제가 꺼지고 회복되지 않자, 기준금리를 제로금리대로 낮추었어. **제로금리**는 금리가 0%가 아니라 0%대인 거야. 0.2%나 0.3%나 제로금리야.

여튼 **와타나베 부인**이나 세계 금융회사들은 저금리인 엔화를 빌려서 다른 나라에 투자했어. 그래서 2000년대 전 세계에 엔화로 빌린 투자금이 흘러넘쳤지.

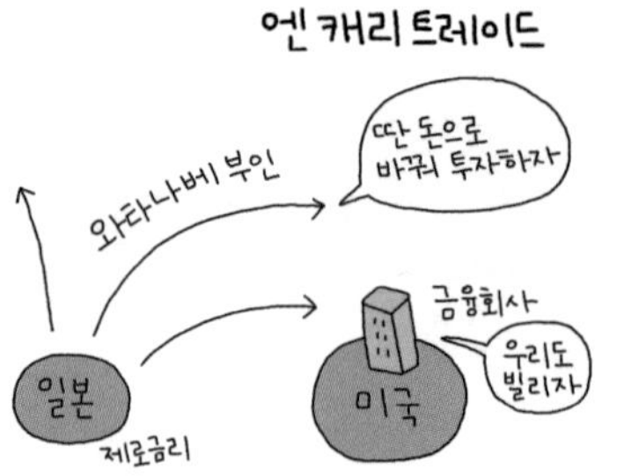

캐리 트레이드(carry trade)는 금리가 싼 통화를 빌린 다음 다른 나라 통화로 바꾸어 투자하는 것. 엔화를 빌려 다른 돈으로 바꾸어 투자하면 **엔 캐리 트레이드**. 만약 엔화가 강세가 되면 엔화 자금을 빌린 사람들은 환차손을 크게 입어.

뉴욕의 빌이 엔·달러 환율이 100엔일 때 1억 엔을 빌려 100만 달러로 바꾸어 투자했어. 그런데 환율이 내려서 80엔이 되면 1억 엔을 갚으려면 125만 달러가 필요해. 즉 엔 · 달러 환율이 내리고 엔고가 되면, **엔화를 빌려 투자한 사람들**은 엄청난 손실을 보는 거지.

엔고 현상이 일어날 것 같으면 엔화를 빌려 투자한 사람들이 얼른 갚으려고 들어. 환손실을 피하려고. 또 경제위기가 닥치면 해외에 투자한 와타나베 부인들이 달러를 다시 엔화로 바꾸어 일본으로 돌아가려 해.

엔 캐리 트레이드 청산은 엔화로 빌린 자금을 갚기 위해 대량의 금액이 엔화로 바뀌어 다시 일본으로 돌아가는 거야.

만약 한국 주식시장에 엔 캐리 자금이 많이 투자되어 있다가 한꺼번에 청산되면, 한국의 주가가 폭락하겠지? 주식을 판 돈을 엔화로 바꾸려는 수요가 늘어나니 환율은 폭등하고.

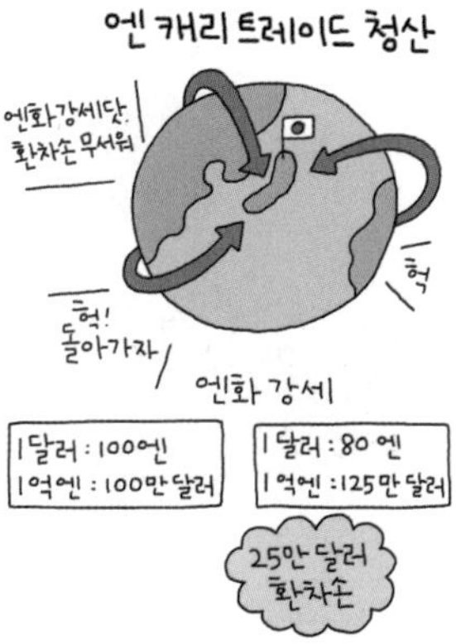

2008년 금융위기가 닥치자 안전자산인 엔화를 사려는 사람들이 많아 엔고 현상이 일어났고, 이에 따라 엔 캐리 자금을 썼던 사람들이 큰 피해를 입었어.

우리나라에도 엔 캐리 자금을 쓴 사람들이 있냐고? 당시 이자가 싸니 기업들도 엔화로 대출을 받은 경우가 많았고, 의사들이 개업을 하면서 엔화 자금을 대출받기도 했지.

달러 캐리 트레이드는 금리가 싼 달러를 빌려서 다른 나라 통화로 바꾸어 투자하는 것을 말해. 2008년 세계 금융위기가 닥치자 미국도 기준금리를 제로금리대로 낮추었어.

덕분에 전 세계에 달러 캐리 자금이 넘쳤어. 이 자금들이 브라질이나 중국, 한국으로 들어가 주식이나 부동산 가격이 크게 오르기도 했어.

갑자기 **달러 캐리 트레이드 청산**이 이루어지면? 이들 나라의 경제에 큰 충격을 줄 수 있어. 한국도 투자된 달러 자금이 한꺼번에 빠져나가면 주식시장이 폭락하고 환율이 급등하겠지. 돈은 이처럼 더 높은 수익을 찾아서 전 세계를 빛의 속도로 돌아다녀. 그래서 각국의 경제가 흔들리기도 해. 특히 핫머니가 문제야.

핫머니(hot money)는 국제 금융시장을 이동하는 투기성 단기자본이야. 단기간에 고수익을 노리고 고위험을 감수하며 투자하지.

핫머니는 자금도 엄청나고 정보도 빨라. 한 국가의 주식이나 부동산, 외환시장에 투자해 거품을 일으킨 뒤 막대한 수익을 챙기고 일시에 빠져나가. 그러면 거품이 붕괴되면서 그 국가는 큰 타격을 받아. 그래서 핫머니 규제에 대한 논의가 일어나고 있어. 2008년 금융위기 때 세계 각국이 쓴맛을 많이 보았으니까. 그중 한 방안이 바로 토빈세야.

토빈세는 노벨 경제학상 수상자인 제임스 토빈이 주장한 것으로 골칫거리

핫머니에게 단기간의 외환 거래에 세금을 물려서 규제하자는 거야.

예를 들어 핫머니가 브라질에 투자하려면, 달러를 브라질 통화인 헤알화로 바꾸어야겠지? 이렇게 환전할 때 세금을 매기면 세금부담 때문에 핫머니가 덜 설친다는 거지.

헤지펀드는 보통 100명 이하의 고액 투자자들을 비공개로 모아 고위험, 고수익, 단기간에 투자수익을 올리는 공격적인 펀드지. 보통 카리브해의 버뮤다 제도나 지중해의 몰타섬과 같은 조세회피 지역에 회사를 만들어. 각종 규제나 세금을 피할 수 있거든. 조지 소로스의 퀀텀펀드가 특히 유명해.

하지만 미국 등이 반대해서 시행은 못하고 있어. 세계 금융의 중심지는 미국의 월스트리트. **미국은 토빈세에 고개를 절레절레 흔들어.** 전 세계 모든 국가가 동시에 시행하지 않으면 효과가 떨어질 수밖에 없지.

토빈세가 현실화될 수 있을까? 글쎄? 월스트리트의 금융 서비스는 미국의 주요 수출품 중 하나인데 미국이 하려고 할까?

문제 다음 문제를 보고 O, X로 표시해 보자.

1. 일본의 금리가 급등하면 엔 캐리 트레이드 청산 가능성이 높아진다. (　)
2. 만약 미국 연준이 기준금리를 1년에 5차례 인상한다면, 달러 캐리 트레이드 청산으로 한국 경제가 고통받을 수 있다. (　)
3. 토빈세는 주식을 사고팔 때 세금을 부과한다. (　)

정답) 1. O 2. O 3. X

Section

07 유로화가 우당탕탕

환율의 경기 자동조절 기능 | 유로 | 유로화의 딜레마

한국은 경기가 나쁘고 경제성장률이 크게 둔화되면 환율이 급등해. 국민들이 큰 고통을 당하지. 그런데 환율의 경기 자동조절 기능 덕분에 다시 경기가 살아나기도 해. **환율의 경기 자동조절 기능**이 뭐냐고?

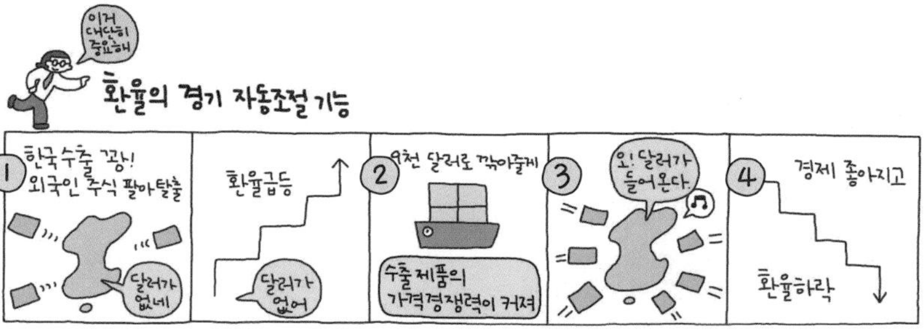

1. 한국의 수출이 줄고 외국인들이 달러를 가지고 빠져나가면 달러가 부족해 환율이 크게 오르겠지.

2. 고환율 덕분에 수출제품의 가격경쟁력이 높아져.
환율이 1000원일 때 1만 달러 제품을 팔아 1천만원을 벌었다면, 환율이 1300원으로 오르면 1,300만원으로 바꿀 수 있어. 가격을 9천 달러(1,170만원)로 깎아 주어도 예전보다 이윤이 커. 수출제품의 가격경쟁력이 커지는 거지.

3. 수출이 잘되면 주식시장도 오르겠지? 외국인들도 주식시장에 투자하려고 한국으로 들어와. 수출로 달러가 쑥쑥 들어오고 투자로도 들어오고.

4. 그러면 한국에 달러가 늘어나고 환율이 내려. 이걸 '환율의 경기 자동조절 기능'이라고 해.

유로화가 출범할 당시 밀턴 프리드먼 왈(曰) "이제 무엇이 환율의 기능을 대체할 것인가? 유로화는 첫 번째 위기를 넘기지 못할 것이다."

유로화는 유로존의 나라들이 쓰는 단일통화야. 그리스의 GDP는 세계 48위, 독일은 4위, 슬로바키아는 59위, **경제규모도 기술력도 다르지만** 모두 단일통화인 유로화를 써. 그래서 어떤 일이 생기는지 볼까?

1. 통화의 힘은 그 나라 경제의 힘이라고 했지?
독일 경제가 더욱 크므로 독일 돈이 그리스 돈보다 강세여야 해. 그리스 돈은 약세이고. 그러면 그리스 수출제품의 가격이 싸져.

2. 그리스는 기술 면에서는 독일보다 뒤처지지만, 적어도 제품이 싸니 가격경쟁력으로 수출이 좀 되겠지?
그런데 **독일이나 그리스나 같은 돈을 사용한다면?** 그리스는 환율 변동에 의한 수출제품의 가격경쟁력을 잃어버리는 거지.

3. 그리스 경제가 매우 침체되었다고 치자.
환율의 경기 자동조절 기능에 의하면, 그리스 통화가 약세가 되고 수출제품의 가격이 싸져서 수출이 늘어나게 돼. 경기침체에서 벗어나는 데 힘이 될 수 있어.

하지만 유로는 유럽 19개국이 함께 쓰는 거니 그리스 경제상황에 따라 환율이 바뀌는 게 아니지. 그러니 그리스는 경기침체시에도 수출경쟁력을 회복할 수 있는 힘을 잃어버린 거야. 이게 바로 **유로화의 딜레마**야.

어쩌면 영국은…
아마도 100년 전 기축통화국이었던 영국은 머지않아 터질 이 문제를 미리 예측했을 수도 있어. 영국은 유럽연합에 가입했으나 화폐통합에는 참여하지 않았으며 2016년 유럽연합에서 탈퇴했어.

문제 다음 문제를 보고 O, X로 표시해 보자.
1. 이탈리아는 유로를 통화로 사용함으로써 환율의 경기자동조절 기능이 원활하게 돌아간다. (   )
2. 영국은 유럽연합에서 탈퇴했지만 유로를 통화로 사용하고 있다. (   )

정답) 1. X 2. X

Section

08 엔화가 등 떠밀려

엔화 강세 | 엔화 약세 | 엔화 선호현상

가깝고도 먼 나라 일본. 엔화의 움직임도 꼭 챙겨봐야 해. 엔화는 두 가지 측면에서 주목해야 해.

1. 일본은 GDP가 세계 3위이고 엔화는 안전자산으로 분류돼. 세계 경제위기가 오면 **엔화 선호현상**이 일어나서 사려는 측이 늘어나. 이에 따라 엔고 현상이 나타나.

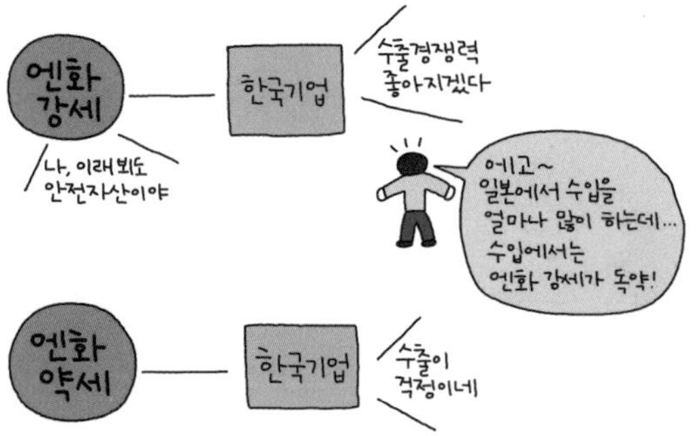

엔화가 강세를 띠면 한국에 일본 관광객이 크게 늘어나. 5년 전에는 100엔이 800원이었는데 지금은 1,000원이라면 더 많은 원화로 환전할 수 있어. 왕복 비행기 요금을 감안하더라도 일본에서 쇼핑하는 것보다 훨씬 이익이야.

2. 한국과 일본은 **수출 주력산업의 구조**가 비슷해. 둘다 전자제품, 반도체, 화학공업, 자동차 산업 등의 비중이 크다 보니 해외 수출시장에서 시장 쟁탈전을 벌이고 있어.

그런데 엔고 현상이 벌어져서 엔화가 강세라

면, 일본 기업은 수출제품의 가격경쟁력이 떨어져. 그러니 한국 입장에서는 수출이 더 유리해지지. 엔고 현상으로 도요타 자동차의 가격이 오르면, 현대자동차의 수출에 유리한 거지.

3. 엔화 강세가 **무조건 한국에 좋은 것만은 아니야.**
한국은 일본에서 수입을 많이 하고 대일무역은 늘 적자야. 엔화 강세가 되면, 일본에서 기계 등 자본재를 수입할 때 더욱 비싸지고, 결국 대일 무역 적자가 더 커져.

일본은 오래전부터 소재산업과 부품산업이 강했어. 예를 들어 **소재산업**은 강하고 가벼운 탄소섬유, 고급강판이나 플라스틱 같은 제품을 만드는 산업이야. **부품산업**은 점화 플러그나 배전기 등의 부품을 만드는 산업이고.

지금은 많이 개선되었지만 우리나라도 일본에서 소재와 부품을 많이 수입해. 그래서 일본과의 무역에서는 늘 적자를 면치 못하고 있어.

시간이 갈수록 일본으로의 수출은 약간씩 늘어나는데, 수입은 큰 폭으로 늘어나고 있어. 엔고가 되면 일본 수입품에 더 많은 돈을 지불해야 하니, 우리나라 입장에서는 엔고가 수출에 좋다고 **단순하게 해석할 일만은 아니야.**

문제 1 세계 경제위기시에 선호되는 안전자산이 아닌 것은?
① 달러 ② 스위스 프랑 ③ 금 ④ 엔 ⑤ 석유

문제 2 일본 엔화 강세에 대한 설명 중 틀린 것은?
① 우리나라 수출제품의 가격경쟁력이 커진다.
② 일본에서 부품, 소재를 수입하는 업체들이 고통을 받는다.
③ 대일무역 적자가 급격하게 줄어든다.

정답) 1. ⑤ 2 .③

Section

09 미국 지표가 물끄러미

연방준비은행(FED) | 연방준비제도이사회(FRB) | 연방공개시장위원회(FOMC) | 페더럴 펀드 금리
T-빌 | T-노트 | T-본드 | 케이스-쉴러 주택가격지수 | ISM 제조업지수 | 구매관리지수(PMI)
필라델피아 제조업지수 | 필라델피아 반도체지수

미국 기준금리

미국의 중앙은행 제도는 한국과 좀 달라. 한국의 중앙은행은 공기관인 한국은행이지.

미국은 12개 권역에 각각 연방준비은행이 있어. **연방준비은행(FED)**은 골드만삭스 같은 민간은행이 주주로 참여하여 설립했기 때문에 민간의 성격과 공공의 성격을 함께 갖추고 있어. 그중 하나인 워싱턴 연방준비은행이 다른 연방준비은행을 관리, 감독하는 중앙은행의 역할을 해.

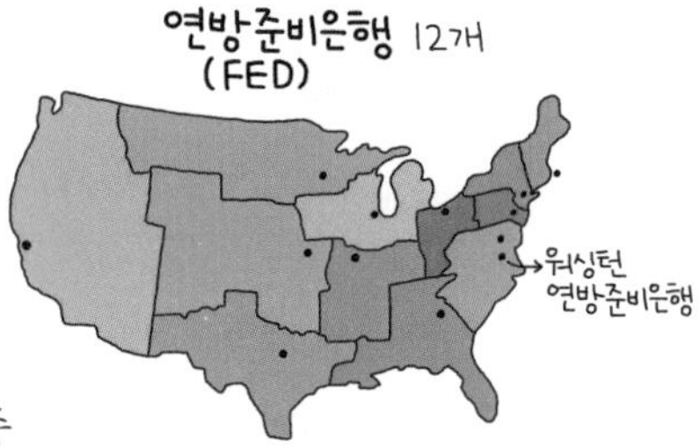

연방준비제도이사회는 FRB, 또는 **연준**이라고도 해. FRB 의장은 세계의 경제 대통령이라 불려. 연준의 집행기구인 **연방공개시장위원회(FOMC)**는 한국은행의 금융통화위원회처럼 기준금리를 결정해.

미국의 기준금리는 **페더럴 펀드 금리**. 페더럴 펀드 금리는 미국 은행들끼리 돈을 거래할 때 적용되는 금리로 하루짜리 대출금리인 콜금리야.

페더럴 펀드 금리를 기준금리로 삼고, 이 금리가 기준선에서 올라가면 금융시장에 자금을 공급해 내리고, 금리가 내려가면 자금을 회수해 목표 수준으로 유지해. 뉴스에서는 그냥 '미국 기준금리'라고 해.

2017년 포브스지는 세계에서 가장 영향력 있는 인물 6위로 미 연준의장인 재닛 옐런을 선정한 바 있어. 그만큼 미국 연준의 영향력이 커.
2018년 현재 미 연준 의장은 제롬 파월이야.

미국이 기준금리를 인상/인하하면, 전 세계에 긴급뉴스로 타전되고 국제 금융시장이 요동을 쳐. 그만큼 세계 경제에 미치는 영향이 크다는 거지.

미국은 2008년 금융위기 이후 무려 7년 동안 기준금리를 0~0.25% 초저금리로 유지했어.

"금리를 낮게 유지할 테니 이자 걱정 말고 소비를 좀 하고 투자도 해."

미 연준은 2015년 말이 되어서야 기준금리를 올리기 시작했고, 2017년 3월 0.75~1%로, 2018년 3월에 1.75~2%로 인상했어. 미국 기준금리가 계속 인상되면 달러가 미국으로 돌아갈 수 있고, 신흥국에선 달러가 적어져서 금융시장의 부담으로 작용할 수 있어. 기준금리는 2장에서 살펴보았으니 참고하자.

2018년 현재, 미 연준은 출구전략의 일환으로 2020년까지 기준금리를 연 1~3회 꾸준히 인상할 계획이다.

미국 국채금리

미국 국채는 미 정부가 갚겠다고 약속하고 발행한 채권. 금리가 낮지만 안정성이 매우 높아. 게다가 전 세계 채권시장에서 24시간 언제든지 사고팔 수 있으니 현금화할 수 있는 유동성이 좋아. 미국 국채는 만기에 따라 3가지로 나눌 수 있어.

미국 채권 이름에서 T는 미국 재무부(department of the Treasury)에서 발행한 채권이란 의미야.

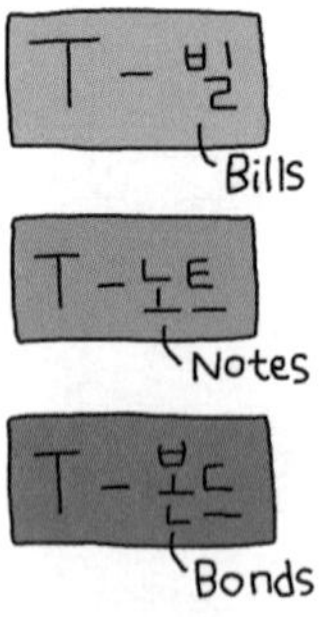

T-빌은 만기가 1년 이하인 단기채권이야. 보통 만기가 3, 6, 12개월이지.

T-노트는 만기가 1년 이상 10년 이하인 중기채로 2년, 5년, 10년짜리가 있어.

T-본드는 만기가 10~30년인 장기채야. **T-본드 금리**는 미국에서 발행하는 양키본드나 글로벌 본드 등 장기자금의 기준 역할을 해. 한국 장기 외평채의 금리는 T-본드 금리에 가산금리를 추가해. 위험도가 높을수록 가산금리가 높아.

미국 국채의 금리는 경쟁입찰 방식으로 결정돼. 즉 사려는 측에서 금리를 써내고 그중 낮은 금리를 써내는 순서대로 국채가 할당돼. **세계 경제가 악화되면** 안전 선호 현상으로 수요가 많기에 미국 국채 금리가 내려.

2008년 미국 5년물 국채 금리는 한때 0.01%까지 떨어지기도 했어. 그야말로 제로금리로 이자가 하나도 없는 거지.
심지어 한때 마이너스 금리로 떨어진 적도 있어. 돈을 빌려주는데 이자는커녕 오히려 원금이 깎이는 상황인 거지.
경제가 매우 침체되고 은행도 파산위험이 높으니, 제로 또는 마이너스 금리라도 미국 국채라도 사놓겠다는 사람들이 많았던 거지.

미국 국채 금리는 세계 경제를 보는 중요한 지표 중 하나야.

미국 국채 금리가 오르면? 돈이 주식 등 위험자산으로 이동하는 신호야. 주식, 외환, 원자재 등 투자할 곳이 많으니 금리가 매우 낮은 미국 국채의 인기가 떨어지겠지? 사려는 사람들이 줄어드니 미국 국채 금리가 올라가는 거지. **미국 국채 금리가 내리면?** 돈이 위험자산을 떠나 안전자산인 국채로 몰린다는 신호야.

미국 주택가격지수

2008년 금융위기는 미국의 주택버블이 터지면서 그 불길이 세계 금융시장으로 연쇄 파급된 거야. 미국 주택가격지수는 뉴스에 자주 등장하는 편이야.

S&P/**케이스-쉴러 주택가격지수**는 케이스와 쉴러 교수가 만든 미국의 주택가격지수야. 주요 20개 도시별 지수, 10개 도시지수, 20개 도시지수, 국가지수 등 4가지로 발표해.

케이스-쉴러 주택가격지수를 보면 미국의 주택가격은 2006년부터 급락했으며, 2012년 초부터 회복세를 보였고, 2018년 현재는 이전 가격을 회복했어.

미국 제조업지수

미국 실물경제의 흐름을 잘 보여주는 지표가 ISM 제조업지수야. **ISM 제조업지수**는 미국의 공급관리자협회인 ISM에서 발표해. 이 협회는 기업의 구매관리자들이 회원으로 우리나라로 치면 총무부장이나 자재부장에 해당되며 자재를 구매, 관리하므로 기업의 현재 상황을 가장 잘 아는 사람들이지.

ISM 제조업지수의 핵심은 **구매관리지수(PMI)**야. 매월 기업의 구매자들에게 신규 주문, 생산, 고용, 배달속도, 재고, 가격, 수출입 등에 대해 설문조사를 실시해. 기준선(50)을 넘으면 경기가 이전보다 좋아진 것이고, 기준선을 하회하면 나빠진 거야. 경제성장률을 예상하는 지표 중 신뢰성이 매우 높아. 그래서 ISM 제조업지수에 따라 주식시장이 출렁거리기도 해.

필라델피아 제조업지수는 세계적인 제조업 및 물류 중심지인 미국 필라델피아 지역의 제조업 경영자들의 경기심리지수야. 필라델피아 연방준비은행이 매월 지역 제조업 경영자들에게 최근 경기 및 향후 전망에 대한 설문조사를 해서 발표하는데, **연준지수**라고도 해. 과학적인 데이터는 아니지만, 경영자들의 체감경기에 따라 기업이 생산을 줄이거나 늘리므로 단기적인 경기에 영향을 줘. 매월 셋째 목요일에 발표해. 필라델피아 제조업지수가 0보다 크면 경기가 좋아질 것이라는 경영자가 많은 거고, 0보다 작으면 경기가 나빠질 것으로 보는 경영자가 많은 거야.

필라델피아 반도체지수(SOX)는 반도체 업황을 보여주는 지수. 필라델피아 증권거래소에서 발표해서 이런 이름이 붙었어. 흔히 **필 지수**라고 해. 반도체는 한국의 5대 수출품 중 하나라 경제 뉴스에도 자주 나오는 편이야.

문제 다음 문제를 보고 O, X로 표시해 보자.

① 미국 기준금리는 정부기관인 연방준비위원회의 연방공개시장위원회에서 결정한다. ( )
② 세계 경제위기가 오면 미국 국채가격이 떨어진다. ( )
③ 미국 ISM 제조업지수의 구매관리지수(PMI)가 계속 떨어지면 경기가 하강할 위험이 있다. ( )
④ 필라델피아 반도체지수가 계속 치솟으면 삼성전자 주식이 오를 가능성이 있다. ( )

정답) ① X ② X ③ O ④ O

Section **10**

국제 금리가 들썩들썩

리보금리 | 가산금리 | TED 스프레드

이번에는 국제 금리를 살펴볼까?

리보금리(Libor)는 영국 런던의 우량은행간에 단기 급전을 빌릴 때의 금리야. 우량은행들끼리 3개월이나 6개월 정도 서로 돈을 빌려 쓸 때의 금리라고 생각하면 돼.

최근 들어서는 뉴욕시장의 은행간 거래금리, 즉 뉴욕 리보금리가 국제간 단기 자금거래의 기준이 되는 경우가 많아.

리보금리는 국제 금융거래의 기준이 되는 금리야. **한국 금융기관이나 기업들이 해외에서 돈을 빌릴 때**는 리보금리에다가 신용등급에 따라 가산금리(스프레드)가 붙어.

리보금리가 3%인데 산업은행이 해외에서 달러를 빌려온 금리가 5%라면 가산금리가 2%인 셈이지.

정부나 은행, 기업이 해외에서 돈 빌릴 때 **가산금리가 100bp(1%) 더 올랐다.** 굉장히 무서운 뉴스야.

한국의 대외채무는 2018년 3월 기준 약 4,600억 달러인데, 금리 1%가 오른다면? 새로 추가되는 이자만 46억 달러야. 한국 돈 약 5조원이 추가 이자 비용으로 나가는 거지.

2008년 금융위기 당시 한국이 해외에서 달러를 차입해 올 때 가산금리가

약 750bp(7.5%)에 이르기도 했어.

국가의 신용등급이 하락하면 가산금리가 급등하고 해외에서 달러를 빌려오기도 매우 힘들어.

세계 경제위기가 오면 은행들끼리도 누가 망할지 몰라 서로 돈을 안 빌려줘. 그러다 보니 금리가 치솟아.

리보금리가 계속 급등한다면? 국제 금융시장에서 자금조달 비용이 높아져. 결국 한국 기업이나 은행들도 달러를 비싸게 빌려와야 하므로, 금리도 오를 가능성이 높아. 달러를 구하기가 힘드니 환율도 급등할 가능성이 높고.

리보금리가 계속 내린다면? 국제 금융시장에 돈이 돌기 시작한다는 거고, 다른 금리들도 따라 내려.

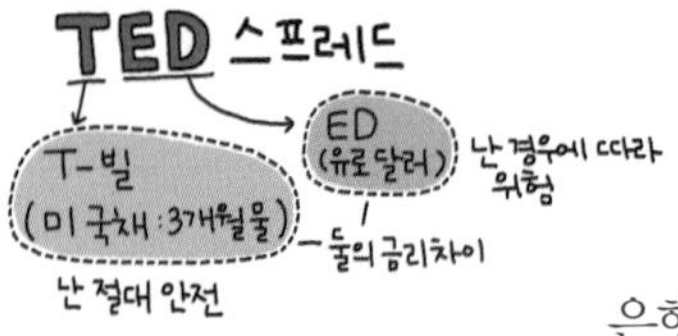

TED 스프레드에서 T는 미 국채 3개월물(T-빌)로 신용위험이 없는 안전자산이야. ED(유로달러)는 유럽의 은행이 다른 은행에 달러를 빌려줄 때의 금리(3개월)로 신용위험을 반영한 금리야. TED 스프레드는 이 두 금리의 차이. 미 국채 금리가 1%이고 유로달러 금리가 1.5%라면, TED 스프레드가 0.5%포인트야.

TED 스프레드는 자금시장의 신용위험을 보여줘. **세계 경기가 침체되고** 국제 금융시장의 신용경색이 심하면, 안전자산 선호현상으로 미 국채 수요가 늘어나고 금리는 하락해. 반면 은행들도 서로 망할까 돈 빌려주기를 꺼려서 유로달러 리보금리는 올라. 즉 TED 스프레드가 커져. 반면 **경제가 회복기미를 보이고** 시중에 돈이 돌면 TED 스프레드가 축소되고.

문제 다음 문제를 보고 O, X로 표시해 보자.

① 국제간 단기 자금거래의 기준은 리보금리이다. (　)

② 리보금리가 급등하면 국제 금융시장에서 자금조달 비용이 커진다. (　)

③ 세계 금융위기가 오면 TED 스프레드가 줄어든다. (　)

정답) ① O ② O ③ X

Section

11 신용등급, CDS 프리미엄이 흠칫

신용등급 I 국가신용등급 I CDS 프리미엄 I 소버린 리스크

신용등급은 빌려간 돈을 얼마나 잘 갚을 것인지, 여러 항목을 조사해서 등급을 매겨놓은 것. **신용평가회사**는 전문적으로 신용평가를 하는 회사야.

우리가 은행이나 기업에 돈을 빌려주거나 투자하면서 일일이 신용을 조사할 수는 없잖아. 그러니까 신용평가회사가 필요한 거지. 세계 3대 신용평가회사는 **스탠더드앤푸어스, 무디스, 피치.**

국가신용등급은 한 국가가 채무를 이행할 능력과 의사가 얼마나 있는지를 등급으로 표시한 거야. 현실에서는 그 나라 국채의 신용등급을 의미하지.

투자부적격 판정을 받으면 국제 금융시장에서 국채를 발행하기도 어렵고 가산금리도 높아져.

2011년 12월 26일 PIIGS 국가의 국채 금리 (10년물)
- 그리스 37.18%
- 포르투갈 13.09%
- 이탈리아 6.61%
- 스페인 5.68%
- 아일랜드 8.29%

국가신용등급은 국내 금융기관이나 기업이 해외에서 채권을 발행할 때 금리를 결정하고, 발행 가능성을 재는 기준이 돼.

국가신용등급이 떨어지면 그 나라의 기업이나 은행이 해외에서 돈을 빌릴 때 가산금리가 더 높아져. 가산금리가 0.5%포인트만 올라도 부담이 매우 커. 국가신용등급이 떨어지면 외국인이 한국 주식을 살 때도 주저하고.

국채 금리가 7%를 넘어서면 전 세계가 주목한다. 왜?
7%를 복리로 계산하면 10년 뒤에 이자가 원금액수와 같아져 전체적으로 빚이 2배가 되는 상징적인 금리이기 때문이야. 위험상황이라는 거지.

국가신용등급을 매길 때는 그 나라의 경제상황뿐만 아니라 **정치상황, 정치지도자들의 리더십까지도** 중요한 영향을 미쳐.

CDS 프리미엄은 **신용 부도 스왑**이야. 원래 CDS 프리미엄은 기업이나 은행, 국가가 부도가 났을 때를 대비해 들어두는 일종의 프리미엄(보험) 비용을 말해.

CDS 프리미엄은 채권의 부도위험에 따라 결정돼. 부도위험이 높으면 CDS 프리미엄이 높은 거지. 그 **국가나 기업의 부도위험**을 알 수 있어. CDS 프리미엄이 내려가면, 원금상환 능력이 높아져서 국제 금융시장의 신뢰가 커졌다는 의미야.

프랑스 은행, 돈 빌려주며 보험에 들다

1. 프랑스의 A은행이 한국의 B은행에 10억 달러를 빌려준다고 치자. 금리는 리보금리에 B은행의 신용등급에 따라 가산금리를 붙여 결정되었어.

2. 프랑스 A은행은 한국의 B은행이 파산하여 돈을 받지 못할까 걱정이 돼.

3. A은행은 B은행에 대해 채권 보증회사에 CDS 프리미엄을 지불해. 예를 들어 10억 달러를 빌려준다면 1만 달러를 일종의 보험 비용으로 지불하는 거지.

4. 혹시 한국의 B은행이 파산한다면? 채권 보증회사에서 원금을 프랑스 A은행에 줘. CDS 프리미엄을 지불했으니까.

2008년 한때 한국의 CDS 프리미엄은 689bp까지 올라갔어. 1bp=0.01%이니 689bp는 약 7%야. 보통 때 한국의 CDS 프리미엄이 50bp 정도이니, 당시 우리 경제가 얼마나 불안했는지 알겠지?

CDS 프리미엄은 경기침체나 경제위기 때 뉴스에 매우 자주 등장해. 2011년에는 재정위기에 몰린 그리스와 이탈리아의 CDS 프리미엄이 뉴스에 자주 나왔어.

소버린 리스크(sovereign risk)는 국제 금융시장에서 돈을 빌린 정부나 공공기관이 채무를 상환하지 못하는 부도위험을 말해. 원래 1970년대 개발도상국가에 자금을 빌려준 투자자의 위험부담을 가리키는 말이었어. 소버린 리스크는 뉴스에 자주 나와.

S&P의 주요국 국가신용등급
2018년 6월 22일 기준

투자적격	AAA	독일, 캐나다, 호주, 싱가폴, 네덜란드, 덴마크, 스웨덴, 룩셈부르크, 스위스, 노르웨이, 라히텐슈타인
	AA+	미국, 홍콩, 핀란드, 오스트리아, 맨섬
	AA	한국, 영국, 벨기에, 프랑스, 뉴질랜드, 아부다비, 쿠웨이트
	AA-	대만
	A+	일본, 중국, 아일랜드, 칠레
	A	
	A-	말레이시아, 사우디, 스페인
	BBB+	멕시코, 태국
	BBB	필리핀, 이탈리아
	BBB-	인도, 인도네시아, 포르투갈, 러시아
투자부적격	BB+	
	BB	
	BB-	베트남, 브라질, 터키
	B+	아르헨티나
	B	그리스, 이집트
	B-	우크라이나
	CCC+	
	CCC	
	CCC-	
	CC	
	D	베네수엘라

문제 다음 문제를 보고 O, X로 표시해 보자.

① 우리나라에 경제위기가 닥치면 CDS 프리미엄이 떨어진다. ( )
② 국제 금융시장에서 정부나 공공기관의 채무상환 부도위험은 소버린 리스크이다. ( )
② 세계 3대 신용평가회사는 스탠더드앤푸어스, 무디스, 피치이다. ( )

정답) ① X ② O ③ O

Section 12

국제 유가가 시끌시끌

서부텍사스산 중질유(WTI) | 북해산 브렌트유 | 두바이유 | 오일쇼크 | 오일 달러 | 수쿠크 | 피크오일

원유는 가장 널리 사용되는 원자재야. 자주 등장하는 원유 3가지를 알아볼까?

서부텍사스산 중질유는 WTI라고 해. 미국 서부 텍사스와 오클라호마 지역에서 생산되며 미국 내에서만 거래되다가 최근에는 수출도 해.

거래량이 많고, 뉴욕상업거래소에 상장되어 있으며, 품질이 좋아 국제 유가를 이끄는 가격지표로 쓰여.

북해산 브렌트유는 영국의 북해지역에서 생산되는 원유. 유럽이나 아프리카에서 주로 써. 하루 생산량이 많지는 않지만, 이 지역에서 거래되는 원유가격의 기준 역할을 해.

두바이유는 아시아 지역의 대표적인 유종이야. 중동 아랍에미리트의 두바이 인근지역에서 생산되는 원유야. 두바이에서 원유가 나오는 건 아니고, 여기의 거래소에서 주로 거래가 이루어지기에 이런 이름이 붙었어. 한국 등 아시아 국가들은 두바이유를 주로 수입해. 우리 수입 원유가격에 결정적인 영향을 미쳐.

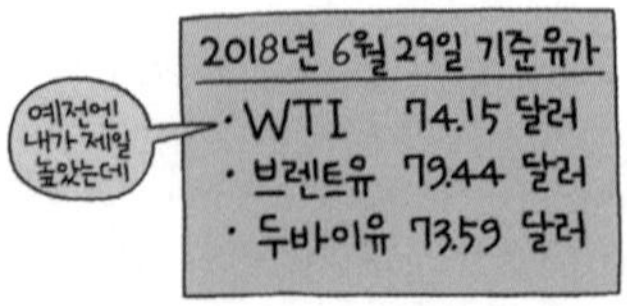

품질은 WTI가 가장 좋고 그다음이 북해산 브렌트유, 두바이유 순이야.

석유 가격도 기본적으로는 국제원유시장에서 수요와 공급에 따라 결정돼. 원유 공급량이 늘어나면 가격이 떨어지고, 수요량이 늘어나면 가격이 오르는 원리는 항상 작동하잖아. 그런데 시장의 수요와 공급 이외의 요소도 중요하게 작용할 때가 있어. 중동지역의 정세가 불안정해지거나 2008년 금융위기 때처럼 국제 금융자본이 원유 매집을 하는 경우에도 가격은 크게 출렁이지.

국제 유가가 상승하면 우리나라 경제는 적지 않은 타격을 받아. 생산자물가가 뛰고 바로 소비자물가도 따라 오르지. 우리의 소득은 그대로인데 단기간에 물가가 빠르게 오르는 거야. 또 우리나라는 경제 규모에 비해 내수시장이 상대적으로 작기 때문에 수출의존도가 높은 편이야. 대부분의 제조업은 유가 상승의 여파를 받기 마련이고 수출상품의 가격 경쟁력이 떨어지게 돼. 이런 시기에는 뉴스에서 물가가 많이 올랐고, 수출액도 줄어들어 경기가 침체하고 있다는 소리가 자주 들려.

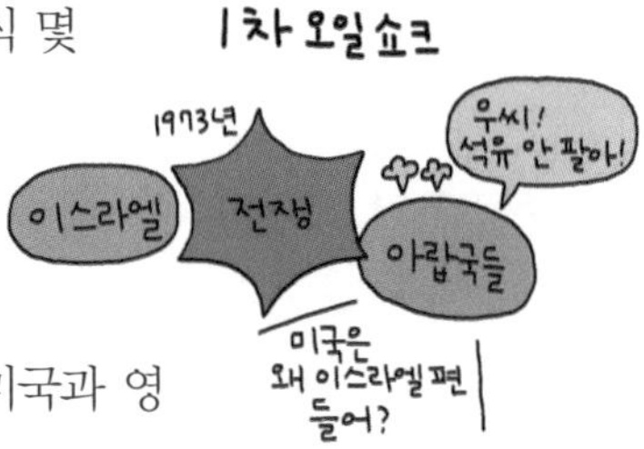

원유 관련 뉴스를 볼 때 알아야 할 기본지식 몇 가지를 살펴볼까? 오일쇼크라는 말이 자주 나오지?

1차 오일쇼크. 1973년 이스라엘과 아랍국 사이에 욤키푸르 전쟁이 일어났어. 미국과 영국 등이 이스라엘을 지지하자 OPEC(석유수출국기구)은 이스라엘이 아랍 점령지역에서 철수할 때까지 미국에 원유 수출을 금지하고 매월 원유 생산량을 5%씩 감산하겠다고 발표했어. 그러자 유가가 단기간에 4배나 폭등해 버렸어.

유가가 급등하자 전 세계 경제에 큰 충격을 주었어. OECD 7개국의 경제성장률은 평균 −0.6%로 하락했고 소비자물가는 평균 13.6% 상승했어. 경기는 침체하는데 물가가 급등하는 스태그플레이션이 나타난 거야.

2차 오일쇼크. 1978년 이란 팔레비 왕조에 반대하는 파업 등으로 이란의 석유 수출이 중단되었어. 1979년 회교혁명을 주도했던 호메이니는 팔레비 왕

조를 지원한 미국과의 단교를 선언하고 대미 석유 수출 금지 조치를 내렸어. 이를 계기로 2차 오일쇼크가 일어났어.

국제 유가는 1981년 10월 말 약 38달러로 3배 폭등했고, 2차 오일쇼크로 세계는 스태그플레이션을 다시 겪었어.

OPEC은 석유수출국기구. 현재 아프리카, 남미, 중동 등에서 모두 14개국(2019년 1월 현재)이 가입되어 있어. **오일 달러**는 산유국이 석유수출대금으로 받은 달러를 말해. 중동 산유국들은 OPEC 결성 이후 천문학적인 오일 달러를 벌어들였는데, 이 자금으로 자본시장에서 막강한 영향력을 행사하고 있어.

수쿠크는 아랍국들의 오일달러를 빌려 쓰기 위해 발행하는 채권. '이슬람채권'이라고도 해. 이슬람 율법은 이자를 받는 것을 금지해. 그래서 돈을 빌려주는 대신 부동산 등의 소유권을 만기 때까지 이전하고 일종의 임대료 형식으로 이자를 받아. 그런데 부동산 거래에는 양도세, 취득세 등이 붙잖아? 이슬람 자본으로서는 이자 좀 받자고 각종 세금을 내게 되므로 투자를 꺼릴 수 있어. 일본 등 여러 나라는 이슬람 자본을 유치하기 위해 이들 세금을 면제해 주고 있어. 우리나라는 아직 논란중이야.

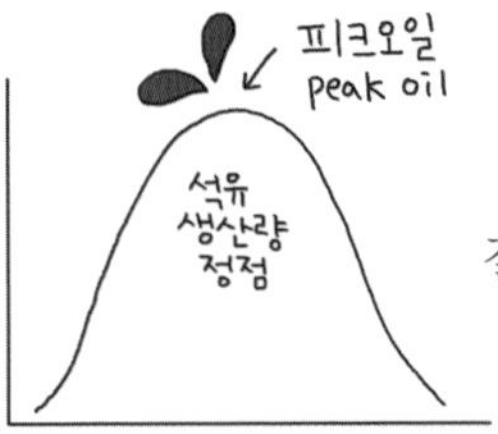

피크오일(peak oil)은 석유 생산량이 꼭짓점을 지나면 급격히 줄어드는 종 모양이 될 것이라는 이론. 미국 지질학자 킹 허버트가 주장했어. 피크 오일론자들은 2007년 석유 생산량이 정점을 찍고, 2030년경에는 급격하게 줄어들 것이라고 주장했어.

하지만 반대론자들은 채굴기술 발전으로 **심해유전**, **오일샌드**(원유를 함유한 모래나 암석) 등을 개발하면 고갈시기를 늦출 수 있고, 대체에너지 상용화로 피크오일은 없다고 주장해.

문제 국제 유가와 관련된 설명 중 틀린 것을 모두 고르시오. (   )

① WTI는 전 세계로 가장 많이 수출되므로, 국제 유가의 가격지표로 쓰인다.
② 1973년 1차 오일쇼크로 세계 경제는 스태그플레이션에 시달리게 되었다.
③ 우리나라가 가장 많이 수입하는 원유는 두바이유이다.
④ OPEC이 감산 계획을 발표하면 국제 유가에 상승 압력으로 작용한다.

정답) ①

Section

13 원자재시장이 와글와글

CRB상품지수 | 로저스 농산물지수 | 원자재 단위 | 상품거래소 | 구리 | 석유 | 금
희소금속 | 희토류 | 발틱운임지수(BDI 지수) | 컨테이너선 운임지수(HR지수)

원자재는 천연상태의 원재료로 **상품**이라고도 해. 국제 원자재시장에서 많이 거래되는 것은 에너지류, 금속류, 곡물류, 기호식품류(커피, 원당, 코코아 등), 가축류, 그리고 고무나 목재 등이 있어.

상품지수는 국제 원자재의 시세를 보여주는 지수야. 가장 많이 등장하는 상품지수는 CRB지수.

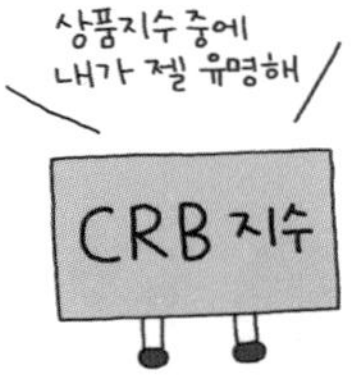

CRB지수는 CRB사에서 19개 원자재의 선물가격에 동일한 가중치를 적용하여 만든 상품지수야. 그냥 '국제 원자재 가격의 등락을 보여주는 지수구나' 정도로만 이해하면 돼.

원자재 가격지수인 CRB지수가 오르면 앞으로 물가가 상승할 가능성이 높아. **인플레이션 지수**라고도 해.

로저스 상품지수는 상품투자의 귀재인 짐 로저스가 만든 원자재 가격지수야. 38개 원자재의 가격을 조사하여 CRB지수보다 종목 수가 많아. 특히 에너지와 곡물 비중이 높은 게 특징이야.

로저스 상품지수는 하위 지수로 농산물지수, 에너지지수, 금속지수도 발표해. 특히 **로저스 농산물지수**는 국제 곡물시세를 다룬 뉴스에 자주 등장해.

원자재 단위 몇 가지 알아볼까? 뉴스에서 원자재 시세를 전할 때 자주 나오니 대략 감은 가지고 있는 게 좋겠지?

배럴(bbl)은 원유의 부피 단위로 19세기 미국 펜실베이니아에서 생산한 원유를 수송할 때 나무통을 쓴 것에서 유래했어. 1배럴은 158리터로 한 드럼통을 연상하면 돼.

부셸(bu)은 밀, 옥수수, 콩 등 곡물의 무게 단위야. 20킬로그램 쌀 한 포대보다 조금 더 되는 양이라고 생각하면 돼.

온스(oz)는 금, 은, 백금 등의 무게 단위로 1온스는 28.3그램, 거래단위인 트로이온스(troy ounce)는 31.1035그램이야. **파운드**(Ib)는 커피나 원당의 단위로 453그램이고 **톤**(t)은 니켈, 납 등 금속의 무게 단위로 1,000킬로그램이야.

갤런(gal)은 2리터 페트병 2개(약 3,765㎖) 정도의 부피로 주로 가솔린 거래 단위로 쓰여. **MMBtu**는 천연가스 가격을 보도할 때 주로 나오는데 1MMBtu는 252.04칼로리를 내는 양이라고 생각하면 돼.

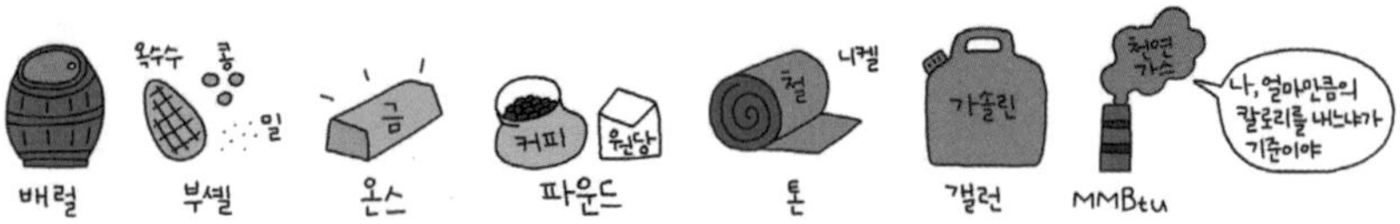

원자재는 상품거래소에서 거래되는데 뉴스에 자주 등장하는 **상품거래소**를 알아볼까?

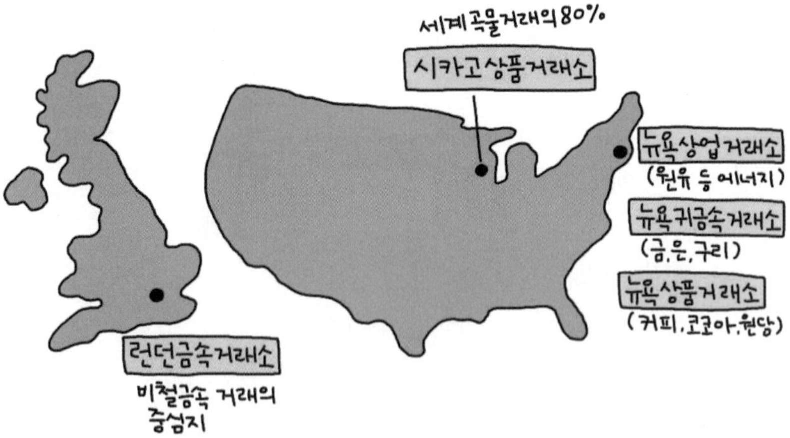

시카고상품거래소는 세계 곡물거래의 80%가 거래돼. 대두(콩), 옥수수, 밀 거래가 가장 활발해.

뉴욕상업거래소는 원유, 천연가스 같은 에너지 원자재를 주로 거래해. 아침 뉴스에서 "전날 뉴욕상업거래소에서는 원유가격이~" 식으로 국제 유가를 전할 때 이곳의 화면이 많이 나와.

뉴욕귀금속거래소는 금, 은, 구리 등이 주로 거래되는데 금 가격이 급등하는 시기에 아침 뉴스에 자주 나와.

뉴욕상품거래소는 커피, 코코아, 원당, 원면 등의 농산물이 주로 거래돼.

런던금속거래소는 전 세계 비철금속 거래의 중심지야. 구리, 아연, 납, 주석, 알루미늄, 니켈 등이 주로 거래돼. "전날 런던금속거래소에서는 구리가격이~" 이런 뉴스를 자주 들을 수 있어.

구리와 석유가격은 세계 경제의 상승과 하락을 보여주는 선행지수 역할을 해. 왜 그러냐고?

경기침체의 끝자락에 도달하면, 경영자들은 재고가 너무 적음을 깨닫고 원자재 구입을 늘리기 시작해. 특히 구리는 건축에서 첨단기기까지 제조업 전반에 기초 소재로 사용돼. 게다가 경기침체기에 각국 정부는 도로나 철도, 전기시설 등 사회간접자본 확충에 주력하는데, 구리는 전선의 재료여서 이 시기에 수요가 먼저 살아나.

경기침체 후에 구리 가격이 가장 먼저 오르고, 원유 가격이 상승하고, 철 등 원자재 가격이 오르는 현상이 자주 나타나. 이윽고 경기가 바닥을 치고 슬슬 상승하는 거지. 구리는 경기를 해석하는 바로미터여서 **닥터 코퍼**(Dr. Copper)라는 별명을 가지고 있어.

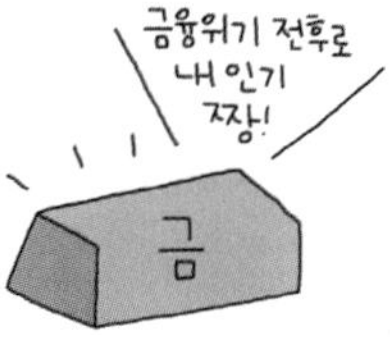

금은 산업용으로 일부 쓰이기도 하지만 오랫동안 인류의 화폐 역할을 해왔어. 역사상 전쟁이나 경제위기가 오면 금 가격은 크게 오르곤 했지. 금 가격은 2006년 400달러 선에서 2012년 초 1,800달러 내외까지 6년여 만에 약 4배나 튀어오르기도 했어. 2019년 1월 현재는 트로이온스당 약 1,285달러야.

2008년 금융위기 이후 양적완화로 인해 달러 가치가 크게 떨어지자, 금 가격이 크게 오른 거야. 달러 가치가 자꾸 떨어지니 금을 사서 모은 나라들도 많아. 중국도 금 보유량을 크게 늘렸어.

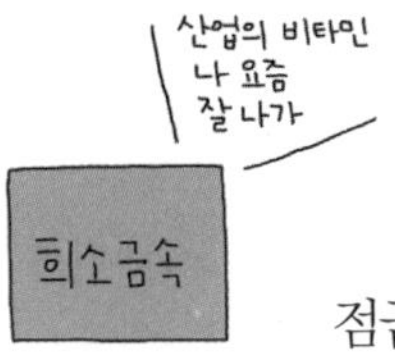

희소금속은 매장량이 적고 추출하기가 어려우며, 작은 매장량마저 특정국가에 편중되어 있어 구하기 힘들어. 희소금속으로는 알칼리금속, 희토류 원소, 고융점금속, 백금족 원소 등이 있어.

희소금속은 반도체에 쓰이는 실리콘, 전기차 배터리에 사용되는 리튬 등 IT산업과 바이오 · 군사 · 우주항공 등 산업 전반에 꼭 필요해. '산업의 비타민'이라고도 해.

희토류는 지각 안에 극소량이 함유되어 있는 금속으로 '광물계의 비타민'이라고들 해. 브라운관이나 디스플레이 패널에 들어가는 형광물질, 전기차와 풍력발전기에 들어가는 영구자석, 미사일 · 레이더 등 첨단무기에도 꼭 필요해.

중국이 전 세계 매장량의 36%, 공급량의 97%를 차지하고 있어. 그래서 중국은 희토류 수출량을 줄이고 수출관세를 대폭 올리는 등 희토류 자원을 무기화하고 있어. 한편 2011년 우리나라의 충주와 홍천에서 희토류 광맥이 발견되었어.

경기가 좋으면 원자재나 상품의 물동량이 늘어나겠지? 그래서 운임지수도 세계 경제의 방향을 알려주는 주요 지표로 쓰여.

발틱운임지수는 **BDI 지수**라고도 해. 18세기 대영제국의 위세가 5대양 6대주를 호령하던 시기, 런던에서 발트해 지역의 곡물을 취급하던 벌크선 화물선주들과 상인들이 자주 모이던 커피숍의 이름에서 유래되었대.

BDI 지수는 석탄, 철광석, 곡물, 커피 등 건화물을 실어나르는 벌크선 운임지수야. 전 세계 26개의 주요 항로를 뽑아서 선박유형별 화물운임과 용선료 등을 가중치를 적용해 산정해. 원자재 거래와 앞으로의 세계 경기를 알려주는 선행지수 역할을 하기도 해.

경기가 좋아질 것 같으면 원자재 수송이 늘어나겠지? 즉 BDI 지수가 오르면 원자재 가격이 오르고 경기가 좋아질 가능성이 높아. 반면 BDI 지수가 내리면 원자재 가격이 내리고 경제가 침체될 가능성이 높아.

만약 원자재 가격은 오르는데 **BDI 지수는 제자리거나 하락한다면?** 실제 배를 통해 운반되는 원자재 수요는 많지 않고, 투기자본이 들어와 가격만 올리고 있다는 거지.

BDI 지수만으로 세계 경기흐름을 알 수는 없어. 화물이 1~2%만 줄어도 경쟁 때문에 운임이 10% 이상 떨어지기도 하고, 반대의 경우도 있고……. BDI 지수는 등락폭이 커. 그냥 참고삼아 보는 정도로 활용해야 돼.

컨테이너선 운임지수(HR지수)는 영국의 해운컨설팅업체인 HR사가 발표하는 컨테이너 용선료 지수야. 컨테이너선은 주로 텔레비전, 냉장고 등 완제품을 나르는 배야.

컨테이너 운임지수인 HR지수가 오르면 완제품 수출입이 많다는 거야. 소비가 활성화되고 실물경기가 회복되고 있다는 의미야.

문제 다음 문제를 보고 O, X로 표시해 보자.
① CRB지수가 오르면 인플레이션 압력이 강해진다. ( )
② 국제 곡물시세의 대표지수는 로저스 농산물지수이다. ( )
③ 뉴욕상업거래소에서는 원유, 천연가스 등 에너지 원자재가 많이 거래된다. ( )
④ 구리와 석유 가격은 경기를 선행하는 지표로 활용된다. ( )
⑤ BDI지수(발틱운임지수)가 계속 오르면 경기침체가 코앞에 닥쳤다는 의미이다. ( )

정답) ① O ② O ③ O
④ O ⑤ X

확인하고 넘어가기

CHOICE

- □ 트리핀
- □ 무역의존도
- □ 엔 캐리 트레이드 청산
- □ 커플링
- □ 글로벌 불균형
- □ 브레튼우즈
- □ 닉슨
- □ 기축통화
- □ 엔 캐리 트레이드
- □ 플라자 합의
- □ 달러 인덱스

1 (　　　)는 각 나라의 GDP에서 무역이 차지하는 비중이다.

2 (　　　)는 한 나라의 경기나 주가 등이 다른 나라에 동조화되어 함께 오르내리는 현상이다.

3 국제무역이나 금융거래에서 통용되는 중심통화는 (　　　)이다.

4 2차 세계대전이 끝나갈 무렵 (　　　) 협약에서 미국 달러를 기축통화로 정하고, 달러는 미국 중앙은행이 보유한 금의 양에 연동해 찍고 다른 나라 화폐의 환율은 달러에 고정시켰다.

5 미국은 1971년 달러를 금으로 바꾸어 주지 않겠다고 선언했으며 이때부터 달러를 보유한 금의 양에 상관 없이 얼마든지 찍어낼 수 있게 되었다. 이를 (　　　) 쇼크라고 한다.

6 (　　　)는 달러 가치의 변화를 보여주는 지표로 달러 가치를 유로, 엔, 파운드 등 주요 6개국 통화와 비교한 것이다.

7 달러가 기축통화 지위를 유지하려면 미국이 경상수지 적자를 감수하고 전 세계에 달러 유동성을 늘려야 한다는 것을 '(　　　)의 딜레마'라고 한다.

8 (　　　)은 아시아 신흥국이나 산유국은 대규모 경상수지 흑자를 보고 있고, 미국과 유럽은 만성적인 경상수지 적자에 시달린다는 주장이다.

9 (　　　)에서는 1985년 주요 5개국 재무장관이 모여 당시 수출경쟁력이 좋았던 일본과 독일의 통화를 평가절상하도록 합의했다.

10 저금리의 엔화를 빌려 다른 돈으로 바꾸어 투자하는 것을 (　　　)라고 한다.

11 엔화로 빌린 자금을 갚기 위해 투자자산을 팔아 엔화로 바꾸어 일본으로 다시 돌아가는 것을 (　　　)이라고 한다.

1 무역의존도 **2** 커플링 **3** 기축통화 **4** 브레튼우즈 **5** 닉슨 **6** 달러 인덱스 **7** 트리핀 **8** 글로벌 불균형 **9** 플라자 합의 **10** 엔 캐리 트레이드 **11** 엔 캐리 트레이드 청산

12 (　　　)는 국제 금융시장을 이동하는 투기성 단기자본으로 단기간에 고수익을 노리고 고위험을 감수하며 투자한다.

13 (　　　)는 핫머니에게 환전 과정에서 세금을 물려 규제하자는 것이다.

14 경제가 나빠 환율이 급등하면 수출제품의 가격경쟁력이 좋아지고, 이에 따라 수출이 늘어 다시 경기가 살아나는 것을 '환율의 (　　　) 기능'이라고 한다.

15 (　　　)는 미국의 통화정책을 총괄하는 기구로 의장을 포함해 7명으로 구성되어 있다.

16 미국의 기준금리인 페더럴 펀드 금리를 결정하는 것은 (　　　)이다. 연방준비제도이사회 7명과 지역 연방준비은행의 총재 5명으로 구성된다.

17 (　　　)는 만기가 10~30년인 장기채의 금리로 전 세계 장기채 금리의 기준 역할을 한다.

18 미국의 대표적인 주택가격지수는 (　　　)로 케이스와 쉴러 교수가 만든 것이다.

19 (　　　)는 미국 공급관리자협회인 ISM협회에서 발표하는 지수로 미국 실물경제의 흐름을 잘 보여준다.

20 (　　　)는 미국 필라델피아의 제조업 경영자들의 경기심리지수로, 필라델피아 연방준비은행이 조사한다고 하여 '연준지수'라고도 한다.

21 (　　　)금리는 영국 런던 우량은행 간의 단기금리로 국제 금융거래의 기준이 되는 금리다. 요즘은 뉴욕의 (　　　)금리가 기준이 되는 경우가 많다.

22 (　　　)은 신용 부도 스왑으로 국가나 기업의 부도위험을 보여주는 지표이다.

CHOICE

- □ 토빈세
- □ 핫머니
- □ 경기자동조절
- □ 연방준비제도이사회
- □ T-본드 금리
- □ 케이스-쉴러 주택가격지수
- □ CDS 프리미엄
- □ 연방공개시장위원회
- □ 필라델피아 제조업지수
- □ 리보
- □ ISM 제조업지수

12 핫머니 **13** 토빈세 **14** 경기자동조절 **15** 연방준비제도이사회 **16** 연방공개시장위원회 **17** T-본드 금리 **18** 케이스-쉴러 주택가격지수 **19** ISM 제조업지수 **20** 필라델피아 제조업지수 **21** 리보 **22** CDS 프리미엄

CHOICE

- □ 로저스 상품지수
- □ 소버린 리스크
- □ 수쿠크
- □ BDI지수
- □ 희토류
- □ WTI

23 1970년대 개발도상국가에 자금을 빌려준 투자자의 위험부담을 가르키는 말로, 국제 금융시장에서 돈을 빌린 정부나 공공기관이 채무를 상환하지 못하는 부도위험을 (　　　)라고 한다.

24 (　　　)는 서부텍사스산 중질유로 미국 서부 텍사스와 오클라호마 지역에서 생산되며 국제 유가의 주요 지표로 쓰인다.

25 (　　　)는 아랍국들의 오일 달러를 빌려쓰기 위해 발행하는 채권으로 '이슬람채권'이라고도 한다.

26 (　　　)는 상품투자의 귀재인 짐 로저스가 만든 것으로 국제 원자재의 시세를 보여주는 대표적인 지수 중 하나이다.

27 브라운관이나 디스플레이 패널, 전기차, 풍력발전기, 미사일 등 첨단제품에 많이 들어가는 금속으로 매장량이 적고 그마저 특정국가에 편중되어 있다. '광물계의 비타민'으로 불리며 중국이 매장량이 많은 이 금속은 (　　　)이다.

28 (　　　)는 석탄, 철광석, 곡물 등 건화물을 실어나르는 벌크선의 운임지수이다.

23 소버린 리스크 **24** WTI **25** 수쿠크 **26** 로저스 상품지수 **27** 희토류 **28** BDI지수(발틱운임지수)

Chapter 9

주식시장이 시끌시끌

1. 주식시장이 어리둥절 / **2**. 주가지수가 알쏭달쏭 / **3**. 시황뉴스에 뻔질나게 / **4**. 주식이 다종다양 / **5**. 마진콜이 따릉따릉 / **6**. 외국인이 희희낙락 / **7**. 주가 차트가 알쏭달쏭 / **8**. 공매도가 화들짝 / **9**. 회계장부가 따끈따끈 / **10**. 주식, 비싼 거야, 싼 거야? / **11**. 선물거래가 아리송 / **12**. 옵션거래가 부들부들 / **13**. 프로그램 매매가 후다닥

Section

01 주식시장이 어리둥절

주식 | 주식회사 | 주주 | 의결권 | 배당 | 증권거래소 | 상장 | 기업공개 | 코스피시장 | 코스닥시장 | 장외시장

광필이가 창업을 결심하고 주식회사를 설립하기로 했어.

자본금은 1억원으로 하고 광필이가 5천만원, 재팔이가 3천만원, 수애가 2천만원을 투자하기로 했어. 그럼, 이 3명이 투자한 금액만큼 주식을 나누어 가져.

3명이 주식 1장의 액면가를 1,000원으로 하기로 결정하고, 광필이가 5,000주, 재팔이가 3,000주, 수애가 2,000주를 나누어 가졌어.

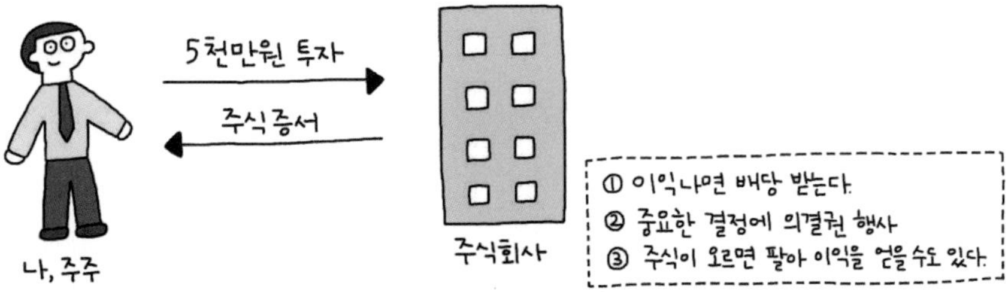

주식은 회사의 주인 중 한 사람이라는 증표야. **주식회사**는 1명이라도 만들 수 있어.

광필, 재팔, 수애는 **주주**라고 해. 주식회사의 주인은 바로 주주야. 회사의 중요한 결정은 1인 1표가 아니라, 주식수에 비례해서 의결권을 가져.

의결권은 주식회사의 주주총회에 참석해 회사의 중요한 정책에 대해 자기 의사를 투표로 표시할 수 있는 권리야. 광필이는 의결권을 5천주만큼, 수애는 2천주만큼 가져. 주주들의 의결권은 대통령 선거 때처럼 1인 1표 평등선거가 아닌 거지.

또 주주는 회사가 이익이 나면 주식수에 비례해서 **배당**을 받아. 물론 광필이의 회사가 이익을 못 남기면 배당도 없고, 주주들은 돈을 빌려준 게 아니라 투자한 거니까 당연히 이자도 없지.

그런데 광필이네 회사가 불티나게 사업이 잘되었어. 불과 5년 만에 매출이 800억원, 순이익이 80억원이 되었어. 사업을 더 키우고 싶었지. 그래서 대규모 자금을 모으기 위해 **광필기업을 증권시장에 상장하기로 결심했어.**

증권거래소는 주식이나 채권 등 유가증권을 거래하는 곳이야. 한국의 증권거래소는 여의도에 있는 한국거래소야. 그런데 어떤 주식회사든 자기 주식을 거래소에서 거래하려면 상장을 해야 해.

상장은 자사 주식을 증권거래소에서 거래할 수 있도록 심사를 통해 인정을 받는 거야. 한국거래소가 광필기업의 자본금 규모, 주식수, 매출액 등을 체크하고, 일정조건이 충족되면 거래소에서 거래될 수 있도록 허용해 줘. 상장을 하면 광필기업은 **신주**를 추가로 발행해서 자금을 유치할 수 있어.

만약 광필기업이 상장되면, 재무제표 등의 분기별, 연도별 보고서를 공개해야 해. 그래야 투자자들이 재무, 경영상태를 알고 투자판단을 할 수 있으니까. 이걸 **기업공개(IPO)**라고 해.

그런데 광필기업은 어느 시장에서 상장을 할까?

한국의 주식시장은 코스피(KOSPI)와 코스닥(KOSDAQ), 그리고 장외시장이 있어.

코스피시장은 보통 **거래소시장, 유가증권시장**이라고도 해. 뉴스에서도 거래소시장이나 유가증권시장이라고 하는 경우가 있으니 꼭 기억해 두자. 코스피시장은 규모가 큰 기업들의 주식이 거래되는 시장이야. 삼성전자, KB 국민은행, 포스코, 현대기아차 등.

코스피시장에는 2018년 7월 현재 779개 기업, 주식은 909 종목이 등록되어 있어. 근데 왜 상장된 기업 수와 **주식 종목 수**가 서로 다르냐고?

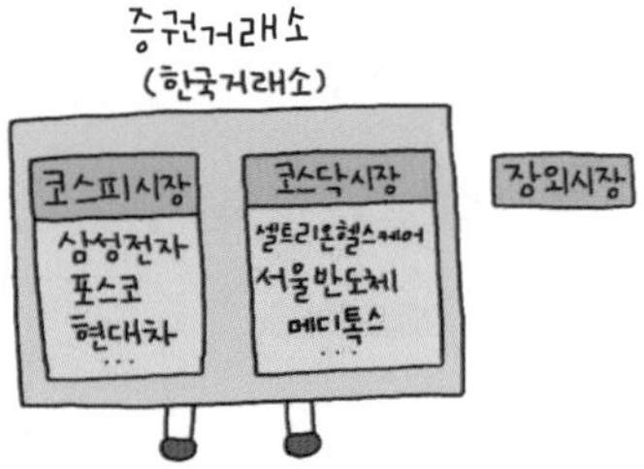

한 기업이 보통주, 우선주 등 2개 이상의 주식을 상장할 수도 있거든. 보통주, 우선주는 뒤에서 다시 살펴볼게.

코스닥시장은 코스피시장에 상장할 만큼의 규모는 안 되지만, 그에 못지않은 중견기업과 벤처기업 등의 주식이 상장되어 있는 시장이야. 2018년 7월 현재 코스닥시장에는 1,272개 기업, 1,289개의 주식 종목이 상장되어 있어.

상장회사들도 실적이 악화되거나 분식회계(회계조작) 등을 하다가 적발되면 **상장폐지**가 되기도 해.

장외시장은 증권거래소 시장 밖에서 유가증권을 거래하는 시장이야. 코스피시장뿐 아니라 코스닥시장에도 상장할 규모가 안 되는 경우지. 간혹 내실 있는 기업 중에서도 굳이 상장을 하고 싶지 않은 경우도 있고.

장외시장의 주식은 거래 당사자들끼리 직접, 또는 증권회사 창구를 통해서 매매를 해.

광필기업은 한국거래소의 문을 두드려 보았지만, 코스피시장, 코스닥시장 모두 상장요건을 갖추지 못했다는 통보를 들었어. 그래서 일단 장외시장에서 신주를 발행하기로 했대~.

문제 주식 및 주식시장 관련 설명 중 틀린 것을 모두 고르시오. ( )

① 주주는 의결권과 배당을 받을 권리가 있다.
② 코스피시장, 코스닥시장에 상장된 주식만 거래할 수 있다.
③ 우리나라 주식의 대표지수는 거래소시장의 지표인 코스피지수이다.
④ 우리나라 벤처기업은 미국 나스닥시장과 유사한 코스닥시장에 상장한다.
⑤ 코스피시장에서 거래되는 주식은 그 시장에 상장된 기업의 수와 같다.

정답) ②, ⑤

Section

02 주가지수가 알쏭달쏭

코스피지수 | 종합주가지수 | 시가총액 | 코스닥지수 | 코스피200지수 | 세계의 주가지수

그동안 주식시장 쪽으로 눈길도 돌리지 않던 광필이. 경제공부를 하면서 경제흐름을 보려면 주식시장도 알아야겠다는 결론에 도달했어. 일단 주가지수가 뭔지부터 알아보았어.

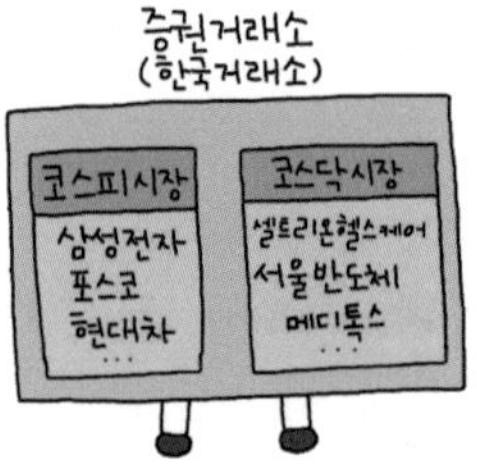

코스피지수는 그냥 **종합주가지수**라고도 해. 코스피시장 전체의 등락을 보여주는 지수야. 코스피지수의 기준점은 1980년 1월 4일이고, 기준지수는 100으로 오늘 시가총액을 1980년 1월 4일의 시가총액과 비교해 지수로 나타내.

오늘 코스피지수가 2500이라면 시가총액이 기준시점보다 25배 커졌다는 의미야.

시가총액은 시장가격으로 계산한 주식의 총가치야. 시장가격이 변할 때마다 시가총액도 변하겠지. 예를 들어 코스피시장의 시가총액은 이 시장에 상장된 모든 주식의 가격을 각각의 주식수로 곱해서 더한 것이야.

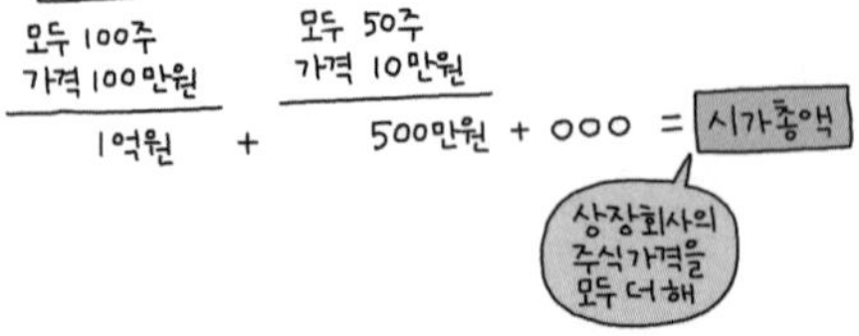

코스닥지수는 코스닥시장의 주가지수야. 1996년 7월 1일 코스닥시장의 시가총액을 기준지수 1000으로 잡은 거야. 2018년 7월 기준 코스닥지수는 800 내외이므로, 1996년 7월의 수준을 회복하지 못한 거지.

코스피200 지수는 코스피시장에서 상위 200개 주식종목을 추려서 별도로 만든 주가지수야. 1990년 1월 3일이 기준일이고, 기준지수는 100이야. 코스피 200은 선물, 옵션, 인덱스 펀드 등 다양한 투자상품에 이용돼.

코스피200 지수가 250일 때, 인덱스 펀드에 1천만원을 투자했다고 치자. 6개월 뒤 코스피200 지수가 275가 되었다면 투자시점보다 10% 오른 거지? 이때 환매하면 10% 수익률을 올릴 수 있어.

▼ 자주 등장하는 세계의 주가지수

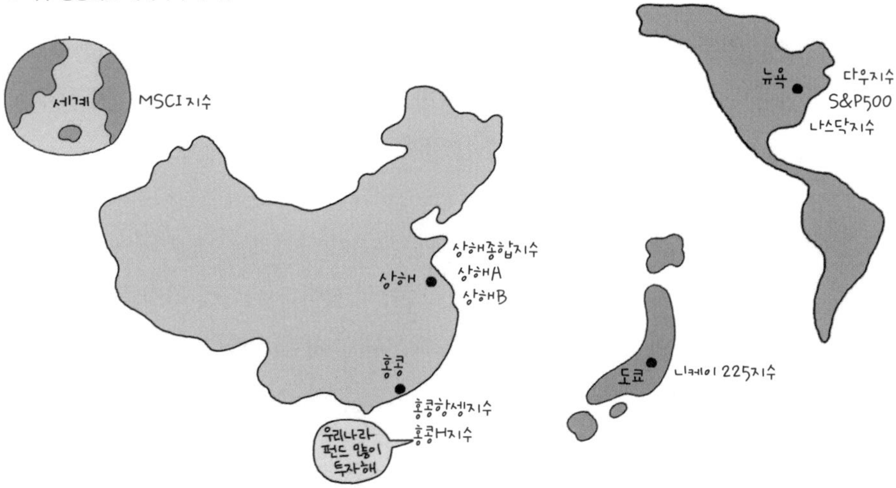

- **다우지수** 뉴욕 증권거래소에 상장된 미국의 최우량기업 30개.
- **S&P500지수** 뉴욕 증권거래소에 상장된 우량기업 500개.
- **나스닥지수** 미국 나스닥시장에 상장된 5,000개 이상의 벤처, 중소기업.
- **상해종합지수** 상해증권거래소(SSE)에 상장된 모든 종목의 주가지수.
  상해A 주가지수 내국인 전용으로 위안화로 투자해.(일부 외국 기관투자가 허용)
  상해B 주가지수 외국인 전용으로 달러로 투자해.(일부 내국인 투자 허용)
  중국은 두 시장을 하나로 통합할 계획이야.
- **홍콩 항셍지수** 항셍은행에서 산출하는 주가지수로, 홍콩증권거래소(HKSE)에 상장된 50개의 우량주식으로 구성된 주가지수.
- **홍콩 H지수** 홍콩에 상장된 중국 기업 주식(H주) 중 40개의 종목을 추려서 산출한 주가지수.
- **니케이225지수** 도쿄 증권거래소에 상장된 우량기업 225개.
- **MSCI 지수** MSCI사(모건스탠리 캐피털 인터내셔널)가 산출해 발표하는 세계 종합주가지수.
  MSCI 선진지수 미국, 유럽 등 선진국 주식시장에 상장된 종목으로 구성된 주가지수.
  MSCI 이머징지수 아시아, 중남미 등 이머징 마켓 26개국. 우리나라는 여기에 속해.

Section

03 시황뉴스에 뻔질나게

상한가/하한가 | 강세/약세/보합세 | 시가/종가 | 신고가/신저가 | 매집/투매 | 반등/반락 | 오버슈팅/언더슈팅 | 불마켓/베어마켓 | 랠리와 조정 | 어닝 랠리 | 유동성 랠리 | 박스권 | 시간외 거래 | 동시호가 | 윈도 드레싱 | 순매수 | 물타기 | 손절매

미국 주식시장에서는 한 종목이 하루에 20%든 30%든 오를 수도 내릴 수도 있지만, 한국 주식시장에서는 상한선과 하한선을 미리 정해두었어.

코스피시장, 코스닥 시장 모두 하루에 ±30% 이상은 못 움직이게 해 놓았어. 주가가 1만원이라면, 오늘 최고 13,000원까지만 오르거나, 또는 7,000원까지만 내릴 수 있다는 거지. 이게 **상한가**와 **하한가**야. 시장의 지나친 변동성을 완화시키기 위해 이렇게 한 거지.

강세는 주가가 상승하는 기세, **약세**는 주가가 하락하는 기세야.

보합세는 사려는 사람과 팔려는 사람의 힘이 엇비슷해 가격 등락폭이 작은 상태야. 이를테면 1% 미만으로 오르내린 상태. 어제 가격보다 조금 강하면 **강보합**, 조금 약하면 **약보합**.

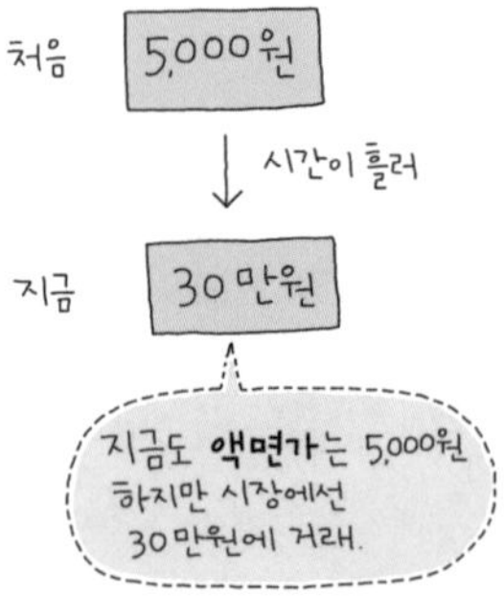

주식을 처음 발행할 때 증서에 적혀 있는 가격이 **액면가**야. 액면가는 100원, 200원, 500원, 1,000원, 2,500원, 5,000원 중 하나를 선택해 발행해.

시장가는 현재 시장에서 거래되는 가격. 기업이 매우 급성장할 때는 처음 발행될 때 액면가 5,000원짜리 주식이 얼마 후 30만원에 팔릴 수도 있어.

또 오늘 시장이 처음 열렸을 때 형성된 가격이 **시가**, 오늘 장이 끝날 때 마지막으로 형성된 가격은 **종가**야. 이건 시작과 종료할 때 '시'와 '종'이니까 쉬워.

"광필기업의 주가가 **전일비** 1.5%가 올랐다." 전일비는 전날과 비교했을 때라는 의미. 그래서 어제 종가보다 오늘 종가가 1.5% 올랐다는 의미야.

주가가 역대 최고치를 기록하면 **신고가**, 역대 최저치를 기록하면 **신저가**, 최근 1년내 최고치를 기록하면 **52주 신고가**라고 해.

장중은 장이 열려 있을 때를 말해. 주식시장은 오전 9시부터 오후 3시 30분까지가 정규장이야. "코스피지수가 장중 한때 2200포인트를 넘었다"고 하면, 장이 열려 있는 한때 2200포인트를 기록했다는 의미야. 그러니까 종가는 그보다 내렸다는 거겠지.

주식에서 주문은 매수 주문과 매도 주문 2가지야.

> 매도자 : 내가 가진 A사의 주식 10주를 1주당 10,000원씩 팔아주세요(매도 주문).
> 매수자 : A사의 주식 10주를 1주당 10,000원에 사주세요(매수 주문).

매수자와 매도자가 직접 만나지 않고, 각각 중개기관에 주문을 넣는 거지. 이런 걸 **위탁매매**라고 해. 매도와 매수주문의 가격이 서로 맞으면 거래가 이루어지는데 이를 '거래가 **체결**되었다'고 해.

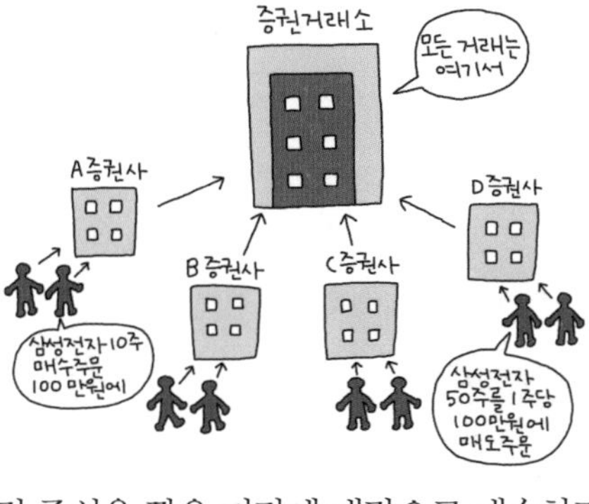

주로 큰손들이 특정 주식을 짧은 기간에 대량으로 매수하면 **매집**,
가격에 상관없이 대량으로 내다팔면 **투매**라고 해.
주가가 쭉 내리다가 방향을 바꾸어 상승 추세로 돌아서면 **반등**,
주가가 쭉 오르다가 방향을 바꾸어 하락 추세로 돌아서면 **반락**.

오버슈팅은 어떤 주식의 수요가 가격과 상관없이 과도하게 늘어나는 것. 과도하게 줄어들면 **언더슈팅**이라고 해. 오버슈팅이나 언더슈팅이나 모두 시장의 심리가 한쪽으로 확 쏠리는 쏠림현상이지.

황소는 싸울 때 뿔을 아래에서 위로, 곰은 싸울 때 앞발을 위에서 아래로 내려찍어. 이런 장면을 상상하면 불마켓과 베어마켓이 헷갈리지 않겠지?

불마켓은 황소(bull)에서 나온 말로, 경기가 상승하면서 주가가 지속적으로 쭉 오르는 상승장을 말해. 뉴욕 증권거래소 앞에 가면 황소 동상이 있어. **베어마켓**은 곰(bear)에서 나온 말로 경기가 하강하면서 주가가 지속적으로 쭉 내리는 하락장이야.

랠리(rally)는 주식시장이 하락세에서 상승세로 바뀐 뒤 단기간에 급상승하는 거야. 예로 **어닝 랠리**는 분기가 끝나면 기업실적이 나오는데, 이때 기업실적이 매우 좋게 나와 주식이 크게 오르는 경우에 써.

유동성 랠리는 기업의 실제 실적이 아니라 돈의 힘으로 주가가 오를 때 쓰는 표현이야.

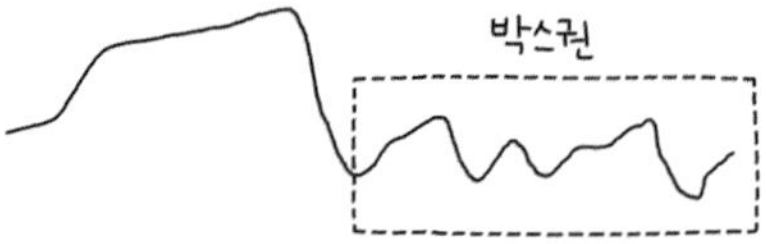

조정은 주가가 상승하다가 멈칫거리면서 보합세로 바뀌거나, 지나치게 오른 폭을 일정부분 반납하며 약간 하락하는 것을 말해.

박스권은 주가가 특정 범위대에서 더 오르거나 내리지 못하고 사각형 안에 갇혀 있다는 거야. 흔히 '주가가 박스권에서 맴돈다'고 표현해.

주식시장은 월~금요일, 매일 오전 9시~오후 3시 30분에 열려. 그런데 시간외 거래도 있어.

시간외 거래란 정규장 개시 전인 오전 7시 30분~8시 30분(전일 종가로 거래), 장이 끝난 후 3시 40분~4시(당일 종가로 거래)의 거래를 하는 걸 말해. 또

주식 거래시간

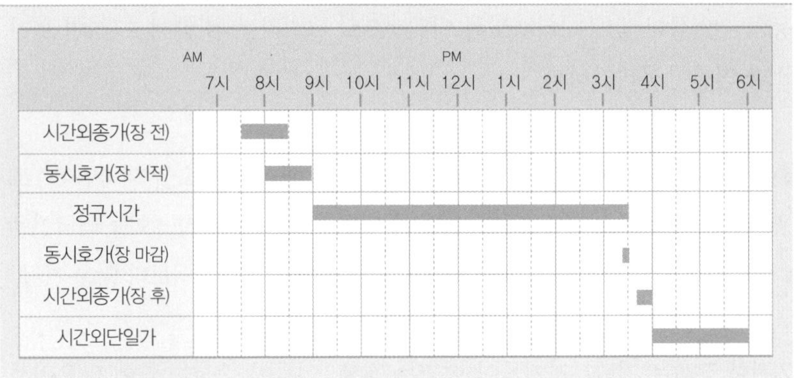

매매 체결의 우선 순위

❶ 가격 > ❷ 주문 시간 > ❸ 수량 > ❹ 위탁 매매

오후 4시~6시에는 10분 단위로 거래가 체결되는데 당일 종가대비 ±10% 가격으로 거래돼. 그런데 시간외 거래에서는 동시호가로 주식거래가 되기도 해(오전 8시~9시, 오후 3시 20분~30분).

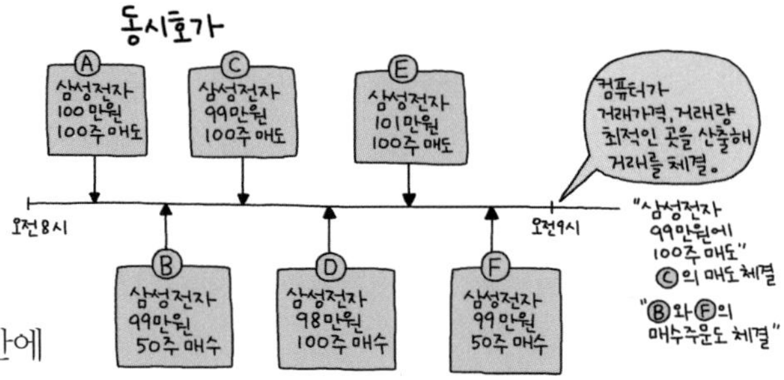

동시호가제도는 매수주문과 매도주문 중 가장 거래량이 많아지는 단일가격을 컴퓨터가 뽑아내고, 이 조건을 만족하는 것만 일괄적으로 **단일가**로 거래를 체결하는 거야.

매매가 정지되어 있는 밤시간 동안에 주가에 영향을 미치는 갖가지 사건들이 일어나잖아? 이로 인해 주가가 지나치게 변동하거나 대량매수나 대량매도로 인해 가격이 왜곡되는 것을 막기 위해서야. 장 막판인 오후 3시 20분~30분의 10분 동안에도 동시호가제도로 가격이 결정돼.

윈도 드레싱은 말 그대로 하면 상점의 쇼윈도를 보기좋게 장식한다는 뜻이야. 주로 기관투자가나 펀드매니저 등이 월말이나 분기말 등 결산일에 펀드 등의 수익률이 높게 나타나도록 인위적으로 관리하는 걸 말해. 그러면 보너스나 연봉이 올라가니까.

스튜어드십 코드
스튜어드십 코드(steward-ship code)에서 스튜어드는 집사란 뜻. 연기금이나 자산운용사 등 기관투자자가 마치 집사처럼 고객의 연금이나 자산을 잘 관리하기 위해 주주의 경영참여 권리를 행사하는 것.
국민연금은 코스피시장의 7% 이상을 보유하고 있으며, 주식시장에 영향력이 매우 크다. 하지만 그동안 투자기업에 대한 경영참여를 원칙적으로 배제해왔으며, 이로 인해 연금 가입자의 이익을 제대로 보호하지 못했다는 비판을 받아왔다. 이에 국민연금은 스튜어드십 코드를 행사할 예정이다.

순매수는 매수금액이 매도금액보다 더 많은 것. 예를 들어 오늘 외국인이 1조원어치 주식을 사고, 갖고 있던 주식 8천억원어치를 팔았으면, 오늘 외국인은 2천억원을 순매수했다고 말해. **순매도**는 매도금액이 매수금액보다 많은 거야.

기관화 장세는 기관투자가들이 이끄는 장세. 이들이 주식을 쓸어 담으면서 주가가 강하게 상승하는 시기를 말해. 국민연금 등 기관의 힘은 무시할 수 없어. **국민연금**은 금융위기 이후 주식시장이 급락할 때마다 주식을 대규모로 사들이면서 추가 하락을 방어했어. 당시 '증시의 구원투수'라는 별명을 얻기도 했고 논란이 많았어.

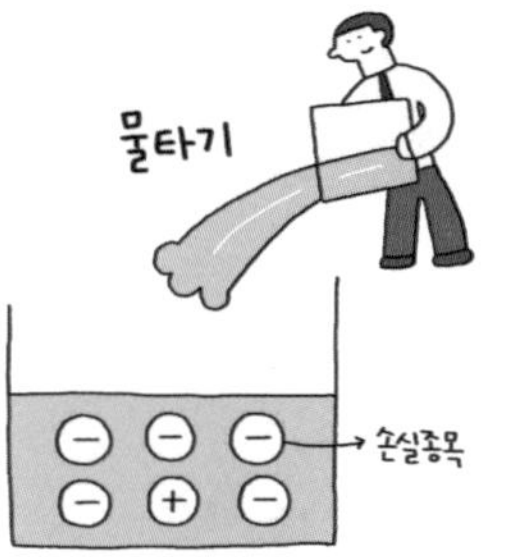

물타기는 보유 주식이 하락하면, 추가로 매입해 평균 매입단가를 낮추려는 거래방법.

한 달 전에 1만원에 10주를 샀는데, 지금 주가가 9천원으로 떨어졌다고 치자, 그 주식을 다시 10주를 사서 평균 매입단가(총투자금 19만원, 평균 1주당 9,500원)를 낮추는 것이 물타기야.

수십, 수백 종목을 사고파는 대규모 펀드자금은 이 방법이 유효할 수 있어. 하지만 개인은 고작해야 4~5종목에 투자하잖아. 주식시장이 계속 하락할 때 물타기를 잘못하면 순식간에 큰 손실을 입을 수 있어.

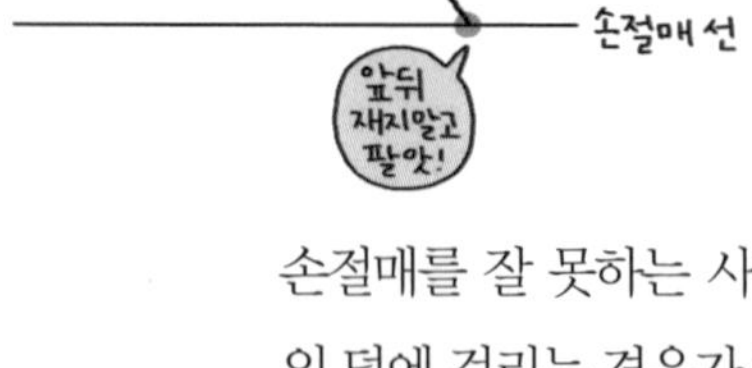

손절매는 주가가 예상과 달리 하락할 때, 애초에 설정한 선까지 떨어지면 손실을 감수하고 매도하는 투자방법이야.

그런데 개인의 경우 이미 투자한 금액이 아까워 손절매를 잘 못하는 사람들이 있어. 한번 물리면 어쩔 수 없이 장기투자(?)의 덫에 걸리는 경우가 많아.

Section

04 주식이 다종다양

보통주 | 우선주 | 배당주 | 공모주 | 국민주 | 사모주 | 경기방어주/경기민감주 | 유틸리티주 | 대/중/소형주 | 실적개선주 | 가치주 | 성장주 | 테마주 | 유동주식/비유동주식 | 작전주

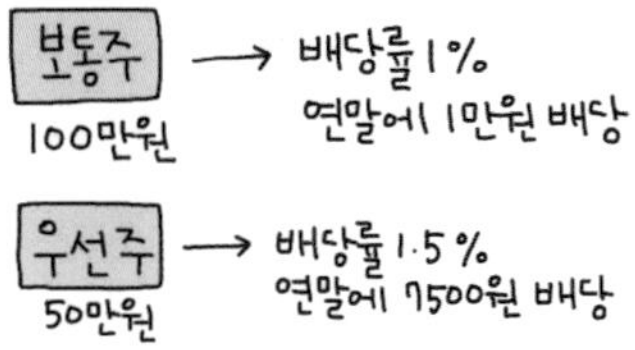

이런저런 주식 좀 둘러볼까?

보통주는 의결권과 배당권이 모두 있는 주식이고, **우선주**는 의결권이 없어서 회사 경영에 참여할 권한은 없고 배당권만 있는 주식이야.

대부분 보통주가 우선주보다 비싸. 보통주는 의결권, 배당권 둘다 있으니까. 한편, 우선주는 의결권이 없는 대신 배당률이 좀더 높은 경향이 있어. 우선주는 '광필기업 우'처럼 종목명 뒤에 '우'자가 붙어.

배당주는 배당을 많이 하는 회사의 주식을 통칭해 부르는 말이야. 회사가 이익이 나면 주주는 배당금을 받을 수 있어. 회사마다 회계연도도 배당 기준일도 다르지만, 대부분 연말 기준으로 결산을 하는 경우가 많아. 그래서 이듬해 4월 즈음 배당금을 받는 경우가 많아.

공모주는 주식회사가 일반인들에게 자금을 공개 모집하기 위해 발행하는 주식이야. 보통 신규사업 등을 위해 자금을 끌어모을 때 **공모주 청약**을 받아. 예를 들어 2010년에 삼성생명이 1주당 11만원에 총 889만주를 공모했어. 공기업이 일반인에게 공모하는 주식은 **국민주**라고 하고, **사모주**는 일반인이 아니라 기존 주주 등에게 주식을 추가로 발행해서 주고 자금을 모집하는 주식이야.

경기방어주는 경기에 따라 주가가 크게 오르거나 내리지 않는 주식. **경기둔감주**라고도 해. 전력, 철도, 가스 등 공공재는 경기에 상관없이 수요가 비교적 일정하므로 주가도 안정적인 편이야.

경기민감주는 경기에 민감하게 반응해. 경기가 좋을 때는 주가가 크게 오르고, 경기가 나쁠 때는 크게 떨어져. **경기수혜주**라고도 해. 자동차, 철강, 항공, 운수, 석유화학, 건설, IT 등이야.

실적개선주는 기업 실적이 갑자기 좋아지면서 주가가 크게 올라가는 주식.

유틸리티주는 한국가스공사, 한국전력, S-오일 등 산업 인프라 성격이 강한 에너지 관련주야. 증권방송을 시청하다 보면, 전문가들이 "유틸리티주가 어쩌고저쩌고" 하면 이런 주를 지칭하는 거야.

보통 **대형주**는 자본금이 750억원 이상, **중형주**는 350억원~750억원, **소형주**는 350억원 이하인 주식을 말해.

가치주는 주가가 현재의 기업가치보다 낮게 평가되어 있는 주식이야. 안정적으로 성장하면서 배당도 많이 주는 주식을 말해.

성장주는 높은 성장세를 보이는 주식. 현재 주가에 미래의 성장 가능성이 모두 반영되지 않은 주식이야. 성장주는 큰 수익률이 기대되지만, 위험도 함께 있는 주식이라고 생각하면 돼.

테마주는 시장의 관심이 확 쏠리는 이슈형 주식. 기업 실적이 뒷받침되지 않은 테마주들은 급락 위험성이 있으므로 주의해야 해.

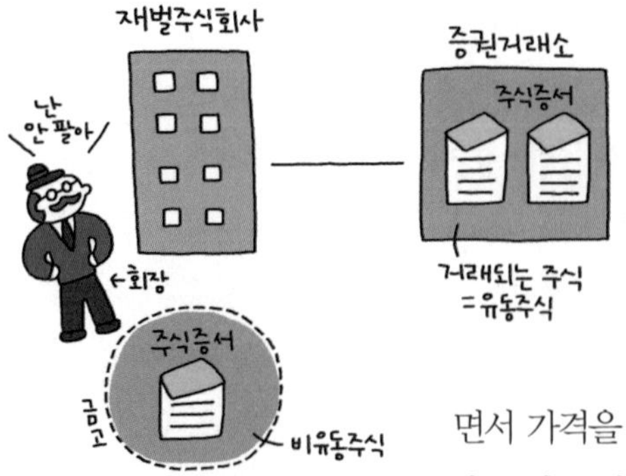

비유동주식은 대주주 등이 보유하여 시장에서 거래되지 않는 주식. 비유동주식은 경영권과 관련된 주식이어서 시장에 잘 팔지 않아. **유동주식**은 시장에서 거래되는 주식이야.

작전주는 작전세력이 특정 주식을 매집하면서 가격을 크게 끌어올린 후 폭리를 취하려는 주식. 항상 그럴 듯한 소문이 있어서 멋모르는 개인투자자들이 꼼짝없이 당하는 경우가 많아.

Section

05 마진콜이 따릉따릉

고객예탁금 | 거래량 | 거래대금 | 미수거래 | 마진콜 | 반대매매

주가도 돈이 어디로 흐르는가에 따라 오르고 내려.

주식시장의 돈 흐름을 알 수 있는 지표를 몇 가지 살펴볼까?

고객예탁금은 주식을 사기 위한 증권계좌에 들어 있는 돈이야. 증권사에서는 **예수금**(미리 받은 돈)이라고도 해. 고객예탁금이 꾸준히 크게 늘면 주가가 오를 가능성이 높아.

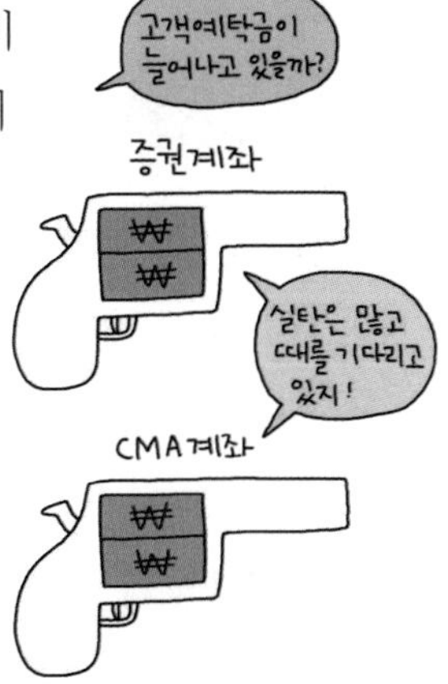

거래대금이 늘어나는지 여부도 주식시장이 얼마나 달구어지고 있는지 알 수 있는 지표야.

거래량도 유의해서 봐야 해. 보통 주가가 바닥을 친 상태에서 오르기 시작할 때 거래량이 늘면 가격이 더 오를 수 있는 동력이 돼.

"오늘 이 회사의 주식 거래량이 늘어났나?"

만약 광필이가 삼성전자 주식 100주를 팔고, 어떤 이가 그것을 샀다면 이때의 거래량은 100이야. 중복해서 계산하면 안 되니까.

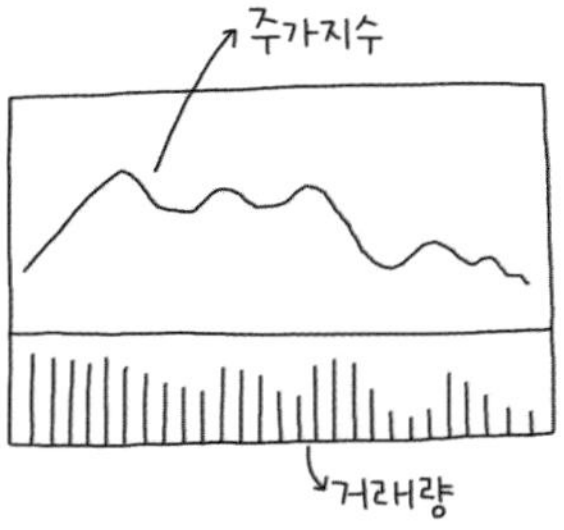

주식시장에는 **주가는 거래량의 그림자**라는 말도 있어. 특정 주식의 가격은 어떤 세력이 의도적으로 올리거나 내릴 수 있지만, 거래량은 속일 수 없다는 거야. 주가 차트를 보면 위쪽에 가격 그래프, 아래쪽에 거래량 그래프가 나와. 거래량이 느는 추세인지, 줄어드는 추세인지는 앞으로 주가의 향방에 중요한 힌트를 줘.

미수거래는 돈을 증권회사에서 빌려서 외상으로 주식을 사는 거야. **신용거래**라고도 해.

만약 계좌에 40만원이 있고 증거금률이 40%라면, 주식을 100만원어치 살 수 있어. 주식 종목마다 증거금률이 다른데, 삼성전자처럼 우량주는 가격 변동폭이 크지 않으므로 증거금률이 낮아. 반면 변동성이 큰 중소형주는 증거금률이 높은 경우가 많아.

보통 주가가 오르는 시기에는 미수거래가 늘어나. 돈이 부족하지만 일단 주식을 먼저 사고, 가격이 올랐을 때 팔아 미수금을 갚겠다는 거지.

만약 주가가 내리면? 증거금률에 비해 잔고가 부족하면 증권사에서 **마진콜**이 걸려와. 마진콜은 증거금을 보충하라는 전화.

"네가 어제 산 종목의 가격이 떨어졌으므로 증거금을 더 보충해."

이때 증거금을 채우지 못하면 증권회사는 **반대매매**를 해 버려. 다음날 증권회사가 강제로 이 주식을 팔아서 빌려준 돈을 가져가고 나머지 금액만 돌려주는 거지.

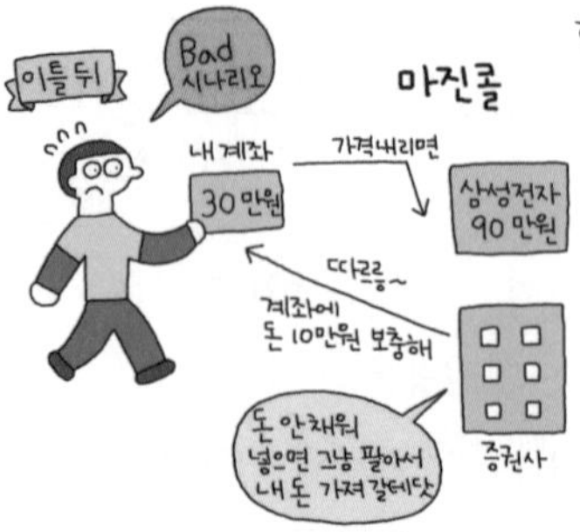

한편, 마진콜에 응해서 증거금을 보충했다고 해도, 주가가 계속 내리면 미수금을 갚아야 하는 시한에 쫓기게 돼. 그래서 사람들이 주식을 내다 팔면 주가는 더 큰 폭으로 내려.

주식시장은 95%는 돈을 잃고 4.9%는 돈을 약간 벌고 0.1%는 돈을 크게 번다고들 해. 개인투자자는 돈을 잃는 경우가 많아. 거기다 미수거래까지 하면 깡통계좌가 될 가능성이 매우 높다는 이야기야.

Section

06 외국인이 희희낙락

개인투자자 | 기관투자가 | 외국인투자자 | 순매수/순매도 | 기관화 장세 | 물타기 | 손절매

우리나라 주식시장의 투자자는 약 500만명이라고들 해. 크게 개인투자자, 기관투자가, 외국인 투자자로 나눌 수 있어.

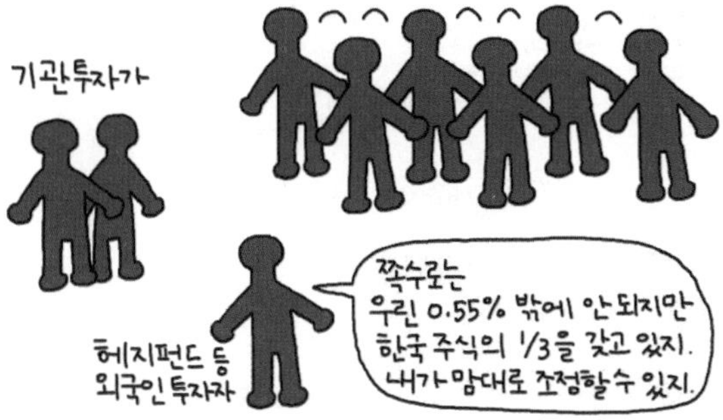

개인투자자는 일명 '개미투자자'라고도 해. 주식투자자의 99%가 개인투자자야.

기관투자가는 투자신탁회사, 증권회사, 은행, 보험회사, 투자금융회사, 종합금융회사, 연기금 등의 법인들이야.

외국인 투자자는 대부분 외국의 투자은행, 증권회사, 보험회사, 헤지펀드 등이야.

주가에 가장 큰 영향을 미치는 건 외국인이야. 주식투자자의 0.55%에 불과하지만, 한국 주식 시가총액의 30%를 넘게 가지고 있어. 게다가 자금력과 정보력이 좋아서 주가를 끌어올리기도 내리기도 쉬워. 외국인 투자자들이 주식을 공격적으로 사면 주식시장이 강하게 오르고, 좀 세게 팔면 내리는 경향이 있어.

왜 이런 현상이 벌어질까? 외국인들이 주가에 얼마나 영향을 주는지 볼까?

코스피시장의 시가총액은 상장된 기업들의 주가 총액을 모두 더한 거야. 시가총액은 주가의 오르내림에 따라 매일 변하는데, 대체로 1,600조원~1,800조원 정도야.

코스피시장의 하루 거래액은 평균 약 6조~10조원 안팎이야. 하루에 시가총액의 약 0.4~0.6% 정도의 거래로 그날의 주가가 결정되는 거지.

예를 들어 광필기업의 총 주식수가 100만주이고, 어제 종가가 100만원이었다고 치자. 오늘 총 주식수의 0.5%인 5천주가 거래되었고 종가가 110만원이라면, 거래되지 않은 주식들도 가격이 그만큼 올라간 것으로 계산되는 거야. 또 내일 시가는 오늘 종가를 기준점으로 삼아 가격이 오르거나 내리겠지.

외국인이 오늘 한국 주식시장에서 주식을 1조원어치 대량으로 판다고 치자. 수요보다 공급이 더 많으면 주가가 내려. 그래서 외국인 순매수 규모와 주가지수는 거의 정비례 관계가 분명하게 나타나는 편이라고 해.

문제 1 주식시장에 대한 설명 중 틀린 것은?
① 자동차, 철강, IT 등은 경기민감주이다.
② 유틸리티주는 대체로 경기의 영향을 강하게 받는다.
③ 테마주는 급락의 위험이 있기에 조심해야 한다.
④ 유동 주식수가 많은 주식이 거래가 활발하다.

문제 2 다음 문제를 보고 O, X로 표시해 보자.
① 고객예탁금이 꾸준히 늘면 주식시장이 오를 가능성이 높다. ( )
② 거래량은 주가의 향방에 중요한 힌트를 준다. ( )
③ 미수거래가 급격히 늘어나면 마진콜과 반대매매의 위험이 줄어든다. ( )
④ 외국인 투자자는 한국 주식 시가총액의 약 50%를 차지하고 있다. ( )

정답) 1. ② 2. ① O, ② O, ③ X, ④ X

Section

07 주가 차트가 알쏭달쏭

캔들차트 | 양봉/음봉 | 갭 상승/갭 하락 | 추세선 | 지지선/저항선 | 이평선 | 골드크로스/데드크로스

주가 차트는 주가 변동을 기록해 놓은 도표. 그중 봉 모양으로 되어 있는 것은 **봉 차트**, **캔들 차트**라고도 해. 캔들(candle)은 불을 밝힐 때 쓰는 양초.

캔들 하나에는 장이 열릴 때의 첫 가격인 **시가**, 장이 끝날 때의 마지막 가격인 **종가**, 그날 **장중 최고가**와 **장중 최저가** 등을 표시해.

그림을 보면 오늘 광필기업의 주가는 시가가 10,000원, 장중 최고가는 11,500원, 최저가는 9,800원, 종가는 11,300원.

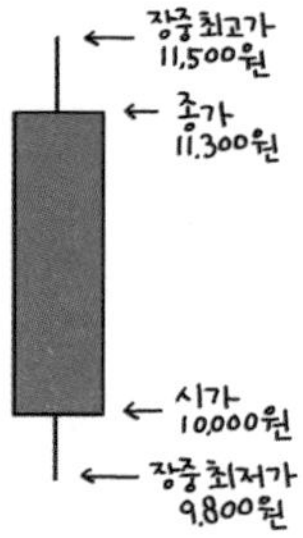

빨간색 캔들은 **양봉**이라고 하며, 시가보다 종가가 올랐을 때야. 파란색은 **음봉**으로, 시가보다 종가가 내렸을 때 써.

캔들이 길면 그만큼 하루 동안의 가격 변동폭이 컸다는 의미야.

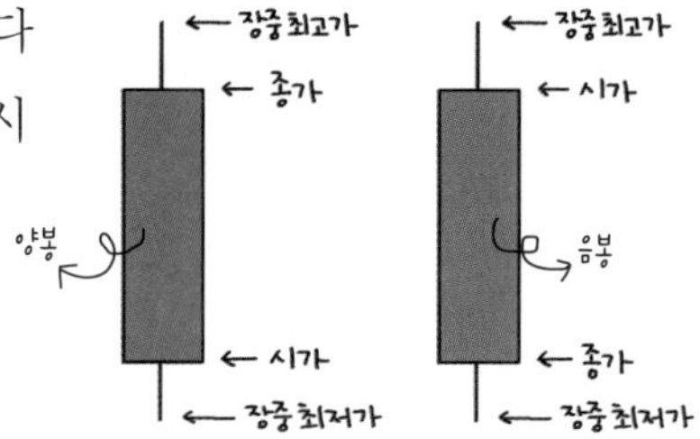

어쨌든 캔들을 시계열로 쭉 연결하면 주가의 변화를 기간별로 볼 수 있고, 어떤 시기에 얼마나 변동성이 큰지 등을 직관적으로 볼 수 있는 장점이 있어.

주가 차트는 1분, 하루, 일주일, 한 달 등을 캔들 하나로 나타내기도 해.

캔들 하나가 1분 동안의 가격을 나타내면 **분봉**, 하루 동안의 가격을 나타내면 **일봉**, 일주일의 가격을 나타내면 **주봉**, 한 달의 가격을 나타내면 **월봉**이야.

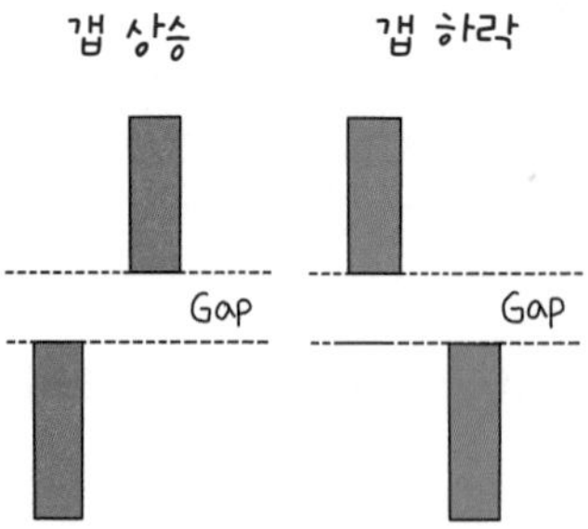

갭 상승은 오늘의 시가가 전일의 고가보다 높게 시작해 끝까지 양봉을 유지해서 두 캔들 사이에 공간(gap)이 생긴 거야. 장 초반부터 계속 상승해서 종가도 전날보다 상승한 채 끝난 거지.

갭 하락은 오늘의 시가가 전일의 저가보다 낮은 가격으로 시작해 계속 하락하여 음봉이 만들어져 두 캔들 사이에 공간이 생긴 것이고.

주가는 일정한 방향으로 움직이려는 속성인 추세가 있어. **추세선**은 일정한 방향으로 파도처럼 움직이는 주가의 고점과 고점, 저점과 저점을 연결해 직선을 그린 거야.

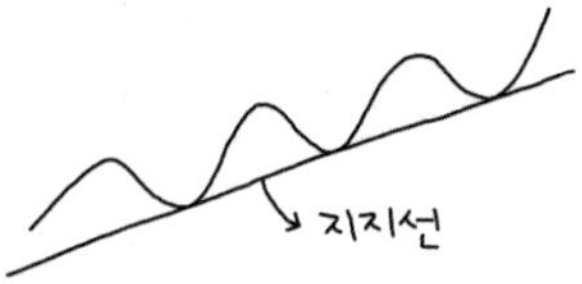

지지선은 저점과 저점을 이어 선을 그은 거야. 가격이 떨어지더라도 이 정도 선에서 지지되고, 계속 반등을 시도해 왔다는 의미야.

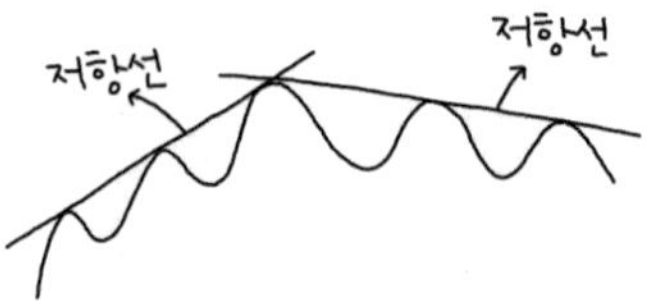

저항선은 고점과 고점을 선으로 연결한 거야. 주가가 올라가다가 이 선에서 강한 저항에 부딪히는데, 그 저항선을 뚫고 돌파할지, 또는 저항선에 부딪혀 다시 하락할지가 관건이 돼.

주가차트 위에는 이동평균선(이평선)도 같이 그려져 있어.

이평선은 일정기간의 평균 주가의 흐름이야. 예를 들어 1월 10일(금요일)의 5일 이동평균은 6~10일의 5일간 종가 기준 주가의 평균이야. 주식시장이 열리지 않는 토요일, 일요일 공휴일을 제외한 날짜를 계산해. 프로그램이 알아서 그려줘.

5일 이평선은 오늘부터 이전 거래일 5일의 평균, 120일 이평선은 거래일 120일의 평균이라고 생각하면 돼.

하루하루는 변동성이 클 수 있지만, 최근 5일(일주일)을 평균해서 연결한

선은 그보다는 완만하게 나오므로 추세를 보기에 좋아.

120일 이평선은 큰 추세를 파악할 수 있어서 경기선이라고들 해. 주말, 공휴일을 빼면 약 6개월간의 평균값이라 주가 급등기에도 이 선은 완만하게 상승해. 120일 이평선의 추세가 6개월 정도 상승하면, 경기가 상승 기조에 있다고 볼 수 있어.

중기추세를 보여주는 선은 3개월의 주가 흐름인 **60일 이평선**. 시중자금이 주식시장으로 계속 들어오는지 여부를 보여주는 수급선이야.

단기 추세선인 **20일 이평선**은 한 달의 추세를 보여주는 세력선이야. 이 선이 상승하면 어떤 세력이 그 종목을 꾸준히 사고 있다고 봐.

5일 이평선은 1주일 단기추세를 볼 때 사용해. 현재 투자자의 심리를 보여주는 심리선이야.

단기 이평선이 장기 이평선 위로 돌파하는 것을 **골든크로스**(golden cross)라고 해. 단기 매수세가 강해서 주가가 강하게 상승하고 있는 거야.

특히 주가가 바닥일 때 골든크로스가 되면, 앞으로 주가가 상승세를 탈 가능성이 높다고 봐.

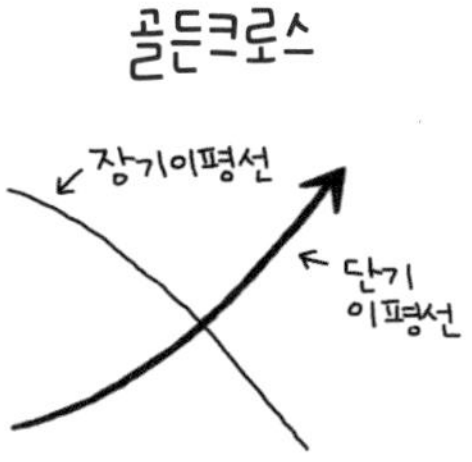

반면 단기 이평선이 장기 이평선을 아래로 돌파하면 **데드크로스**(dead cross)야. 단기 매도세가 강해 주가가 크게 떨어질 수 있어.

주가가 꽤 높은 상태에서 데드크로스가 생기면, 앞으로 하락세를 탈 가능성이 높다고 봐.

하지만 이것만 가지고 앞으로의 주가를 예측할 수는 없어. 그냥 여러 요인 중 하나로 참고하는 거지.

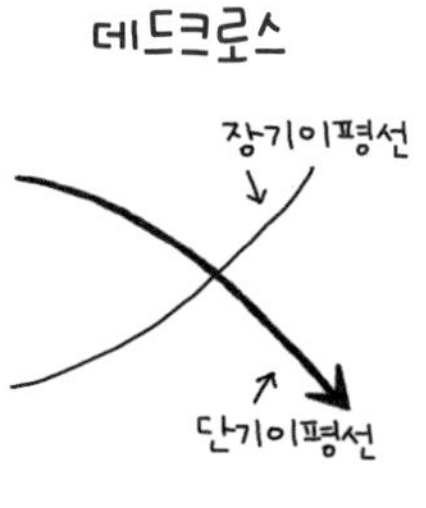

보통 기업의 내재가치를 평가하는 기본적인 분석방법의 토대 위에서 차트를 해석하는 것이 좀더 안전한 방법이라고들 해.
우리야 이 책을 보고 당장 주식투자에 나설 것도 아니고, 뉴스에 등장하는 용어를 중심으로 골라보았어.

문제 1 다음 문제를 보고 O, X로 표시해 보자.

① 캔들 차트에서 오늘 종가가 어제 종가보다 오르면 음봉으로 표시한다. ( )
② 오늘 시가가 어제 고가보다 높게 시작해 끝까지 양봉을 유지하면 갭 상승이다. ( )
③ 저항선은 고점과 고점을 선으로 연결한 것으로, 주가가 저항선을 뚫고 올라가면 주가 상승에 대한 기대감이 커진다. ( )
④ 코스피지수 120일 이평선이 계속 상승하면 경기 상승에 대한 기대감이 커진다.

정답) ① X ② O ③ O ④ O

Section 08

공매도가 화들짝

공매도 | 숏 커버링 | 대주거래 | 대차거래

투자의 원칙

싸게 사서 비싸게 팔아라

공매도의 원칙

비쌀 때 (빌려서) 먼저 팔고
쌀 때 사서 갚아라

주가가 떨어지는데도 이익을 볼 수 있다고? 맞아. 그중 하나인 공매도를 볼까?

공매도는 '없는 주식'을 판다고 해서 빌 공(空) 자를 붙인 것으로 주가가 하락할 것으로 예상될 때 하는 거야.

톰이 공매도를 했어.

미국 A기업의 주식이 100달러인데, 톰은 아무래도 이 주식이 2~3일 내에 떨어질 것 같아.

1. 일단 A기업의 주식이 없는 상태에서 100주를 1만 달러에 팔아. (무차입 공매도)

2. 미국 주식은 결제가 체결 후 3거래일 뒤에 이루어지니까, 그 사이에 A주식을 100주 사서 매수자에게 건네주면 돼.

3. 만약 그동안 주가가 90달러로 떨어졌다면, 100주(9천 달러)를 산 다음 매수자에게 건네주면 돼. 주식을 먼저 1만 달러에 팔고 9천 달러에 사서 갚았으니, 1천 달러의 수익을 보는 거지.

4. 예상과 달리 주가가 110달러로 올랐다면 1천 달러를 손해보는 거고.

공매도로 먼저 팔고 나중에 갚기 위해 그 주식을 다시 사는 걸 **환매수**, 영어로는 **숏 커버링**이라고도 해. 숏(Short, 매도)한 것을 커버(되산다)한다는 뜻이야.

공매도는 주가의 하락에 배팅하는 게임이야. 공매도가 대규모로 일어나면, 매도세가 강해져 주가가 급락할 수도 있어.

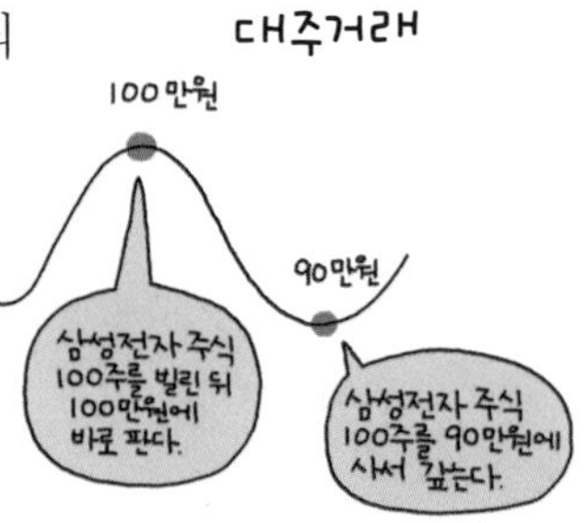

우리나라는 미국식의 무차입 공매도가 허용되지 않고 대주거래와 대차거래를 해. **대주거래**도 주가가 하락할 것으로 예상될 때 해. 앞에서 설명한 공매도와 거의 비슷해. 다만 외국의 공매도는 그 주식이 없는 상태에서 일단 팔기부터 하는 것이고, 우리나라의 대주거래는 실제로 증권사에서 그 주식을 빌린다는 게 달라.

뉴스에서는 그냥 '공매도'라고 하는 경우도 있어. 이때는 대주거래, 대차거래라고 이해하면 돼.

대주거래는 주가가 하락할 것으로 예상될 때, 국민연금이나 증권회사 등 기관투자가가 보유한 주식을 수수료를 약간 주고, 일정기간 빌려서 일단 매도해. 실제로 그 기간 동안 주식이 떨어지면, 싼 가격에 사서 그 주식을 갚는 거야. 단, 주가가 오히려 올랐다면 주식을 비싸게 사서 갚아야 하니 손해가 나는 거지.

대차거래는 대주거래와 비슷해. 다만 금액 단위가 크고 상환기간이 보통 1년으로, 장외시장에서 외국인과 기관 사이에서 거래하는 거야.

공매도는 주식시장이 지나치게 과열될 때 좀 식혀주는 순기능이 있긴해. 하락에 배팅하는 거니까. 하지만, 주가가 하락할 때는 하락 속도를 더욱 빠르게 하는 역기능도 있어.

문제 다음 중 주식 거래에 대한 설명이 틀린 것을 모두 고르시오.
① 공매도와 대주거래는 주가가 상승할 것으로 예상될 때 시도한다.
② 우리나라의 개인은 공매도를 할 수 있다.
③ 대주거래는 주식을 빌려서 미리 파는 것이다.
④ 공매도로 먼저 판 다음, 나중에 갚기 위해 그 주식을 사는 것을 숏커버링이라고 한다.
⑤ 공매도가 급증하면 주가가 급락할 수 있다.

정답) ①, ②

Section

09 회계장부가 따끈따끈

공시 | 어닝시즌 | 어닝 서프라이즈 | 어닝 쇼크 | 대차대조표 | 손익계산서

코스피나 코스닥에 상장되어 있는 주식회사는 기업 실적을 공시하게 되어 있어. **공시**는 상장회사가 투자자가 알아야 하는 기업의 정보를 의무적으로 공표하는 거야. 전자공시시스템(dart.fss.or.kr)에 가면 볼 수 있어.

어닝 시즌은 기업의 실적이 집중적으로 발표되는 시기야. 상장회사들은 1년에 4회 분기별 보고서를 공시하므로, 각 분기 말에 뉴스에 자주 등장하는 말이야.

어닝 서프라이즈는 기업의 실적이 예상했던 것보다 놀랄 만큼 좋게 나온 거야. 순이익을 1조원 정도로 예상했는데 1조 5천억이 나왔을 때처럼.

그런데 시장에서 1천억원 적자를 예상했는데, 적자가 100억원밖에 안 나왔다면 이 또한 좋은 신호로 봐. 실적이 시장의 기대보다 좋은가 여부가 기준인 거지.

어닝 쇼크는 시장의 기대에 훨씬 못 미치는 실적이 나온 거야. 이 또한 순이익이 얼마냐가 기준이야.

시장에서 순이익을 1조원으로 기대했는데 1천억원밖에 안 나왔다면, 기대보다 훨씬 낮은 실적이어서 어닝 쇼크.

그런데 기업실적은 어떻게 알 수 있지? 대차대조표와 손익계산서야. **난 숫자라면 딱 질색이라고?** 큰 그림만 이해해도 기업의 상태를 알 수 있으니 걱정은 붙들어 매고 한번 보자. 이 정도 기본용어는 꼭 알아두는 게 좋아.

재무상태표는 기업의 재정상태를 한눈에 볼 수 있게 도식화한 표야. 자산, 자본, 부채가 각각 증가했는지, 감소했는지를 한눈에 볼 수 있어.

자산과 **부채**, **자본**의 개념을 알아볼까? 광필이가 그동안 모은 돈이 2억원인데, 은행에서 1억원을 대출해 총 3억원으로 아파트를 샀어.

이때 광필이의 자산은 3억원, 부채는 1억원, 자본은 2억원이야. 그러니까 자산이라는 건 부채와 자본의 합계야. 기업의 재무상태표도 똑같아.

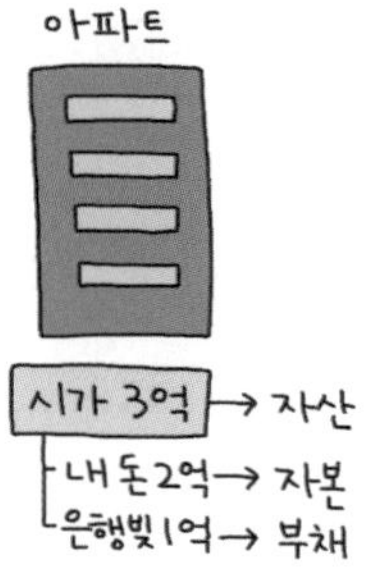

▼ 광필기업의 재무상태표

자산 = 부채+자본
10억원 = 4억원+6억원=10억원

차변		대변	
유동자산	**2억원**	**유동부채**	**1억원**
당좌자산	1억원	매입 채무	1억원
현금	5천만원	단기 차입금	-
매출채권	4천만원	유동성 장기부채	-
기타 당좌자산	1천만원	기타 유동부채	-
재고자산	1억원	**비유동부채**	**3억원**
비유동자산(고정자산)	**8억원**	장기차입금	2억원
투자자산	1억원	회사채	1억원
유형자산	6억 6천만원	기타 비유동부채	-
건물	5억 5천만원	**자본금**	**6억원**
기계	1억원	자본	5억원
기타 유형자산	1천만원	자본잉여금	-
무형자산	3천만원	이익잉여금	1억원
기타 비유형자산	1천만원		
자산총계	**10억원**	**부채+자본**	**10억원**

부채 4억원

자본금 6억원

유동부채: 1년 안에 갚아야 하는 부채. 이 비율이 높으면 기업에 부담이 돼.

비유동부채: 만기가 1년 이상인 부채.

유동자산: 1년 안에 현금화할 수 있는 자산. 이 비율이 높아야 기업이 유동성 위기에 빠지지 않아.

비유동자산: 현금화하는 데 1년 이상 걸리는 자산.

자본: 원래 가지고 있던 자본금

자본잉여금: 본업 이외에서 번 순이익 중 사내에 쌓아둔 돈.

이익잉여금: 기업이 본업에서 번 순이익 중 배당을 하고 쌓아둔 돈.

▼ 광필기업의 재무상태표로 알 수 있는 것

차변		대변	
유동자산	2억원	유동부채	1억원
		비유동부채	3억원
비유동자산(고정자산)	8억원	자본금	6억원
자산총계	10억원	부채+자본	10억원

자기자본비율
총자본에서 자기자본이 차지하는 비율. 총자본은 결국 자산으로 자기자본과 타인자본(부채)의 합계야.
광필기업의 자기자본비율은 총자본 10억, 자기자본 6억이므로 60%.

부채비율
자기자본 대비 부채비율. 광필기업의 부채비율은 자기자본이 6억, 부채가 4억이므로 66.7%. 자기자본보다 부채가 적으니 양호해.

유동부채비율
자기자본 대비 유동부채비율. 광필기업의 유동부채비율은 자기자본이 6억, 유동부채가 1억이어서 16.7%으로 매우 양호한 편이야.

손익계산서는 일정기간의 기업실적을 표로 나타낸 거야. 1년, 또는 분기별로 기업의 매출, 비용, 이익 등을 살펴볼 수 있어.

▼ 광필기업의 연간 손익계산서로 알 수 있는 것

내역	금액	비고
매출액	10억원	
매출원가	5억원	생산에 사용된 원재료 비용
매출총이익	**5억원**	매출액 – 매출원가
판매비/관리비	3억 8천만원	직원 월급, 각종 경비, 판매, 유통, 보관 비용 등
영업이익	**1억 2천만원**	매출총이익 – 판매비/관리비
영업외 수익	700만원	본업 외에 발생한 수익으로 예금이자 등
영업외 비용	1,500만원	빌린 돈의 이자 등
법인세 차감 전 순이익	**1억 1,200만원**	영업이익+영업외수익 – 영업외 비용
법인세	1,120만원	* 순이익 2억원 이하는 순이익의 10%
당기순이익	**1억 80만원**	법인세 차감 전 순이익 – 법인세

영업이익률
총매출액 대비 영업이익의 비율로 이 기업이 본업에서 얼마나 벌고 있나를 보여줘.
광필기업의 영업이익률은 총매출액이 10억이고, 영업이익이 1억 2,000만원이므로 12%.

당기순이익률
총매출액에서 최종적인 당기순이익이 차지하는 비율.
광필기업의 당기순이익률은 총매출액이 10억이고, 세금 낸 뒤 당기순이익이 1억 80만원이므로 10.08%.

그런데 기업이 공개하는 재무제표를 모두 믿을 수는 없어. 기업이 자산이나 이익을 부풀리기 위해 숫자를 조작하기도 하거든. 이를 '분식회계'라고 해.

분식회계는 '분장하다' 할 때의 분(粉) 자, '장식하다' 할 때 식(飾) 자야. 재고를 실제가치보다 높게 평가하거나, 팔리지도 않은 상품의 매출전표를 가짜로 끊어서 외상매출금을 늘려 기록하기도 해.

분식회계를 한 기업에 투자했다면 큰 손실을 볼 수 있겠지? 그래서 상장회사들은 외부 감사기관의 공인회계사로부터 회계감사를 받게 되어 있어. 그래도 분식회계 사례들이 자주 적발되곤 해.

역분식회계는 기업이 자산이나 이익을 일부러 줄여서 재무제표를 작성하는 거야. 주로 세금을 적게 내거나 임금인상을 막으려고 역분식회계를 해.

연결 재무제표는 법적으로 독립된 기업이지만, 모회사와 자회사 등 지배 · 종속 관계에 있는 2개 이상의 회사를 하나의 회사로 보고 묶어 만든 재무제표를 말해.

국제회계기준(IFRS)은 국제회계기준위원회(IASB)가 작성해 공표한 회계기준이야. 한국에서도 2011년부터 도입했어. 국제적으로 기업의 회계 처리와 재무 제표의 통일성을 높이기 위해 마련되었어.

문제 1 재무상태표에 대한 설명 중 틀린 것은?
① 자산은 자본과 부채이다.
② 유동부채비율이 높을수록 안전한다.
③ 자본잉여금과 이익잉여금은 자본금에 속한다.
④ 유동자산이 많은 기업은 유동성 위기에 빠질 가능성이 적다.

문제 2 손익계산서에 대한 설명 중 틀린 것은?
① 손익계산서는 기업의 현금흐름을 보여준다.
② 영업이익은 매출액에서 매출원가, 판매비/관리비, 법인세를 제한 것이다.
③ 영업이익률과 당기순이익률이 높을수록 재무건전성이 높다.
④ 자기자본비율이 높은 기업이 재무건전성이 높다.

정답) 1. ② 2. ②

Section

10 주식, 비싼 거야, 싼 거야?

자기자본이익률 | 주당순이익 | 주가수익비율

어떤 주식이 싼지 비싼지 평가하려면 그 기업의 가치와 비교해. 주요한 투자 지표를 살펴볼까? 앞에서 사용한 재무상태와 손익계산서의 숫자를 그대로 사용해 보자고.

▼ 재무상태표

차변		대변	
유동자산	2억원	유동부채	1억원
비유동자산 (고정자산)	8억원	비유동부채	3억원
		자본금	6억원
총자산총계	10억원	부채+자본	10억원

총자산

자기자본

광필기업의 현재 주가 10,000원

현재 주식수 12만주

▼ 손익계산서

내역	금액
매출액 매출원가	10억원 5억원
매출총이익 판매비/관리비	**5억원** 3억 8천만원
영업이익 영업외 수익 영업외 비용 **법인세 차감 전 순이익** 법인세	**1억 2천만원** 700만원 1,500만원 **1억 1,200만원** 1,120만원
당기순이익	**1억 80만원**

자기자본이익률(ROE, Return on Equity)은 자기자본 대비 당기순이익률이야. 부채인 타인자본은 제외하고, 순수한 자기자본의 이익창출 능력을 살펴보는 지표지.

자기자본이 6억원인데 1년간의 당기순이익이 1억 80만원이면, 광필기업의 자기자본 이익률은 16.8%(1억 80만원÷6억원×100). 자기자본이익률이 큰 기업일수록 본업 경쟁력이 강하고, 경제위기에도 강하다고 할 수 있어. 만약 이 비율이 은행이자보다도 낮게 나온다면 투자자 입장에서는 잘못된 투자를 한다는 의미.

ROE가 높다고 항상 좋은 건 아니야. 부채를 이용해 효율적인 경영을 해서 더 높은 레버리지 효과를 얻는 기업도 있기 때문이지.

주당순이익(EPS, Earnings per Share)은 1주당 순이익률이야. '1주당 얼마의 이익을 창출했는가?'를 보는 거지. 당기순이익을 발행주식수로 나누면 돼.

광필기업의 당기순이익은 1억 80만원, 총 발행주식수가 12만주라면 EPS는 840원이야. 1주당 840원의 순수익을 내고 있는 거지.

주가수익비율(PER, Price Earning Ratio)은 현재 주가 대비 1주당 순이익 비율이야. 현재 주가를 주당 순이익으로 나누어 구해. 주식투자를 하는 사람들이 가장 많이 따지는 지표인데 **퍼**라고 읽어.

만약 오늘 광필기업의 주가가 10,000원이고, 1주당 순이익이 840원이라면 PER는 11.9배야(10,000원÷840×100). 이 추세가 앞으로도 계속된다면 11.9년이 지나면 누적이익이 현재의 주가와 같아진다는 거지.

PER가 높은 게 좋을까, 낮은 게 좋을까? 금방 계산 나오지? 당연히 PER는 낮을수록 좋아.

만약 PER가 5라면, 5년 뒤면 순이익이 주가만큼 될 테니까 순이익이 불어나는 속도가 빠른 거지. 그래서 전문가들이 되도록 저PER 주를 고르라고 해.

PER가 얼마 이하여야 좋다는 건 딱히 없어. 주식시장이 붐을 일으키면 주당순이익(분모)이 늘어나는 속도보다 주가가 오르는 속도(분자)가 더 빠르기 때문에 PER는 커져. 또 단기적으로 급성장하는 회사의 PER는 높고, 장기적으로 안정적으로 성장하는 회사는 PER가 낮은 경우가 많아.

문제 A와 B는 반도체기업이다. O, X로 표시해 보자.
① 주가주익비율(PER)이 높은 기업이 주식 가치가 높다. ( )
② 자기자본이익률(ROE)가 높은 기업이 주식 가치가 높다. ( )

정답) 1. ① X, ② O

Section

11 선물거래가 아리송

선도거래 | 선물거래 | 선물매도 | 선물매수 | 청산 | 롤오버

주식이나 외환, 원자재 거래에서는 선물거래를 많이 해. 그래서 뉴스에도 선물이 많이 등장해.

선물은 앞 선(先), 물건 할 때 물(物). 일단 지금 계약해 놓고, 나중에 물건과 돈을 바꾸는 거야. **현물**은 선물과 대비되는 말로, 지금 돈과 물건을 주고받는 것이고.

우리 주변에서 흔히 볼 수 있는 선물거래와 비슷한 게 있는데 바로 배추 밭떼기 거래야.

배추는 작황이 해마다 달라서 가격이 큰 폭으로 오르내려. 그러니 농부는 봄에 배추를 심으면서 가을에 배추값이 떨어질까 걱정이고, 상인은 배추값이 크게 오를까 걱정이지.

1. 봄철에 농부와 상인이 배추밭의 배추를 가을에 주고받기로 계약해. 일종의 계약금(증거금)을 주고, 가을에 일정 양(배추밭 1천평의 생산량)을 일정한 가격(500만원)에 주고받기로 계약하는 거지. 이때 농부는 선물을 판 것(매도), 상인은 선물을 매수한 것과 비슷해.

2. 가을이 되면 그 밭의 배추값이 300만원으로 폭락했든 700만원으로 폭등했든 간에, 약속한 금액인 500만원에 거래하는 거지.

이런 것을 **선도거래**라고 해.

선물거래는 선도거래와 비슷한데, 중간에 선물거래소라는 중개기관이 있어. 그래서 나중에 가격이 어떻게 변하든 쌍방이 약속을 강제로 이행하게 해. 따라서 선물거래에서 한 사람이 이익을 보면, 다른 사람은 반드시 그 액수만큼 손해를 봐.

우리 주변에서 이루어지는 선물거래는 어떤 게 있을까?

석유 등의 원자재, 밀 · 옥수수 등의 곡물 등은 대부분 선물로 거래돼. 광필이가 원유 펀드에 가입했다면 광필이도 일종의 선물투자를 하는 셈이야. 그럼, 원유 선물거래가 어떻게 이루어지는지 볼까?

지금 유가가 배럴당 80달러인데, **광필**이는 유가가 오를 거라고 예상해. 반면 석유 판매상인 **모하메드**는 앞으로 유가가 내릴 거라고 생각해.

광필이는 유가가 오르기 전에 더 싼 가격인 배럴당 80달러에 석유를 사고 싶고, 모하메드는 유가가 내리기 전에 빨리 팔고 싶겠지? 이런 경우 선물거래가 이루어져.

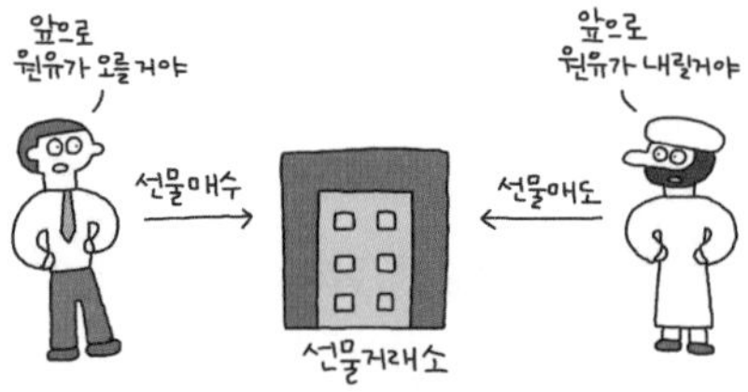

※ 앞으로 누가 웃을까?

광필이와 모하메드가 다음과 같이 선물거래 계약을 맺었어.

광필이와 모하메드의 석유 선물거래 계약서

선물매수자 : 김광필　　선물매도자 : 모하메드 압둘

약속한 때 : 앞으로 3개월 후인 10월 31일
약속한 가격 : 배럴당 80달러
약속한 양 : 1천 배럴
을 주고받기로 계약하고 증거금을 주고받음.

2019년 7월 1일

광필 김광필　　모하메드 Mohammed

1. 광필이는 **선물매수**를 해서 배럴당 80달러에 석유를 구매하는 계약을 했고, 모하메드는 **선물매도**로 같은 가격에 석유를 광필이에게 넘기기로 계약했어. 이들은 선물거래소를 통해 증거금을 걸고 계약을 하게 되지.

물론 증거금은 추가될 수도 있어. 가격이 큰 폭으로 오르거나 내리면 선물거래소는 어느 한쪽에 추가증거금을 내라는 **마진콜**을 보내. 나중에 불리한 쪽이 발뺌을 못하게 미리 그만큼의 돈을 확보해 놔야 되지 않겠어?

2. 한 달쯤 뒤에 보니까 **원유가 배럴당 100달러로 오르는 거야.**

원유 선물을 산 **광필이는 쾌재를 부르겠지.** 80달러에 계약을 했고, 가격이야 오르건 말건 그 가격으로 인수할 수 있으니까.

3. 원유 선물을 판 **모하메드는 속이 무척 상할 거야.** 오판이었어. 가만히 있었으면 배럴당 100달러를 받을 수 있는데, 괜히 선물거래를 해서 80달러에 팔 수밖에 없으니.

4. 이제 선물계약의 만기가 되었고 가격은 100달러로 끝났다고 하자. 그러면 선물을 매수한 광필이는 배럴당 20달러의 이익을, 선물을 매도한 모하메드는 배럴당 20달러의 손실이 확정된 거야.

그런데 우리가 가입한 원유펀드 등이 원유선물을 샀다면, 만기가 되기 전에 **청산**하거나 **롤오버**(만기연장, 갈아타기)를 해. 실물 인수도가 없는 거야. 펀드는 정유회사가 아니니 원유 실물이 필요없으니까.

앞의 시나리오처럼 원유가격이 오르면 펀드회사는 만기 전에 선물매수 계약을 팔아 수익을 실현할 수 있지. 이게 '청산'이야. 또 수익이 생각만큼 안 되거나 손실이 난 경우에는 만기가 다른 선물로 갈아타기 할 수도 있어. 이게 '롤오버'.

Section 12

옵션 거래가 부들부들

옵션 | 콜옵션 | 풋옵션 | 네 마녀의 날

옵션도 선물과 닮은 데가 많아. 옵션은 미래의 '약정한 시점'에 '약정한 가격'으로 '약정한 양'을 '사거나 팔 수 있는 권리'야.

선물과 다른 점은 선물은 약속한 날이 되면 무조건 거래를 이행해야 해. 반면 옵션은 **선택권이 있는 거야.** 최종 만기일에 실제 거래를 할지 말지 선택하는 거야.

옵션 계약은 로또복권을 생각하면 이해하기가 쉬워.

광필이가 1,000원 주고 로또복권을 샀어. 복권에 당첨되건 안 되건 이 1,000원은 이미 지불되어 돌려받을 수가 없어.

나중에 1등에 당첨되어 100억원이 하늘에서 떨어지면 당연 옵션을 행사하여 로또를 내밀고 100억원을 수령하겠지. 물론 꽝이면 1,000원짜리 과자를 사먹었다고 생각하고 잊을 거고.

옵션도 마찬가지야. 소액의 프리미엄을 주고, 미래 만기일에 어떤 선택을 할 수 있는 권리를 사는 거야. 오늘 프리미엄만 사고, 최종결정은 미래 만기일에 하는 거야.

만기일에 가서 가격이 유리하면 Go! 실제 거래를 하면 돼. **그때 가서 불리하면 Stop** 하면 돼. 물론 이 경우 소액의 프리미엄은 잃어버리는 돈이 되는 거고. 주가지수 옵션의 경우 만기일은 매달 두 번째 목요일이야.

옵션은 콜옵션과 풋옵션의 2가지 종류가 있어.

콜옵션(Call option)은 만기일에 미리 결정된 행사가격으로 **살 수 있는 권리**야.

풋옵션(Put option)은 만기일에 미리 결정된 행사가격으로 **팔 수 있는 권리**.

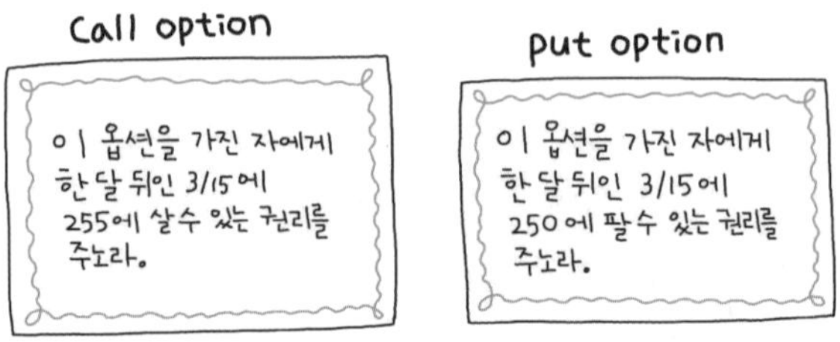

네 마녀의 날(쿼드러플 위칭 데이)이라고 뉴스에서 간혹 나오지?

네 마녀는 각각 주가지수 선물, 개별 주식 선물, 주가지수 옵션, 개별 주식 옵션의 만기일이 겹치는 날이야.

선물 만기일은 3월, 6월, 9월, 12월의 두 번째 목요일이고, 옵션 만기일은 매달 두 번째 목요일이야. 그러니 3월, 6월, 9월, 12월의 두 번째 목요일은 4가지 만기일이 겹치는 거지. 그러니 증권시장이 어디로 튈지 모르는 거지.

물론 조용히 넘어가는 날도 있고, 시장이 급변동하는 경우도 있고 종잡을 수가 없어. 시장에 네 명의 마녀가 빗자루를 타고 날아다니니.

문제 선물과 옵션 설명 중에서 틀린 것은?
① 정유기업은 국제 유가가 크게 오를 것으로 예상되면 선물 매수를 한다.
② 콜옵션은 만기일에 미리 결정된 행사가격으로 살 수 있는 권리이다.
③ 네 마녀의 날에는 선물과 옵션 만기일이 겹친다.
④ 콜옵션과 풋옵션을 산 측은 최종 만기일에 실제 거래를 해야만 한다.

정답) ④

Section

13 프로그램 매매가 후다닥

콘탱고 | 백워데이션 | 역베이시스 | 차익거래(재정거래) | 트래킹 에러 | 서킷 브레이커 | 사이드카

프로그램 매매는 컴퓨터 프로그램이 이미 입력된 조건에 따라 주식을 대량으로 사거나 파는 것. 증권회사나 은행 등 주로 기관투자가들이 프로그램 매매를 해. 프로그램 매매는 현물과 선물의 가격 차이를 이용해. 구체적으로 살펴볼까?

콘탱고는 선물가격이 현물가격보다 비싼 경우야. 이때 선물은 코스피200 지수의 선물을 말하고, 현물은 코스피200에 포함되는 실제 현물주식 200개 종목을 말해.

주식시장이 오르는 추세면 선물이 현물가격보다 비싸겠지? 이때 프로그램은 비싼 선물을 팔고 그 액수만큼 싼 현물을 사.

콘탱고(선물가격 〉 현물가격)**인 경우**

[상황] 코스피200의 우량기업 50개사의 주식을 바스켓에 담아놓았어.

1. 프로그램 매매가 선물을 100억원어치 팔았어.

2. 프로그램 매매가 자동으로 바스켓에 든 종목을 100억원어치 사.

3. 현물 주식의 수요가 늘어나니 주가지수가 오를 가능성이 커져.

백워데이션은 현물가격이 선물가격(코스피200지수의 거래 가격)보다 비싼 경우로 **역베이시스**라고도 해. 이 경우 프로그램은 비싼 현물을 팔고, 그 액수만큼 싼 선물을 사. 그러면 현물 주식시장에서 매도물량이 많아지기 때문에 개인도 프로그램 매매를 따라한다면?
바스켓에 현물 주식을 100만원어치 산다고 해봤자, LG생활 건강 주식을 1주도 살 수 없어. 1주에 100만원이 넘거든.
개인은 자금력만으로도 도저히 코스피200지수와 비슷하게 움직이는 바스켓을 운용할 수 없어.
그리고 시장가격은 시시각각 변하는데, 사람의 거래 속도가 프로그램의 매매 속도를 따라갈 수도 없고.

주가지수는 하락 압력을 받게 되지.

뉴스에서 **프로그램 매도세가 강했다**와 같은 말이 자주 나와. 그건 "프로그램이 현물 주식을 대량으로 팔아치우고 있구나, 주가지수가 하락할 수 있구나"라고 생각하면 돼.

프로그램 매매는 손해를 안 봐. 왜냐하면 차익거래거든.

차익거래(재정거래, arbitrage)는 같은 상품이 서로 다른 시장에서 서로 다른 가격으로 거래될 때, 비싼 것을 팔고 싼 것을 사서 차익을 남기는 거야. 항상 비싼 것을 팔고 싼 것을 사는 거래를 동시에 하니, 손해가 안 날수밖에.

물론 **트래킹 에러**가 일어나는 경우도 있어. 극단적인 예로 우리나라 시가총액 1위인 삼성전자 주식을 바스켓에 넣지 않았다면 문제가 생기겠지?

서킷 브레이커는 주가 폭락시 주식 거래를 일정 시간 정지시키며 과열을 냉각시키는 제도야. 코스피나 코스닥 시장에서 주식 종목의 하루 가격 제한폭이 상하 30%로 확대되면서 3단계로 발동돼. 코스피시장을 볼까?

– 1단계 : 종합주가지수가 전일 종가 대비 8% 이상 하락시 거래가 20분 정지. 이후 10분간 단일가 매매로 거래가 재개돼.

– 2단계 : 종합주가지수가 전일 종가 대비 15% 이상 하락하고, 1단계 발동지수 대비 1% 이상 추가 하락한 경우 20분간 모든 거래가 정지. 이후 10분간 단일가 매매로 거래가 재개돼.

– 3단계 : 종합주가지수가 전일 종가 대비 20% 이상 하락하고, 2단계 발동 지수 대비 1% 이상 추가 하락한 경우 발동돼. 모든 주식거래가 종료된다.

서킷브레이커는 각 단계별로 하루에 1회만 발동할 수 있어.

사이드카는 코스피200의 선물가격이 전일 종가 대비 ±5%(코스닥시장은 ±6% 이상) 이상 급등/급락한 상태로 1분 이상 지속할 때, 프로그램 매매를 5분간 정지시키는 제도야.

장 마감 직전 40분 동안은 발동할 수 없어.

사이드카는 선물가격이 급격히 오르거나 내려서 현물시장에 영향을 주는 것을 막기 위한 제도야. 사이드카도 하루에 1회에 한해서 발동할 수 있어.

확인하고 넘어가기

1 주식회사의 주인은 주식을 가진 (　　　)이다. (　　　)는 자신이 투자한 지분만큼 회사의 중요한 정책결정에 참여할 수 있는 (　　　)을 가지며, 또 이익이 났을 때 (　　　)을 받을 권리도 있다.

2 주식을 발행할 때 1주의 가격은 100원, 200원, 500원, 1,000원, 2,500원, (　　　)원의 6가지 중 하나를 선택해야 한다.

3 광필주식회사의 주식이 한국거래소의 코스닥시장에서 거래되려면 이 주식이 상장되어야 한다. 주식시장에 상장을 하면 IPO, 즉 (　　　)를 해야 한다.

4 (　　　)지수는 1980년 1월 4일의 시가총액을 기준지수 100으로 설정해서 현재의 시가총액이 얼마나 증감했는지를 보여준다.

5 주식을 처음 발행할 때 주식증서에 적혀 있는 가격을 (　　　), 현재 시장에서 거래되고 있는 가격을 (　　　)라고 한다.

6 광필주식회사의 주식은 오늘 시장이 열리자마자 10,500원에 거래되다가 장중 11,500원까지 올랐다가 장이 끝날 때 11,000원으로 끝났다. 이때 최초 가격을 (　　　), 마지막 가격을 (　　　)라고 한다.

7 어떤 주식 종목이 가격에 상관없이 과도하게 수요가 늘어나면 (　　　), 과도하게 줄어들면 (　　　)이다.

8 어떤 주식의 가격이 특정 범위대에서 더 오르거나 내리지 못하고 사각형 모양의 틀 안에 갇혀 있을 때 보통 '주가가 (　　　)에서 맴돈다'고 말한다.

9 (　　　)는 일정기간 동안 매수주문과 매도주문을 받아 가장 거래량이 많아지는 단일가격을 뽑아내고 이 조건을 만족하는 거래만 일괄적으로 단일가격으로 체결시키는 제도이다.

CHOICE

- ☐ 오버슈팅
- ☐ 의결권
- ☐ 배당
- ☐ 주주
- ☐ 종가
- ☐ 동시호가제도
- ☐ 코스피
- ☐ 5,000
- ☐ 액면가
- ☐ 기업공개
- ☐ 시가
- ☐ 언더슈팅
- ☐ 박스권

1 주주, 주주, 의결권, 배당 **2** 5,000 **3** 기업공개 **4** 코스피 **5** 액면가, 시가 **6** 시가, 종가 **7** 오버슈팅, 언더슈팅 **8** 박스권 **9** 동시호가제도

CHOICE

- □ 데드크로스
- □ 반대매매
- □ 공모주
- □ 마진콜
- □ 물타기
- □ 손절매
- □ 지지선
- □ 미수거래
- □ 손익계산서
- □ 우선주
- □ 대차대조표
- □ 저항선
- □ 골든크로스
- □ 보통주
- □ 대주거래

10 의결권과 배당권이 모두 있는 주식을 (　　　), 배당권만 있는 주식을 (　　　)라고 한다.

11 주식회사가 자금을 공개모집하기 위해 신주를 발행할 때 (　　　) 청약을 받는다고 한다.

12 증권회사에서 돈을 빌려 주식을 사는 것을 (　　　)라고 하는데, 다음날 그 주식의 가격이 떨어지면 증권회사에서 증거금을 보충하라는 (　　　)이 걸려온다. 만약 증권계좌에 돈을 보충하지 않으면 그 다음날 증권회사가 이 주식을 (　　　)한다.

13 오늘 광필이는 A 주식 100만원어치를 매도하고, B 주식 80만원어치를 매수했다. 이때 광필이는 (순매수/순매도)가 20만원이다.

14 자신이 보유한 주식의 가격이 하락했을 때 같은 주식을 추가로 매입해 평균매입 단가를 낮추는 것을 (　　　)라고 한다.

15 가격이 일정선까지 하락할 때 망설임 없이 손해를 감수하면서 그 주식을 매도하는 전략을 (　　　)라고 한다.

16 주식 차트에서 저점과 저점을 연결한 직선을 (　　　), 고점과 고점을 연결한 직선을 (　　　)이라고 한다.

17 단기 이평선이 장기 이평선을 상향 돌파하면 (　　　), 단기 이평선이 장기 이평선을 하향 돌파하면 (　　　)라고 한다.

18 주가가 내릴 것으로 전망하고 먼저 주식을 빌려서 팔고 나중에 쌀 때 사서 갚는 것을 (　　　)라고 한다.

19 특정시점의 기업의 자산, 부채, 자본 현황을 한눈에 볼 수 있게 정리한 표를 (　　　), 일정기간 동안 그 기업의 매출액, 영업이익 등을 보여주는 표를 (　　　)라고 한다.

10 보통주, 우선주 **11** 공모주 **12** 미수거래, 마진콜, 반대매매 **13** 순매도 **14** 물타기 **15** 손절매 **16** 지지선, 저항선 **17** 골든크로스, 데드크로스 **18** 대주거래 **19** 대차대조표, 손익계산서

20 기업이 자산이나 이익을 부풀리기 위해 회계장부의 숫자를 조작하는 것을 (   )회계, 세금을 적게 내거나 임금 인상을 막기 위해 실적을 일부러 줄이는 것을 (   )회계라고 한다.

21 (   )은 특정 주식의 주가를 1주당 이익으로 나눈 수치로, 주가가 1주당 수익의 몇 배가 되는지를 나타낸다.

22 석유나 옥수수 등의 미래 가격 변동을 회피하기 위해 실물 인수도 이전에 미리 증거금을 걸고 거래 쌍방이 계약하는 것은 (   )이다.

23 미래의 약속한 날짜에 약속한 가격으로 약속한 양만큼 '사거나 팔 수 있는 권리'를 사고파는 거래를 (   )라고 한다. 미래 만기일에 살 수 있는 권리는 (   ), 팔 수 있는 권리는 (   )이다.

24 (   )은 주가지수 선물, 개별주식 선물, 주가지수 옵션, 개별주식 옵션의 만기일이 겹치는 날이다.

25 현물과 선물의 가격을 비교해 컴퓨터 프로그램이 기계적으로 대량매매를 하는 거래는 (   )이다.

26 (   ) 제도는 코스피지수나 코스닥지수가 전일 종가 대비 8% 이상 하락했을 때 1단계가 발동되며 모든 거래를 20분간 정지시키는 제도이다.

CHOICE

- □ 역분식
- □ 주가수익비율(PER)
- □ 분식
- □ 옵션거래
- □ 네 마녀의 날
- □ 콜옵션
- □ 선물거래
- □ 서킷 브레이커
- □ 풋옵션
- □ 프로그램 매매

20 분식, 역분식 **21** 주가수익비율(PER) **22** 선물거래 **23** 옵션거래, 콜옵션, 풋옵션 **24** 네 마녀의 날 **25** 프로그램 매매 **26** 서킷 브레이커